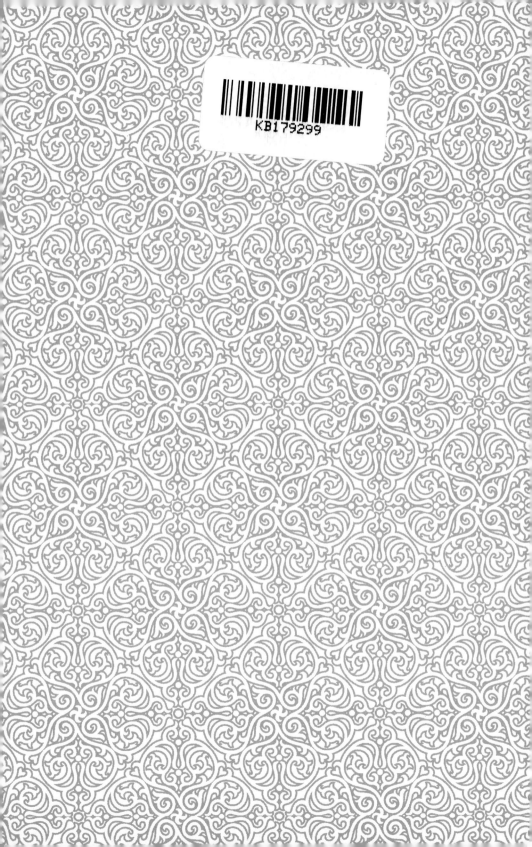

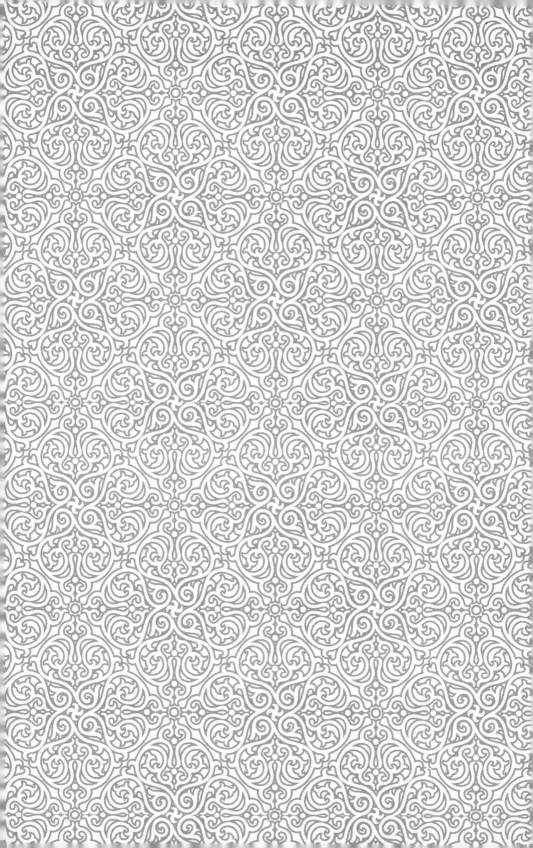

효장

孝 莊 皇 后

청나라를 일으킨 몽골 여인

효장

孝莊皇后

멍자오신 孟昭信 지음 | **노만수** 옮김

앨피
Long
Playing
Book

일러두기

1. 괄호 주는 옮긴이 주이다.

2. 한족 인명과 현 중국 영토의 지명은 우리 식대로 읽었지만 만주, 몽골 등 이 책에서 주로 다루는 소수 민족의 인명과 지명 그리고 고유명사는 원지음으로 표기했다. 단, 소수민족의 인명과 지명이 사료에서 한자로만 전사轉寫되어 있거나 한문 이름으로 알려진 경우에 웨이드식 한자음 표기법에 따라 읽거나 우리 식 한자음으로 표기했다. 또한 학계에서 쓰이는 관례와 일반적인 관용을 존중했다.

3. 관직, 묘호, 황제 칭호 등의 고유명사는 고증의 정확성을 위해 우리 식대로 읽고 처음 나올 때 괄호 안에 한자를 병기했다. 하지만 소수민족과 관련된 고유명사(예: 버일러, 푸진, 니루)는 원지음을 존중했다.

4. 소수민족 인명과 지명 표기는 다음 책들을 참고했다. 《만주족의 청제국》(마크 C. 엘리엇, 푸른역사) 《대청제국》(이시바시 다카오, 휴머니스트), 《만주족의 역사》(패멀리 카일 크로슬리, 돌베개) 《칭기스 칸기》(라시드 앗 딘, 사계절), 《부족지》(라시드 앗 딘, 사계절), 《칸의 후예들》(라시드 앗 딘, 사계절), 《몽골 비사》(유원수 옮김, 사계절), 《몽골 대서사시 게세르 칸》(유원수 옮김, 사계절).

나는 지난 세기 80년대부터 중국 청나라의 강희 황제를 연구해 왔다. 강희제는 뛰어난 재능과 원대한 책략, 멀리 내다보는 탁월한 식견을 가진 중국 고대의 손꼽히는 정치가이자 군사가이다.

그의 성공은 여러 방면에서 발원했다. 그중에서도 그를 선발하여 양성하고 제위로 올린 후 지극한 보좌와 지도로 조정을 장악하도록 이끌어 준 조모 효장태황태후는 그 무엇과도 바꿀 수 없는 도움을 주었다.

나는 이 조모의 숭고한 경지, 인애의 마음, 비범한 재지才智와 묵묵히 헌신하는 정신을 더 비할 바 없이 존중하고 경모한다. 그래서 누적된 자료를 바탕으로 효장태후에 관한 연구를 진행하며, 이제는 문자를 통해 이 정신의 재부가 세상 사람들에게 널리 알려져 더 좋은 방향으로 발양되기를 바란다.

90년대부터 21세기 초까지 계속해서 《효장태후대전孝庄太后大传》, 《대청 3대 황제를 막후에서 보좌한 여인 효장황후辅佐大清三代帝君的幕後女人孝庄皇后》 《신비한 효장황후神秘的孝庄皇后》 등의 책을 발표하였다. 편폭은 10여만 자에서 거의 30만 자에 이르고, 내용도 부단히 충실해졌다.

2012년 인민문학출판사에서 출간한 최신 판본《효장황후》는 책임편집자의 정성스런 도움을 받아 문자와 내용을 막론하고 모든 측면에서 진일보한 개선과 향상이 이루어졌다. 이 책은 효장황후를 묘사한 문학작품과는 다르게 기록이 진실한 전기물이다. 청사淸史, 몽골사에 대한 기본 사료를 바탕으로, 현대 학자들의 최신 연구 성과를 참고하였다.

이 책 안의 중대한 사건과 주요 줄거리는 모두 신뢰할 만한 사료에 의거하였다. 인물의 생애에 관련한 미스터리, 전설은 고증을 거쳐 결론을 내렸다. 이 책은 이른바 효장태후가 시동생 도르곤에게 시집갔다는 내용의 '하가설下嫁說'를 부정하는 데 그 기치가 선명하다. 제9장 '도르곤과 효장태후의 결혼 미스터리'는 논거가 부실한 태후하가설을 집중적으로 반박하였다.

이번에 한국 앨피출판사의 보살핌을 받아 한국어판을 출판하게 되었다. 이 책을 한국 독자들에게 소개하게 되어 저자로서 감사하기 그지없다. 한국의 독자 제현 여러분의 질정과 비평을 환영한다.

멍자오신孟昭信

2014년 4월

몽골 소녀가 대청제국의 흥국 태후로

이 책은 오래되고 진실한 고사故事이다. 삼사백 년 전에 일어난 이 이야기는 우리와 거리가 멀지만, 그 안에 담긴 거칠고 사나운 파도가 몰아치는 세상에서 온갖 풍상을 겪은 인간사의 실상은 우리 곁에 아주 가깝게 머물러 있다.

이 이야기의 주인공은 성姓 보얼지지터博爾濟吉特, 이름은 부무부타이布木布泰(또는 번부타이本布泰)인 몽골족 여인이다. 그녀는 명明나라 만력萬曆 41년 2월 초파일(1613년 3월 28일)에 서요하西遼河 강변 호르친科爾沁(중국 4대 초원 중의 하나) 몽골 부족에서 태어났다. 이곳은 지금의 내몽골內蒙古 자치구 통요通遼 시市 호르친 좌익중기左翼中旗 화투구라花吐古拉 진鎭 하오르엔아이리浩日彦艾力(왕푸툰王府屯이라고도 함)이다. 몽골 귀족 출신인 그녀는 천진하고 활달하던 열세 살(이하 모든 나이는 전통적으로 집에서 세는 나이이다)에 당시의 조혼과 만몽滿蒙 통혼의 습속에 따라, 1625년 2월 후금後金의 칸汗(군주) 누르하치努爾哈赤의 여덟째아들인 제4버일러貝勒(원래 귀족을 칭하던 만주어로 그 지위는 친왕親王, 군왕郡王 다음의 족왕族王이다) 홍타이지皇太極(청나라 제2대 황제 태종)에게 시집갔다. 1626년 누르하치가 서거하자, 홍타이지는 칸의 자리에 오르고 그녀를 서궁西宮 푸진福晉(비妃)으로 봉했다. 1636년 홍타이지는 황제에 오르며, 국호를 청淸으로 바꾸고 그녀를 영복궁永福宮 장비莊妃로 봉했다. 그녀의 아들 푸린福臨(순치제順治帝)과 손자 쉬안예玄燁(강희제康熙帝)가 잇따라 황제로 즉위하자, 그녀는 앞뒤로 황태후와 태황태후(대왕대비)가 되었으며, 1688년 향년 75세로 병사했다. 강희제는 할머니의 시호를 "효장인선성헌공의익천계성문황후孝莊仁宣誠憲恭懿翊天啓聖文皇后"로 존숭했다. 이를 줄여서 '효장문황후孝莊文皇后' 혹은 '효장황후'라고 한다.

부무부타이는 후금으로 시집와 스무 살이 될 때까지는 주로 칸의 궁전에서 선조의 가법, 궁정 예법, 만주어 등을 배우는 한편 경전과 사서와 같은 서적을 읽었다. 동시에 황후(고모)의 분부와 지도 아래 후궁 관리 일을 맡아 고모의 좋은 조수 노릇을 했다. 이러한 과정을 통해 그녀는 뒷날 인생길에서 훌륭한 아내이자 어머니로 성장할 수 있었다. 그러나 그녀가 장래에 조정과 뗄 수 없는 인연을 맺고, 훗사람들이 칭찬해 마지않는 걸출한 여성 정치가가 될 줄은 아무도 예상하지 못했다.

그녀의 남편 홍타이지는 가장 먼저 그녀의 진면목을 알아채고 아내를 재목으로 키웠다. 칸의 자리에 즉위하고 얼마 지나지 않아 대권을 차지한 홍타이지로서는 측근들의 도움이 간절했다. 그중에서도 총명하고 배움을 좋아하며 생각이 깊은 서궁 푸진 부무부타이가 홍타이지의 업무 조력자로 선택되었다. 홍타이지의 지시와 가르침 아래, 그녀는 처음으로 조정 정치에 간여하며 남편을 도와 구체적이고 사무적인 일을 처리하는 한편으로, 건의와 계책을 제안했다. 정무를 보면서 공부도 병행하는 과중한 생활이었지만, 그녀는 어렵지 않게 두 가지 일을 다 해냈다.

1643년 홍타이지가 갑자기 세상을 떠나자, 그녀는 곧 격렬하고 첨예한 정치투쟁의 소용돌이에 휘말렸다. 이는 그녀의 명운을 뒤바꾸었다. 남편의 뒤를 따라 죽고 싶은 심정이었지만, 그녀에게는 죽을 권리마저 없었다. 격렬하고 복잡한 황권 투쟁이라는 엄준한 정세 속에서 겨우 여섯 살 난 아들 푸린이 순치제로 즉위한 것이다. 그녀는 아들이 훌륭한 황제로 성장할 수 있도록 가르치는 한편으로, 이후 수많은 어지럽고 복잡한 사건을 처리하도록 도우며 국정을 잘 주재하도록 보좌해야만 했다. 이는 당시 여자에게는 하늘을 오르는 일보다 더 어려운 일이었다. 하지만 짊어질 수 없더라도 짊어져야만 하는 운명이었다. 그녀는 남편이 닦아 놓은 토대 위에서 선황에게 충성을 바친 양황기兩黃旗 대신과 군왕, 버일러 그리고 호르친 몽골에 의지하면서 예지와 재능을 발휘해 푸린의 보좌를 떠받치며 아들을 훈육했다. 그러면서 제멋대로 권력을 휘두르며 호시탐탐 황위를 노리는 섭정왕 도르곤多爾袞(청나라 초기의 황족)과 맞서 싸우며 순치제의 친정을 인도하고 보필해야 했다. 이 같은 어머니의 노력으로 순치제는 차츰 성숙해졌고, 청나라는 순치제 때 동북의 한 모퉁이에서 만리장성을 돌파하여 황하를 뛰어넘고 장강을 건너 중국 전역을 통치하는 왕조로 우뚝 섰다.

그러나 안정도 잠시, 천연두는 스물네 살 청년 순치제의 목숨을 다짜고짜 앗아가 버렸다. 어미이자 황태후로서 부무부타이는 또다시 삶과 죽음을 가르는 비통함에 빠져들었다. 하지만 여덟 살의 어린 손자 쉬안예(강희제)가 황위를 이어받아 앳된 어깨로 국가의 대시를 짊어지게 되면서, 그녀는 또다시 굳세어져야만 했다. 그나마 다행인 것은, 이제는 그동안의 어려움 덕에 경험이 풍부해져 '대나무를 그리기 전에 마음속에 대나무의 형상을 그릴 줄' 알게 되었다는 것이었다. 그녀는 7년 동안 네 명의 보정輔政 대신들과 함께 중대한 국사를 주도적으로 처리하며 어린 손자를 가르쳐 마침내 강희제가 조정의 정치를 주관하도록 이끌었다. 강희제가 친정親政을 하게 되자, 그녀는 문무를 겸비하도록 방향을 제시했다. 강희제의 성장은 그녀를 한없이 기쁘고 편안하게 하였으며, 대청제국은 바야흐로 전성기로 진입했다.

그녀는 이렇게 떠밀리다시피 정치가의 길을 걸으며 대청제국과 중국에 불멸의 공헌을 했다. 가히 역사의 필요, 역사의 선택, 역사의 성취라 할 만하다.

이처럼 효장문황후孝莊文皇后(1613~1687)는 잇따라 두 명의 어린 황제가 제위에 오르도록 보좌하고 삼조三朝의 황제(천총天聰〔청 태조 누르하치의 연호〕─숭덕崇德〔청 태종 홍타이지의 연호〕, 순치, 강희)가 조정의 정치를 주재하도록 도왔다. 이는 만몽 민족 대단결을 공고히 하고, 대청 정권의 웅대한 위업을 다지고 발전시키는 데 크게 이바지했다. 가히 중국사의 걸출한 여성 정치가라고 해도 지나치지 않다. 하지만 그녀는 측천무후則天武后(625~705, 중국 역사상 유일한 여황제)와는 다른 길을 걸었다. 그녀는 황제 칭호를 넘보기는커녕, 청대의 정치에 큰 영향을 끼친 함풍제咸豐帝 혁저奕詝의 비妃이자 동치제同治帝 재순載淳의 모친인 예허나라씨葉赫那拉氏 자희태후慈禧太后(1835~1908, 서태후)처럼 수렴청정을 하지도 않았다. 그녀는 단지 아내, 어머니, 할머니라는 본연의 신분으로 황제의 뒤에서 묵묵히 힘과 지혜, 재능을 바쳤다. 그녀가 힘들게 이룬 공적은 컸고, 조정 대신들은 충심으로 그녀를 칭송했으나, 효장문황후는 개인적인 영예에는 관심이 없었다. 그녀는 늘 "나는 깊은 궁에 기거하므로, 바깥일을 듣지 않는다"는 자세로 자신의 그림자를 감추려 했고, 모든 공을 남편과 아들 그리고 손자에게로 돌렸다.

효장태후는 지혜롭고 현명해 사리에 밝았고 재능 또한 출중했다. 그래서 중국 대륙 여러 민족 간의 모순이 복잡하고 만주 귀족 내부의 투쟁이 첨예한 형세 아래에서도, 정신을 똑바로 차리고 두 명의 어린 황제를 연이어 등극시키고 웅대한 업적을 이루도록 보필할 수 있었다. 그녀의 포부는 넓고 컸으며 인재를 알아보고 적재적소에 기용하는 데 능했다. 모든 군왕과 대신, 조정 관원 및 그 가솔, 후궁 비빈과 시녀, 기인旗人과 백성을 애정과 의로움으로 대했고 어질고 너그럽게 관용을 베풀었다. 황비, 황태후, 태황태후로 그 지위가 지극히 높고, 온 중국의 재부財富를 좌지우지할 수 있는 권력을 쥐었으면서도 허영과 부귀를 좇지 않고 평생동안 질박하고 검소하게 생활했다. 그렇게 궁중의 지출을 절약해 모은 막대한 은량으로 가난한 백성을 구제했다. 일평생 기복이 심하고 정치판의 소용돌이에서 여인의 몸으로 악전고투의 위험과 고통을 한껏 맛보았지만, 늘 자신의 힘으로 우뚝 서서 어려움을 극복하고 장애물을 헤쳐 나가는 불요불굴의 정신으로 원망과 후회가 남지 않도록 끝까지 분투했다.

그녀의 이야기에는 훗사람들이 심사숙고하고 배울 점이 가득하다. 그러나 옛날부터 지금까지 '청나라의 흥국興國 태후' 효장태후의 생애를 둘러싸고 각양각색의 전설이 전해지고 있다. 시동생 도르곤에게 시집을 갔다, 명나라에서 항복한 장수 홍승주洪承疇에게 몸을 맡기고 남편 홍타이지를 살해하려 했다, 순치제를 출가시켜 스님이 되게 했다…. 이와 같은 이야기들이 훗사람들의 마음속에 풀리지 않는 의심의 실타래를 만들었다. 다행히 지금은 역사학자들의 고증과 연구 덕분에 이러한 의심은 차츰 희석되고 있다. 하지만 사실에 입각하지 않고 허구와 과장된 수법을 동원해 그녀를 묘사한 일부 작품들은 여전히 중상모략의 진술로 독자의 분별력을 흐리고 있다.

"어진 이는 인仁을 보고 지혜로운 이는 지知를 본다"고 했으니, 언제든 토론이 가능하다. 허구적이며 사실에 어긋난 중상모략과 역사적 진실은 독자 제현들이 슬기롭게 판별할 수 있으리라 믿는다.

차 례 ▪

한국어판 서문 ………………………………………………… 5

들어가는 글   몽골 소녀가 대청제국의 흥국 태후로 ………… 7

제1장 몽골 '황금 가족'의 후예

고귀한 성씨의 전설 ………………………………………… 20

'칭기즈 칸 큰 아우' 카사르의 제19대 손녀 ……………… 24

스스로를 뽐낼 만한 호르친 전사 ………………………… 31

청나라 최고 미녀들을 낳은 호르친 대초원 …………… 34

제2장 만주족과 몽골족의 혼인동맹

만몽 혼인동맹의 장구한 역사 …………………………… 39

명나라의 이이제이 변방 정책 …………………………… 43

누르하치와 도요토미 히데요시 ………………………… 46

누르하치의 처음이자 마지막 패배 …………………… 49

만주 · 몽골 황금 가족의 탄생 ………………………… 55

만주족 영웅과 몽골족 미녀 …………………………… 58

열세 살의 어린 신부 …………………………………… 65

후금과 몽골의 맹약 …………………………………… 69

제3장 청나라 궁전의 정치투쟁을 목격하다

순장된 도르곤의 어머니 …………………………………… 72

남편과 고모를 따라 배우다 ……………………………… 79

명나라 최고 장수 원숭환을 제거하다 ………………… 84

제4장 만몽 합작의 청나라 궁전

결혼을 정치와 결합시킨 정략결혼의 백미 · · · · · · · · · · · · · · · 91
언니가 남편의 비가 되다 · 96
복이 깃든 장비의 영복궁 · 98

제5장 어머니는 아들로 인해 존귀해진다

중국의 전통 옷 치파오를 만들다 · 104
기이한 꿈을 꾸더니 잠룡을 낳다 · 108
명나라 최고 장수 홍승주를 투항시키다 · · · · · · · · · · · · · · · 112

제6장 어린 아들 푸린이 순치제로 등극하다

홍타이지의 급사와 황후의 유지 · 119
양황기와 어린 주인의 공동 운명 · 124
살벌한 황제 옹립 제왕회의 · 129
섭정왕 도르곤을 견제하다 · 132

제7장 산해관을 뚫고 북경에 입성하다

도르곤이 산해관을 뚫다 · 138
중원 대륙의 첫 만주족 천자 순치제 · · · · · · · · · · · · · · · · · · 148
분봉책을 막았으나 삼번의 난이 터지다 · · · · · · · · · · · · · · · 152

제8장 섭정왕 도르곤의 못다 이룬 꿈

섭정왕 도르곤의 대권 전횡 159
호오거를 끝내 구하지 못하다 164
궁정 쿠데타의 광풍 168
도르곤이 객사하다 170

제9장 도르곤과 효장태후의 결혼 미스터리

황부섭정왕이라는 수수께끼 178
효장태후가 도르곤에게 시집가다 182
파란을 부채질한 야사 189
언제 시동생에게 시집갔는가? 201

제10장 소년 천자 순치제를 보좌하다

황제를 가르치고 보필한 어머니 207
도르곤의 죄상을 추궁하다 212
의붓아버지 이담 샬 218
황제의 대권을 돕다 225
강남의 난국을 돌파하다 229
씀씀이를 아껴 백성을 구휼하다 232

제11장 천하의 가련한 부모 마음

황후를 폐위한 청년 황제 240
동악비와 청년 황제의 치정 246
순치제의 출가를 막다 257
청년 황제의 요절과 소년 천자의 등극 262

제12장 손자를 보좌한 무욕의 태황태후

다민족의 피가 흐르는 강희제 271
수렴청정을 거절하다 277
강희제의 보정 시기 281

제13장 강희제의 혼사와 친정을 이루다

태황태후의 중매 286
오보이를 제거하다 292
신만주 팔기로 동북을 안정시키다 301

제14장 국사에 심장을 매달고 문치와 국방을 지도하다

삼번의 난을 평정하다 307
만리장성보다 견고한 북방 민심 314
사냥터에서 친정 식구들을 만나다 321

제15장 담백하고 행복한 만년

유일한 취미 '창계차' ·· 326
부처에게 국태민안을 빌다 ·· 328
화목한 '만몽한' 대가정 ·· 332
평생의 동반자, '쑤마라고' ·· 338

제16장 최후의 봉헌

강희제, 효장의 마지막을 지키다 ······································· 344
평생을 되돌아보며 가사와 국사를 부탁하다 ························· 347
야만의 장례 습속을 고치다 ·· 349
영원히 신비로운 철혈 여인 ·· 354

저자 후기 ·· 363

옮긴이의 말 ··· 364

효장문황후 연표 ··· 377

1장

몽골
'황금 가족'의
후예

　　　　　　　　　　　몽골족 보얼지지터 가문은 유구한 역
사와 영광스런 전통을 뽐낸다. 이 가문의 계승자인 위대한 톈자오天驕(북
방 소수민족의 군주) 칭기즈 칸成吉思汗(1162~1227)은 대몽골국을 세우고 자
신의 가족을 '황금 가족'이라고 불렀다. 그리하여 보얼지지터라는 성씨는
가장 고귀한 몽골족 성씨가 되었다.

　'효장태후'로 중국 역사에 길이 남은 보얼지지터 부무부타이는 칭기
즈 칸의 큰 아우 카사르哈撒爾(1164~1227)의 후예이다. 그녀는 황금 가족
의 성원이면서도 카사르가 창설한 호르친 부족의 백절불굴, 각골분투의
전통을 고스란히 이어받았다. 그녀가 태어나기 훨씬 전에 그녀의 선조는
어얼구나 강額爾古納河(지금의 내몽골 자치구 동북쪽의 서측) 유역과 하이라

얼 강海拉爾河 하류에서 동남쪽으로 옮겨 가 눈강嫩江 하류, 차오얼 강綽爾河 및 타오얼 강洮兒河 유역에 자리를 잡아, 나중에 그녀의 시댁이 되는 중국 동북 지역의 만주족 선조인 여진인女眞人과 이웃하게 되었다.

부무부타이. 이 이름은 옛 몽골어로 '억만의 자손'이란 뜻인데, 뒷날 '하늘에서 내린 귀인'이란 의미로 바뀌었다. 왜 그녀의 부모는 이렇게 무겁고도 기이한 이름을 딸에게 지어 주었을까? 효장태후가 태어날 때 집에 찾아온 한 라마승이 그녀의 부모에게 말했다.

"내가 당신 집안의 운명을 말해 주겠소."

기이하게 여긴 그녀의 부모는 귀를 쫑긋 기울였다.

"기이한 일이오! 이 아이는 귀한 얼굴을 갖고 태어났소. 어떻게 이 몽골 초원에서 자랄지? 이 아이는 반드시 천자天子의 어머니로 천하에 군림할 것이오."

기쁘면서도 한편으론 두려워 그녀의 어머니는 크게 소리쳤다.

"아니, 우리 딸이 명나라의 황제라도 된단 말이오? 아니면 명나라의 군주가 우리 집에 장가라도 온다는 것이오?"

이에 그녀의 아버지는 몽골 제일의 용사였던 조상들을 기억하고 크게 기뻐하며 그녀를 부무부타이, 곧 '하늘에서 내린 귀인'이라 불렀다.

고귀한 성씨의 전설

보얼지지터라는 성씨는 몽골족 제10대 선조의 이름, 즉 '보르지기다이' 혹은 '보얼즈진'에서 연유한다. 뒷날 '보얼지지터' 혹은 '보얼지진'으로 옮기게 되었다. 적당하게 음역을 하여 구별한 것이다. 몽골족 제13세조 보돈차르 때 떨쳐 일어나 정식으로 보얼지지터(보얼지진)를 성씨로 삼고 세대가 이어졌다. 조상들의 이름을 후세의 성씨로 삼는 게 몽골족의 전통이다. 칭기즈 칸의 성씨도 '보르지기다이'였다.

보얼지지터는 돌궐어로 '푸른 눈의 사람'이란 뜻이다. 푸른 눈의 사람들은 피부가 엷은 황색이고, 정신력이 유달리 강했다. 그들은 푸른 눈의 이리처럼 용감하고 전쟁터에서 신출귀몰한 사람들로 명성이 자자했다. 몽골 부족들 간의 전쟁으로 몽골 초원이 아비규환이 되자, 부족들은 '푸른 눈의 사람들'에게 예물을 바치며 앞다투어 이들의 힘을 빌리려고 했다.

훨씬 더 오래전에는 '치야티'라고 불렸는데, '치야티 보얼지지터'라고 총칭했다. 치야티라는 칭호는 몽골족의 아주 오래된 전설 속에 등장하는 선조의 이름이다.

지금으로부터 약 2천 년 전, 동호東胡(퉁구스) 계통 실위室韋(현재의 내몽골 자치구 후룬베이얼 시 북단) 부락의 한 계파가 어얼구나 강 유역에서 생활했다. 그냥 '몽골 부락'이라고 불린 이들은 돌궐 부족과의 교전에서 참패해 거의 도살당하고 오로지 '녜구쓰'와 '치엔'이라고 불리는 두 남자와 두 여자만 살아남았다. 이 두 집안은 어얼구네쿤 지방으로 도망쳤다. '어얼구네'는 '험준하다'는 뜻이고, '쿤'이라는 글자는 '산비탈'을 의미하므로 붙여서 '험한 준령'이라고 해석할 수 있다. 이름대로 험준하고 궁벽하며, 사방이 막힌 곳이었다. 빽빽한 원시 산림에 둘러싸이고 사람 하나도 통과하기가 어려운 작은 길 외에는 다른 길이 없었기 때문에 바깥세상과 차단된 것이나 마찬가지였다. 구사일생으로 살아남은 이들에게는 도리어 가장 맞춤한 안전지대였다. 게다가 어얼구나 강과 가까워 물과 풀이 풍부하고 기후도 적당해 숨어서 생존하기에 더할 나위 없이 좋은 곳이었다. 이렇게 살아남은 두 남자 중 치옌이 보얼지지터씨의 먼 조상이자 치야티이다. 치옌과 치야티는 같은 말로, 치옌은 단수이고 치야티는 복수이다. 몽골어로 '산 위에서 흘러 내려오는 사납고 거센 큰 물결'이란 뜻으로, 용감함과 대담함 그리고 굳셈을 상징한다. 후손들은 치옌을 자랑스러워하며 그의 이름을 씨족 이름으로 삼았다.

치옌 씨족 출신인 몽골 제12세조 도부 메르겐칸 역시 치야티를 부락의 명칭으로 삼았다. 하지만 제13세조 보돈차르 때부터 보얼지지터를 성씨로 삼으면서, 치야티라는 칭호는 점차 잊혀졌다. 뒷날 제22세조 예수게이, 즉 칭기즈 칸의 부친 때에 이르러 '치야티'라는 호칭이 다시 쓰이며 보얼지지터 성씨 앞에 치야티를 붙여 '치야티 보얼지지터'가 되었다.

예수게이는 여러 부족을 거느리고 정벌 전쟁을 벌이는 과정에서 오로지 제13세조 보돈차르의 직계 후손과 예수게이 가족으로부터 나온 보얼지지터 성씨만이 가장 충성스럽고 믿음직하며 반역이나 배반을 하지 않는다는 사실을 깨닫고 그들을 '치야티 보얼지지터'라고 불렀다. 이렇게 몽골 민족의 가장 고귀한 정수로 인정받은 보얼지지터 성씨는 단결하여 몽골족의 통일과 흥성에 목숨을 내던지게 되었다.

몽골족 제10대 선조 '보르지기다이'의 후예임을 자처한 칭기즈 칸은 12세기 후반에 몽골을 통일하고 유라시아 대륙을 가로지르는 몽골제국을 세운 뒤 '황금 가족'의 반열에 올라섰다. 보얼지지터 성씨의 형제와 자손은 모두 황금 가족의 성원이 되었고, 설령 '치야티'라는 미칭을 붙이지 않더라도 이 성씨의 가장 존귀하고 숭고한 지위를 의심하는 자는 아무도 없었다.

원元나라가 멸망한 후에도 보얼지지터씨는 칭기즈 칸의 성스러운 후예로 인정받았으며, 지금까지도 몽골족 내에서 숭고한 지위를 넘어 신처럼 숭배받고 있다. 몽골 대칸大汗을 비롯해 각 부족의 수령 역시 가능한 한 보얼지지터씨 가문에서 골라 맡도록 했다. 당시에는 다음과 같은 이야기가 세상에 널리 퍼져 있었다.

보얼지지터씨 튀튀부화는 1439년 대총칸岱總汗(몽골족의 수장)이 되었다가, 1451년에 전前 태사太師(임금의 장인)에게 살해되었다. 당시 튀튀부화의 열여섯 살 난 아들 마룬 타이지는 그의 장인 집에서 오랫동안 생활했기 때문에 사람들은 마룬 타이지의 고귀한 출신을 홀시했다. 마룬 타이지는 외조부가 사망한 뒤에도 가난을 면치 못하여 남의 집 고용살이를 했다. 그러던 어느 해에 천지지변이 일어나자, 사람들이 무당을 찾아가 점을 쳤다. 무당이 말했다.

"이 재해는 보얼지지터씨를 학대해서 하늘의 응보를 받은 것이다."

모두가 이 말을 듣고 놀랍고 두려워 마룬을 찾아가 봉양하기 시작했다. 이때 마침 튀튀부화 왕의 후계자도 연이어 피살되자 사람들은 마룬을 칸의 자리에 앉혔다. 이후 부무부타이의 친정인 호르친 몽골 부족은 줄곧 보얼지지터씨 가문이 통제하고, 부족장과 태길台吉(청대 몽골 귀족 작위)은 늘 보얼지지터씨의 구성원이 맡아 세습했다.

이미 밝힌 대로 무부타이의 선조는 칭기즈 칸의 큰 아우 카사르이다. 카사르는 '소지 카사르', '아르카이 카사르'로도 불린다. 조치는 카사르의 이름으로 '손님'이라는 뜻이고, 아르카이 카사르는 카사르에게 주어진 칭호이다. 카사르는 어릴 적부터 백발백중 활쏘기에 능했다. 의지가 굳센 성격에, 남보다 힘이 세고 영특하고 용맹했다. 그리하여 이름이 별칭이 되고, '아르카이 카사르' 혹은 간략하게 '카사르'로 불리게 되었다. 카사르는 몽골 대칸의 친형제이자 황금 가족의 혈족이었다. 하지만 대칸의 직계 자손이 아닌 방계였기 때문에 몽골제국에서 종속적인 지위를 참고 견뎌야 했다.

몽골족에게는 "호랑이를 잡을 때에는 친형제가 마음을 하나로 합쳐야 하고, 전쟁을 할 때에는 아버지와 아들이 함께 출정해야 승리한다(打虎親兄弟, 上陣父子兵)"는 속담이 있다. 즉, 가족이 한마음으로 단결해야 환난을 극복할 수 있다는 뜻이다. 부족의 우두머리였던 테무친(칭기즈 칸의 본명)의 아버지 예수게이는 부인 후엘룬과의 사이에서 테무친, 카사르, 카치온, 테무게를 낳았다. 그런데 예수게이는 테무친을 올코노오드 부족의 데릴사위로 보내고 돌아오던 도중에 타타르 부족의 독주를 마시고 비명횡사하고 말았다. 그러자 타이치오드 형제들이 과부가 된 후엘룬과 그녀의 어린 자식들을 집단적으로 따돌리며 초원에 내다 버렸다. 여장부였던 후엘룬은 모자를 단단히 눌러쓰고 허리띠를 바짝 졸라매고서 오난 강을 위아래로 뛰어다니며 산앵두, 머루, 달래를 따서 자식들의 주린 배를 달래 주었다. 홀어머니와 함께 황량한 몽골 초원에 버려진 '아비 없는 철부지 소년'들도 바늘을 구부려 구굴무치와 사루기를 낚고, 그물을 엮어 작은 고기들을 건져 올려 어머니를 봉양했다. 지혜가 깊고 간난신고를 두루 겪은 테무친의 모친은 와신상담하며 게으름을 피우지 않고 자식들을 정성스럽게 키웠다.

테무친, 즉 칭기즈 칸은 드디어 몽골 초원을 통일했다. 그는 몽골제국을 세우는 위대한 업적을 이루는 데 형제와 자식, 조카의 도움을 크게 받았다. "그림자 말고는 동무도 없고, 말 꼬리 말고는 채찍도 없던" 카사르와 형 테무친은 어릴 적부터 함께 고난을 이겨 나갔다. 그들은 함께 무예를 익히고 사냥을 하고, 서로의 몸뚱이에 의지하며 어른이 되었다. 어려서부터 몸이 건장하고 용맹했던 카사르는 특히 활의 명수였다. 민간에서 입으로 전해지는 시가詩歌 가운데, 칭기즈 칸의 친구 자모카가 기탄없는 말로써 적 타양칸을 놀라게 하며 카사르를 묘사한 노래가 있다.

후엘룬 어머니는

아들 하나를 사람의 고기로 기르고 있다.

세 길 몸에

세 살배기 큰 가축을 먹으며

삼중 갑옷을 입고

세 마리의 불친소를 끌어올 수 있다.

살통을 멘 사람을

통째로 삼켜도

목에 걸리지 않는다.

온전한 남자를 집어삼켜도

크게 배부르다고 느끼지 못한다.

크세 성이 나서

앙쿠아살을 당겼다 놓으면

산 너머에 있는 스무 명을 꿰뚫어 멘다.

싸우던 적이

초원을 가로지르고 있는 것을

케이부르살로 쏘면

꿰어 뚫도록 쏜다.

가득 메겨 쏘면

구백 길 거리를 쏜다.

반쯤 메겨 쏘면

오백 길 거리를 쏜다

사람이 뭇사람과는 딴판인

꿈틀대는 망고스로 태어나

사람들은 조치 카사르라고 부른다.

바로 저 사람이다!

　　이 시적 정취가 충만한 노래는 과장된 언어로 카사르의 용맹함, 근력
과 뛰어난 무예 솜씨를 묘사한다. 　시의 내용대로 카사르는 일편단심으
로 형 곁에 머물며 중책을 맡아 숱한 정복 전쟁에서 무수한 공을 세웠다.

테무친은 카사르의 도움으로 모래알처럼 흩어진 몽골 초원의 부족들을 하나로 통일하고 몽골제국을 세웠다. 그가 몽골제국 칸의 옥좌에 오를 수 있었던 원동력은 곁에서 늘 그를 보좌한 명궁 카사르의 활시위에서 튕겨져 나왔다.

그런데 정권을 잡은 뒤로 동생 카사르에 대한 칭기즈 칸의 애정은 차갑게 식고 만다. 칭기즈 칸은 큰 아우의 재능과 헌신을 인정하면서도 권력욕에 눈이 가려, 날로 공이 커지는 카사르가 권력을 찬탈할까 하는 의심에 사로잡힌 나머지 은혜를 원수로 갚기에 이르렀다. 그리하여 날이 갈수록 카사르를 배제하고 억압하는 행태가 심해졌다. 심지어 충성스러운 친동생을 모살하려는 마음까지 먹었다.

1206년 테무친은 고비사막 남북의 몽골 부족들과 주변의 유목 민족들을 평정한 후 오난 강의 발원지에 모여 아홉 다리를 가진 흰 기旗를 세우고, 대칸의 자리에 올라 '칭기즈 칸'이 되었다. 칭기즈 칸은 나라를 함께 세우며 동고동락해 온 이들에게 백성들을 '천호千戶'씩 나누어 주는 상을 내리고, 그가 세운 '황금 가족 공동 관리 영지(울루스)'의 원칙에 따라 그 자신은 제국의 중앙인 95개 천호 조직을 통치했다. 아들들에게는 제국의 서부를 나누어 주고, 동부는 동생들에게 나누어 주었다.

큰 아우인 카사르의 봉지封地는 몽골제국의 동북부 변방인 아르군 강과 이 강의 상류와 가까운 달라이노르 호 부근이었다. 지금의 중국 내몽골 자치구 동북 지역의 서쪽 땅으로, 몽골 공화국과 접해 있다. 이리하여 카사르와 그의 자손들은 먼 조상들의 생활 터전으로 다시 옮겨 가 살기 시작했다.

칭기즈 칸은 토지를 분봉하면서 백성(아르드투)들도 나누었다. 《몽고비사蒙古秘史》에 따르면, 칭기즈 칸의 아들들이 얻은 백성은 다음과 같았다. 맏아들 주치는 9천 명, 둘째 아들 차가타이는 8천 명, 셋째 아들 우구데이와 막내아들 툴루이는 각각 5천 명을 받았다. 하지만 카사르는 4천 명밖에 받지 못해 조카들보다도 적었다.

카사르는 불공정한 대우를 받았을 뿐만 아니라 주변의 박해까지 받았다. 특히 몽골의 쿠쿠추 텝 텡게리(최고의 무당)와 그의 여섯 형제들이 초자연적인 하늘의 권위를 이용해 그를 해치고 권력을 장악하려 했다. 당시 몽골족들은 샤먼(무당)은 육체와 영혼의 세계를 넘나들며 미래를 예언할 수 있다고 믿었다. 예로부터 유목민의 역사는 정치적 지배자인 부족장과 종교적 지배자인 무당 간의 투쟁으로 점철되었다. 쿠쿠추 텝 텡게리도 칭기즈 칸 집안에 불화를 일으켜 대칸의 권위에 손상을 입히고 권력을 독점하려는 음흉한 야심을 품고 있었다.

어느 날 쿠쿠추는 아무런 이유 없이 카사르를 잡아다가 밧줄로 매달고는 매질을 퍼부었다. 수치스런 일을 당한 카사르는 형 테무친에게 달려가 알렸다. 하지만 테무친은 이렇게 말할 뿐이었다.

"지금까지 힘과 지혜로 너를 당할 자가 없었는데 어찌 그렇게 얻어터졌단 말이냐?"

그러면서 형제 관계가 소원해졌다. 더 나아가, 테무친은 쿠쿠추 무당의 이간질을 곧이곧대로 믿기 시작했다.

"제 영혼이 하늘의 소리를 들었습니다. 이제 테무친의 시대가 끝나고 카사르의 시대가 온답니다. 카사르가 모반할 것이라는 하늘의 점괘가 나왔습니다. 그를 죽이지 않으면 뒷날을 장담할 수 없습니다."

테무친은 간교한 무당의 말에 넘어가 쿠쿠추에게 카사르를 체포해 심문하도록 했다. 카사르를 사지로 몰아넣은 것이다. 어머니 후엘룬이 이 소식을 듣고 낙타 수레를 타고 황급히 달려와 카사르의 포박을 풀어 주었다. 단호한 몽골 여장부였던 그녀는 큰아들이 은혜와 의리를 잊어버리고 같은 어머니의 배에서 태어난 골육을 해코지한다며 크게 노했다. 후엘룬은 다리를 꼬고 앉아 양쪽 가슴을 열어젖히고 무릎 위에 흥건하게 젖을 짜내고는 호통쳤다.

"보아라, 너희들이 빨던 젖이다. 제 자궁을 물어뜯고 제 배꼽을 자르는 놈들아! 테무친이 젖 하나를 비우고 카치온과 테무게가 젖 하나를 다 비우지 못했는데, 카사르가 있어 두 젖을 다 비워 가슴이 시원하게 가라앉았다. 테무친은 가슴에 재능을 품고 있고, 카사르는 힘이 세고 활 쏘는 재능이 있다. 그리하여 도망간 백성들을 굴복시키고 겁에 질려 이반해 나간 배신자들을 멀리서 쏴서 귀순해 들어오게 했다. 이제 적을 무찔렀다고 카사르를 다시는 보지 않으려 하느냐?"

후엘룬은 몽골 백성들 사이에서 위세와 덕망이 매우 높아 칭기즈 칸이라도 감히 어머니의 말을 듣지 않을 수가 없었다. 이리하여 카사르는 풀려났지만, 칭기즈 칸은 어머니 앞에서만 "부끄럽다" 하고 어머니의 뜻을 저버린 채 몰래 카사르의 백성들 태반을 빼앗고 1,400호만 남겨 주었다.

하지만 카사르는 굳세고 강하며 지혜로운 사나이였기에 풀이 죽거나 굴복하지 않았다. 원한에 휩싸여 백해무익한 골육상쟁을 벌이지도 않았다. 폭풍우 속에서도 초원의 독수리가 날개를 펴고 하늘을 빙빙 돌며 활공하듯 높이 날았다. 영지는 비록 궁핍하고 황량한 변방이었지만, 삼림이 우거지고 야생의 짐승들이 들끓어 도리어 수렵 생활을 하기에 안성맞춤이었다.

카사르는 식솔과 부족민들을 이끌고 가시덤불을 헤쳐 나가듯 온갖 고난에 맞서며 높은 산과 험준한 고개들을 넘어 영지인 호르친 초원에 다다랐다. 봄부터 겨울까지는 짐승들을 사냥했다. 자자손손 어릴 적부터 말안장 위에서 자라 싸움에 능하고 몸은 건장하고 정신은 용맹스러운 덕에 카사르 일행은 몽골족 고유의 순박함과 전사적 성격을 지켜 갈 수 있었다. 몽골제국에서 억압받는 처지는 오히려 카사르와 그 후손들의 교만과 방종을 막아 주는 역할을 했다. 그렇게 몽골 초원의 바람처럼 아주 오랜 세월이 빠르게 흘러갔다. 카사르의 후손들인 호르친 부족과 새롭게 흥기한 만주족은 혼인동맹을 맺고, 어리석어진 몽골제국의 후손들에게 저항하기 시작했다.

역사적으로 호르친은 '카사르의 후손'을 가리키는 칭호였다. 나중에 부락 이름으로 바뀌고 지금의 지명이 되었다. 때문에 호르친은 신궁神弓이던 카사르에 대한 찬미이자, 말을 탄 채로 활을 쏘아 맞추는 영준하고 용맹한 카사르의 후손들이란 의미도 담겨 있다. 이렇듯 이 이름에는 기나긴 역사의 사연이 스며들어 있다.

스스로를 뽐낼 만한 호르친 전사

말을 타고 활을 쏘는 몽골 기병부대인 '만구다이'는 칭기즈 칸 부대의 골간으로, 동생인 카사르가 직접 지휘를 맡았었다. 당시 카사르는 '만구다이 대장'으로 불렸다. '활을 멘 전사', 즉 '호르친'과 같은 의미였다. 카사르는 "큰 활은 900보, 작은 활은 500보에서 백발백중"하여 신궁 소리를 들었다. 호르친은 몽골어로 '활을 멘 전사' 혹은 '궁수'란 뜻이다. 중국 역사책에는 '휘얼선火兒慎' '하오얼천好兒趁' '얼선爾慎'이라고 적는다.

오늘날 중국 지도에서 호르친은 내몽골 자치구 관할구역 내의 지명이다. 역사적으로 카사르 후대後代 부락민, 즉 '말을 박차고 활시위를 당기는 출중한 몽골 용사'들을 찬미하는 호칭이었다가, 그 부락의 명칭이 변화하면서 지명이 된 것이다. 이러한 호칭이 출현하고 길고 긴 세월이 흘렀다. 칭기즈 칸의 분봉分封이 호르친부部 형성의 발단이었지만, 그때는 '호르친'이라고 부르지 않았다. 카사르 가족은 카사르 영지의 통치자였을 뿐이다. 칭기즈 칸 시대에는 고작 40명에 불과했던 카사르 가족은 쿠빌라이忽必烈 칸 시대에 800명으로 늘어났다. 카사르의 후손들과 부족민들이 카사르의 높은 무공과 전통을 계승한 덕분이었다. 카사르의 자녀는 40여 명이었다. 첫째 부인이 낳은 차남 이샹거가 뭉케칸과 쿠빌라이 시대에 카사르의 후계자가 되어, 부친 및 그 장유종친長幼宗親의 군대와 부락을 모두 통치하는 '이샹거 대왕'이 되었다.

이샹거의 손자 파부사는 1307년 원나라 무종武宗 해산海山에 의해 제왕齊王에 봉해지고, 그의 부는 제왕부齊王部가 되었다. 카사르의 후대 부락민들은 뛰어난 무예와 우수한 전통을 더욱 발전시켜, 카사르의 11대 손인 시구쑤타이 때에 이르러서는 '궁수' 혹은 '활을 멘 전사'란 뜻의 호르친은 카사르의 영지와 그 후손들을 부르는 호칭이 되었고, 시구쑤타이는 '호르친 왕'이 되었다.

시구쑤타이가 살던 시기는 대략 15세기 초, 명나라 선덕제宣德帝·정통제正統帝 연간이다. 격동의 역사는 호르친 사람들에게 미증유의 기회를 가져다주었다. 원나라가 멸망한 뒤 원의 마지막 황제였던 혜종惠宗 토곤 테무르는 6만의 잔병을 이끌고 북방 몽골 지역으로 도망쳤다. 역사는 이를 '북원北元'이라고 부른다. 이후 몽골 대칸은 모두 케룰렌 강 하류과 후룬베이얼 초원 및 그 이남인 대흥안령大興安嶺 일대를 근거지로 삼고, 명나라 및 막서漠西 몽골 오이라트 부족의 끊임없는 침습에 대항했다.

이처럼 몽골의 근거지가 북쪽으로 옮겨 가면서, 대칸이 늘 주필駐蹕(임금이 행차하는 도중에 잠시 머무르거나 묵음)하던 북쪽의 파알스 성이 요지로 부상했다. 그러면서 기존 몽골제국 동북에서 천대받으며 살던 차하르 부족의 후예들에게 기회가 찾아왔다. 그들의 근거지가 대칸이 머무는 곳과 가까웠기 때문이다. 대칸은 하는 수 없이 정치경제 및 군사적으로 그들에게 의지할 수밖에 없었다. 차하르 부락은 주변 부들과 융합하며 부락민 수가 급속도로 증가했고, 무력도 두드러지게 강해졌다. 시구쑤타이 왕 때에 이르러서는 이미 7개 우울데르(씨족)를 통치하고 관할하기에 이르렀다. 이때의 호르친부는 이미 혈연관계로 맺어진 씨족 집단이 아니라 혈통이 다른 사람들의 결합체였다. 호르친 몽골은 다른 부족의 경험을 흡수해 계속 강해졌다.

칭기즈 칸의 후손을 포함해 몽골의 부락들은 호르친 부족의 괄목상대가 마땅치 않았지만 그들을 인정하지 않을 수 없었다. 더욱이 호르친 왕 시구쑤타이는 '칭기즈 칸의 황금 가족'의 통치를 지켜 내는 중대한 공헌을 했다. 몽골의 서쪽에서 몽골과 대립하던 오이라트부의 침입에 맞서 시구쑤타이가 오이라트의 저명한 무장 구이린지파투루를 참살하고, 병사들을 이끌고 오이라트로 쳐들어가 오이라트 봉건주 파투라 승상을 죽인 것이다. 이로 인해 호르친은 침통한 대가를 치러야 했다. 파투라의 아들 튀환이 시구쑤타이를 불구대천의 원수로 삼고 복수를 맹세했다기 때문이다. 훗날 강성한 세력을 구축한 튀환의 아들은 토크타부화를 대총칸으로 옹립하고 전 몽골의 정권을 장악한 후 결국 시구쑤타이 왕을 살해했다.

하지만 호르친 부족은 이 뜻밖의 곤경도 참고 견디는 자세로 극복했다. 변경이라는 지리적 이점 덕분에 채찍이 아무리 길어도 말의 배까지는 닿지 않듯, 적의 칼날이 호르친에까지는 미치지 않은 덕분이다. 호르친 세력은 빠르게 회복하며 성장했다. 그리하여 명나라 후기에는 이미 13개 씨족을 통괄하고 좌우 양익으로 나뉘어 총 10만 울루스(영지)를 갖게 되었다. 그중 지금까지 이름이 전해지는 곳은 타번마오밍안, 타타라친, 커레이티, 아라다친, 파랑우티, 쒀룬우티 등 원래의 타타르, 커레, 파얼후, 쒀룬, 마오밍안 등 옛 부락이 포함된 6곳뿐이다.

시구쑤타이의 후손들은 기회를 틈타 더 넓은 땅으로 세력을 확대했다. 1466년 시구쑤타이의 아들 보뤄나이는 명나라에 사자使者를 파견하여 우호 관계를 맺었다. 호르친 몽골인들은 주로 말, 담비, 양가죽, 여우 가죽,

개 가죽, 사슴 가죽, 인삼, 수달, 버섯 등을 가져가 명나라의 은전, 명주, 비단, 보습, 솥 등과 바꾸었다. 시구쑤타이의 손자인 쿠이멍커 타쓰하라(카사르의 14세손)가 일부 백성들을 이끌고 남쪽으로 이동해 눈강 유역에 자리를 잡고 광대한 지역을 활동 범위로 삼으면서 호르친부는 또 다른 신천지를 갖게 되었다.

눈강은 송화강松花江의 주요 지류로, 쿠이멍커의 큰 아우인 바군눠옌은 부족민을 원래의 호르친 영지로 데려가 다스렸다. 그곳이 대흥안령 산맥의 서북쪽이었기 때문에 '아루(산의 서쪽) 호르친'이라는 이름을 갖게 되었다. 쿠이멍커의 호르친은 아르군 강 유역의 아루 호르친과 구별하여 '나오언 호르친', 즉 '눈호르친'으로 불렸지만 줄여서 그냥 '호르친'이라 부르기도 했다. 필시 쿠이멍커가 이 호르친 부족의 시조일 것이다.

청나라 최고 미녀들을 낳은 호르친 대초원

고대 몽골족은 유목으로 생계를 꾸리는 마상馬上 민족이었기 때문에 늘 옮겨 다녀야 했다. 쿠이멍커는 호르친 백성들을 이끌고 아르군 강을 따라 대흥안령 산맥을 넘고 동남쪽으로 향하다 눈강 유역에 다다랐다. 이 같은 이동은 당시 흔치 않은 일이었다. 이는 호르친 부족의 역사에 큰 획을 긋는 대이동이었다.

남쪽으로의 이동은 호르친 부족에 새로운 기회를 가져다주었다. 그들은 토지가 비옥하고 수초가 넉넉하며, 기후가 적당한 송눈평원松嫩平原(흑룡강성 서남부)에 들어가 유목업과 농업을 동시에 발전시켰다. 부족민들의 삶도 빠르게 풍요로워졌다. 호르친은 눈강의 동부로 영토를 넓혀 시바이 부락과 과레이차 부락을 속부로 삼았다. 호르친부는 전에 없이 광대해졌다. 그 영토는 동쪽과 동남쪽으로 이통하伊通河, 동요하東遼河 강과 마주하여 해서여진海西女眞의 울라부, 여허부와 이웃했다. 남쪽으로는 성경盛京(지금의 요령성 성도인 심양瀋陽), 변장邊墻(지금의 요령성 법고法庫 현 장무변문彰武邊門 북쪽), 서남쪽으로는 카얼카 몽골과 접하고 서쪽으로는 자루터 몽골부와 경계를 두었다. 북으로는 눈강의 상류 지구와 가까웠다. 지금의 중국 영토로 놓고 보자면, 내몽골 자치구 동북부, 흑룡강성과 길림성 서부, 요령성 북부가 모두 호르친의 영토였다. 이때 호르친 부족의 병사들은 강했고 말은 살쪘으며 백성들은 흥륭했다. 후세를 이을 사람들도 즐비했다.

쿠이멍커의 맏아들 보디다라는 아홉 명의 아들을 두었다. 맏아들 치치커즈의 후손들은 계속해서 호르친부의 부족장을 맡았고, 나중에는 호르친 우익중기右翼中旗와 전기前旗의 주인이 되었다. 부무부타이의 조부인 망구쓰와 그의 동생 밍안, 쿵궈얼, 보디다라 등은 차남의 소생들이었다. 그들은 모두 각각의 영지와 백성을 가졌으며, 뒷날 호르친부 좌익중기, 후기, 전기의 주인이 되었다. 보디다라의 동생 눠먼다라는 뒷날 호르친 우익후기의 주인이 되었다. 보디다라의 다른 아들은 자지터 1기一旗, 두얼바이터 1기, 궈얼뤄쓰 전기前旗와 후기後旗 등으로 갈라졌다. 이상이 호르친의 10기旗(지금 내몽골 자치구의 행정단위인 기旗는 현縣과 동급)이다.

호르친의 남진은 새로운 발전의 길을 열었을 뿐만 아니라, 호르친 몽골 귀족과 만주 귀족 간의 혼인동맹의 길을 열었다. 그런데 몽골의 호르친 부족이 동쪽으로 이동한 후 동북 지역(만주)의 세력 판도가 크게 바뀌었다. 원래 세력이 강성한 여진족이 명나라와 대치했고, 명나라는 요동의 여진족을 그럭저럭 다스리고 있었다. 하지만 몽골족의 동진 이후, 여진족 외에도 10만여 명의 강경한 몽골 철기군이 항상 소란을 피워 명나라는 산해관山海關 동북쪽의 요동 정세를 안정시킬 수 없게 되었다. 몽골족과 여진족이 연합하여 요동을 침범하자 명나라는 점점 더 세력이 약해졌고, 이는 신흥 민족인 만주족이 홍기할 수 있는 절호의 기회가 되었다.

바로 이 책의 주인공 부무부타이는 호르친 남진 66년 후인 명 만력萬曆 41년(1613) 3월 28일(음력 2월 초파일), 호르친 몽골 부락의 중간인 서요하 강가, 지금의 내몽골 자치구 통요 시 호르친 좌익중기 화투구라 진 하오르엔아이리의 몽골 귀족 가문에서 태어났다.

부무부타이는 카사르의 제19대 손녀이자 쿠이멍커의 6세손으로, 보디다라의 차남 나무싸이의 한 지류였다. 나무싸이 직계는 호르친 부족장을 맡지는 않아도 평범한 무리는 아니었다. 그 맏아들 망구쓰가 바로 부무부타이의 조부 차얼구치 버일러로, 호르친 좌익중기의 시조이다. 그의 차남 밍안은 다얼한파투루로 불렸는데 호르친 좌익후기의 시조이다. 셋째 아들 쿵궈얼은 호르친 좌익전기의 시조로, 전투에 능한 장수였다. 이 사람들이 뒷날 모두 호르친부의 족왕族王인 버일러가 되었다.

부무부타이의 아버지는 망구쓰의 독생자인 자이쌍이다. 모친은 '보리'라는 이름의 붙임성 좋은 여성이었다. 부무부타이의 형제자매는 우커산, 차한, 쒀뤄무, 만주시자 등 네 명의 오빠와 언니 하이란주海蘭珠(1609~1641)

가 있었다. 부무부타이는 자이쌍 버일러의 막내딸로 집안의 금지옥엽이었다. 그녀는 호르친 대초원의 부귀하고 온화한 집안에서 조부, 조모, 오빠, 언니의 사랑을 듬뿍 받으며 호르친 사람들의 강하고 굳센 정신을 계승하며 성장했다.

야사에 따르면, 효장태후의 어릴 적 이름은 '다위얼'이었다. 옥처럼 피부가 곱고, 들꽃처럼 청아한 아름다움 때문이었다. 홍타이지의 젊은 귀비 시절에도 '옥비'라고 불렸다. 청나라 문학가인 나란싱더納蘭性德는 다위얼을 오색찬란한 날개로 초원의 풀밭을 나는 나비에 빗대고, 그녀의 친정인 호르친 초원을 이렇게 묘사했다.

"저 멀리엔 곤륜의 언덕이 솟아나고, 별자리의 바다가 넘실댄다."

청나라 때 수많은 왕비와 왕공 귀족 여인네들의 태반이 '미녀들의 초원'인 호르친 출신이었다. 그중에서 다위얼을 "몽골 제일의 미녀"라고 상찬한 나란싱더는 또 이런 글귀를 남겼다.

"호르친의 오색나비들은 월나라 서시西施나 한나라 왕소군王昭君의 미모에 절대 뒤지지 않는다."

《청사연의淸史演義》 등의 야사에 따르면, 다위얼은 어릴 적 호르친 초원에서 도르곤을 만나 첫사랑을 나누고 뒷날을 기약한다. 중국 사극에서도 소년 도르곤이 말을 타고 낙일하는 태양을 쫓아가다 호르친 초원에 닿아 우연히 다위얼을 만나 사랑에 빠지는 장면이 나온다. 하얀 겔(몽골 천막)들이 운집한 곳을 북극성처럼 가운데에 두고 온갖 들꽃들이 별무리처럼 피어나는 초원의 하늘 끝까지 신나게 말을 달리던 도르곤은 다위얼을 보자마자 홀린 듯 뒤를 쫓는다. 간신히 그녀의 말을 따라잡은 도르곤은 다위얼의 아름다운 얼굴에 가슴이 두근거리면서도, 그녀의 기마술에 너무나 놀란 나머지 이렇게 소리친다.

"정말로 칭기즈 칸의 후예로서 부끄럽지 않구려! 그대는 정밀 말을 잘 탑니다!"

하지만 운명의 여신은 그녀를 도르곤의 이복형 홍타이지에게 시집가게 하고, 뒷날 이 세 사람의 엇갈린 운명의 장난은 '효장태후와 섭정왕 도르곤의 결혼'이라는 청나라 역사상 가장 흥미로운 미스터리를 낳는다.

2장

만주족과 몽골족의
혼인동맹

이웃한 호르친과 후금(청)이 각자의
이익을 지키고자 공통의 적과 싸우며 연합작전을 편 것은 객관적 필요에
따른 역사의 필연이었다. 부무부타이布木布泰 친정은 몇 세대에 걸쳐 호
르친과 후금의 연합에 적극적이고 주동적인 역할을 했다. 통혼은 일종의
정치 연합의 연결고리로써 당시의 정치적 필요에 순응하는 일이었다.

 만몽 혼인동맹의 장구한 역사

부무부타이와 홍타이지皇太極의 결혼은 이러한 정치적 혼인이었다. 그

녀는 몽골 황금 가족의 후예이자 최고 귀족인 보얼지지터 가문의 일원으로서 만주 황실 제4버일러와 결합하며, 몽골족과 신흥 만주족의 오래된 연합의 상징이 되었다. 당연히 후금으로 시집을 간 호르친의 딸은 부무부타이 하나만이 아니었다. 만주족과 몽골족, 이 두 민족은 대륙 동북지방의 양대 강자로서 대단히 중요한 위치를 차지했기 때문에 그 일거수일투족이 동북의 정세에 큰 영향을 미쳤다. 이들의 연합은 동북지방의 통일과 안정을 빠르게 가져다주고, 청나라가 산해관을 뚫고 중국 대륙을 정복하도록 도왔다. 청조가 중국 대륙을 통치한 뒤에도 몽골은 청나라와 혼인동맹을 맺고 대청제국의 북방 울타리로서 변경을 공고히 지키며 청나라 정부의 크나큰 조력자 역할을 했다.

1625년 부무부타이가 만주 제4버일러 홍타이지에게 시집간 것은 하나의 사건이었지만, '만몽 연혼聯婚'의 시작은 아니었다. 중국의 동북지방(흑룡강성 · 길림성 · 요령성)은 만주족의 발양지로, 다민족 잡거지이자 여러 민족의 생활문화가 오색찬란히 꽃피운 다문화 지역이다. 명나라 때 이미 이곳에는 한족과 만주족의 선조인 여진족, 몽골족 및 조선족, 다우르족, 오원커족, 오르죤족, 허저족 등이 어울려 살고 있었다.

그중에서도 몽골족과 여진족의 역사는 깊다. 가장 오래된 조상은 은나라 때의 숙신족肅愼族이다. 당나라 때는 말갈족靺鞨族이 흑룡강과 송화강, 장백산(백두산) 부근에 살았다. 발해를 멸망시킨 거란족 요遼(916~1125)나라의 지배를 받던 여진족 왕기야부의 아구다阿骨打는 금金(1115~1234)나라를 세운 후, 1125년과 1127년 연이어 요나라와 북송北宋을 멸망시키고 중국 대륙의 북부를 통치했다. 이후 금나라가 몽골제국에 멸망당한 후 여진족은 금나라 건국 이전의 부족사회로 후퇴했다. 이때 독자적인 여진 문자도 사라지고, 부족은 여러 갈래로 흩어졌다.

명나라 때에는 여진족이 건주建州 여진, 해서海西 여진, 야인野人 여진(동해東海 여진) 등 세 부로 나뉘어졌다. 건주와 해서는 지명이지만, 야인은 '미개한 부족'이란 뜻이다. 명나라 중엽, 건주 여진은 세력을 점점 확장해 두만강과 송화강의 동서 양쪽으로까지 진출했다. 이후 계속 남하해 장백산 동쪽과 북쪽까지 진출해 남으로는 압록강, 서로는 요령성 무순撫順, 북으로는 송화강 상류와 경계를 이루고, 혼하渾河와 소자강蘇子江 유역의 중심에까지 세력을 펼쳤다.

해서 여진의 주류는 원래 지금의 호란하呼蘭河(하얼빈 동쪽)를 중심으로 한 송화강 중류 지역에 살았는데 그 후손들이 점점 남하해 여허부, 하다부, 호이파부, 울라부 등 네 부로 나뉘었다. 동북으로는 야인 여진과 조선, 동남으로는 건주 여진, 서로는 몽골의 호르친부, 궈얼뤄쓰부와 이웃했다. 호란하는 금나라의 발상지여서 해서 여진은 동쪽의 미개한 야인 여진과 한족화의 정도가 높은 건주 여진에 비해, '정통 여진족'이라는 우월감이 가득했다.

어로에 치중하던 야인 여진의 대다수는 흑룡강(아무르 강), 우수리 강유역과 송화강 하류에서 살았다. 뒷날 일부는 건주 여진에 통합되고, 나머지는 다우르족, 오원커족, 오르쫀족, 허저족 등의 소수민족이 되었다. 오늘날 러시아 연해주에도 그 후손들이 살고 있다.

칭기즈 칸 대에 이르러 세력이 강성해진 몽골이 중국의 동북지방으로 물밀 듯이 몰려갔지만, 1369년 원나라 멸망 후 그들 대부분은 동북지방에서 물러났고 잔여 세력은 명나라에 투항했다. 명나라 태조 주원장朱元璋은 몽골족을 눈강 하류와 도아하 강 유역에 집중시키고 타안, 태녕, 복여 등 우량하兀良哈(삼림에 거주하는 부족) 몽골족 삼위三衛를 설치해 관리했다. 우량하 몽골족 삼위는 명나라 영종英宗과 선종宣宗 연간에 남쪽으로 이동해 희봉구喜峰口 등 만리장성 바깥쪽과 금주錦州, 북전北鎮, 개원開原, 철령鐵嶺 등의 지역에 옮겨 살았다. 나중에는 점차 동쪽으로 이동해 카라선, 카얼카, 호르친 등의 몽골 부족과 섞여 살았다.

압력이 반항을 키우듯, 만주족과 몽골족 두 민족은 명나라의 고압 정책에 항거하고자 연합을 한층 강화해 나갔다. 당연히 만몽 연혼聯婚의 세찬 기세를 누그러뜨릴 수 없었고, 이는 수백 년을 이어졌다. 부무부타이의 친정인 호르친 몽골부의 부얼지지터씨 가족과 그녀의 시댁인 만주 건주 여진 아이신기오로愛新覺羅씨 가족이 바로 연혼으로써 대통일과 반명 투쟁을 위한 만몽 연합의 교량을 놓은 예이다.

몽골족과 여진족은 이렇듯 서로 이웃해 살며 피가 섞이는 역사를 오랫동안 지속해 왔다. 당연히 온갖 교류도 빈번하고 관계도 돈독했다. 명나라 초기에는 몽골 부족 일부가 여진에 귀순하기도 하고, 여진족이 몽골족에 고용되기도 했다. 청나라 태조 누르하치(1559~1626)도 몽골 부락에서 잡일을 해 주며 끼니를 연명한 적이 있었다. 당시에도 만주족과 몽골족의 통혼은 다반사였다. 해서 여진 4부 중 여허부, 울라부, 하다부 등은 모두 몽골족과 빈번히 통혼하면서 피가 깊이 섞였다. 해서 여진의 시조인 밍원은 자신을 몽골인 혹은 몽골의 후예로 여겼다. 건주 여진의 수령 이만주李滿住의 경우에는 처 세 명 가운데 두 명이 몽골족이었다. 건주 여진과 호르친 몽골족 간의 혼인동맹은 '아이신기오로 누르하치' 때 더 빈번해졌고, 이 만몽 혼인동맹은 이후 청나라 역사에 깊은 영향을 끼쳤다. 아이신기오로는 건주 여진의 신흥 성씨로, 주로 지금의 요령성 신빈현新賓縣 일대에 살고 있었다. 이 성씨 출신인 누르하치는 여진족 통일이라는 시대적 사명을 안고 태어난 건주 여진의 걸출한 영웅이자 탁월한 병법가였다. 뒷날 그의 여진족 대통일전쟁을 보노라면 하늘이 그를 돕고 있다는 생각이 들만큼, 그는 '천시天時를 타고난' 희대의 영웅이었다.

명나라의 이이제이 변방 정책

원래 누르하치의 선조들은 명나라로부터 책봉을 받았다. 만주족의 1대조인 부쿠리 용숀의 6대 후손 몽케테무르는 건주좌위우도독建州左衛右都督(정1품), 누르하치의 조부 기오창가는 건주좌위도建州左衛都 지휘사를 역임한 적이 있고 나중에 건주좌위도독으로 승진했다. 누르하치의 아버지 탁시도 건주좌위를 지휘했다.

그런데 명나라 요동 총병總兵 이성량李成梁 장군이 명나라에 항거하는 여진과 몽골 연혼결맹을 겨눈 군사행동을 감행하여, 1574년 건주 여진의 유명한 수령 왕가오(왕고王杲)의 부部를 대대적으로 토벌했다. 그는 여진의 산채들을 부수고 1,100여 수급을 베었으며, 왕가오와 그 가신 27명을 살해했다. 하지만 명나라 조정의 잔혹한 진압은 여진족과 몽골족의 연합을 막기는커녕 도리어 그들의 분노만 부추기는 결과를 낳았다.

왕가오(왕고) 아들 아타이(건주우위의 수장)는 다시 산채를 세우고 아버지의 복수를 준비했다. 그는 수차례에 걸쳐 몽골인들을 이끌고 요동을 침범했다. 1583년 2월 이성량은 다시 앞뒤로 건주 여진 수령 아타이, 아하이 형제 빛 해서 여진 예허부 수령 청자누, 앙자누를 잔인하게 진압하며 3,500여 명을 살해했다. 이성량의 명나라 병사들은 고륵古勒(지금의 요령성 신빈현新賓縣 상협하향上夾河鄉 고루촌古樓村) 성의 성주 아타이를 토벌할 때 누르하치의 조부와 아버지를 살해했다. 여진 사회를 분열시키기 위한 의도적인 모살이었다. 당시 24세의 누르하치는 하루아침에 조부와 부친을 잃는 슬픔 속에서 남은 가족들을 수습해야 했다.

당시 명나라의 요동 정책은 '오랑캐를 오랑캐로 제압하는' 이이제이以夷制夷였다. 여진족들끼리 서로 싸우도록 이간질해 힘을 약하게 하려는 책략이었다. 그렇다고 여진족이 너무 쇠약해져도 안 되었다. 고비사막 북쪽으로 추방한 몽골 세력이 다시 남하하는 것을 동쪽에서 적당하게 견제하는 세력이 바로 여진족이었기 때문이다. 명나라는 여진족을 이용해 몽골족을 방어하고자 한 것이다. 또한 여진족들끼리 싸움만 일삼으면 요동 지역이 소란스러워지기 때문에, '친명 괴뢰 여진 집단'을 하나 만들어 어느 정도 강성하게 한 다음에 그들로 하여금 다른 여진족을 다스리게 하는 방책을 구사하려 했다.

명나라는 위소제衛所制를 실시하여 각지의 여진족 부족장에게 관직을 하사하며, 관직을 증명하는 칙서와 인새印璽를 주고, 조공을 바치면 말 시장을 열 수 있는 특권을 주었다. 당시 안정적인 경제력을 갖추지 못했던 여진 부족들은 명나라와의 무역을 보장해 주는 칙서를 받기 위해 명나라에 충성 경쟁을 벌였다.

명나라의 요동 책임자였던 이성량 장군은 해서 여진이 금나라의 직계이고, 특히 '몽골계 여진족'인 여허부는 반명反明 정서가 강하기 때문에 친명親明 괴뢰 여진족으로는 부적합하다고 생각했다. 대신에 졸지에 아버지를 잃어 후원자가 없어진 '보잘것없는' 누르하치를 키우는 게 최선이라고 여겼다. 그래서 이성량은 건주 여진을 위무하기 위해 1582년 '탁시의 맏아들' 누르하치(당시 24세)를 건주좌위도 지휘사로 봉하고 조부와 부친의 사업을 잇도록 '용호龍虎 장군'이란 칭호도 내렸다.

이성량은 누르하치에게 칙서를 내려 명나라와 장사할 수 있는 특권을 주었다. 그러나 누르하치는 부친과 조부를 죽인 명에 대한 원한을 잊지 않았다. 다만 아직은 때가 아님을 알고 몸을 한껏 낮추며 명에 복종하는 척했다. 재능을 감추고 때를 기다리던 누르하치는 명나라에 귀순했다. 조선과도 우호적으로 지내며 조선이 여진 대통일의 장해물이 되지 못하도록 했다.

이렇게 누르하치는 이성량이 자신을 이용해 요동을 안정시키려는 것을 역이용해 1583년, 드디어 의형제 7명 그리고 동생 슈르가치舒爾哈齊와 더불어 아버지가 남긴 13벌의 갑옷을 입고 군사를 일으켰다. 누르하치는 부친의 원수인 도륜성圖倫城의 성주 니칸와일란을 정벌하는 것을 시작으로 여진 대통일의 대장정에 올랐다. 그는 명나라의 여진족 분열 정책을 깨부수려면 여진족부터 통일해야 한다는 사실을 잘 알았다.

누르하치는 1587년에 아라성阿拉城(지금의 요령성 신빈현 영릉진永陵鎭 이도하자촌二道河子村 동남쪽)에서 정치와 입법 체제를 확립하고 상비군을 조직했다. 이후 파죽지세로 만력 17년(1589), 숙수후, 후너허, 왕기야, 동고, 저천 등 건주 5부를 모두 복속시키고, 스스로 '수러淑勒 버일러'(중국 식으로는 총예왕聰睿王)가 되었다.

그런데 녕 만력 21년(1593) 9월, 누르하치의 처남이자 해서 여진 여허부의 수장인 나림불루가 만몽 9부 연합군을 결성해 누르하치에 반기를 드는 사태가 전개되었다. 9부 연합군은 해서 여진의 4부와 장백산의 주사리부, 너옌부, 몽골의 호르친부, 시바이부, 과얼차부 등으로 군사는 3만이었다. 9부 연합군은 세 갈래로 나뉘어 벌떼처럼 건주 여진을 공격했다. 이때 누르하치의 병력은 총 1만 명으로 9부 연합군의 3분의 1에 지나지 않았다.

하지만 군율이 엄격했던 누루하치의 병사들은 지도자를 위해 목숨을 아낌없이 내던졌다. 누르하치는 고륵산古勒山(지금의 요령성 신빈현 상첩하향 승리촌勝利村)에서 진을 치고 9부 연합군과 운명을 건 단판 승부를 벌여 대승을 거두었다. 그는 여허부 버일러 부자이의 목을 베고 울라부 버일러 부잔타이를 사로잡으며, 적군 4천 명을 죽이고 전투마 3천 필, 갑옷 1천 벌을 노획했다. 그리고 장백산의 주사리부와 너옌부를 원정하여 이 영토까지 죄다 병합했다.

누르하치와 도요토미 히데요시

고륵산 대첩의 승리는 누르하치의 명성과 위업을 온 만주에 쩌렁쩌렁

울리게 했다. 이후 누르하치는 호이파부(1607), 울라부(1613)를 멸망시키고, 1619년에는 해서 여진의 여허부를 멸했다. 이렇게 질풍노도처럼 세력을 확장한 누르하치는 1619년 산악지대의 사르후(지금의 요령성 무순撫順 동쪽 대화방수고大夥房水庫 일대) 전투에서 드디어 명군과 조선군 연합군을 격퇴했다. 이와 동시에 여러 차례 출병하여 흑룡강 하류와 사할린 연해에 사는 야인 여진을 정복했다.

사실 누르하치는 그 3년 전인 1616년에 이미 허투알라赫圖阿拉 성성城(지금의 요령성 신빈현 만족자치현 영릉진永陵鎭 동쪽)에서 '겅기연 칸'(밝은 칸)임을 자임하며 후금後金을 세우고 연호를 '천명天命'으로 반포한 상태였다. 누르하치는 불과 수십 기로 군사를 일으킨 지 40여 년 만인, 1621년에 드디어 요동 이북 전체를 수중에 넣었다.

누르하치는 싸움만 능한 게 아니라 명나라의 요동 정책을 역이용하는 지략도 뛰어났다. 인삼, 모피, 진주를 명나라에 팔아 얻은 경제적 이득의 절반을 명나라의 요동 책임자인 이성량 장군에게 상납하며 그의 욕심을 채워 주었던 것이다.

"(이성량은) 요동의 모든 상업적 이득을 죄다 제 호주머니 속에 채웠다."(《명사明史》〈이성량전〉)

이렇게 이성량은 '누르하치의 건주 여진'을 명나라의 꼭두각시로 세워 그를 교묘하게 조종해 요동을 관리하겠다는 원래의 목적을 치부致富하느라 까맣게 잊고 말았다. 그런데도 이성량은 요동의 군사 책임자로 22년간 재임하며, 열 번의 대승을 거두었다고 명나라 조정에 보고했다. 조정의 고관대작들에게 뇌물을 주며 올린 거짓 정보였다. 한갓 작은 전투가 대승을 거둔 대첩이 되고 패배가 승리로 둔갑했으며, 무고한 양민의 머리가 적장의 수급으로 돌변했다. 그래도 명 조정의 권세가들을 돈으로 매수한 덕에 이 속임수는 들통나지 않았다.

예로부터 중원의 모든 삭풍은 만리장성 북쪽에서 불어온다고 했던가? 이성량의 치부와 사치, 타락은 뒷날 '만리장성 동쪽 천해의 요새'인 산해관을 '동쪽의 오랑캐(만주족)'들이 단숨에 뚫은 파천황적인 역사를 잉태하고 말았다. 칭기즈 칸의 삭풍이 북쪽에서 불어왔다면, 누르하치의 삭풍은 동북쪽에서 서서히 거대한 바람이 되어 불어왔다.

흥미로운 점은 명·청 교체기 때 일본의 도요토미 히데요시가 누르하치의 여진 대통일을 도와주었다는 것이다. 건주 여진을 통일한 누르하치가 만주 전역으로 세력을 떨치려 한 1591년, 도요토미 히데요시는 조선에 '명나라를 치러 갈 테니 길을 비키라'고 요구했다. 일명 '정명가도征明假道'였다. 조선이 이를 거부하자 도요토미는 임진왜란(1592)을 일으켰다. 당연히 명나라의 관심은 누르하치에서 도요토미 히데요시 쪽으로 쏠릴 수밖에 없었다. 원래 조선족이었던 이성량 장군의 아들 이여송李如松이 조선 원군의 책임자였던 것은 역사의 아이러니이다.

누르하치는 이렇게 마치 하늘의 보살핌이라도 받은 듯, 여진 대통일이라는 과업에 박차를 가할 수 있었다. 몽골제국이 극심한 내부 분열로 시달리고 있는 것도 천우신조였다. 도요토미 히데요시의 갑작스런 죽음으로 왜군이 조선에서 철수한 이듬해인 1599년, 해서 여진 하다부는 기근이 들어 명나라에 도움을 요청했지만 명나라는 이를 거절했다. 당시 명나라는 남쪽 해안에는 왜구가 득실대고 내륙에서는 농민반란이 일어나

극도의 내우외환에 휩싸인 상태였다. 따라서 명나라는 만주의 우호 세력을 도울 여력이 없었다. 하는 수 없이 하다부는 누르하치에게 항복했다. 이래저래 천시를 타고난 누르하치였다.

 누르하치의 처음이자 마지막 패배

동양사에서 유럽인들이 가장 주목하는 인물은 칭기즈 칸과 누르하치이다. 한족이 아니라 이민족으로서 중원을 정복하고, 수적으로 월등한 한족 중심의 다민족국가를 지배했기 때문이다. 그리고 200년 이상 통일국가를 이룬 왕조는 한나라, 당나라, 명나라, 청나라뿐이다. 한고조 유방劉邦, 당고조 이연李淵, 명태조 주원장은 모두 한족이지만, 청태조 누르하치만이 이민족이다. 어떻게 100만의 만주족은 1억의 한족을 280년 동안 지배할 수 있었을까?

누르하치가 세운 후금(청나라)은 강희제 · 옹정제雍正帝 · 건륭제乾隆帝로 이어지는 강건성세康乾盛世의 시대에 지구상에서 가장 인구가 많고 가장 영토가 넓고, 문화와 경제의 힘이 가장 융성한 대제국으로 성장했다. 신강 위구르, 대만, 티베트, 만주, 몽골을 정벌한 청나라는 중국 역사상 공전절후의 최대 판도를 후세들에게 남겨 주었다. 오늘날의 중국 영토를 있게 한 것이 바로 대청제국이다. 이런 대제국의 문을 연 누르하치는 과연 어떤 인물이었을까?

누르하치는 열 살 때 생모를 여의고 계모 나라씨의 슬하에서 자랐다.

계모와 이복형제들의 시달림이 심했고, 아버지 탁시는 계모의 말만 믿고 누르하치에게 데면데면 굴었다. 그가 열여섯 살에 결혼해 분가를 할 때 아버지와 계모는 남자 여섯, 여자 다섯, 말 두 필, 넉 두의 소만 주었다. 이후에도 누르하치는 가난을 면치 못하여 매잡이를 하거나 인삼과 송이버섯을 캐고 잣송이를 주워 끼니를 연명했다. 이런 그가 여진족을 통일한 후 내몽골을 정벌하고 동쪽으로는 오호츠크 해, 서북으로는 바이칼호, 서쪽으로는 청해靑海, 남쪽으로는 동해, 북쪽으로 외흥안령外興安嶺에 이르는 광활한 영토를 통일한 것이다. 이 영토만으로도 이미 당시의 명나라와 맞먹을 정도였다.

흔히 누르하치의 공적은 여진족 통일과 만주 지역의 일괄 지배, 팔기군八旗軍 창립과 만주 문자 제정, 후금 정권 수립, 대몽골 유화정책, 안정적인 식량 확보를 위한 둔전屯田 실시, 심양瀋陽 천도, 팔기 공화제 정치제도 수립 등으로 알려져 있다. 특히 만주 팔기의 창립과 대몽골 유화정책은 탁월한 공적으로 꼽힌다. 실제로 이 두 업적은 이후 후금이 대청제국으로 흥성하는 데 가장 중요한 역할을 했다.

누르하치가 여진족의 몰이사냥을 밑거름 삼아 창설한 팔기 제도는 향후 만주족이 동아시아의 패권을 차지하는 지렛대 구실을 했다. 원래 여진족은 사냥할 때 화살을 추렴하고 장정 10명에 1명의 니루어전牛彔額眞(니루는 '큰 화살', 어전은 '우두머리, 주군'을 뜻함)을 두었다. 사냥터의 우두머리인 니루어전은 하나의 관직명으로 '니루'는 최하층의 조직명이다. 둔전, 납세, 부역 등 모든 행정이 니루를 단위로 계산되었다. 니루는 기존의 둔채屯寨, 둔장屯長, 채주寨主 등 중소 노예주를 대체한 것이었다.

누르하치는 1601년, 수렵 단위였던 니루를 군사 조직인 팔기八旗(만주어로는 '자쿤구사')로 개편했다. 누루하치는 팔기를 세울 때 정복한 부락의 족장이 저항하면 죽이고, 귀순하면 니루어전이라는 관직을 주어 후금 정권의 하위 관리가 되도록 했다. 이렇게 팔기의 가장 기층 편제인 니루는 성인 남자 300명으로 구성되었다. 5니루는 1잘란, 5잘란은 1구사로 편성했다. '구사'를 의역義譯한 것이 '기旗'이다. 1잘란이 1,500명, 1구사는 7,500명이 되는 셈인데, 누르하치가 칸으로 즉위할 무렵에 400니루를 거느렸다고 하니 그 수가 대략 12만 명인 셈이다. 《팔기통지八旗通志》에 따르면, 만주 니루가 308, 몽골 니루가 76, 한족 니루가 16이었다.

구사, 즉 기를 이루는 색은 본래 넷이었다. 수렵 때 짐승 떼를 몰아넣는 곳을 정해 두고 황기黃旗를 꽂았는데, 나머지 세 기의 가운데는 남기藍旗, 좌우는 홍기紅旗와 백기白旗였다. 누르하치는 황기·남기·백기의 테두리에는 홍색 테두리를 두르고, 홍기에는 흰 테두리를 댔다. 나중에 테두리가 없는 것은 정황正黃·정백正白·정홍正紅·정람正藍이라고 부르고, 테두리를 두른 것은 양황鑲黃·양백鑲白·양홍鑲紅·양람鑲藍이라고 불렀다.('정正'은 '있는 그대로'의 깃발이고, '양鑲'은 '테두리를 두른 깃발'이란 의미다.) 바로 이것이 누르하치가 만주족을 통일하는 데 결정적으로 기여한 군사행정 체계인 '만주 팔기'이다. 이후 이 체계에 몽골 팔기와 한족 팔기, 조선 팔기가 더해져 24기가 되었다. 순치 원년(1644), 누르하치가 북경에 입성한 후 팔기는 북경에 주둔하는 금려팔기禁旅八旗와 각 성의 요충지에 주둔하는 주방팔기駐防八旗로 나뉘어 대청제국을 지탱하는 골간 구실을 계속 이어 갔다.

팔기 제도는 모든 백성을 '팔기의 깃발' 아래로 묶는 강력하고도 일사불란한 행정·군사·경제·사법 체제의 중추였다. 팔기는 한 마디로 만주족이 새롭게 만든 민간과 군정의 통일 조직이었던 셈이다. 누구든 팔기의 어느 하나에 속해야만 했다. 그래서 특별한 호적에 편성되어 특별한 신분 지배층을 형성한 '기인旗人'은 만주어 습득과 궁술 및 기마술 연마, 군역 의무 외에는 농업이나 상업·공업 등 영리사업에는 손을 댈 수 없었다. 때문에 한족들은 만주족을 '기인'이라고 불렀고, 역사서는 만주족을 양황기 사람 혹은 정홍기 사람 하는 식으로 적었다. 기인은 한자로 국인國人, 즉 백성이었고, 기적旗籍은 한족의 호적과 같은 개념이었다.

팔기 제도는 그리하여 노예사회를 봉건사회로 변혁시켰다. 군사적으로는 기의 색깔에 따라 방위를 정해 행군 작전을 펼쳤기 때문에, 팔기군은 일사 분란한 전투조직으로 변하고 전투력도 크게 배가되었다. 누르하치가 군사를 일으킨 후, 좁쌀만 하던 세력이 거대한 산처럼 커진 원동력이 바로 팔기에 있었다. 17세기 전반, 세계에서 가장 강력한 만주 팔기 철기병을 거느리고 신기에 가까운 용병술로 백전백승하던 누르하치는 마침내 1618년 명나라에 쌓인 '7대 한恨'을 풀기 위해 반명의 기치를 높이 들었다. 누르하치가 하늘을 우러르며 명나라에 이를 간 일곱 가지 한은 다음과 같았다.

첫째, 아무런 까닭도 없이 부친과 조부를 살해했다.

둘째, 국경을 넘지 않겠다는 약속을 깨뜨렸다.

셋째, 맹세를 깬 월경자를 처형한 것에 대한 보복으로 대칸의 사자를 죽였다.

넷째, 대칸과 예허나라씨 부족 딸의 결혼을 방해하고 그 딸을 마음대로 몽골에 주었다.

다섯째, 국경 근처에서 농사를 짓는 여진족 백성들을 강제로 쫓아냈다.

여섯째, 악랄한 예허나라씨 부족을 믿고 우리를 모욕했다.

일곱째, 천도天道를 거스르고 선악을 뒤바꾸는 파렴치한 짓을 저질렀다.

이후 누루하치는 그의 명운이 걸린 1619년 사르후 대첩에서 명군이 몇 갈래의 길로 진격해 오든 오직 한 갈래로만 병력을 집중해 차례차례 격파했다. 명나라 군은 압도적인 무력을 과신하고 공명심에 사로잡힌 나머지 산발적으로 작전을 펼치다가 대패했다. 중국 역사상 가장 적은 병력으로 가장 많은 적을 무찌른 사례였다. 사르후 대첩 때 홍타이지는 양백기를 이끌고 네 갈래로 진군하는 명군을 무찌르는 큰 공을 세웠다.

1622년 누르하치 군은 드디어 광녕성廣寧城을 함락시키고 요서遼西 지역에까지 진출했다. 이제 요서의 요충지인 영원성寧遠城만 돌파하면 곧바로 산해관에 다다를 수 있었다. 그런데 영원성을 지키던 원숭환袁崇煥은 기존의 요동 사령관들과는 달랐다. 그는 우선 성 밖으로 나가 평원에서 만주 기병들과 싸워서는 절대 이길 수 없다는 사실을 잘 알고 있었다. 그래서 포르투갈인들이 갖고 온 홍의대포紅衣大砲로 농성하면서 맞서기로 했다. 원숭환은 복건성에서 홍의대포를 실어오게 했다. 그리고 도성 밖의 백성들과 양곡을 성안으로 거둬들이고, 도성 밖 집들을 전부 불사르는 견벽청야堅壁淸野(해자를 깊이 파 성벽의 수비를 튼튼히 하고, 성 밖의 모든 곡식을 성내로 거두어들여 적의 군량미 조달에 타격을 입히는 약자의 방어책) 전술로 만주 철기병에 맞서기로 했다.

1626년 누르하치는 홍의대포가 영원성 성벽에 즐비하게 서 있는 줄도 모르고 살기 기병들을 영원성으로 내달리게 했다. 팔기군이 성에 도착하자, 벽력 같은 굉음을 내는 홍의대포가 불을 뿜었다. 포 소리가 들릴 때마다 무서운 불덩어리가 날아와 만주 팔기의 한복판에 떨어졌다. 용감한 팔기 철기병들이 한 무리씩 일제히 고꾸라졌다. 누르하치는 몸소 전장에 나가 병사들을 독려했지만, 홍의대포가 불을 뿜어 대는 영원성 성벽에 다다르기도 전에 빗발처럼 쏟아지는 포격 탓에 후퇴를 거듭해야만 했다. 기록에 따르면, 홍의대포가 황룡기를 적중시키자 만주 팔기 기병들이 누군가를 홍포로 감싸 들것에 싣고 가면서 대성통곡을 했다. 이때 들것에 실려 나간 이가 만주족 두목이 누르하치였다.

25세에 거병을 해 고립무원의 악조건을 극복하고 이리저리 찢겨진 여진족을 36년 만에 통일한 불세출의 영웅 누르하치는, 이렇게 44년간 불패 신화를 쌓다가 영원성 한 곳을 뚫지 못한 채 홍의대포를 맞고 시름시름 앓다 죽었다. 후금 학자 유학성은 그의 '최초이자 마지막 패배'를 이렇게 기록했다.

"영원성을 얕잡아 보아, 하늘이 대칸을 번거롭게 하셨다."

한족과의 싸움에서 항상 수적으로 밀렸던 만주족은 포로들을 우대하고 귀순시켜 팔기의 깃발 아래서 살게 했다. 당시 "한족 열 명보다는 조선인 한 명을, 조선인 열 명보다는 몽골인 한 명을 사로잡아라"는 말이 있었을 만큼, 북방의 유목 민족은 한족과 만주족에 큰 부담이었다. 특히 한족들의 고민이 컸다. 그래서 진시황은 몽염蒙恬 장군에게 만리장성을 쌓게 하고, 명나라 주원장의 맹장이던 서달徐達 장군은 만리장성을 대대적으로 보수했다.

　누르하치는 중원의 한족 황제나 선조인 금나라의 황제가 취했던 대몽골 적대 정책을 폐기하고 몽골족에 유화정책을 폈다. 몽골인들을 팔기병으로 흡수하고 혼인과 회맹會盟, 책봉, 라마 불교로의 개종 등을 통해 적극적으로 흡수하려 했다. 그중에서도 혼인은 한나라와 당나라가 했던 조공식 공주 출가가 아니라, 상호 혼인을 통해 진정한 사돈 관계를 맺는 형식이었다. 그래서 만주족은 북방의 걱정거리를 덜고 중원축록中原逐鹿에만 전념할 수 있었다. 입관入關, 즉 산해관을 넘어 북경에 입성한 후에도 대청제국의 기틀을 다지는 데 '북쪽 변방의 안정'이 가장 큰 역할을 했다. 뒷날 강희제는 이렇게 말했다.

　"한족 왕조는 만리장성으로 몽골족을 막으려고 했지만, 우리는 은혜를 베풀고 피를 섞으면서 만리장성보다 훨씬 더 견고하게 몽골족의 '마음'속에 '동맹의 만리장성'을 쌓았다."

　호르친 몽골부도 원래는 누르하치의 적이었다. 부무부타이의 친할아버지 망구쓰 버일러와 그 동생인 아다이 버일러, 형인 밍안 버일러 역시 해서 여진의 여허부 버일러가 누르하치를 칠 때 9부 연합군에 가담했다가 패한 전력이 있었다. 당시 용맹하기로 소문이 자자했던 칭기즈 칸의 호르친 후예들은 처음으로 만주 기병의 대단함과 맞닥뜨렸다.

이후 누르하치는 원교근공遠交近攻의 책략을 세워 '먼 곳의 호르친 몽골족'을 이용해 '가까운 해서 여진'을 견제하는 방법을 썼다. 누르하치는 우선 호르친 포로 20명을 골라 비단옷을 입히고 전투마에 태워 호르친에 돌려보내며 호르친 버일러의 호감을 샀다. 과연 다음 해인 1594년 밍안 버일러가 누루하치에게 사자를 보내어 전투마 100필과 낙타 10마리를 바치며 친교를 구했다. 이후 누르하치와 호르친 몽골족의 교류가 끊이질 않았다.

만력 40년(1612) 부무부타이가 태어나기 1년 전, 누르하치는 호르친 밍안 버일러의 딸 보얼지진씨의 미모가 출중하다는 소문을 듣고 사자를 보내 청혼했다. 밍안 버일러는 곧바로 두 사람의 결혼을 허락하고, 같은 해 4월 몸소 보얼지진씨를 건주 여진에 보내 누르하치의 푸진福晉(만주어로 '귀족의 부인'. 일반적으로 친왕과 군왕들의 부인을 뜻한다. 누르하치의 처첩들은 이름이나 호 없이 푸진으로 통칭되었다. 홍타이지 때 '대푸진大福晉'을 황후, 첩들은 '비자妃子'로 부르면서 청나라 후궁 제도가 자리를 잡았다)이 되도록 했다. 이로써 밍안 버일러는 호르친의 보얼지지터 가문에서 처음으로 누르하치의 사돈 동맹자가 되었다.

만력 42년(1614) 6월, 부무부타이가 출생한 지 2년째 되는 해에 그녀의 할아버지 망구쓰 버일러는 몸소 열여섯 살이 된 딸 저저哲哲(1599~1649,

부무부타이의 친고모)를 누르하치의 여덟째 아들인 홍타이지에게 시집보냈다. 그런데 홍타이지에게는 이미 우라나라_{烏拉納羅}씨 부인이 있었고, 두 사람 사이에는 여덟 살 난 아들 호오거_{豪格}가 있었다. 하지만 호오거의 어머니는 미천한 출신 탓에 대푸진에 오를 수 없었다. 덕분에 '호르친의 귀족' 저저는 정실부인이 되었다. 홍타이지가 청 태종에 등극한 후, 저저는 중궁_{中宮} 대푸진(황후)에 봉해져 후궁들을 관리하며 황실 집안을 장악했다. 뒷날 부무부타이와 그녀의 아들 푸린이 청나라의 황태후와 순치제가 될 수 있었던 것은 모두 저저의 지지 덕분이었다.

저저와 홍타이지가 결혼하고 6개월이 지난 만력 43년(1615) 정월, 호르친부의 쿵궈얼(부무부타이의 숙조부) 버일러는 자신의 딸을 누르하치의 처로 보냈다. 당시 호르친부는 막남_{漠南} 몽골(고비사막 이남의 내몽골)에서 가장 강한 차하르 몽골족의 위협을 받고 있었다. 그래서 호르친 몽골족은 누르하치의 군사원조를 받고자 적극적으로 혼인동맹을 맺었다. 누르하치는 뒷날 호르친 부족과 연맹하여 차하르 부족을 복속시켰다.

호르친의 보얼지지터씨가 칭기즈 칸 가문의 후예, 즉 몽골의 황금 가족이듯, 누르하치가 속한 아이신기오로씨 역시 만주의 황금 가족이었다. 부무부타이와 홍타이지 두 집안의 통혼은 당시 동북아시아의 국제 정세를 바꾸는 '황금의 동맹'이었다. 누르하치가 예상을 했든 안 했든, 그의 대몽골 유화정책은 뒷날 그의 후손들이 중국 대륙을 정벌할 수 있는 큰 기반이 되어 주었다.

누르하치의 비는 16명이었고 자녀는 24명으로, 그중 아들은 16명이었다. '부무부타이의 고모' 저저가 아이신기오로씨 집안에 시집가기 14년 전인 1600년 전후에 누르하치는 원비元妃인 동가씨佟佳氏와의 사이에서 난 맏아들 추영褚英, 둘째 아들 다이샨大善, 다섯째 아들 망굴타이莽古爾泰 그리고 동생 슈르가치의 아들인 아민阿敏을 네 기의 주인으로 낙점했다.

누르하치의 세 번째 푸진인 예허나라씨 멍구제제가 낳은 여덟째 아들 홍타이지는 이제 겨우 여덟아홉 살에 불과해서 칙서나 기인, 가축들이 매우 적었다. 하지만 홍타이지는 위풍당당하고 영민해 아버지의 사랑을 독차지했다. 홍타이지가 일곱 살이 되던 해에 이미 누르하치는 아들에게 '종을 부리는 것부터 시작해 집안의 대소사를 관장'하도록 했다. 일종의 후계자 학습이었다. 한자로 홍타이지를 황태극黃太極, 혹은 황태자皇太子, 황태길黃台吉 등으로 부른 사실에서 누르하치가 처음부터 이 어린 아들을 후계자로 여긴 것이 아닐까 생각할 수 있지만, 이는 누르하치가 영원성에서 얻은 부상으로 시름에 잠겨 있을 때 홍타이지가 태어나 '길조'라는 의미로 이름을 그렇게 지은 것일 뿐이다.

누르하치는 스스로 만주(여진)족의 맹주, 즉 '대칸'을 자임했다. 그래서 자신이 후계자를 일방적으로 지명하는 것보다 앞으로 후금의 운명을 개척할 사람들이 함께 중지를 모아 다음 맹주를 정하는 편이 낫다고 판단했다. 그렇다면 왜 맏아들 추영은 대칸의 자리에 오르지 못했을까? 저저가 건주로 시집오기 2년 전인 만력 40년(1612) 봄, 누르하치는 추영에게 자신을 대신해 국정을 운영하도록 시켰다.

이때 홍타이지는 이미 스무 살, 가슴속에 웅장한 꿈이 이글거리고 있었다. 그는 자신의 지위가 낮은 것을 참지 못하고 다섯째 형인 망굴타이와 연합해 더 많은 칙서와 재물, 부하들을 요구했다. 하지만 큰형인 추영은 극단적으로 전횡을 일삼고 탐욕을 부렸다. 누가 자신에 대해 이러쿵저러쿵하면 곧바로 불같이 화를 냈다. 동생들의 요구를 전혀 들어주지 않았을 뿐만 아니라, 누르하치가 처음 군사를 일으킬 때 결의결사하며 의형제를 맺은 다섯 명의 대신들까지 무시하기 일쑤였다. 게다가 그는 곧잘 이렇게 공언했다.

"나와 사이가 안 좋은 동생들과 나를 무시하는 다섯 대신들은 내가 대칸에 오르면 꼭 죽여 버리고 말겠다."

누르하치는 동생들과 대신들을 협박하는 맏아들의 독단과 전횡이 공동의정(정사를 족장회의를 통해 결정)과 재산 균등분배라는 만주족의 전통을 배반할 것이라고 생각했다. 1612년 9월, 누르하치는 울라부를 정벌하기 전에 추영의 집정관 직을 박탈하고 추영의 백성과 가축, 은전, 칙서 등을 동생들에게 다시 배분했다. 같은 해 겨울과 다음 해 봄, 두 번의 울라부 정벌 전쟁에도 추영을 참가시키지 않았다. 추영이 부친의 결정에 불만을 품고 반항하자, 1613년 3월 26일 누르하치는 고민 끝에 맏아들을 감옥에 유폐시켰다. 그리고 1615년 8월 22일, 만주족의 미래를 위해 눈물을 머금고 아들을 사형에 처했다.

추영이 유폐되면서 그의 소유였던 백기白旗는 홍타이지의 소유가 되었다. 추영 휘하의 갑병 250명도 홍타이지에게 귀속되었다. 1615년 9월과

10월 사이, 즉 추영이 죽은 지 얼마 지나지 않아 누르하치는 원래의 네 기를 팔기로 확대개편했다. 누르하치의 양황기兩黃旗는 북쪽, 다이샨의 양홍기兩紅旗는 남쪽, 홍타이지의 정백기正白旗는 서남쪽, 추영의 맏아들인 두두杜度의 양백기鑲白旗는 서북쪽, 아민의 양람기鑲藍旗는 동남쪽, 망굴타이의 정람기는 동북쪽이었다. 홍타이지는 비록 정백기의 기주였지만, 추영의 백기 250명의 갑병을 귀속받으면서 전쟁 중에는 두두의 양백기를 지휘하게 되었다.

군제를 팔기로 확대개편한 이듬해인 천명天命 원년(1616) 정월, 누르하치는 허투알라赫图阿拉(허투아라) 성에서 금나라를 잇는다는 의미의 '대금大金'(후금)을 건국하고 대칸에 올랐다. 기주들인 자식과 조카들은 '호쇼이버일러和碩貝勒'(팔기에서 각 기의 기주이자 국정에 참여하는 8명의 친왕. '호쇼이'는 '가장 중요한'이란 의미)로 봉해졌다. 호쇼이는 만주어로 '각角'이란 뜻이다. 즉, 호쇼이버일러는 한 개 방면의 기를 책임지는 버일러란 의미다. 연령에 따라 다이샨이 대大버일러, 아민이 제2버일러, 망굴타이가 제3버일러 그리고 홍타이지가 제4버일러가 되었다. 이를 '사천왕四天王' 혹은 '4버일러四貝勒'라고 불렀다.

이렇듯 팔기는 원래부터 대칸이 독점하지 않았다. 대칸은 양황기鑲黃旗와 정황기正黃旗의 단 2기만 지배했다. 나중에 북경 천도를 한 순치제도 여기에 정백기를 더한 상삼기上三旗만을 장악하는 정도였다. 각 기는 원래 독립적이어서 기인은 자신이 속한 '기주'에게만 충성을 바쳤다. 대칸도 본래는 다른 기의 버일러들과 똑같은 기주였기에 장유長幼 서열에 속박되었다. 그래서 대칸과 각 기의 버일러들 사이에는 명목적인 상하 관계만 있을 뿐 실제 세력에는 차이가 없었던 셈이다.

누르하치가 죽고 35세의 홍타이지가 청태종에 오른 후에도 권력의 실질적인 주체는 팔기의 기주들이었다. 누루하치의 8남 홍타이지가 양황기兩黃旗(양황기鑲黃旗와 정황기正黃旗), 차남 다이샨이 정홍기, 조카인 아민이 양람기鑲藍旗, 5남 망굴타이가 정람기를 지배했다. 그리고 누르하치의 유언에 따라 12남 아지거阿濟格(22세), 14남 도르곤(15세), 15남 도도多澤(13세) 등이 각각 양홍기鑲紅旗, 정백기, 양백기鑲白旗를 통솔했다. 팔기는 이렇게 여덟 부족의 연맹체와 같은 것이었다. 그래서 홍타이지 이후 청나라를 대칸(혹은 황제) 중심의 중앙집권제 사회로 만들기 위해 '팔기 분권 통치의 제약을 어떻게 푸는가' 하는 문제가 크게 대두되었다.

만주족은 한고조 유방이나 명태조 주원장처럼 자식과 형제에게 무조건 왕 자리를 물려주지 않았기 때문에 쉽사리 골육상쟁의 피바다에 빠지지 않았다. 전공戰功과 능력이 있는 친왕과 버일러가 왕위를 물려받았다. 그래서 누르하치의 아들일지라도 별다른 공이 없으면 진국공鎭國公 정도에 머물렀다. 공이 큰 둘째 아들 다이샨, 열두째 아들 아지거, 열넷째 아들 도르곤, 열다섯째 아들 도도만이 친왕에 봉해졌다.

맏아들 추영이 죽고 난 다음에 둘째 아들 다이샨의 공적이 두드러졌다. 그는 성정이 온후하고 그릇이 컸다. 그래서 누르하치는 다이샨을 황위 계승자로 염두에 두고 지휘권을 넘겨 주기도 했다. 그런데 이때 다이샨이 누르하치의 대푸진인 아바하이阿巴亥(도르곤의 어머니)와 불륜 관계라는 소문이 돌았다. 누르하치의 둘째 황후 더인저德因澤는 일찍이 누르하치에게 이렇게 고해바쳤다.

"대푸진 아바하이가 다이샨에게 두 차례나 진수성찬을 내렸습니다. 다이샨은 그걸 죄다 먹었지만 똑같이 음식을 받은 홍타이지는 받기만 했을 뿐 먹지는 않았습니다."

실제로 아바하이는 다이샨의 저택을 수시로 드나들고, 밤늦게 대궐을 함께 벗어난 적도 있었다. 누르하치가 뒤를 캐자 모두 사실로 드러났다. 당시 아바하이는 서른일곱, 미모와 기력이 한창 오를 때였다. 다이샨은 전처 소생의 차남 쉬퉈硕托를 학대하며 누르하치에게 아들을 죽이게 해 달라고 청하기도 했다. 1620년 누루하치는 크게 격노해 다이샨의 황위 계승권과 모든 작위를 삭탈하고 서민으로 강등시켰다. 다이샨이 죄를 뉘우치고 누르하치에게 관용을 베풀어 달라고 거듭 청하자, 누르하치는 작위만 돌려주었다. 하지만 황위 계승권은 영원히 되돌아가지 못했다.

이리하여 당시 29세의 홍타이지는 후금의 최고 영도자 위치에 한 발 더 다가설 수 있었다. 그는 이미 한 기의 기주일 뿐만 아니라 실질적으로 두 기의 지배자였다. 홍타이지는 팔기의 공통 맹주이자 후금의 최고 영도자인 누르하치를 '제4버일러'로서 보좌하며, 팔기의 최고 의사결정 기구의 구성원으로 활약하고 있었다. 그런데 이제 제1버일러 다이샨이 황위에서 멀어진 것이다. 제2버일러 아민은 누르하치의 아들이 아니라 조카였고, 아민의 아버지 슈르가치는 죄를 지어 처형된 상태였다. 제3버일러 망굴타이는 황위 계승자가 되기에는 결정적인 약점이 있었다. 용맹하기만 할 뿐 지모가 부족했고, 성격도 난폭했다. 더구나 그의 생모인 푸차씨富察氏 군다이衮代는 1620년에 죄를 지어 죽임을 당한 터였다. 그 정확한 이유는 알 수 없지만, 홍타이지는 다른 버일러들에게 이렇게 말한 적이 있다.

"망굴타이는 아버지의 총애를 받기 위해 어머니를 죽였다."

만약 이것이 사실이라면 망굴타이는 머리가 안 좋을 뿐만 아니라 잔인하기까지 했던 인물인 셈이다.

홍타이지의 지위가 올라갈수록 홍타이지의 푸진인 저저의 지위도 가파르게 상승했다. 당시 기주와 그 기주에게 속한 기인들의 예속 관계는 매우 강하여 기주의 푸진은 기인들에게 여주인 대접을 받았다. 푸진이 외출할 때면 하인들이 항상 좌우로 대오를 이루었고, 앞에서는 크게 소리쳐 길을 열고 뒤에서 옹위하는 형세가 대단했다. 하지만 저저는 기쁘면서도 한편으로는 수심에 찼다. 저저가 홍타이지와 결혼하여 금실 좋게 산 지도 7,8년이 흘렀지만 슬하에 자식이 없었던 것이다. 그것이 저저의 가장 큰 근심거리였다. 후금의 봉건영주 세습 제도 아래에서 저저가 아들을 두지 못한다면 정푸진正福晉(정실부인)의 자리를 보존하기 어려울 터였다. 만약에 홍타이지가 죽기라도 한다면 기주이자 대버일러로서의 모든 작위와 재산은 전처 소생인 호오거의 것이 되고 말 것이다. 행여 그런 일이 닥치면 저저의 운명은 비참해질 수밖에 없었다.

이는 저저뿐만 아니라 저저의 친정인 호르친 몽골족에게도 큰 근심거리였다. 홍타이지의 황위 계승 문제와 더불어 저저의 회임은 호르친 몽골족의 이익과도 직결된 문제였다. 그래서 호르친부는 저저가 애를 낳지 못하면 호르친 보얼지지터씨 가문에서 다른 여자를 골라 홍타이지에게 시집을 보내기로 결정했다. 홍타이지의 자손이 나중에 후금의 황제에 오르는 게 호르친 몽골족의 목표였다. 그리하여 고모와 조카가 동시에 한 남자를 부군으로 모시는 일이 벌어진 것이다.

이제 막 열 살이 된 부무부타이. 그녀의 몸은 튼튼하고 발육도 훌륭해, 비록 나이는 어리지만 몽골의 황금 가족 가문에서 세상 부러움 없이 배우고 잘 사란 덕에 훌륭한 귀비가 될 가능성이 컸다. 부무부타이는 어려서부터 친고모이자 만주의 대푸진인 저저를 존경했다. 부무부타이는 용모는 빼어나서 분명 홍타이지도 총애할 만했다. 그래서 저저와 호르친 친정 사람들은 적극적으로 부무부타이와 홍타이지의 성혼을 주선하기에 이르렀다. 당시 명나라와 몽골 차하르부와의 전쟁에서 연거푸 승리를 한 덕에 호르친 몽골부와 후금의 관계도 나날이 돈독해져 갔다. 부무부타이와 홍타이지의 혼인을 추진하기에 더없이 좋은 호기였다.

그런데 이 같은 몽골 부락의 움직임을 경계 어린 눈으로 지켜보는 사람들이 있었으니, 바로 명나라였다. 당시 명나라는 또 다른 몽골 부족인 차하르부 린단 칸林丹汗(1592~1634)과 연합해 새롭게 흥기하는 신흥 세력인 후금을 제어하고자 했다. 린단 칸도 명나라와의 관계를 호전시켜 몽골 부락을 통일해 몽골제국의 옛 영광을 되찾고자 했다. 이 과정에서 린단 칸은 몽골 부락을 무력으로 짓밟고 잔악한 통치를 펼쳐서 몽골 부락들의 증오를 사게 되었다.

그런 와중인 1621년 2월, 누르하치는 심양을 얻고 요양遼陽을 공략해 10만여 명의 명나라 대군을 격파했다. 다음 해 정월에도 광녕성廣寧城에서 명나라 군대 10만을 격파했다. 그 후 곧바로 요양으로 천도하자, 몽골의 여러 부락들이 후금에 귀순했다. 1621년 12월에는 몽골의 네이카얼카부 타이지台吉(수령) 구얼부스古兒布什와 망귀얼莽果兒 형제가 백성 645호를 이끌고 귀순했다. 1622년 2월 16일에는 몽골 호르친의 우루터부 밍안 버일러와 네이카얼카부 스얼후나커石爾胡那克 버일러 등 17명의 버일러들이 300여 호와 1만여 마리의 가축을 끌고 귀순했다. 이것은 그들과 차하르부 린단칸 사이에 맺어진 종속 관계를 철저하게 부정한 행위였다.

누르하치는 귀순한 이들을 열렬히 환영하며 극진히 대우했다. 1623년 4월, 후금은 드디어 출병하여 린단칸의 네이카얼카자루터부 앙안昻安 버일러 부자를 참수하고, 원래 거주지에 살고 있던 호르친부에 가해지던 린단칸의 위협을 무마시키고 맹약을 체결했다.

열세 살의 어린 신부

이것은 만몽 연맹 관계의 새로운 발전으로, 더 폭넓은 만몽 혼인동맹의 길을 열었다. 누르하치는 여덟째 딸 충구투聰古圖 호쇼이和碩 공주(비빈 소생의 공주)를 몽골 네이카얼카부 구얼부스에게 시집보내고, 그를 어푸額駙(사위)로 삼았다. 족제族弟 지바이리濟白裏의 딸은 망귀얼에게 시집보냈다. 누르하치의 열두째 아들 아지거는 호르친부 쿵귀얼 버일러의 딸을 얻었다.

1624년에 누르하치의 열넷째 아들 도르곤은 호르친부의 수령 쌍아얼자이桑阿爾寨의 딸을 처로 맞이했고, 다음 해 2월 홍타이지는 호르친부 자이쌍 버일러의 딸 부무부타이를 처로 삼았다. 이 두 번의 만몽 혼인연맹은 크나큰 사건이었다. 뒷날 대청제국을 부흥시킨 두 주인공인 홍타이지와 도르곤이 몽골족과 혼인 관계를 맺었다는 것은 만주족과 몽골족이 연맹해 중원 대륙에서 세력 확대를 도모한 것이나 진배없었기 때문이다.

누르하치가 호르친부에 특사를 보내 부족장인 아오바奧巴 버일러와 해당 처자의 가장에게 구혼한 후 승낙을 얻으면, 이어서 말과 활, 화살, 갑옷, 투구 등의 예물을 사자와 함께 딸려 보냈고, 샤먼이 길일을 택해 혼삿날을 정했다.

천명 10년(1625) 2월, 후금의 홍타이지와 몽골 호르친부의 부무부타이가 결혼식을 올렸다. 결혼식은 만주족 선조인 여진족의 원시사회 말기 가부장제 풍습에 따라 수수하면서도 고풍스러웠다. 신부가 보쌈을 당하는 걸 막고자 신부의 친오빠인 우커산이 친히 호위대를 이끌고 여동생을 데려왔다. 살찌고 힘 센 준마를 탄 몇 십 명의 호르친 신부 들러리들은, 산뜻하고 아름다운 몽골족 전통 옷을 입고 오색 무늬 비단으로 장식한 오색 차에 올라탄 신부를 빼곡히 둘러싼 채 기세 좋게 남쪽의 후금으로 향했다.

이때 홍타이지는 대칸의 명을 받들어, 16명의 호위 기병들과 집사들로 이뤄진 환영 대오를 이끌고 요양의 새로운 성곽인 동경성東京城을 출발해 북쪽의 호르친 몽골부로 향했다. 다른 부족들이 신부를 강탈해 가는 것을 막기 위해서였다. 양측은 지금의 요령성 심양 북쪽 언덕에서 만나 서로에게 예를 갖췄다. 홍타이지는 손위 큰 처남에게 성대한 환영식을 베풀었다.

홍타이지는 이때 체구가 크고 훤칠하며 영민하고 준수한 34세의 장년이었다. 부무부타이는 겨우 13세, 당연히 결혼을 하기에는 아직 어린 나이였다. 하지만 당시 동북방의 여진족과 몽골족 등 소수민족들은 조혼 풍속이 있었다. 열 살에 시집가는 경우도 흔했다. 도르곤의 어머니인 아바하이가 누르하치의 마지막 후비로 시집간 나이도 12세였다. 뒷날 홍타이지는 조혼 풍속을 개혁하고자 여자가 12세 전에는 혼인할 수 없도록 하는 법을 정했다.

비록 열세 살이었지만, 아리따운 부무부타이의 몸매는 늘씬하고 건강미가 넘쳐났다. 그녀는 당시 만주족 여자들이 하던 대로 머리를 빗어 정수리에 올리고 상투를 틀었다. 그리고 굽이 10센티미터쯤 되는 '화분花盆 신발'을 신어서 몸매가 더욱 호리호리한 다 큰 처녀처럼 보였다.

신랑 측에서는 그날 밤 호르친 사람들이 묵을 좋은 숙박지를 마련했다. 다음 날 아침, 친오빠인 우커산이 신부를 안아서 예식용 마차에 태웠다. 신부 호송대는 곧바로 신부를 데리고 남하했다. 신부가 요양의 동경성에 다다랐을 때, 누르하치는 몸소 모든 버일러와 푸진들을 데리고 10리 밖까지 마중 나와 깃발을 펄럭이며 북을 치고 나팔을 울렸다. '만몽 혼인동맹'은 그만큼 중요했다.

우커산, 부무부타이, 홍타이지는 각각 대칸과 대푸진 아바하이에게 인사를 올리고 다른 버일러, 푸진들과도 예를 갖추었다. 저저와 부무부타이는 같은 항렬의 친척이었지만, 저저가 부무부타이의 고모였기 때문에 우커산과 부무부타이는 저저에게 깍듯한 예를 갖추었다. 인사가 끝나자 대칸은 성대한 환영식을 베풀었다. 밤이 되어 버일러와 푸진들은 성내로 들어가고, 신부 일행은 홍타이지의 제4버일러부에서 짐을 풀었다. 신랑과 신부 측 사람들은 이렇게 궁궐 밖에 머물며 다음 날 거행될 혼례를 준비했다.

다음 날 아침, 홍타이지는 제4버일러부의 총관대신과 가노家奴 20명, 병사 40명을 동원해 혼례를 준비하며 성 밖에서 몽골 귀빈들을 맞이했나. 혼례는 수선스럽지 않고 소박하고 간단했지만 장중하며 즐거웠다. 신부의 마차가 성문 밖 대문에 멈추자, 신랑은 수레 밑을 향해 활 세 발을 쏘았다. 이는 '신부를 훔치려는 적들을 쫓아냈다'는 의미다. 신부는 들러리들의 부축을 받으며 마차에서 내려 대문 안으로 들어간 후, 신랑의 안내를 받아 우선 임시로 마련한 장막 안에 들어가 다소곳이 앉았다. 이른바 '쮀장坐帳'이라는 의식으로 여진족 선조들이 장막에서 살던 것을 기념하는 취지다. 아들은 성인이 되면 반드시 부모의 장막에서 나와 자신의 새로운 장막으로 이사해야 했다. 신혼부부의 '쮀장'은 새로운 장막 생활, 즉 새 가정을 꾸렸다는 뜻이다.

쮀장이 끝나자, 홍타이지와 부무부타이는 여집사의 인도 아래 신방으로 들어갔다. '허진合졸'의 때가 온 것인데, 고위 관직의 처자가 술 두 잔을 따라 주면 홍타이지와 부무부타이가 각자의 잔을 한 모금씩 마신 후 서로 잔을 교환해 다시 한 모금씩 마셨다. 이른바 합환주의 예였다. 허진은 원래 여진족의 풍습이 아니라 한족에게서 와서 일부 변한 풍속이었다. 한족은 허진 때 신부와 신랑이 맞절을 하는데, 만주족은 이것은 하지 않았다.

허진의 예가 끝나자, 곧바로 몽골 귀빈들과 하객들을 위한 성대한 잔치가 시작되었다. 연회는 쮀장을 했던 장막에서 열렸는데, 홍타이지의 제4버일러부 장막보다 훨씬 더 컸기 때문이었다. 쮀장 외에도 다른 장막들을 설치해 친우들을 맞이했다. 모든 사람이 선조들의 장막 생활을 추억할 수 있도록 홍타이지가 쭤장 풍습을 개선한 것이다. 장막을 설치해 하객들을 대접하는 풍습은 청나라가 북경에 입성한 후에도 오랫동안 이어져, 역대 황자들의 결혼식 때마다 황자들 거처 부근에 장막을 설치해 연회를 열고 신부 측 부모와 친족 그리고 2품 이상의 대신들과 천자로부터 봉호를 받은 부인들을 초청했다.

다음 날 아침, 신부 부무부타이와 신랑 홍타이지는 하늘과 조상들의 위패에 절을 올린 후 대칸의 대정궁大政宮(팔각전八角殿)에 가서 누르하치와 대푸진 아바하이에게 예를 갖추었다. 그 후 제집전에 나가 웃어른들과 형제, 자매 그리고 손위 형님들과 인사를 나누었다. 바로 이때부터 신부의 가정 내 위치가 개시된다. 모든 예가 끝나자, 누르하치는 크게 기뻐하며 대전 내에서 희곡과 가무를 비롯한 대연회를 성대하게 열었다.

후금과 몽골의 맹약

혼례가 끝나자 신부의 오빠 우커산은 누르하치에게 작별의 예를 고했다. 누르하치는 감사의 뜻으로 특별히 속민屬民, 금은, 무명, 갑옷, 은그릇, 망포蟒袍(황금색으로 이무기를 수놓은 청대 대신들의 비단옷) 등을 하사하고 사람들을 시켜 전송하도록 했다. 우커산은 모든 일을 무사히 마무리하고 흔쾌한 마음으로 호르친으로 돌아갔다. 부무부타이와 홍타이지의 결혼으로 호르친 몽골부와 건주 여진의 동맹 관계는 더욱 견고해졌다.

홍타이지의 결혼식이 끝나고 얼마 지나지 않은 천명 10년(1625) 3월 1일, 누르하치는 여러 왕들과 대신들을 불러 회의를 열고 수도를 심양으로 옮기는 문제를 의논했다. 누르하치는 심양의 전략적 중요성을 거듭 강조했다.

"심양은 사통팔달의 요지이다. 서쪽으로는 명나라로 곧장 치달을 수 있고, 북쪽으로는 몽골을 칠 때 이삼일이면 족하다. 남쪽의 조선은 청하로淸河路와 가깝다."

4년 전에도 누르하치는 허투알라 성에서 요양으로 천도할 때 이미 심양의 중요성을 언급한 바 있었다.

"심양은 명나라, 조선, 몽골 세 나라의 중심에 있는 요충지이다. 물론 요령도 요충지이다. 하지만 왜 심양으로 옮기면 안 되는가? 요령과 비교해 심양은 두 가지가 우세하다. 첫째, 심양은 북몽골의 여러 부락과 매우 가까워서 호르친부와 연합전선을 펼치기에 유리하다. 만약 긴박한 상황이 터지면 서로 출병해 곧바로 도울 수 있다. 둘째, 심양은 넓고 평평해서 후금 세력이 날로 팽창하는 지금 심양에 수도를 세우면 요서로 세력을 넓히기가 쉽다. 또한 명나라의 동맹 부족인 차하르 몽골족 등을 정벌해 북방을 튼튼하게 하고 서쪽의 명나라를 공략해 산해관을 뚫기에 매우 좋다."

천명 10년 8월 9일, 호르친부의 버일러 아오바홍奧巴洪 수령이 차하르부의 린단칸이 군사를 일으켜 호르친을 칠 것이라는 급보를 전해 왔다. 누르하치는 맹약을 지키기 위해 아얼진阿爾津 등 4명의 사자와 8명의 포병수를 급파하고 편지로 공동작전 계획을 써서 보냈다. 같은 해 11월 초 차하르 몽골부 린단칸이 호르친부를 치자, 누르하치는 홍타이지와 망굴타이가 이끄는 5천 팔기 정예 기병을 급파했다. 농안타農安塔 지역에 이르러 호르친을 공략한 차하르 군대를 치니, 차하르 군대는 낙타, 말, 기물 등을 버리고 도망치기 바빴다. 이리하여 호르친의 사기는 하늘을 찌르고 린단칸의 위세는 땅에 떨어졌다.

　다음 해 정월, 후금이 명나라의 영원성을 공략하다 패배한 후, 몇몇 몽골 부락이 명나라에 귀순했다. 그러자 호르친부는 사자를 보내어 누르하치를 위로했다. 호르친 몽골부와 후금은 동맹을 더욱 다지기 위해, 명나라와 차하르 린단칸에게 공동으로 결사 항거한다는 맹약을 다시 맺었다. 이는 자자손손 이어진 피의 맹약이었다.

3장

청나라 궁전의
정치투쟁을
목격하다

부무부타이가 결혼하고 2년째 되는 해에 후금의 궁전에서는 누르하치의 붕어, 새로운 대칸의 즉위, 대푸진의 순장 등 세 건의 큰 사건이 연이어 터졌다. 아직 어린 부무부타이는 이전에 한 번도 상상해 보지 못한 일을 18시간 내에 한꺼번에 경험한 셈이었다.

 순장된 도르곤의 어머니

천명 11년(1626) 8월 11일 오후 2시경, 부무부타이의 시아버지 누르하치가 본계本溪 요양지에서 돌아올 때 갑작스레 등에 난 독창이 악화되어 심양에서 동쪽으로 40리 떨어진 애계보靉鷄堡에서 향년 68세로 승하했다. 이윽고 홍타이지가 대칸에 즉위했다. 천총天聰 3년(1629), 홍타이지는 아버지의 시신을 심양에서 동쪽으로 20리 떨어진 혼하渾河 북쪽 기슭의 석취두石嘴頭 산에 요양에서 옮겨 온 생모 여허나라씨 멍구제제(효자고황후孝慈高皇后)와 합장했다. 망굴타이의 생모 부차씨 군다이도 그곳으로 옮겼다. 이곳이 바로 복릉福陵(지금의 심양 동릉東陵)이다. 홍타이지는 아버지의 존호를 '청태조淸太祖'로 존숭했다.

1626년 누루하치가 붕어하자 후금의 궁전은 큰 슬픔에 빠졌다. 누루하치의 새 며느리인 어린 부무부타이도 시아버지의 죽음으로 슬픔을 가눌 길이 없었다. 만주 버일러들의 심사는 복잡하기 그지없었는데, 누르하치가 후계자를 지정하지 않았기 때문이다. 누르하치는 일찍이 칸유汗諭(칸의 유지諭旨)를 내려 '8대 버일러 공의제'를 통해 대칸을 선출하는 제도를 마련한 바 있었다. 누르하치의 시신이 궁에 도착한 후 버일러들은 누가 대칸의 자리를 이을지 밤새 고민했다. 그때 다이샨의 맏아들 웨퉈와 셋째 아들 사할리얀薩哈廉이 아버지에게 건의했다.

"나라에는 한시라도 군주가 비면 아니 되옵니다. 제4버일러(홍타이지)만이 덕망이 크고 재질이 뛰어나며, 대칸의 성스러운 마음을 잘 헤아려 모든 이들이 그에게 복종하기를 원하니 마땅히 그가 새로운 대칸의 자리에 올라야 합니다."

다이샨이 말했다.

"그것이 곧 내가 원하는 바이다."

다음 날 12일 아침 6시경에 버일러들의 회의가 열렸다. 먼저 다이샨이 홍타이지의 등극을 건의하자, 아민과 망굴타이가 찬성을 하고 나머지도 모두 동의를 표했다.

홍타이지가 대칸에 오른 것은 마땅했다. 재능, 모략, 전공 등 모든 게 빠지지 않았다. 홍타이지가 정백기의 기주였고, 맏아들 호오거는 양백기鑲白旗의 기주라는 점도 홍타이지가 대칸의 자리에 오르는 데 유리하게 작용했다. 사실 홍타이지도 진즉에 황위를 이어받을 계획이었지만, 추천 자리에서는 이를 형식적으로나마 거절했다.

"제가 대칸에 오르라는 아버지의 명은 없었습니다. 또한 모든 형제들이 저를 옹립하는 게 아니고, 제가 군주의 자리를 감당하는 것도 너무 어렵습니다."

그러자 버일러들이 다시 홍타이지에게 대칸의 자리를 이으라 청했다. 아침 6시부터 오후 4시경까지 이어지던 회의는 '홍타이지가 대칸에 오른다'는 버일러들의 만장일치로 마무리되었다.

9월 1일 등극 제전이 열리고, 홍타이지는 35세의 나이로 후금의 제2대 대칸의 자리에 올랐다. 그리고 다음 해 1627년을 천총 원년으로 선포했으며, 훗사람들은 홍타이지를 '천총칸天聰汗' 혹은 '청태종淸太宗'으로 불렀다.

홍타이지가 후금의 대칸에 오르자, 몽골 호르친부 보얼지지터씨의 위치도 함께 올라가 후금의 중요한 황친이 되었다. 누르하치 때에도 쿵궈얼, 밍안 등 호르친 버일러들의 딸들이 후금의 후궁으로 있었으나 측비側妃에 지나지 않아 그 위치가 낮았다. 측비의 아들들은 황위 계승권이 없었다. 하지만 홍타이지가 대칸에 오르자 상황이 급전했다. 저저가 대푸진(황후)이고, 그녀의 조카인 부무부타이는 저저의 관심과 후원을 받아 다른 후궁들과는 비교가 안 되는 위치를 차지했다.

부무부타이라고 기쁘지 않을 리 없었다. 하지만 후금의 대칸이 교체되는 과정 중에 누르하치의 황후인 우라나라씨 아바하이(아지거, 도르곤, 도도의 친어머니)가 강제로 순장殉葬된 것은 그녀에게 각골명심의 경계심을 갖게 했다.

《청태조무황제실록淸太祖武皇帝實錄》에 따르면, 누르하치 본인이 아바하이의 순장을 명했다. 누르하치가 죽은 지 이틀이 되던 날, 즉 홍타이지가 막 대칸의 자리를 물려받기로 한 날에야 아바하이는 누르하치의 유언을 전해 들었다. 하지만 그녀는 누르하치의 유언을 믿을 수 없었다. 특히 영원성에서 부상을 입고 후송되던 혼하의 배 위에서 누르하치가 가장 걱정하던 것이 무엇인지 분명히 알고 있던 그녀였다. 누르하치는 당시에 "아직 어린 도르곤과 그 생모인 아바하이를 결코 잃고 싶지 않다"고 했다. 그녀는 그 말에 기대어 어명을 받들 수 없다고 저항했다. 하지만 버일러들의 뜻은 완강했다.

"선제의 유언을 따르지 않으면 아니 되옵니다!"

아바하이도 명을 받들지 않으면 강제로 죽음을 당한다는 것쯤은 잘 알고 있던 터였다. 달리 길이 없었다. 그래서 그녀는 어린 아들들의 미래와 자신의 목숨을 바꾸기로 했다. 예복을 입고 군왕들에게 나아가 이렇게 간청했다.

"저는 열두 살 때부터 곁에서 대칸을 모신 지 이제 26년이 되었습니다. 저는 그의 곁을 떠나기 싫기에 함께 땅에 묻히겠습니다. 유일한 걱정은 도르곤과 도도가 아직 어려 안심하고 떠날 수가 없다는 것입니다. 부디 여러 군왕들께서 어린 제 아들들을 잘 거두어 주시어 장성하게 해 주십시오."

군왕들이 그 청을 들어주겠다고 약속하자, 그녀는 그날 오전 8시경 활시위로 목을 매 자결했다. 동시에 두 명의 서비庶妃들도 같이 순장되었다. 누르하치가 죽은 지 18시간, 홍타이지가 제2대 칸으로 정해진 지 두 시간 후였다.

여진족에게는 순장의 전통이 강했다. 원시사회의 사후 관념대로 죽은 다음에는 저승에 간다고 믿었고, 그래서 죽은 이가 생전에 총애하던 부인과 노비, 말, 애장품 들을 함께 묻어 주었다. 만주족은 이러한 풍습을 이어받아 황제, 황비, 왕공 등이 죽으면 그들의 종을 순장했다. 백성들 사이에서도 남편이 죽으면 처를 순장하는 게 성행했다. 뒷날 강희제는 이 악습을 없애는 법령을 반포했다. 그래서 청나라 아이신기오로 황실 집안에서 황후가 순장된 경우는 아바하이 외에는 없었다. 실록에 따르면, 누르하치가 젊은 아바하이에게 불만이 많고 안심하지 못하여 순장을 명한 것이라고 한다. 하지만 이는 순장의 취지에 맞지 않을 뿐만 아니라, 저승에서 같이 행복을 누린다손 치더라도 왜 굳이 어린 아들들을 길러야 하는 어머니의 생때같은 목숨을 앗아가야 했을까?

문제는 누르하치와 아바하이 사이에서 난 세 아들에게 있었다. 당시에 아지거는 스물두 살로 이미 성년이 되어 자신의 부府를 열고 버일러가 되어 있었다. 하지만 도르곤은 열네 살, 도도는 열두 살로 아직 미성년들이었다. 두 아들은 아직 어머니의 보살핌이 필요했기에 관례에 따라 그들의 생모를 순장할 수 없었다. 아바하이보다 서른한 살이 더 많던 누르하

76
효장

치는 도르곤과 도도가 너무 어리기 때문에 이미 그가 죽은 후를 염려해 다이샨에게 도르곤의 모친을 잘 보살펴 달라고 부탁했다. 그런데 어떻게 누르하치가 어린 자식들의 어미에게 목숨을 버리라는 유언을 남길 수 있었겠는가?

문제는 누르하치의 유언이 아니라, 팔기를 바탕으로 세워진 후금이라는 나라에서 홍타이지가 유력한 실력자인 선제의 황후를 받아들일 수 없었다는 데 있었다. 당시 누르하치의 양황기兩黃旗는 홍타이지 부자의 양백기兩白旗보다 뛰어났다. 누르하치는 이미 양황기의 60니루를 아바하이의 세 아들에게 각각 15니루씩 나누어 주고 자신도 15니루를 가졌다. 아바하이는 후금의 대푸진이자 양황기의 기주인 삼형제의 모친이었기에 유력한 실력자였다. 누르하치가 죽고 난 후에도 양황기의 여주인인 아바하이를 아무도 건드리지 못할 게 뻔했다. 그런데 아바하이가 죽으면 양황기는 세 아들에게 분할통치되어 홍타이지의 황권을 위협할 정도의 힘을 갖지는 못할 터였다. 결국 홍타이지는 선제의 유언이라는 명분을 내세워 아바하이를 제거하고 자신의 앞길을 탄탄대로로 만들었던 것이다.

실제로 홍타이지는 즉위식을 거행하기 전에 대칸이 양황기兩黃旗를 지휘한 선제의 관례에 따라 자신의 정백기를 정황기, 그의 아들 호오거가 기주인 양백기鑲白旗는 양황기鑲黃旗로 바꾸었다. 즉 도도의 양황기鑲黃旗를 정백기로, 아지거의 정황기(도르곤의 15니루 포함)를 양백기鑲白旗로 맞바꾸었던 것이다. 누르하치가 소유했던 15니루는 나이가 가장 어리고 앞을 가리지 못하는 도도에게 주었다. 양백기兩白旗가 양황기兩黃旗로 바뀌면서 홍타이지의 지위는 더욱 올라갔다. 팔기는 깃발 색깔에 따라 방위가 정해졌기 때문이다. 양황기兩黃旗는 황제 등극 대전이나 기타 군사작전을 펼칠 때 좌우익의 머리였다. 원래의 양황기는 양백기로 개명된 후, 그 지위가 낮아져 좌익의 가운데에 배치되었다. 바로 이것이 정치였다.

아바하이는 생전에 큰 한을 남긴 것이다. 본래 그녀는 자신과 세 아들을 보호할 수 있는 실력을 갖추고 있었다. 바로 양황기의 여주인이었기 때문이다. 하지만 그녀의 아들들은 아직 어리고 그녀 역시 홍타이지의 대칸 자리를 내려 앉힐 만한 능력이 없었으며, 공개적으로 그를 죽일 수도 없었다. 무엇보다 그녀는 멀리 내다보는 정치적 혜안이 없었다. 절대 국면의 시기를 잡아 우세를 확보하고 주도면밀하게 대세를 준비하는 궁정의 복잡하고 잔혹한 정치투쟁 능력이 그녀에게는 없었다. 누르하치가 살아 있을 적에 그녀는 양황기의 여주인으로서 자신의 기가 무슨 위치인지 물어보지도 않았고 양황기의 대신들과 교류도 하지 않았으며, 모든 것을 그저 남편에게 맡겼다. 그래서 누르하치가 죽고 정세가 급변하자, 그녀는 여러 버일러들의 지지를 얻지 못하게 된 것이다. 게다가 그녀가 거느린 양황기 대신들은 '과부'가 된 아바하이와 '아비 없는 자식'이 된 그녀의 아들들에게 충성을 다하기는커녕 조그마한 도움도 주지 않고 대세에 몸을 맡겨 버렸다.

아바하이 순장 사건은 부무부타이에게 큰 충격을 주었다. 몽골에도 순장 풍속이 있었지만 만주보다는 덜했다. 더욱이 황금 가문의 막내 공주인 부무부타이와는 관계가 적었다. 하지만 아바하이가 순장된 것은 그녀와 직접적인 관계가 있었다. 어린 부무부타이는 아바하이에게서 자신의 운명적 그림자를 보고 궁중의 삼엄함을 소름 끼치게 느꼈다. 그녀는 모골이 송연해지며 자신은 이제 대칸 홍타이지의 비임을 마음속 깊이 새겼다. 순박하기만 했던 어린 소녀가 복잡한 정치의 소용돌이 속에서 정치적 수완을 배워야 한다는 사실을 깨닫게 된 것이다. 이리하여 그녀는 궁중의 정치투쟁을 예술로 승화시키는 특이한 인생 역정을 걷게 되었다.

남편과 고모를 따라 배우다

어린 부무부타이가 입궐하여 주로 한 일은 선조들이 정한 가정 규칙, 궁중 의례, 만주어 등을 공부하는 것이었다. 이는 후금 황족의 청소년들이 배워야 하는 필수과목이었다. 이외에 그녀는 경서와 역사책을 열심히 읽었다. 그녀는 배우기를 좋아하는 데다 총명하고 민첩하여 빠르게 이치를 깨닫고, 배운 것에 관해서도 자신만의 독특한 견해를 내놓았다.

동시에 고모이자 황후인 저저의 분부를 받들어, 고모를 따라다니며 후궁들을 관리하는 조수 구실을 톡톡히 했다. 저저의 후원과 관심 아래, 부무부타이는 후궁들을 단결시키며 궁중의 질서를 세웠을 뿐만 아니라 일이 터지면 원만하고 빈틈없이 해결해 홍타이지의 염려를 덜어 주었다. 여기에 후금과 호르친 몽골 사이에 모순이 불거지면 중간에서 그 모순을 풀어 나가는 우호의 사자이자 교량 구실을 하면서 만몽 연맹이 깨지지 않도록 애썼다.

어린 부무부타이가 만주로 시집와 중국 역사상 전무후무한 여성 정치가로 성장할 수 있었던 원동력은 고모의 역할이 컸지만 남편인 홍타이지의 구실도 빼놓을 수 없었다. 홍타이지는 황위에 올라 10년 동안 대칸의 자리에 욕되지 않게 높은 식견으로 후금의 세력이 욱일승천하도록 한 불후의 공훈을 세웠다. 그는 차하르 린단칸을 격퇴했으며, 고비사막 남쪽의 내몽골을 통일해 기를 실치하고 기장旗長 자싸키에게 관할하도록 했다. 그중 호르친 10기가 핵심이었다. 그는 또 영원성 밖의 모든 명나라 요충지를 공략했으며, 흑룡강 중상류의 각 여진 부족을 통일했다. 이때 이미 후금의 영토는 만주와 내몽골을 망라했다.

홍타이지는 누르하치의 한족 강압 정책도 변화시켜 만주족과 한족의 모순을 완화시켰다. 누르하치는 요하 평원으로 진출한 후 만족과 한족을 같이 거주시키며 한족을 핍박하여 두 민족 간의 모순이 첨예화되었다. 하지만 홍타이지는 두 민족을 별개의 부락에 나누어 거주시키고, 도망간 한족을 관용으로 대해 두 민족 간의 모순을 차츰 완화해 나갔다. 누르하치는 명나라 유생들을 살생하였으나 홍타이지는 그러지 않았다. 원래 한족 관리들은 만주 대신들에게 종속되어 자기 소유의 말도 맘대로 탈 수 없었고 농지도 개간하지 못했으며, 죽으면 그 처자식이 노예가 되었다. 하지만 홍타이지는 투항한 한족 관리에게 농지와 가축을 주면서 예우했다. 대표적인 사례로 나중에 대학사가 된 범문정範文程이 있다. 또한, 노예로 전락한 한인들에게 과거시험 응시 자격을 주어 다양한 한족 인재를 길러냈다.

홍타이지는 1635년 10월 13일, 여진족을 만주족으로 개명했다. 이로써 '만주족'이라는 이름이 세계사에 등장했다. 홍타이지는 1636년 대칸에서 황제에 오르고 국호를 후금後金에서 '대청大淸'(따칭大淸은 중국어로 '매우 맑

80
효장

다'는 뜻이지만, 만주어의 다이칭은 몽골어 '다이친'에서 유래한 것으로 '전사戰
士'라는 의미다)으로 바꾸었으며 연호도 숭덕崇德으로 했다. 홍타이지의 재
위 기간에 연호가 천총과 숭덕 두 개였기 때문에, 청나라는 황제가 12명
인데 연호는 13개이다. 전설에 따르면, 누르하치가 '대청마 大淸馬'를 타고
도주하다 말이 지쳐서 죽자, "대청아, 대청아, 천하를 얻으면 반드시 나라
이름을 '대청'으로 하마"라고 해서 국호가 대청이 되었다고 한다.

홍타이지는 또 팔기를 정비해 처음으로 한족 팔기와 몽골 팔기를 따로
두었다. 팔기군에 새로 '중군重軍'도 설치했다. 1631년 후금이 최초로 홍
의대포를 만들었는데, 이 대포로 무장한 중화기 포병 부대가 중군이다.
이때부터 명나라가 갖지 못한 기병대뿐만 아니라 명나라에만 있던 포병
부대를 갖게 되어 전세가 청나라로 급속하게 기울였다. 홍타이지는 대칸
직할의 한족 독립 무장부대인 '천우병天佑兵' '천조병天助兵' 등도 두었다.
또한 사회가 발전하는 변화에 부응해 '8대 호쇼이버일러 공의共議정치'를
변혁해 황권을 강화하고, 중앙집권제 기구를 두어 청나라가 중원을 정벌
할 수 있도록 기초를 튼튼하게 다졌다.

천명 7년(1622) 3월 누르하치가 실시하기 시작한 '8대 호쇼이버일러 공
의정치'는 팔기 기주들의 집단 영도 정치 시스템을 창출했다. 팔기의 기
주들이 공동으로 최고 권력을 장악하고 국사를 공동으로 결정하며, 서로
를 견제하게끔 한 것이다. 칸도 공동으로 옹립하고, 혼군昏君도 힘을 합쳐
몰아낼 수 있었다. 재산 역시 균등하게 분배하고, 중대한 정사를 공동으
로 결정했다. 어떤 기주도 전횡을 일삼을 수 없었다. 대칸은 팔기의 기주
들에게 제약을 받고, 각 기주들 역시 나머지 7명의 기주들의 견제를 받았

다. 당시 팔기 기주들은 다이샨, 아민, 망굴타이, 홍타이지 등 4명의 대大 버일러와 웨퉈, 아지거, 도도, 호오거 등 4명의 소小버일러들이었다.

누르하치는 아들과 손자들이 집단적으로 이익을 나누고, 집단적으로 지혜를 모으는 조정을 꿈꾸었다. 한 개인의 전횡과 부패를 막는 정치 시스템을 갖추고자 한 것이다. 하지만 후금의 영토가 넓어지고 경제성장을 이루면서 이전과는 다른 사회 환경이 조성되었다. 팔기 만주 귀족들의 '8대 호쇼이버일러 공의정치'는 시대의 변화에 따라 개혁의 도마 위에 올랐다. 물론 홍타이지는 처음에는 모든 일에 조심했다. 등극한 다음 날, 그는 다음과 같이 맹세했다.

"형을 존중하고 동생을 사랑하며 바른 정치를 펼 것이다."

그는 선제가 물려준 형제들의 재산과 백성들을 빼앗지 않았다. 특히 세 명의 대버일러들은 일반 신하들과는 다르다며 각별히 우대했다. 일반 버일러들이 세 명의 대버일러들에게 삼배의 예를 갖추도록 했으며, 조정을 열 때는 세 명의 대버일러들이 한자리에 앉아 신하들의 인사를 함께 받았다.

하지만 이와 같은 '대버일러 공동정치'는 오래가지 못했다. 대칸과 다른 버일러들, 특히 세 명의 대버일러들과의 모순은 날이 갈수록 첨예해졌다. 여러 버일러들은 대칸과의 권력 공유를 요구했지만, 홍타이지는 '공동정치'의 속박에서 벗어나고 싶어 했다. 그는 대칸의 말 한 마디가 구정九鼎의 무게만큼 무거운 대칸 중심의 중앙집권 정치체제를 구축하고자 했다.

결국 홍타이지는 아민과 망굴타이의 죄를 다시 묻고 그들의 기를 빼앗았다. 그러고는 자신과 친밀한 아민의 동생 지르갈랑에게 양람기鑲藍旗를 주었다. 망굴타이의 정람기는 대칸에게 귀속시키고 다시 팔기를 개편했으며, 정람기를 정황기에 섞어 다시 새로운 정황기와 양황기鑲黃旗를 조직해 그 기주가 되었다. 호오거의 양황기鑲黃旗는 정람기로 고치고 원래대로 호오거의 소유가 되도록 했다. 새롭게 조직된 양황기兩黃旗(정황기와 양황기鑲黃旗)는 절대로 다른 왕공들이 간섭하지 못하도록 하면서 순수하게 대칸의 소유물로 황궁을 지키는 임무를 맡겼다.

그 결과, 두 명의 대버일러들을 제거하고, 대버일러 다이샨과는 등을 지게 되었다. 홍타이지는 대칸과 세 명의 대버일러가 함께 정사를 돌보던 공동정치를 폐하고 대칸 혼자 남면독좌南面獨坐(황제 한 명만이 남쪽을 향해 앉음)하는 절대군주의 위치에 올랐다. 그리고 소버일러들을 중용했다. 홍타이지는 자신이 도르곤의 삼형제에게 양백기兩白旗를 빼앗았다는 것을 잘 알고 있었기에, 이미 성년이고 전공이 있는 아지거는 억누르고 아직 어려서 새로운 환경에 빠르게 적응하는 아지거의 동생 도르곤과 도도를 중용해 그들에게 양백기 주었다. 명나라의 정부 조직을 본떠 6부를 설립할 때는 도르곤을 6부의 영수인 이부吏部 버일러로 임명하고, 그에게 총사령관 임무를 맡겨 여러 차례 원정대를 이끌도록 했다. 응석받이로 자라 방탕한 도도에게는 스무 살이 지나자마자 예부와 병부를 맡겼다.

이리하여 홍타이지는 자신의 소망대로 절대 권력을 쥐게 되었다. 그는 가장 강력한 팔기군인 양황기兩黃旗를 소유했을 뿐만 아니라, 맏아들 호오거에게 정람기를 맡겨 전체 8기 중 3기를 갖게 되었다. 양람기의 기주 지르갈랑, 정백기의 기주 도도, 양백기鑲白旗의 기주 도르곤은 모두가 홍타이지가 친히 키운 형제들이었다. 정홍기正紅旗의 기주 다이샨과 양홍기鑲紅旗의 기주 웨퉈는 근본적으로 경쟁 상대가 아니었다. 이렇게 팔기와 대칸은 공동정치에서 복종의 관계로 변하고, 후금의 대권은 칸에게 집중되어 '8대 호쇼이버일러 공동정치'는 막을 내렸다.

부무부타이는 홍타이지가 대청을 경영하는 10년간 그 곁을 지키며 단 하루도 평온한 날을 보내지 못했지만, 정치투쟁의 신산함과 승리의 환희를 직접 맛보았다. 이 경험은 뒷날 그녀가 대청제국의 황제가 된 아들(순치제)과 손자(강희제)를 보필하는 데 큰 자산이 되었다.

명나라 최고 장수 원숭환을 제거하다

1626년 1월, 파죽지세의 기세로 요동의 명나라 땅을 정복해 가던 누르하치에게 생애 첫 패배와 죽음을 안긴 사람은 영원성을 지키던 명나라의 명장 원숭환이었다. 그는 아담 샬Adam Schall(중국어 이름은 탕약망湯若望, 1591~1666)이 설계하고 제작한 홍의대포로 20배가 넘는 만주 팔기 기병들을 무찌르고 누루하치에게 부상을 입혔다. 이 부상으로 누르하치는 결국 죽음을 맞았다. 영원성의 승리로 명성이 자자해진 원숭환은 계요薊遼(영원성) 총독에 임명되어 다섯 해 안에 요동 전체를 수복하겠다고 맹세했다. 이것은 비극의 시작이었다.

홍타이지는 원숭환이야말로 부친의 원수이자, 청나라가 산해관으로 진출하는 길목을 틀어막고 있는 거대한 산이란 걸 알고 그를 제거하기 위해 이간책을 쓰기로 했다. 1629년 홍타이지는 내몽골 지역을 거쳐 북경을 공략했다. 산해관이 견고하면 북경은 안전하다고 생각한 명나라 숭정제崇禎帝(명나라 제16대 마지막 황제, 1611~1644)의 허를 찌른 것이다. '요동군 총사령관' 원숭환은 즉각 9천의 기병을 이끌고 북경으로 달려왔다. 원숭환은 북경 외곽에 진지를 구축했지만 급하게 달려오는 통에 군량미와 말꼴이 바닥나고 말았다. 적군의 수도 10배가 넘었다.

하지만 원숭환은 화살이 빗발치는 전선의 최선봉에서 두 차례나 승리를 거두고 바람 앞 촛불 신세이던 북경을 구해 냈다. 원숭환은 지친 부하들을 쉬게 하려고 황제에게 북경 성내로 입성할 수 있게 해 달라고 주청했다. 이때 홍타이지는 원숭환이 후금과 몰래 내통하고 있다는 헛소문을 퍼뜨리기 위해 마침 투항해서 청나라 진영에 있던 태감(환관)에게 거짓 정보를 흘려 북경으로 돌려보냈다. 자금성으로 돌아간 환관은 원숭환이 청나라의 첩자라고 보고했다. 원래 의심이 많던 '명나라 망국 황제' 숭정제는 군량미에 대해 논의하자고 원숭환을 불러들여 하옥시켰다. 당시 북경의 성문이 굳게 잠겨 있던 타라 원숭환은 광주리를 타고 입성했다.

압록강 하구의 피도皮島에서 게릴라 전술을 펴던 명나라 장수 모문룡毛文龍이 밀매를 하여 원숭환이 이를 처벌한 적이 있었다. 이것이 빌미가 되어 모문룡에게 뇌물을 받았던 재상 온체인溫體仁은 원한을 품고 원숭환을 적대시했다. 엄당파嚴鐺波(환관파) 위충현魏忠賢 역시 정적 전용석錢龍錫(동림파)이 원숭환과 관계가 있다는 이유로 원숭환을 증오했다. 결국 이 두 사람이 공모해 원숭환을 사형해야 한다는 장계를 올렸다. 무고를 주장하던 원숭환의 부하 조대수祖大壽는 이미 명나라의 운이 다했음을 알고 부하들을 이끌고 청나라에 귀순했다. 이듬해 8월, 북경의 서시西市에서 원숭환은 살이 천 번이나 각이 뜨이는 능지처참을 당했다. 북경 사람들은 각 떠진 그의 살을 안주 삼아 먹으며 매국노라고 욕을 했다.

"원숭환이 죽은 뒤로는 만리장성 변방을 지킬 만한 인물이 없었고, 명나라의 멸망 징후도 뚜렷했다."《명사明史》〈원숭환전〉)

이후 청나라 건륭제가 《명사》를 편찬하면서 그 당시의 만주 기록을 보고 원숭환이 누명을 쓰고 죽었음을 밝혀냈다. 홍타이지의 이간책에 놀란 숭정제는 결국 제 손으로 만리장성을 허물고 멸망의 길을 재촉한 꼴이었다. 명나라 최고 장수의 목을 떨어뜨린 홍타이지는 본격적으로 청나라 내부의 틀을 다졌다.

누르하치 때 후금의 정치기구는 매우 간단했다. 기본적으로 각 기들이 관원을 뽑아 각자 안건을 심사하며 호구, 군량, 말꼴을 등록하고 징세, 부역, 병기 검사, 도망자 검거 등을 실시했다. 홍타이지는 즉위 초기에 토지, 병기, 형벌, 가축을 전문적으로 관리하는 아문衙門을 설치했다. 외번인 몽골에는 몽골 아문을 두었다. 하지만 여전히 관리인은 각 기가 알아서 선출했다. 이는 '8대 호쇼이버일러 공동정치' 체제에 기초한 것이었다. '팔기 공동정치'가 와해되려면 그 조직적 기반인 정치기구가 없어져야만 했다.

천총 5년(1631) 7월, 홍타이지는 한족 대신들의 건의를 받아들여 6부六部를 설립하고 각 부마다 한 명의 총섭總攝 버일러를 임명했다. 그리고 그 밑에 승정承政(상서尙書), 참정參政, 시랑侍郞, 계심랑啓心郞(감독) 등의 관직을 두었다. 승정은 만주족, 몽골족, 한족을 가리지 않고 골고루 채용했다. 결국 6명의 소버일러들이 6부를 전부 장악했다. 호부의 더거레이, 예부의 사할리얀, 공부의 아바타이는 모두 기주가 아니었다. 이부吏府의 도르곤, 병부의 웨튀, 형부의 지르갈랑도 자신의 기를 대표하는 기주 신분이 아니라 중앙정부의 관료 형식으로 각 부를 맡았다. 조정의 부를 장악한 버일러들의 아래 직책인 승정 역시 팔기가 분배해 갖지 않았다. 6부는 대칸의 직속으로 중앙의 정무뿐 아니라 팔기의 공동 사무 및 각 기의 중요한 사무를 처리했다. 각 부가 단독으로 업무를 처리하지 못하거나 중요 사항을 결정하지 못하는 경우에만 '의정 버일러 대신'들과 토론해 최종적으로 대칸의 결재를 받는 식이었다. 의심할 여지없이 6부의 설립은 권력을 팔기의 기주들이 공동으로 나누어 가지는 '팔기 공화제'를 혁파하고 점차 '대칸 중심의 중앙집권 관료제'가 자리를 잡게 한 첫 수순이었다. 이후 홍타이지는 도찰원都察院을 설립해 수시로 제왕들과 6부, 문무대관을 감찰했다. 그리고 몽골 아문을 이번원理藩院(이민족과의 관계를 담당한 행정기구)으로 고쳐 불렀다. '6부 양원 8아문六部兩院八衙門'이 형성된 것이다.

천총 6년(1632) 정월, 홍타이지는 조정에서 대칸과 3대 버일러들이 똑같이 남쪽을 향해 동석하는 옛 제도(사왕四王 분권 통치)를 철폐하고 대칸 단독의 '남면독좌'를 실시했다. 천총 10년(1636)에는 한족 관리들의 제안에 따라 대칸의 사가私家 문서를 관장하는 서방書房(문관비서)을 내삼원內三院(내국사원內國史院, 내비서원內秘書院, 내홍문원內弘文院)으로 개편하고 대학사와 학사 약간 명을 두었다. 이는 명나라의 내각과 비슷한 제도로, 내삼원은 대칸의 중앙보필기구였다. 대학사는 대칸의 내신內臣(비서)으로 항상 칸의 곁에서 칸의 행정 유지를 군왕들에게 전달했으며, 각 부의 대신들과 사무도 논했다. 청나라가 중원에 들어간 후에는 명나라 체제를 모방하여 내삼원을 내각으로 개편했다.

6부와 내삼원 등 중앙정부기관이 완성되자, '후금의 대칸' 홍타이지를 '청나라 황제'로 옹립하자는 움직임이 벌어졌다. 하지만 홍타이지는 완강하게 거절했다. 그러자 천총 10년 4월 5일, '홍타이지 청황제 옹립' 활동이 대규모로 일어났다. 대버일러 다이샨을 대표로 하여 호쇼이버일러 지르갈랑·도르곤·도도·웨튀·호오거, 버일러 아바타이·아지거·두두, 초품공超品公(호쇼이버일러의 사위에게 내린 작위), 양구리楊古利(누루하치의 사위), 만주 8구사어전固山額眞(여진족은 사냥할 때 화살을 한 개씩 각출하고 장정 10명에 우두머리 1명을 두었다. 그 두목을 니루어전牛彔額眞이라 불렀다. 니루는 큰 화살이라는 뜻이고 어전은 두목이라는 뜻이다. 나중에 이 니루어전은 관직명으로 정착해 둔전, 개간, 징집, 납세, 부역 따위는 모두 가장 하위조직인 니루를 단위로 진행되었다. 누르하치는 이를 확대 개편하여 팔기제를 창설했다. 장정 300명에 니루에젠 1명을 두고 5니루에 1자란어전甲喇額眞을 두고 5자란어전에 1구사어전固山額眞을 두었다. 구사는 만주의 호구와 군사 편제상 최대 조직으로, 순치제 때 중국식 도통都統으로 바뀜), 몽골 8구사어전, 6부 대신, 도원사都元帥 공유덕孔有德, 총병관總兵官 경중명耿仲明·상가희尙可喜·석정주石廷柱·마광원馬光遠, 외번 몽골 16부 49기 버일러, 만·몽·한 문무대관 등이 황궁의 정문(속칭 '우문牛門', 홍타이지 황제 등극 후 정식으로 대청문大淸門으로 바뀜)에서 홍타이지의 존호를 황제로 부르자는 상주문을 정식으로 올렸다. 상주문에는 홍타이지의 높은 공과 은덕을 칭송하며, "홍타이지가 황제에 오르는 것이 하늘의 뜻이므로" 전국옥새傳國玉璽를 얻은 것이라고 했다.

도르곤은 만주어, 호르친부의 지능바다리濟農巴達禮는 몽골어, 공유덕은 한자어로 쓴 '홍타이지 청황제 등극 주청문'을 각자 손에 들고 모든 군왕들과 버일러, 문무백관들과 함께 대청문 앞에 꿇어앉았다. 홍타이지는 더 이상 거절하지 못하고 천총 10년 4월 11일, 하늘에 제사를 올리고 예악이 울리는 가운데 황제의 옥좌에 앉아 존호 '관온인성황제寬溫仁聖皇帝'를 받고 국호를 대청大淸, 연호를 숭덕崇德으로 삼았다. 그다음 달로부터 숭덕 원년이 시작되었다. 당시의 축문祝文은 이랬다.

"홍타이지가 감히 하늘과 땅에 고합니다. 소신과 같이 하찮은 존재가 대칸의 자리를 이어받은 이래, 큰 뜻을 펼치기 위해 항상 뜻을 궁리하고 늘 살얼음판을 걷듯이 전전긍긍하며, 밤이 깊어서야 잠자리에 들고 새벽이 되기 전에 일어나 힘쓰기를 10년이 흘렀습니다. 하늘이 은혜를 내리시어 조상들의 유지를 일으키고, 조선을 항복시키고, 몽골을 하나로 통합하며 전국옥새와 드넓은 강토를 얻었습니다. 조정 안팎의 암반(사령관)들과 뭇 백성들은 모두 저에게 공이 있다고 하며 존호를 올리고, 천명에 따라 황제에 오르라고 하였으나, 저는 '명나라가 아직 멸망하지 않았기에, 존호를 받을 수 없다'고 했습니다. 그러나 상주문이 끊이질 않아, 만백성들과 뭇 암반들의 뜻에 따라서 황제의 존호를 받고 국호를 고쳐서 대청국, 연호를 숭덕 원년으로 삼았나이다."

그리고 4월 23일, 홍타이지는 군공에 따라 군신들을 책봉했다. 둘째 형 다이샨은 예친왕禮親王, 사촌 동생 지르갈랑은 정친왕鄭親王, 동생 도르곤은 예친왕睿親王, 동생 도도는 예친왕豫親王, 조카 호오거는 숙친왕肅親王, 조카 웨튀는 성친왕成親王, 동생 아지거는 다라무영군왕多羅武英郡王, 조카 두두는 다라안평 버일러多羅安平貝勒, 형 이바타이는 다라소여 버일러多羅饒餘貝勒에 각각 봉해졌다. 외번 몽골부 버일러들도 군공에 따라 작위에 봉해졌다. 부무부타이의 사촌 오빠 바다리巴達禮는 토사도土謝圖 친왕, 친오빠 우커산은 탁예극도卓禮克圖 친왕, 구룬어푸固倫額駙 어저額哲(린단칸의 아들)는 호쇼이和碩 친왕, 부무부타이의 당숙 부타치는 다라찰살극도多羅紮薩克圖 군왕, 부무부타이의 친오빠 만주시리滿珠習禮는 다라파도노多羅巴圖魯 군왕, 부무부타이의 조부 쿵궈얼은 찰살극다라빙도紮薩克多羅冰圖 군왕에 봉해졌다. 이렇게 부무부타이 친정집 친척들은 모두 호쇼이 친왕혹은 군왕에 오르고, 나이만 등 기타 몽골부 버일러들도 군왕 혹은 다른 명호를 받았다.

이로부터 대청에서 만주족 친왕과 군왕, 버일러 이외에 처음으로 몽골족과 한족의 이성번왕異姓藩王이 나오고, 전제 황권의 정치적·경제적 기초가 확립되었다. 홍타이지는 숭정전에서 연회를 열어 군신들을 치하했다. 청나라 황제는 만주어로는 여전히 '대칸'이라고 불렸지만, 후금 시대와는 그 성격이 완전히 달라졌다. 절대지존의 황권과 황제는 절대 불가침의 성역이 되었다. 홍타이지가 자신을 '대청 황제'라 칭하고 연호를 새롭게 하면서, 절대지존의 황제 권위가 공고해졌다. 그의 후궁들도 예외가 아니었다.

만몽 합작의
청나라 궁전

누르하치의 아이신기오로씨 만주족
황실 가문이 몽골 처녀를 처로 맞이한 것은 홍타이지 때가 처음이 아니
다. 그러나 홍타이지가 맞이한 몽골 처자들은 그 수가 많았거니와 그들
이 후궁으로서 차지한 지위도 전례 없이 높았다.

 결혼을 정치와 결합시킨 정략결혼의 백미

홍타이지의 조부인 탁시의 처첩 세 명 중에는 몽골족이 없었다. 홍타
이지의 아버지 누르하치는 16명의 후비를 두었는데, 그중 몽골족이 2명
으로 모두 자녀가 없었다. 홍타이지 이후 순치제는 문헌에 기재된 바로

는 후비가 20명이었는데, 그중 6명이 몽골족으로 효장태후가 주선해 얻었다. 그러나 그들은 모두 순치제의 냉대를 받아 자녀가 없었다. 강희제는 문헌에 의하면 후비와 비빈들이 68명이었다. 그중 몽골족이 2명이었는데, 둘 다 효장태황태후의 주선으로 얻은 호르친 몽골족으로 모두 자녀가 없었다. 이후에도 청나라 황제의 후비는 몽골족이 극히 드물었다.

홍타이지가 책봉하거나 그의 자녀를 둔 후비는 15명이었다. 그중 한족은 6명, 성명과 민족이 불분명한 이는 2명, 몽골족이 7명으로 가장 많았다. 몽골 출신 후비들은 다음과 같다.

1. 보얼지지터씨 저저. 몽골 호르친부 버일러 망구쓰의 딸이다. 명 만력 42년(1614), 16세에 버일러 홍타이지의 황후가 되었다. 홍타이지가 황제에 오른 숭덕 원년에 청녕궁淸寧宮 '중궁국군푸진中宮國君福晉(황후)'에 봉해졌다. 제2황녀, 제3황녀, 제8황녀를 두었고, 순치제는 그녀를 황태후로 존숭했다. 일생이 부귀하고 평안했던 그녀의 시호는 효단문황후孝端文皇后이다.

2. 이 책의 주인공인 보얼지지터씨 부무부타이(효장태후).

3. 보얼지지터씨 하이란주海蘭珠. 몽골 호르친부 버일러 자이쌍의 딸로 부무부타이의 친언니이다. 천총 8년(1634), 26세에 홍타이지에게 시집와서 특별한 총애를 받았다. 숭덕 원년, 동궁 관저궁關雎宮 황후 신비宸妃에 봉해졌다. 제8황자를 낳았으나 요절했다. 시호는 민혜공화원비民惠恭和元妃이다.

4. 보얼지지터씨 나무중(?~1674). 몽골 아바가이阿霸垓부 군왕 어치거

뤄옌額齊格諾顔의 여식이다. 차하르부 린단칸의 미망인으로, 낭낭囊囊 푸진이라 불렸다. 린단칸이 죽은 후, 천총 9년(1635) 홍타이지에게 시집와 숭덕 원년에 서궁西宮 인지궁麟趾宮 대푸진 귀비에 봉해졌다. 제11황녀, 제11황자 보무보귀얼博穆博果爾을 낳았고 몽골 여아를 입양해 길렀다. 순치제는 그녀를 의정대귀비懿靖大貴妃로 존숭했다.

5. 보얼지지터씨 바터마짜오巴特瑪璪(?~1667). 몽골 아바가이부 출신이다. 린단칸의 미망인으로 두토문竇土門 푸진이라 불렸다. 린단칸이 죽은 후 천총 8년(1634), 홍타이지에게 시집왔다. 숭덕 원년 동궁 연경궁衍慶宮 측側푸진 숙비淑妃에 봉해졌다. 자녀가 없었고 몽골족 여아를 입양해 길렀다. 순치제는 그녀를 강혜숙비康惠淑妃로 존봉했다.

6. 이름을 알 수 없는 보얼지지터씨. 몽골 자루터부 바아얼투다이칭巴雅爾圖戴青의 여식으로 천총 6년(1632) 2월에 측비로 와 동궁 푸진이 되었다. 제6황녀와 제9황녀를 낳았는데, 대칸의 뜻을 따르지 않아 다른 사람을 골라 시집보냈다.

7. 치데씨奇壘氏. 홍타이지의 서비이다. 몽골 차하르부 출신으로 제14황녀를 낳았다.

홍타이지의 몽골족 처자들은 만주족 처자들보다 지위가 훨씬 높았다. 입궁을 하자마자 여주인이 된 저저는 그녀보다 일찍 입궁해서 황자 호오거를 낳은 만주족 푸진을 내몰았다. 후금은 원래 대칸의 비들에게 봉호를 내리지 않았다. 나라를 세운 뒤에도 만주족 전통대로 비들을 모두 '푸진'으로만 불렀다. 천총 6년(1632), 홍타이지가 남면독좌의 1인 절대권력

체제를 완비한 후에야 그 비들에게도 봉호가 내려졌다. 중궁대푸진(황후)은 저저, 서궁 푸진(비)은 부무부타이, 동궁은 당시에 없었다. 규율에 따르면 훨씬 전에 입궁해 장자 호오거(당시 20세)를 낳은 계비 우라나라씨에게도 그에 상응하는 봉호를 내렸어야 했지만, 홍타이지는 몽골 차하르부 바아얼투다이칭의 여식을 데려와 동궁 푸진(비)으로 삼았다. 삼궁三宮의 후비가 모두 몽골족 처자 일색이었다. 이후 오궁五宮을 둘 때도 '1후一后(저저) 4비四妃(하이란주, 나무중, 바터마짜오, 부무부타이)'가 모두 몽골 최고의 귀족 성씨인 '보얼지지터씨'들이었다.

그녀들은 모두 멀리로는 칭기즈 칸의 조상인 보르지기다이의 혈족들이었다. 그중에서 '1후 2비(저저, 하이란주, 부무부타이)'가 호르친 보얼지지터씨 집안 출신이었다. 이렇게 청나라 후궁은 몽골 후비들, 특히 호르친 보얼지지터씨 천하였다. 청나라 조정은 만주족 아이신기오로씨가 장악하고, 후궁은 몽골족 보얼지지터씨가 여주인 노릇을 한 셈이다. 한 마디로 '만몽합작 궁궐'이었다. 홍타이지는 또 대몽골 회유책으로 차녀를 린단칸의 아들에게 시집보내고, 동생 지르갈랑과 형 다이산 그리고 장남 호오거도 몽골 출신 여성들을 비로 맞아들이도록 했다.

이것은 대청이 견고한 만몽 혼인동맹을 가장 중요한 위치에 놓은, 즉 결혼을 정치와 결합시킨 정략결혼의 백미였다. 강대한 명나라에 대항하려면 우선 동북지방과 내몽골 지역을 안정적으로 통치하는 게 가장 중요했다. 청나라가 차하르부를 멸망시킨 후, 호르친부는 나날이 강성해지며 몽골 각 부락의 수령이자 맹주로 자리를 잡았다. 청나라로서는 부무부타이의 친정인 호르친 몽골족의 강력한 지지만 있으면, 내몽골와 동북지방을 안정시킬 수 있었던 것이다.

차하르부 린단칸의 미망인 두 명을 오궁의 비로 맞이한 것도 정치적인 목적에서였다. 홍타이지는 내몽골의 가장 강한 적인 차하르부를 멸망시키기 위해 천총 2년(1628), 천총 6년(1632), 천총 9년(1635) 세 차례 정벌에 나섰다. 외몽골 칼카 좌익의 촉투와 손을 잡고 청해青海로 진출하려던 린단칸이 청해고원에서 죽자, 몽골의 각 부락이 연이어 청나라로 귀순했다. 결국 홍타이지는 차하르부를 멸하고 내몽골을 완전히 통일했다.

당시의 북방 민족 풍습에 따르면 적의 처첩들은 전리품이었다. 적들의 처자들은 사사롭게 다른 남자와 재혼할 수 없었다. 적의 잔여 세력을 다시 결집시킬 수 있었기 때문이다. 차하르부는 칭기즈 칸의 직계 후손들로서 내몽골에서 그 영향력이 가장 컸다. 린단칸의 아들 어저는 홍타이지에게 전국옥새까지 바쳤다.

야사에 따르면, 이 전국옥새는 한나라에서 원나라로 전해졌는데 원나라가 망할 때 순제가 북으로 도주하면서 갖고 온 것이다. 그런데 순제가 죽고 옥새가 행방불명되었다. 200여 년이 지난 어느 날, 양들이 사흘간 풀을 먹지 않고 땅만 파자 목동이 이상하게 여겨 그곳을 팠더니 전국옥새가 나왔다. 나중에 전국옥새는 린단칸의 수중으로 들어갔고, 결국 홍타이지의 손에 들어왔다. 몽골족에게는 홍타이지가 칭기즈 칸의 대통을 이어받았음을 증명해 주는 것이었다. 홍타이지는 하늘이 자신에게 천자의 권위를 주었다는 길상으로 여겨 전국옥새를 얻고 난 후에 청태조의 복릉에서 제사를 지냈다.

이 전국옥새를 얻고 1636년 대청 황제에 오른 홍타이지는 이렇게 개인의 혼인을 청나라의 미래와 연결시켰다. 몽골족 후비들은 청나라와 후금을 잇는 사자로서 남편인 홍타이지가 그의 최고 이상인 '중원의 황제'에 오를 수 있도록 전심전력으로 내조했다.

언니가 남편의 비가 되다

홍타이지와 부무부타이의 언니 하이란주海蘭珠가 어떤 경로로 결혼하게 되었는지는 불확실하다. 《청실록淸實錄》에도 관련 기록이 없다. 홍타이지에게 시집올 때 하이란주의 나이 이미 26세. 당시 십여 세에 시집가던 조혼 풍습에 비추어 볼 때 늦어도 한참 늦은 나이다.

천총 7년(1633) 4월, 홍타이지의 황후(대푸진)이자 부무부타이의 집안 고모인 저저는 자신의 어머니인 호르친 대비大妃(홍타이지가 봉함, 망구쓰의 부인)와 부무부타이의 모친 호르친 차비次妃(홍타이지가 봉함, 자이쌍의 부인)를 심양에 초청해 홍타이지와 만나게 했다. 하지만 이때도 하이란주는 보이지 않았다.

하이란주가 홍타이지에게 시집가기 전에 이미 한 번 결혼했다는 추측도 가능하다. 하이란주는 교양과 예의를 갖춘 몽골의 대표 미녀였다. 지혜롭고 단정하며, 날씬하고 우아하고 피부가 백옥처럼 흰 절세가인으로 수많은 남정네들의 가슴을 울렁이게 했다. 당시 소녀들은 십여 세에 출가했는데, 하이란주와 같은 미녀가 26세가 되도록 노처녀로 지냈다는 것은 납득이 안 된다. 홍타이지와 부무부타이가 결혼할 적에 하이란주는 이미 떨어진 꽃처럼 남편이 있었을 것이다. 바로 당시 청나라의 가장 강력한 적수였던 차하르부 린단칸의 부인으로 말이다. 그러나 린단칸이 죽자, 하이란주와 부무부타이의 오빠가 여동생을 다시 홍타이지의 처로 보내지 않았을까?

실제로 천총 8년(1634) 10월 16일, 린단칸의 미망인 바터마짜오가 백성들을 데리고 대청에 귀순한 지 얼마 지나지 않을 때, 부무부타이의 오빠 우커산은 또 다른 누이동생 하이란주를 데리고 와서 홍타이지에게 시집보냈다. 홍타이지는 큰 연회를 베풀고 호르친 차비와 넷째 손위 처남 만주시리 그리고 우커산에게 말안장, 담비 가죽, 수달 가죽, 비단, 은그릇 등을 예물로 보냈다. 또한 다이샨 등 모든 문무백관들과 함께 우커산을 마치 개선장군처럼 대하며 연회를 성대하게 베풀었다. 자신이 얼마나 하이란주를 아끼는지 만방에 과시한 것이다.

하이란주의 미모는 홍타이지를 무너뜨렸다. 이미 같은 집안의 고모(저저)와 조카(부무부타이)를 처로 얻은 그가 또다시 황후의 조카이자 후비의 언니를 취하는 것은 도리에 어긋났다. 하지만 홍타이지는 이를 고려하지 못할 정도로 하이란주의 미모에 반해 있었다. 하이란주와 홍타이지는 결혼하고 나서 금슬이 너무 좋아 한동안 홍타이지의 그림자를 조정 내에서 볼 수 없을 지경이었다. 당연히 다른 후비들에 대한 애정도 식어버렸다.

아무리 일부다처제라도, 또 아무리 친언니라고 해도 이렇게 들어오자마자 남편의 총애를 몽땅 가져가 버린다면, 보통의 경우라면 질투심 때문에 가정이 화목하기가 힘들 것이다. 하지만 제왕의 궁은 여염집과 달랐다. 제왕의 권세는 하늘처럼 높아서 후비를 포함해 모든 사람들의 목숨을 쥐락펴락할 수 있기 때문이다. 모든 후궁들은 그래서 말을 신중히 하고 몸가짐을 조심해야만 했다. 만약 투기심에 사로잡혀 실수라도 하면 폐위 정도가 아니라 아예 저승길로 갈 수도 있는 게 궁전 여인들의 운명이었다.

부무부타이는 언니를 질투하지 않았다. 그녀 본인의 결혼이 그러했듯, 언니의 결혼도 친정 가족의 이익이 걸린 중대한 집안일이었기 때문이다. 부무부타이가 홍타이지에게 시집온 이유도 고모이자 황후인 저저에게 자녀가 없었기 때문이다. 부무부타이가 시집온 후 저저는 딸 셋을 낳고, 부무부타이도 세 명의 딸을 낳았다. 고모와 조카 모두 아직 아들이 없었다.

저저로 대표되는 보얼지지터씨 가문이 만주족 궁궐 내에서 확고한 위치를 점하기 위해 펼친 전략은, 집안이 똘똘 뭉쳐 다른 후궁들과 투쟁하는 것이었다. 부무부타이도 고모의 말을 되새기며 항상 명랑하고 너그럽게, 모든 일을 대승적인 관점에서 바라보는 그녀만의 장점을 십분 발휘하며 궁 생활을 이어 갔다.

복이 깃든 장비의 영복궁

과거의 황제들은 모두 호화로운 대궁전으로 자신의 고귀함과 존엄성을 알리고자 했다. 황제 홍타이지 역시 즉위 후 성경 황궁盛京皇宮(지금의 심양 고궁)을 대대적으로 증축했다. 천총 6년부터 누르하치가 세웠던 대정전大政殿과 십왕정十王亭을 기초로 그 서쪽에 왕부王府의 기지인 크고 작은 궁궐을 계속 지어 지금의 심양 고궁의 중로中路를 세웠다.

홍타이지의 궁궐 증축의 골간은 대청문大淸門, 숭정전崇政殿, 봉황루鳳凰樓, 청녕궁淸寧宮 등이었다. 남에서 북으로 향하는 하나의 중추선 위에 놓인 4좌四座 건축 양식으로, 청녕궁 앞의 동쪽과 서쪽에 두 곳의 궁전을 세웠다. 청녕궁 및 그 곁채인 4대 비궁은 모두 웅장한 궁전으로 명호名號를 받은 후비들이 거주하는 숭덕오궁崇德五宮이었다.

천총 10년(1636) 4월 13일, 홍타이지는 황제를 칭한 지 3일째 되는 날 궁전의 명칭을 정했다. 중궁은 청녕궁, 동궁은 관저궁關雎宮, 서궁은 인지궁麟趾宮, 버금(次) 동궁은 연경궁衍慶宮, 버금 서궁은 영복궁永福宮이었다. 정전은 숭정전(속칭 '금란전金鑾殿')이다. 황궁의 정문은 대청문(속칭 '오문午門'), 동문은 동익문東翼門, 서문은 서익문西翼門이 되었다. 으리으리한 금빛과 푸른빛으로 빛나는 숭덕전 뒤가 봉황루였고, 그 뒤는 후비들이 사는 청녕궁과 4대 후비들의 궁전이었다. 이외에 여타 비빈들이 사는 두 곳의 작은 궁전과 경비소가 딸려 있었다.

홍타이지는 유지를 내려 청녕궁 앞에서 비들에게 명호를 내려 주었다. 동궁 대푸진은 신비(하이란주), 서궁 대푸진은 귀비貴妃(나무중), 버금 동궁 푸진은 숙비(바터마짜오), 버금 서궁 푸진은 장비莊妃(부무부타이)가 되었다. 후비들의 명호를 봉한 후에는 성대한 연회를 열어 황제의 존엄을 세웠다. 전국에 대청국의 황가 규범을 선포하고 이것에 의거하여 오궁의 황후와 후비, 대비와 측비 간에는 엄격한 차등과 차별이 있고, 오궁의 황후와 후비는 다른 비빈들보다 지위가 높음을 천명했다. 비슷한 연배의 자매들처럼 보였지만, 비빈들의 관계는 매우 불평등하고 존비의 구분, 지배와 복종의 관계가 명확했다. 저저는 국군國君 푸진, 일명 '국모'로서 후궁들의 지존이었다. 책문冊文은 모든 비빈은 반드시 그녀의 가르침과 명령에 따르도록 명문화했다.

저저 황후가 사는 중궁에서 홍타이지는 친왕, 군왕, 몽골 버일러, 한족 대신들을 불러 연회를 열기도 하고 제사를 지내기도 했다. 궁은 만주어로 가家에 해당하는 데, 칸궁汗宮은 '칸의 집(汗家)'이고, 중궁中宮은 '칸가汗家 정중앙의 집'이라는 의미다. 네 명의 후궁들이 거주하는 궁도 차등이 있었다. 그 규모나 화려함은 동궁과 서궁이 버금 동궁이나 버금 서궁보다 앞서고, 기타 비빈들의 궁전은 그보다 초라했다. 후비의 지위는 그들이 낳은 자식들에게도 막대한 영향을 끼쳤다. 오궁의 황후와 후비들 소생의 아들은 적자로서 높은 작위를 받고 황권을 계승할 수 있는 자격이 주어졌으나, 기타 비빈들의 아들은 서자로 황권을 이어받을 자격도 없고 그 작위도 매우 낮았다.

홍타이지가 오궁을 책봉할 당시에 부무부타이는 맨 끝이었고, 지위도 전보다 낮아졌다. 천명 6년(1632) 삼궁을 책봉할 때에는 서궁으로 봉해졌고, 지위도 서열 제2위로 중궁 대푸진(저저) 다음이었다. 하지만 오궁을 봉할 때는 언니 하이란주가 4비의 우두머리로서 황후의 궁 아래에 살며 부무부타이의 위치를 대신했다. 홍타이지는 하이란주의 궁 이름을 '관저궁關雎宮'이라 했는데, 《시경詩經》 첫 번째 시에서 유래한 이름이었다.

쩍쩍 우는 저어새　　　　　　　　　　　　　　　關關雎鳩

하구 둑에서 노래하는구나. 在河之洲

그윽하고, 착하고, 차분한 요조숙녀 窈窕淑女

군자의 좋은 짝이라네. 君子好逑

주나라 문왕이 덕이 있는 성녀聖女 사씨姒氏를 배필로 삼으니, 그녀가 시집올 때 그녀의 깊고 정숙한 덕을 찬미하고자 이 시를 지었다. '관저關雎'는 '후비의 덕을 노래한다'는 의미다. 만주어로 '관저'는 '온후하고 부드럽고 예의를 아는 사람'이라는 뜻이다. 관저궁이라는 이름은 홍타이지가 얼마나 하이란주를 총애했는지를 보여 준다. 부무부타이의 언니 하이란주는 홍타이지의 눈에 오나라 부차의 서시나 다름없었던 셈이다.

홍타이지가 하이란주 등 린단칸의 미망인 두 명을 부무부타이 앞에 둔 까닭은, 차하르 부족민들에게 차하르 출신 여주인의 위치를 확실히 보여 주기 위함이었다. 여주인이 후한 대우를 받아야만 그 부족민들도 대청에 충성할 것이라는 믿음이었다. 그런 이유로 부무부타이는 오궁의 꼴찌인 '제5후비'로 봉해졌다.

하지만 인생이란 구불구불하고, 나아감이 있으면 물러남도 있는 법이다. 한 발 물러나서 보면 바다는 넓고 하늘도 높다고 하지 않았던가. '영복궁 장비'라는 명호와 지위는 그녀의 아들이 뒷날 대통을 이어받는 견실한 기초가 되었다. 게다가 고모가 황후이고, 친언니가 동궁이 아닌가. 부무부타이는 이미 홍타이지와 저저 황후를 도와 대청제국을 열었던 만큼 후궁 정치의 오묘하고도 복잡한 성격을 잘 알고 있었다. 그래서 이런 일쯤은 마음에 두지 않았다. 문제는 관건은 그녀가 홍타이지의 아들을 낳을 수 있는가 하는 것이었다.

중국 고대사회에서 여인의 운명은 아들을 낳느냐 마느냐에 따라 갈렸다. 한족이든 만주족이든 몽골족이든, 남자는 귀하고 여자는 천했다. 여자는 아들을 낳지 못하면 앞날이 암담했고, 딸만 낳고 아들을 못 낳으면 허리도 똑바로 펴지 못했다. 아들을 낳아야만 눈썹을 치켜세우며 당당해질 수 있었다. 일반 백성들도 이러할진대, 황제의 집안은 오죽하랴. 다행히도 홍타이지가 부무부타이에게 내린 '영복永福'이란 두 글자는 그녀에게 확실히 복을 가져다주었다. 황자 푸린(뒷날 청나라 제3대 황제인 순치제)이 태어난 것이다.

5장

어머니는
아들로 인해
존귀해진다

효장태후의 손자인 강희제(1654~
1722, 청나라 제4대 황제)의 통치 시절이던 강희 26년(1687) 12월, 효장태황
태후는 임종을 맞아 내린 유지에서 "청태조 누르하치가 (나를) 며느리로
초빙한 적은 매우 적었다"고 회고했다. 하지만 이후 태종문황제太宗文皇帝
(홍타이지) 때부터 효장태후는 황제의 명에 따라 내정에 간여하기 시작했
다. 홍타이지가 살아 있을 적부터 여러 해 동안 국가 정무에 참여하고 국
사를 처리했다. 그래서 제왕과 대신들은 강희제에게 효장태황태후가 태
종문황제를 보좌하여 대청강산의 안정화에 큰 공을 세웠다고 고했다.

고대 중국 조정에서는 후궁이 내정에 개입하는 것을 허락하지 않았다.
물론 외양과 형식만 그러했을 뿐 실상은 그렇지 않았다. 수많은 황제들

이 후궁들의 꾀주머니로 실리를 챙겼다. 나랏일과 집안일이 나누어지지 않았던 것이다. 말과 행동을 각별히 조심하며 명철보신하는 조정 내의 관원들과 비교할 때, '베갯머리송사'는 망설이지 않고 흉금을 털어놓으며 의견을 교환하는 일상적인 자리였다. 사실 황제는 집에 와서야 자신의 여인네가 부군을 위해 책임지고 말하는 견해를 들을 수 있었다. 베갯머리송사는 진심이 깃들어 있기에 진실에 가까웠던 것이다. 다만, 이때 후궁의 지모가 뛰어나야만 했다.

 ## 중국의 전통 옷 치파오를 만들다

부무부타이가 입궁한 초기에는 아직 어린 소녀여서 감히 조정의 일에 간여할 수 없었다. 그러나 지식과 경험이 쌓이고 나이가 들면서 그녀는 남들에 비해 출중하면서도 탁월한 지혜를 내보였다. 성품도 점점 더 원숙해졌다. 홍타이지는 지혜와 미모를 두루 겸비한 그녀를 참모로 키웠다.

부무부타이는 아름다웠지만 덕과 재능이 미모를 앞선 여인이었다. 아리따운 여인은 궁중에 구름 떼처럼 많았다. 하지만 덕과 재능을 겸비한 여인은 드물었다. 홍타이지는 그녀와 함께 있으면 다른 비빈들과 있을 때와는 전혀 다른 느낌에 휩싸였다. 이야깃거리가 광범위했고, 둘 사이의 소통은 조화로웠다. 홍타이지의 고민도 해소되었다. 어떤 일은 이익과 손해를 철저하게 따지는 그녀의 의견대로 처리했다. 영복궁 장비로 봉하고 아홉째 황자 푸린을 낳은 후에 홍타이지는 더더욱 그녀의 조정 참여를 유도하며, 그녀에게 정치 공작을 구체적이고 공격적으로 펴도록 지시했다.

부무부타이는 황제의 총애 아래 신료들에 대한 품평·임용·승진 등의 복잡한 인사 문제를 처리하면서 정치적 지혜를 터득해 나갔다. 그렇다고 조정에 나가 자신의 의견을 발표하거나, 조서를 내릴 처지는 아니었다. 하지만 후궁이라는 조건과 황궁의 가족 구성원이라는 점을 이용해 항상 황제와 황친, 황제의 친구들과 접하며 조정의 대소사에 간여하고 제때에 의견을 내놓았다. 사람 쓰는 일과 행정 방면에서 그녀의 탁견은 홍타이지에게 큰 도움이 되었다.

청나라 초기에 부무부타이와 그녀의 시녀 쑤마라蘇麻喇는 다른 면에서 사람들의 사랑을 받게 되었는데, 바로 쑤마라가 대청의 복식服飾 제도를 개정했기 때문이다.

부무부타이는 시집올 적에 몽골족 시녀 쑤마라를 데려왔다. 쑤마라는 몽골어로 쑤모얼蘇墨兒, 즉 '긴 털 호주머니'란 뜻이다. 몽골족과 한족은 아이가 태어났을 때 부모 눈에 처음 들어온 물건 이름으로 아이 이름을 지었다. 만주어와 몽골어는 서로 매우 가까운데, 쑤마라가 청나라 궁에 들어온 후 사람들은 그녀를 만주어로 쑤마라라고 불렀다. '중간치 호주머니'란 뜻으로 쑤모얼과 대동소이한 이름이었다.

나중에는 쑤마라고蘇麻喇姑라고 불렀다. '고姑'는 그녀가 평생 세운 공로를 생각해 훗사람들이 부른 존칭으로, '쑤마라 고모'라는 뜻이다. 쑤마라는 부무부타이보다 몇 살 어렸다. 호르친 초원의 빈궁한 유목민의 딸로 용모는 별로 예쁘지 않았지만, 인내심이 강하고 진중하며 영리했다. 몽골 백성의 질박함과 선량함, 검소함을 고스란히 지닌 그녀는 몽골 초원에서 후금으로 온 후 견문을 넓혀 혜안이 더더욱 풍성해졌다.

쑤마라는 청나라 궁정에서 부무부타이를 모시며 각고의 노력으로 공부해서 뛰어난 지식을 갖게 되었다. 만주어에 능통하고 만주 문자를 예쁘게 쓸 줄 알게 되었으며, 기타 문화적 소양을 크게 배양했다. 뒷날 이것은 어린 쉬안예玄燁(뒷날의 강희제)의 선생님 노릇을 할 수 있는 원동력이 되었다. 그녀는 항상 부무부타이의 곁에서 모든 일을 기민하고 깔끔하게 그리고 매우 적절히 처리했다. 그녀의 재간과 충성은 부무부타이의 신임을 얻기에 충분했다. 부무부타이는 아주 중요한 일도 대담하게 그녀에게 맡겼으므로, 사람들은 그녀를 부무부타이의 심복으로 여겼다.

홍타이지는 대청으로 국호를 바꾼 후, 일련의 새로운 제도를 제정했다. 청대의 관복은 누르하치의 천명 원년에 마련되었는데, 당시 신하들의 등급 차별은 그리 크지 않았다. 단지 버일러들만 어깨 옷깃을 세운 조복朝服을 입어 여타 관원들과 구별되었다. 천명 6년, 누르하치는 관복을 고쳐 '보복補服 제도'를 제정했다. 보복은 옷의 앞가슴과 등에 보자補字(수놓아 붙이는 장식 그림)를 새기는 것인데, 금실과 색실로 서로 다른 날짐승과 길짐승을 자수해 관급을 나타냈다. 문관은 날짐승, 무관은 길짐승을 새겼다.

홍타이지는 황제 중심의 권력을 강화하면서 관료들의 등급을 엄격하게 하고 그 범위를 넓혀 후궁, 왕부의 식솔들에게도 모두 등급을 갖게 했다. 그래서 복식 등급 제도가 더욱 세밀해졌는데, 등급과 신분에 따라 반드시 다른 옷을 입어야 했다. 복식의 재료, 색깔, 양식, 무늬 등이 모두 등급과 신분을 나타냈다.

숭덕 원년(1636), 청나라 조정은 상하 관복을 제정하기 위해 사람을 물색했다. 이때 장비 부무부타이는 자신의 시녀인 쑤마라를 추천해 그 일을 맡도록 했다. 쑤마라는 바느질, 자수 등 여인네들의 일에 숙달하고 몽골족 복식 풍속에 정통했다. 뿐만 아니라 한족과 만주족 복식을 비교해 연구하는 데 관심이 많았다. 조정의 요구에 따라 쑤마라는 복식에 대한 소양을 더 쌓은 후 만주족 전통에 기초하여 만·몽·한 등 북방 제 민족의 복식 차이와 특징을 소화한 옷을 만들었다. 사서史書는 청나라 숭덕 초년에 상하 관복을 제정하였는데 "의관과 복식 양식"은 모두 쑤마라고가 "손수 만든 것"이라고 기재했다.

사서에 따르면, 원래 옛날 여진족의 '파오袍'는 왼쪽으로 여며 입고 옷깃이 없거나, 옷깃을 둘둘 마는 통이 좁고 짧은 소매의 두루마기로 종아리까지만 내려왔다. 그러나 청나라 관복인 '파오과袍褂'(파오袍는 겉에 입는 긴 옷이고, 과褂는 그 위에 껴입는 긴 옷)의 긴 두루마기, 말굽소매는 여진 시대에는 없던 것들로 몽골족 복장에서 가져온 것이다. 쑤마라는 몽골족의 복식을 가장 잘 알고, 만주족 복식의 기본적 특징에 몽골족의 특색을 자유자재로 혼합해 긴 것을 취하고 짧은 것을 보충하여 금상첨화의 옷을 만들어 냈다.

이는 역사적 사건이었다. 숭덕 원년에 제정한 청나라 황실과 상하 각급의 관복은 청나라 말기까지 230년간 큰 변화 없이 이어졌다. 청태종 홍타이지는 복식 제도는 입국立國의 바로미터이기에 만주와 몽골의 기마민족 전통을 잊지 않기 위해 규정에 따라 정해진 대례복을 후대 자손들이 엄중히 지키며 선조의 제도를 바꾸지 말라는 유지를 내렸다. 그는 필시 쑤마라의 관복 제정에 크게 만족감을 표시했을 것이다. 청나라가 망한 후에도, 만주 팔기 복장은 여전히 애용되었다.

대표적인 예가 '치파오旗袍'이다. 치파오는 중국 여자들의 진통 옷으로 대대손손 이어지며 사랑받고 있다. 그 근원을 거슬러 올라가면 당연히 쑤마라의 공로가 있다. 쑤마라는 부무부타이가 아끼며 키운 인재로, 부무부타이가 사람을 보는 안목이 뛰어나다는 것을 보여 주는 예이다. 중국 전통 옷인 치파오는 부무부타이와 그녀의 측근인 쑤마라의 합작품이었던 셈이다.

기이한 꿈을 꾸더니 잠룡을 낳다

홍타이지는 황제를 칭하기 전에 다섯 명의 황자를 두었다. 적장자 호오거는 1609년에 태어나 숙친왕에 봉해졌다. 그의 모친은 해서 여진 울라부 우라나라씨다. 차남 뤄거洛格는 1611년 생으로 열한 살에 죽었다. 셋째 아들 거보후이格博會는 1611년 생으로 일곱 살에 죽었다. 넷째 아들 예푸서우葉布舒는 1627년 생으로 보국공輔國公에 봉해졌다. 모친은 서비庶妃 옌자씨顏劄氏였다. 다섯째 아들 쉬싸이碩塞는 1628년 생으로 승택유친왕承澤裕親王에 봉해졌다. 모친은 측비로 해서 여진 여허부 여허나라씨이다. 홍타이지가 황제를 칭할 때, 오궁 후비들은 모두 아들이 없었다. 게다가 1628년부터 1637년까지 9년 동안 황자가 태어나지 않았다. 8명의 황녀들만 줄줄이 출생했다. 황자가 귀해지자, 황제와 후비들을 비롯해 모든 황실 사람들이 황자의 탄생을 염원했다.

숭덕 2년(1637) 7월 8일, 드디어 황자가 태어났다. 그것도 홍타이지가 가장 총애한 동궁 대푸진 하이란주가 관저궁에서 제8황자를 낳았다. 여덟째 황자의 출생은 45세의 홍타이지를 매우 흥분하게 했다. 세 명의 황자 중에서 제8황자만이 명호를 받은 황비의 소생이었다. 황제는 너무나 기쁜 나머지 '관저궁 신비'(하이란주)에게 제8황자를 '황사皇嗣'(황태자)로 기르도록 하고, 대사면령을 내려 만백성이 그 은택을 골고루 받을 수 있게 했다.

홍타이지가 제8황자를 황사로 기르겠다는 것은 그를 다음 황제로 앉히겠다는 뜻이었다. 태어나자마자 이를 만방에 천명한 경우는 청나라 역사에서도 극히 드물었다. 다음 해 설날, 조선왕 이종李倧(인조)은 황후에게 축하 인사를 전하고 황태자에게 예품을 올렸다. 몽골의 각 부락도 선물을 보내 축하했다. 이때 홍타이지 정권은 안정되고 모든 일이 순조로웠다. 황자의 탄생은 금상첨화의 일로서 청나라의 온갖 대소사가 봄바람이라도 맞은 듯 순조로웠다.

그러나 경사는 오래가지 못했다. 숭덕 3년(1638) 정월 28일, 이 고귀한 어린 생명은 세상에 나온 지 반년 만에 천연두로 요절하고 말았다. 여덟째 황자의 죽음은 청천벽력이었다. 유약한 하이란주는 심한 충격을 받고 날마다 온종일 우울하게 지내다 병석에 눕고 말았다. 갖은 치료를 다해보아도 일어나질 못했다. 황태자의 죽음과 총비의 병환으로 홍타이지도, 또 후궁들도 깊은 시름에 잠겼다.

그때 장비 부무부타이가 회임을 한 지 11개월째였다. 해산 날짜를 훨씬 넘겼는데도 아이가 태어나지 않는 게 기이했다. 그녀는 이미 세 명의 딸을 두고 있었으므로 아들을 오매불망 갈망하고 있던 차였다. 제8황자의 요절은 또 다른 압박이었다. 이번에 황지를 낳는다면 수심에 가득 찬 황제도 위로하고, 황자가 없는 고모와 언니의 결핍감도 메울 수 있었다. 하지만 만에 하나라도 딸을 낳는다면 어떤 낭패스런 일이 터질지 몰라 안절부절못하며 몹시 두려워했다. 심신이 불안한 긴장의 나날이었다. 제8황자가 죽은 지 삼일째 되는 날인 정월 30일 밤 8시경, 부무부타이는 제9황자 푸린을 낳았다. 바로 뒷날의 청나라 제3대 황제 순치제다.

작고 여린 푸린의 울음소리는 대청 황궁의 하늘에 뒤덮여 있던 검은 구름을 일시에 거두고 서광을 비추게 했다. 사람들은 만면에 희색이 가득한 채 여기저기 기쁜 소식을 전하기에 바빴다. 제8황자가 황후 저저에게 희망과 광명을 가져다주었다면, 제9황자 푸린은 놀람과 기쁨을 교차하게 했다. 황제도 새로운 황자의 출생으로 크게 위안을 받았다. 그는 자신의 성명聖明(황제의 덕이 거룩함)을 즐기며, 영복궁을 '버금 서궁次西宮'으로 올렸다. 장비라는 '복성福星'이 다시 한 번 홍타이지의 마음속에서 빛나며 청나라 황궁을 비추었다. 모든 황궁 사람들이 '복의 강림(福臨)'을 체감했다. 그래서 제9황자의 이름이 '푸린福臨'(복이 내림)이 되었다.

그러나 기쁨은 기쁨을 부르고 슬픔은 슬픔을 부르기 마련이런가. 아들을 잃은 신비 하이란주가 여전히 병석에서 일어나지 못하여 황제와 황후를 불안하게 했다. 아홉째 황자의 탄생은 큰 위로가 되었지만, 그렇다고 여덟째 황자를 잃은 슬픔까지 잠재우지는 못했다. 황제는 만사를 조심스럽게 처리하며 하이란주가 상처를 입지 않도록 배려했다. 제9황자의 탄생을 축하하는 그 어떤 행사도 열리지 않았으며, 대사면령도 내리지 않았다. 아홉째 황자에게 황태자라는 칭호는 더더욱 내릴 수가 없었다.

하지만 오궁 비의 유일한 소생인 제9황자가 황위를 이으리라는 것쯤은 미천한 궁녀들도 알 수 있었다. 푸린을 태자로 칭하든 말든, 그에게로 향하는 만인의 관심은 어쩔 수가 없었다. 며칠 전까지만 해도 장비가 황자를 낳으리라고는 누구도 예상하지 못했다. 하지만 이제 서비와 궁녀들조차 '아홉째 황자가 태어나기 전에 길조를 보았다'며 수군댔다. 어떤 이는 서광을 보았다며 자발거리고, 어떤 이는 짙은 향기를 맡았다며 능청을 떨었다. 내국사원 학사는 이와 같은 전설을 《청태종실록淸太宗實錄》에 기록했으며, 순치제가 붕어한 후 《청세조실록淸世組實錄》을 기록할 때는 푸린의 출생을 더 과장했다. 가령 이런 식이었다.

순치제의 모친인 효장태후가 푸린을 임신할 때 늘 입고 있던 옷에서 용이 빙빙 춤추는 홍광紅光이 비추어 시녀들이 그 불을 보고 황급히 달려갔으나 아무것도 볼 수 없었다. 이러한 일이 여러 번 일어나자 뭇사람들이 기이한 일이라고 여겼다. 푸린이 태어나기 전날 밤에 효장태후는 신선이 한 남자아이를 건네 주며 "이 아이는 천하의 주인이다"라고 말한 후 사라지는 기이한 꿈을 꾸었다.

물론 이런 종류의 과장은 천하의 백성들에게 아홉째 황자가 보통 사람이 아니라 '용의 천자'라는 것을 승인하게 하려는 여론 조작이었다.

명나라 최고 장수 홍승주를 투항시키다

홍승주洪承疇(1593~1665)는 복건성 남안南安 사람으로 명나라 만력 21년 9월 22일에 태어났다. 23세에 과거에 합격하고 다음 해 진사로 승진하여 형부 주사主事를 지냈다. 섬서陝西 포정사사布政使司(명대 중앙정부의 1급 행정기관으로 지금의 성省) 우참정右參政으로 연수延綏(지금의 섬서성 최북부 유림시楡林市)를 순무하고 섬서성 삼변총독 등을 지냈다. 병부상서 직함으로는 농민반란군을 진압했다.

홍타이지는 천총 연간에 두 차례나 명나라를 친 후, 숭덕 원년과 숭덕 3년에 북경 인근의 고을들을 약탈했다. 가장 멀리는 산동성山東省 깊숙한 제남濟南에까지 쳐들어가 명나라 조정을 끊임없이 괴롭혔다. 그러자 명나라 숭정제는 홍승주를 계요 총독에 임명하고 청나라에 맞서도록 했다. 그런데 홍승주가 뜻밖에도 송금松錦 대전에서 크게 패하고 말았다. 결국 홍승주는 숭덕 7년 2월 19일, 금주錦州 남쪽 송산성松山城에서 포로로 잡히고 말았다.

홍타이지는 홍승주를 매우 특별하게 대해 주었다. 홍승주는 청나라가 명나라와 전쟁을 시작한 이래 사로잡은 적군 포로 중 최고위급에 속했다. 명나라의 최고 군사령관이자 조정의 중신이었으며, 더구나 문무를 겸비한 보기 드문 인재였다. 만약 그가 청나라에 귀순한다면 대청이 중원을 얻는 데 매우 유리한 입지를 다질 수 있었다.

홍타이지는 만주족과 한족 관원들을 보내 그에게 투항을 종용토록 했다. 하지만 홍승주는 목숨을 걸고 투항하기를 거부했다. 도리어 한족 관리들에게 분노를 터뜨리고 멸시의 눈초리로 바라보며 입도 벙긋하지 않았다. 만주족 관원들이 화가 나 칼을 빼들고 죽일 태세를 해 보이면, 그는 두려운 기색이라곤 전혀 없이 목을 쭉 내민 채 도리어 "살아도 명나라 신하요, 죽어서도 명나라의 귀신"이라고 단호하게 말했다. 홍타이지는 그의 의지를 꺾으려 협박과 학대의 채찍을 들어 그를 옥에 가두고 음식도 주지 않았다. 그러나 홍승주는 홍타이지의 강압책에 강경함으로 맞서며 꼼짝도 하지 않았다. 그렇게 7일이 훌쩍 지났다.

그러나 청나라 조정의 지낭智囊(꾀주머니)들도 "선비를 죽일 수는 있어도 욕보일 수는 없다"는 이치를 모를 리 없었다. 덕망과 명성이 자자한 홍승주의 마음을 얻으려면 선비를 대하는 예로 모셔야 했다. 강경책은 그를 명나라를 빛낸 지조의 화신으로만 만들 터였다. 이럴 때 지낭들이 황제에게 직언을 해야 마땅하지만, 당시 청나라 조정의 현실은 그렇지가 못했다. 이때 황제를 움직인 것은 영복궁이었다. 장비 부무부타이는 황제에게 직언하여 핍박과 학대 대신에 쓸 수 있는 실현 가능한 온건책을 내놓았다. 이때 장비가 홍타이지에게 내놓았다는 묘책은 서적들마다 다른데, 한 가지 공통점이 있다. 바로 그녀의 묘안이 홍승주의 귀순에 중대한 역할을 했다는 점이다. 그 내용은 다음과 같다.

홍타이지는 홍승주를 굶기면서 학대하던 방식을 바꿔 우선 그가 생명을 부지할 수 있도록 인삼탕을 마시게 하고 음식을 적극 권했다. 그리고 홍승주를 더욱 깍듯하게 대하며 그의 마음이 자연스럽게 청나라로 기울게 했다. 그의 마음에 쌓인 종기가 터지도록, 때로는 황제가 친히 그를 찾아가 여러 가지 고충을 들어주며 서서히 친밀감을 높였다. 특히 '한족 최고의 인재'인 내비서원內祕書院 대학사 범문정范文程(1596~1666)을 보내어 홍승주를 달랬다.

범문정은 심양 사람으로, 한족 명문가의 후손이었다. 그는 18세에 이미 심양의 수재로 이름이 높았는데, 천명 3년(1618)에 후금이 무순을 공략할 때 포로로 잡혀 양홍기鑲紅旗에 딸린 노예가 되었다. 홍타이지가 즉위한 후, 재능과 지모가 출중하고 박학다식한 그를 노예 신분에서 해방시키고 문관文館 벼슬에 임명했다. 뒷날 문관이 내삼원內三院으로 바뀌어 범문정은 내비서원 대학사가 되었으며, 마침내 대청제국에서 가장 유명하고 유능한 한족 관리가 되었다.

홍타이지는 한족일 뿐만 아니라 남을 설복하는 데 뛰어나고, 그 지위와 재능 그리고 학식이 함부로 깔볼 수 없을 정도로 뛰어난 범문정을 홍승주에게 보냈다. 홍승주는 한족 관리인 범문정에게 매국노라고 욕을 했다. 그래도 범문정은 참을성 있게 그를 위로하며 그의 마음을 살피고 담소를 나누며 유심히 관찰했다. 그러던 차에 우연히 대들보에서 먼지가 홍승주의 옷자락에 떨어졌는데, 홍승주가 곧바로 일어나 손으로 옷 위에 떨어진 먼지를 털어냈다. 이를 본 범문정이 곧바로 홍타이지에 가 보고했다.

"폐하, 홍승주는 죽을 마음이 없습니다. 티끌이 묻은 옷자락조차 애석하게 여기는 사람이 어찌 자신의 생명을 쉽사리 버리겠습니까?"

홍승주를 설복해 귀순시킬 수 있다는 홍타이지의 자신감이 더 커졌다.

어느덧 한 달 남짓이 눈 깜짝할 사이에 흘렀다. 홍타이지는 홍승주가 이제는 안정을 완전히 되찾고 음식도 정상적으로 먹으며 귀순의 기미가 엿보인다는 사실을 알아챘다. 5월 4일, 홍타이지는 친히 왕림해 홍승주의 태도를 엿보며 안부를 물었다. 이는 대청의 황제가 인재를 중시한다는 성의를 표시하는 것이요, 홍승주에게 난처함을 벗어날 기회를 주자는 포석이었다. 홍타이지는 홍승주가 입은 옷이 이미 헤진 지 오래라는 것을 알고 곧바로 담비 용포를 벗어 그의 몸에 걸쳐 주며 나긋하게 물었다.

"아직도 추우신지요?"

홍승주는 적국의 포로 신분으로 황제의 따뜻한 은혜를 입자 내심 감동하여 두 눈을 크게 뜨고 홍타이지를 바라보았다. 무슨 말을 어떻게 해야 좋을지 모른 채 한참 동안 있다가 이윽고 홍승주가 크게 한숨을 내쉬며 말했다.

"참말로 목숨은 하늘이 주인이로구나! 참말로 홍타이지는 하늘이 내린 천자로구나!"

그리하여 홍승주는 땅에 무릎을 꿇고 천명을 안고 태어난 천자를 향해 귀순의 뜻을 밝혔다. 홍타이지가 황급히 그를 부축해 일으켜 세운 후 따뜻한 환영의 인사말을 건넨 다음 궁궐로 돌아갔다. 그러고 나서 그날 밤 사람을 보내 홍승주의 머리카락을 깎아 변발辮髮(앞머리를 면도하고 뒷머리를 땋아서 늘어뜨린 만주족 전통의 두발 양식, 1621년부터 만주족 외의 신민에게 청나라에 대한 충성 표시로 강요됨)을 시키고, 다음 날 오후에 숭정전에서 조회를 열었다. 제왕, 버일러, 대신들이 양측에 배열하고 홍승주는 여전히 명나라의 관복을 입은 채로 삼궤구고두三跪九叩頭(세 번 무릎을 꿇고, 그때마다 세 차례 바닥에 머리를 조아림)의 대례를 치른 후 정식으로 청나라의 신하가 되었다.

홍타이지는 홍승주에게 청나라의 관복과 은전, 비단, 면포, 일용품들을 상으로 내리고 잔치를 크게 열었다. 청나라 장수들은 황제가 홍승주에게 과하게 은혜를 베푼다며 불만 투로 말했다.

"홍승주는 단지 포로에 불과합니다. 왜 그토록 성대하고 장중한 황은을 베푸시는지요?"

홍타이지가 되물었다.

"우리 모두가 고생을 마다하지 않고 비바람을 무릅쓰며 산해관을 왔다 갔다 하는 까닭이 무엇이오?"

모두들 일제히 대답했다.

"중원을 얻는 것입니다!"

홍타이지가 웃으며 말했다.

"만약에 우리가 중원을 걸어간다고 칩시다. 하지만 우리는 장님들입니다. 그런데 지금 길 안내원을 얻었지 않습니까? 어찌 기쁘지 아니하겠소!"

이 말을 들은 청나라 대신들과 장수들은 비로소 '황제께서 중원을 칠 준비를 하며 크고도 넓은 안목으로 홍승주를 귀순시켰다'는 사실을 깨달았다.

홍타이지는 투항한 홍승주를 귀하게 대했다. 그와 더불어 정치, 교육, 풍속, 예법, 군사 등에 관한 의견을 나누었지만 억지로 청나라에서 벼슬을 하라고 권하지는 않았다. 한편 명나라에는 홍승주가 청나라에 귀순했다는 소식이 닿지 않았다. 숭정제는 포로가 된 홍승주가 명나라에 대한 의리와 충성을 버리지 않다가 불귀의 객이 된 줄만 알았다. 그래서 홍승주를 절열충신節烈忠臣에 봉하고 크게 애도를 표했다. 나중에 홍승주가 청에 투항했단 소식을 듣고는 기절초풍했다. 당시 명나라는 내우외환이 겹쳐 숭정제는 제 한 몸을 돌보기에게도 벅찼다. 그는 불쌍한 망국 황제였다.

청나라로 말할 것 같으면 천군만마를 얻은 셈이었다. 물론 홍타이지의 높은 안목과 영명한 결정, 성의가 가장 큰 역할을 했다. 문신 범문정 등은 홍승주에게 여러 차례 홍타이지의 의도를 전달했다. 그러나 이 일의 성사에서 장비 부무부타이의 공을 잊어서는 안 된다. 장비는 배후에서 여성 특유의 치밀하면서도 온화하고 섬세한 지혜로 빈틈 없는 투항 공작을 홍타이지에게 전했다. 이리하여 장비는 대청이 중원축록을 하는 데 빠뜨릴 수 없는 큰 공을 세웠다.

부무부타이가 홍타이지를 도와 홍승주를 투항시킨 사실을 두고 정사와 야사, 소설과 전설의 서술에는 큰 차이가 있다. 전자는 정치적 지혜로 홍승주의 마음을 공략했다고 평한 반면, 후자는 장비가 몸소 홍승주를 유혹해 귀순시켰다는 식으로 썼다. 심지어《청궁비사清宮秘事》같은 책은 장비가 홍승주와 하룻밤 동침한 것으로 묘사하고 있다.

이 같은 묘사는 논리적으로나 심정적으로 이치에 맞지 않는다. 후비 처지에 황제의 허락 없이 후궁을 떠난다는 설정부터 어불성설이다. 게다가 당시 욱일승천하던 청나라의 황제가 그런 하찮은 꾀를 내어 황비를 노류장화의 길로 내몰았을 리 없지 않은가. 장비는 청나라 정치의 두뇌였지 창녀가 아니었다. 시녀를 보낸 김에 여성의 인내심과 온유함으로 인삼탕을 권했을 수는 있다.

이 같은 주장은 홍승주 편에서 보아도 헛웃음 날 소리다. 당시 그는 죽느냐 사느냐로 고민하고 있었다. 미녀 따위에 관심이 있었다면 애초에 죽음을 각오하지 않았을 터, 고작 황비와 동침하다가 죽어 '명나라의 난봉꾼'이라는 오명을 천추만세의 역사에 길이 남길 이유가 없다. 《홍승주전》의 작가인 왕홍지王宏志는 여러 사료를 분석한 끝에 근본적으로 장비가 홍승주를 보러 간 일이 없다고 결론 내린 바 있다.

6장

어린 아들
푸린이
순치제로 등극하다

숭덕 8년(1643) 8월 9일 밤 10시경, 청 녕궁 동난각東暖閣 남쪽 온돌 위에서 갑자기 홍타이지의 숨이 멎었다.《청 실록》은 "밤 해시(밤 9시~11시)경, 아무런 병고도 없이 단정히 앉아 붕어 하셨다"고 기록했다. 재위 17년, 향년 52세였다. 청대의 사서들은《청실 록》에 근거해 모두 "아무런 병고도 없이 붕어했다"라고 기록했다.

 홍타이지의 급사와 황후의 유지

당시 사람들은 '병 없이 죽는 것'이야말로 전생에서 타고난 복이라고 생각했는지도 모른다. 그런데 이 대목에서도 부무부타이와 관련된 억측 하나가 등장한다. 바로 청태종의 죽음에 장비가 관련되어 있다는 것이다. 이 이야기를 믿는 사람들은 홍타이지의 죽음에 장비와 도르곤의 관계를 연관시킨다. 정말로 장비가 홍타이지를 시해했을까?

하지만 한 번만 깊이 생각해 보면 이것이 황당한 이야기임을 알 수 있다. 당시 푸린의 나이 겨우 여섯 살이었다. 홍타이지가 후계자도 정하지 않은 채 급서한 것은 이 어린 황자의 운명에 결코 도움이 되지 않았다. 오히려 홍타이지가 오래 살수록 장비 모자에게는 더 유리했다. 그런데 어린 아들의 앞날을 캄캄하게 만들면서까지 부무부타이가 젊은 애인과 놀아났다고? 그것도 밤에는 그녀가 들어갈 수 없는 황후가 사는 청녕궁에서, 고모 황후 저저의 면전에서?

이른바 '아무런 병고도 없는 죽음'은 의학적으로 도저히 밝힐 수도 없고, 실제로 원인 없는 죽음은 없다. 홍타이지는 비록 병이 없고 건장했지만, 중년 이후 점점 뚱뚱해져 비만으로 인한 질병이 있었는지도 모른다. 실제로 숭덕 5년(1640) 7월 27일, 《청실록》에는 "옥체에 병이 나" 안산鞍山에 이르러 온천 요양을 했다고 씌어 있다. 다음 해인 1641년 8월에는 코피가 났다고 하는데, 뇌출혈일 가능성이 엿보인다. 이때 명과 청이 각자 명운을 걸고 격돌한 송금대전松錦大戰의 상황이 긴박해지자, 홍타이지는 친히 군대를 이끌고 가서 대승을 이끌었다. 9월 18일에는 관저궁 신비 하이란주가 병사하여 애간장이 끊어질 듯 슬퍼했다. 극도의 비통함은 그의 건강을 크게 해쳤을 것이다. 이렇게 건강이 날로 악화되는 것을 깨달은 그는 10월 2일 제왕들과 푸진들을 모아 놓고 신비의 제사를 지내며 이렇게 탄식했다.

"높은 산과 준령도 무너지고 큰 나무도 잘리며 부귀도 쇠하는데, 이것이 하늘이 짐에게 내린 운명이란 말인가?"

특히 홍타이지에게는 신비의 죽음이 도저히 일어나서는 안 될 슬픔이었다. 신비의 요절이야말로 황제의 건강을 크게 해친 불의의 사고였던 것이다.

숭덕 7년(1642) 10월 20일, 홍타이지는 다시 병이 들었다. 황제는 하늘의 보살핌을 얻고자 대사면령을 내려 사형수들과 일반 죄수들을 대청문 밖에 모이게 한 후 석방했다. 하지만 병세는 호전되지 않았고, 점점 몸조차 가눌 수 없게 되면서 친히 조정에 나가 정무를 보기 어려워졌다. 10월 27일, 정친왕 지르갈랑, 예친왕 도르곤, 숙친왕 , 다라무영군왕 아지거 등 네 명을 이사왕理事王(정무를 대신 보는 왕)에 임명했다. 조정의 대신회의에서 의견이 일치하지 않을 때만 황제에게 알리도록 했다. 같은 해 12월, 홍타이지는 예허부에서 몰이사냥을 하다 병환이 깊어져 그곳에 머무르게 되었다. 다음 해 정월 1일에는 병이 더욱 깊어져 제왕들의 인사도 받지 않았다. 3월 17일, 대사면을 행하고 4월 1일과 2일 연속해서 성경과 경내의 모든 절에 은을 시주했다. 이것은 홍타이지의 병이 쉽사리 호전되지 않을 만큼 깊어졌음을 보여 주는 증거이다.

이렇게 숭덕 5년부터 8년까지 4년 동안 병치레를 했는데 어떻게 아무런 병고도 없이 죽었단 말인가? 어의가 '옥체에 병환이 들었다'고 진단한 까닭은 그의 몸이 바람과 추위에 시달려 머리가 아프고 어지러우며, 번민과 슬픔에 절어 마음이 혼란스럽고 체력 또한 소진해 불면증에 시달렸기 때문이다. 오늘날의 의학 지식으로 보자면, 홍타이지는 고혈압과 뇌혈관 질환으로 고생했을 가능성이 크다. 발병할 때 치료를 하면 잠시 호전되지만 완쾌되기는 어렵다.

숭덕 8년(1643) 6월부터 홍타이지는 점차 회복되어 정상적으로 정사를 처리했다. 6월 초에는 친히 명나라 군을 무찌르고 성경에 개선해 논공행상을 벌였다. 몽골 제 부락의 왕공들을 초청해 전리품과 포로들을 나누어 주었다. 모든 일을 황제가 친히 돌보느라 쉴 틈이 없었다. 7월 말부터는 매일 다급한 일들을 수습하느라 경황이 없었다. 8월이 되자 몸에 과부하가 걸렸다. 이 즈음 홍타이지는 몹시 바쁜 나날을 보냈다.

죽기 며칠 전인 8월 초에는 제왕과 군신, 몽골 각 부의 신하들이 조정에 입관해 명나라 정벌 대첩을 축하했다. 장비 소생의 제5황녀 구룬固倫 공주 아투阿圖가 내대신內大臣 언거더얼恩格德爾의 아들 쒀얼하索爾哈과 혼례를 치렀다. 이미 시집을 간 황장녀, 제2황녀, 제3황녀, 제4황녀와 그 사위들이 모두 모여 궁중은 떠들썩했고, 손님들은 소, 말, 담비 가죽 등을 예물로 바쳤다. 이때 홍타이지는 황후와 비빈들을 대동하고 조정에 나가 손님들을 몸소 접견해야만 했다. 황제는 성대한 연회를 열고 은냥을 하사했다. 이외에도 눈코 뜰 새 없이 중요한 일들을 친히 주관했다.

8월 8일에는 홍타이지의 황후 저저 소생의 제3황녀와 장비 소생의 제5황녀가 혼례와 책봉 의식을 치렀다. 이 성대하고 혼잡한 의식도 황제가 친히 주관했다. 더불어 명나라 군대에서 빼앗은 전리품을 호르친 몽골부로부터 온 복비와 현비, 그리고 공주와 푸진들에게 친히 하사하기도 했다.

모르긴 몰라도 홍타이지의 몸에는 날로 피곤이 쌓여 갔을 것이다. 비록 가족을 만나 대사를 치르는 일은 그의 마음을 기쁘게 했겠지만, 이런 번잡한 일들은 그의 혈압도 상승시켰을 터. 마지막 밤에도 그는 진작에 몸의 이상과 불편을 느꼈을 테지만, 이를 대수롭지 않게 여기고 정무를 강행하다가 결국 졸사에 이른 것이다.

숭덕 8년 8월 9일 밤 10시경, 황제가 붕어했다는 소식을 들은 장비를 할 말을 잃었다. 불과 조금 전까지도 국사를 처리하고 흥미진진하게 이야기꽃을 피우던 황제가 아닌가. 병환의 기미조차 보이지 않던 황제가 갑자기 죽다니, 도저히 믿어지지가 않았다. 그녀는 곧바로 청녕궁으로 달려가 황제의 죽음을 확인하고는 그만 눈앞이 캄캄해져 혼절하고 말았다. 정신을 차린 그녀를 기다리는 것은 죽음과 다를 바 없는 잔혹한 현실이었다. 그녀는 순장되어 황제를 따라 지하로 갈 운명이었다.

황후 저저의 슬픔도 누구 못지않았다. 조카의 심정을 헤아리면서도 막중한 책임감에 홍타이지의 곁을 떠나지 못했다. 저저 역시 상황의 엄중함을 깨닫고 이를 악물며 견뎠다. 장비가 순장을 당한다는 소식을 듣고는 곧바로 대신 쒀니索尼, 홍타이지의 족제族弟 궁아다이鞏阿岱, 시한錫翰 등을 불러 자신의 명을 전달하도록 했다. 황자 푸린이 아직 어려 모친 장비가 마땅히 어린 아들을 정성껏 돌보며 길러야 하니 다시는 순장에 대해 언급하지 말라는 명이었다.

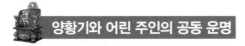

황위 계승 싸움은 궁정 드라마의 영원한 주제이다. 조선의 사신은 이미 청나라의 제왕들이 황위를 둘러싸고 아옹다옹하리라고 예언한 바 있었다. 비록 황제가 죽으면 누가 황위를 이을지를 공개적으로 논하지는 않았지만, 이미 황궁 안에서 은밀한 투쟁이 벌어지고 있었음을 눈치챌 수 있는 흔적들이 있다.

홍타이지 사후 황위 계승 자격이 있는 이들은 홍타이지의 동생 도르곤(32세), 황장자 호오거(35세), 제9황자 푸린(6세), 제11황자 보무보궈얼(3세) 등이었다. 격렬한 황위 싸움에서 가장 유력한 후보는 도르곤과 호오거였다. 도르곤은 누르하치의 적자로서 예친왕이자 양백기鑲白旗 기주이고, 재능이 출중하고 홍타이지의 신임을 받으며 이부를 관장하며 이사왕에 선출된 바 있었다. 제왕들 중에서도 지르갈랑 다음으로 지위가 높았다. 그의 형 아지거, 동생 도도가 그를 지지했다. 그는 황장자 호오거의 최대 맞수였다. 홍타이지가 죽자 아지거와 도도는 그의 앞에서 무릎을 꿇고 황위에 오르라고 권했다. 도도가 말했다.

"형님! 황제에 오르기가 싫다니요? 양황기兩黃旗(황제 직속의 정황기正黃旗와 양황기鑲黃旗) 대신들이 설마 두려운 것은 아니겠지요? 아부타이 외삼촌이 말하기를, 양황기 대신들은 황자 푸린이 황제에 오르기를 원한다고 합니다. 하지만 그들은 소수에 불과합니다. 우리 친척들은 모두 형님이 대통을 잇기를 바랍니다."

양백기兩白旗(정백기正白旗와 양백기鑲白旗) 대신들은 호오거가 황제에 오르는 것을 극렬히 반대했다. 만약 숙친왕 호오거가 황제에 오르면 그들은 생사의 기로에 설 것이었다.

당시 호오거는 숙친왕이자 정람기의 기주였다. 비록 그의 모친이자 계비인 나라씨가 오궁 후비에 봉해지지는 못했어도, 호오거 역시 홍타이지의 적자였다. 역사책은 호오거가 "재능이 뛰어나고 의지가 굳세며 계략이 풍부"하고 "풍모가 단장하다"고 적고 있다. 게다가 전공도 탁월하고 호부를 책임지며 이사왕에 선출된 적도 있다. 그는 남몰래 양황기 대신들과 내통하며 황위에 오르고자 일을 착착 진행하고 있었다. 양람기兩藍旗(정람기正藍旗와 양람기鑲藍旗) 대신, 양황기의 일부 대신들이 그를 지지했다.

푸린과 보무보귀얼은 비록 오궁 후비들의 소생으로 지위는 높았지만 나이가 너무 어렸다. 그에 비해 숙부와 형들은 성년인 데다 능력과 전공이 뛰어났고 작위까지 높았다. 보무보귀얼의 경우에는 모친이 홍타이지가 거둔 린단칸의 미망인이어서 황위 계승 경쟁 자체가 어려웠다.

모두 알다시피 결국 황위는 여섯 살짜리 어린애인 푸린에게 돌아갔다. 어떤 이들은 이것이 도르곤의 은덕이라고 평한다. 그러나 이는 도르곤의 처지만 고려하고 양황기의 여주인인 황후 저저와 장비 부무부타이, 양황기 대신, 황실 관원들의 역할은 무시한 것이다. 당시 저저 황후나 장비, 양황기 대신, 황실 관원 등은 누르하치가 죽을 적에 대푸진 아바하이(도르곤의 어머니)가 강제로 순장되고, 대칸의 양황기가 양백기로 바뀌고 그 지위가 낮아진 비극을 결코 잊지 않고 있었다. 이 일은 그들에게 황위 계승 싸움에 대한 중요한 교훈을 남겼다. 아바하이와 달리, 황후 저저와 장비는 양황기 대신들과의 관계를 소홀히 하지 않았다. 양황기 대신이나 참령參領(정3품), 좌령左領(정4품) 관원들도 여주인(효장태후)과 자신들이 공동 운명임을 알고 더욱 굳세게 응집했다. 양황기 대신들과 보오이包衣('집에 속해 있는 것'이란 뜻의 만주어를 음차한 것이 포의包衣이다. 기旗의 귀족에게 속하는 백성으로 대부분 만주족이었다. 명목상으로는 노예, 즉 비자유민이었지만, 종종 권력직을 차지했고 때로는 황제의 측근이 되기도 했다. 보오이에 비해 한인 노비의 지위는 비교가 안 될 정도로 낮았고 니루에도 속하지 못했다) 출신 관원들은 황권 대통의 일에 적극 관여하여 내정과 외정의 핵심 인물인 쒀니와 긴밀히 연락했다.

쒀니索尼(?~1667)의 성은 허서리씨赫舍裏氏로 태조 누르하치 적에 그와 그의 부친 쉬써碩色, 숙부 시푸希福는 모두 대칸의 서방書房에서 일을 보았다. 쒀니는 1등 시위 직을 하사받고, 군대를 따라다니며 정벌을 논했다. 홍타이지가 칸에 즉위한 후에는 정황기에 속했다. 천총 6년(1631) 7월, 6부가 설립되자 쒀니는 이부 계심랑啓心郎(통역관)에 올랐다. 그는 근면하고 민첩하여 3년 동안 근무한 후 니루장경牛隶章京을 세습직으로 받았다. 숭덕 8년(1643) 삼등 머이런장긴梅勒章京(부도통副都統)으로 신분이 상승해 홍타이지의 최측근 신하로 활약하며 궁궐 내부를 드나들었다. 황제가 죽은 후, 그는 황후 저저와 장비에게 보고를 올리며 그들과 양황기 대신 간의 연락을 도맡아 처리했다.

양황기 대신들은 황제의 동생과 황제의 아들 중 아들을 황제로 옹립하길 바랐다. 만약 예친왕 도르곤이 황위를 이으면 현재의 양백기兩白旗가 다시 양황기兩黃旗가 되고, 양황기는 양백기가 될 게 분명했다. 그리고 대신들의 지위도 낮아질 게 뻔했다. 그들은 기의 색깔이 바뀌면 같이 죽자고 맹세했다. 양황기는 팔기 중 가장 지위가 높고 실력도 가장 좋아, 양황기를 얻으면 모든 국면을 쥐락펴락할 수가 있다는 것쯤은 누구나 알고 있었다. 그래서 도르곤과 호오거는 모두 양황기 대신들을 자기편으로 끌어들이고자 했다.

그러나 양황기 대신들은 강철처럼 똘똘 뭉치지는 못해서 그중에는 도르곤의 심복도 있었고, 호오거를 황제로 앉히자는 파, 푸린을 앉히려는 파 등 의견이 분분했다. 정황기 이부 계심랑 쑴니, 정황기 호군통령護軍統領 투레이圖賴, 양황기 호군통령 오보이鰲拜, 정황기 구사어전 탄타이譚泰, 양황기 이부승정吏府承政 궁아다이鞏阿代와 그의 동생 시한錫翰 등 6명은 푸린의 즉위를 지지했다.

양황기鑲黃旗 내대신 투얼거圖爾格, 정황기 내대신 타잔塔瞻 등을 대표로 하는 일부는 홍타이지의 맏아들 호오거를 지지했다. 그들은 호오거의 맞수를 푸린이 아니라 도르곤으로 여겼다. 제9황자 푸린은 나이가 너무 어려 도르곤의 상대가 되지 못한다고 생각했다.

황자의 즉위를 지지한 양황기 대신들 간에도 입장 차이가 있었다. 궁아다이, 시한, 탄타이 등 세 명은 내심 도르곤을 지지했지만, 신분상 공개적으로 양백기의 기주인 도르곤을 지지할 수 없었다. 이들은 도르곤의 동생인 도도를 통해 자신들의 뜻을 전하고, 양황기는 모두 도르곤의 휘하가 되고 싶다는 의사를 전했다. 그러면서 공개적으로는 황자 푸린 지지를 선언한 것이다. 만약 푸린이 황위에 오르면, 도르곤은 섭정왕이 될 터였다. 그들은 또 호오거의 집에서는 호오거를 지지했다. 그리하여 이들은 누가 황제가 되든지 간에 그 '옹립자'가 되고자 한 것이다. 복잡한 정치투쟁에서 가장 위험한 '회색인'들이었다.

양황기 대신들이 호오거와 푸린으로 나뉘는 와중에 새로운 의견이 대두되었다. 호어거를 황제에 앉히고 푸린을 태자에 앉히자는 것이었다. 양황기 대신 투얼거, 쒀니, 투레이, 시한, 궁아다이, 오보이, 탄타이 등 8명은 호오거가 황제에 오르면 반드시 푸린을 태자로 앉혀야 한다고 주장했다. 하지만 호오거는 입장 표명을 보류했다. 그리고 정람기 구사어전 허뤄후이何洛會를 의정대신 양산楊善과 양람기 기주 정친왕 지르갈랑에게 보내어 "양황기 대신들은 이미 자신을 선택했다"는 것을 알리도록 했다. 지르갈랑은 곧바로 자신의 의견도 이와 같지만 "아직 도르곤의 의견을 모르므로 모여서 협의하자"는 뜻을 전했다. 나중에 정홍기 기주 다이샨도 호오거를 지지하노 나섰다. 이렇게 하여 호오거는 만주 팔기 중에서 양황兩黃, 양람兩藍, 정홍 등 5기의 지지를 얻게 되었다.

사실 호오거의 조건은 유리했다. 덕, 재능, 공훈 등을 모두 구비한 데다 부귀하며 세력 또한 컸다. 호오거를 황제로 옹립하고 푸린을 태자로 앉히는 것은 일종의 절충안이었다. 그러나 도르곤과 양백기는 이를 결코 인정할 수 없었다. 이에 따라 양황기 대신들의 태도도 변해 결국 호오거는 황제 자리에서 멀어졌다.

양황기의 대신들이 중지를 모은 의견은 반드시 황후와 장비의 인가를 받아야만 그 효력을 발휘할 수 있었다. 정식으로 황위 계승 문제를 논할 때 양황기 대신들의 의견은 미묘하게 변해 호오거를 황위에 올리지 않고 푸린을 올리기로 했다. 이러한 변화에는 당연히 황후와 장비의 입김이 작용했다. 황후와 장비의 친정인 호르친 몽골부의 입장 역시 당연히 푸린이었다.

만약 숙친왕 호오거가 황제 자리에 오르고 푸린이 태자가 되면, 푸린의 생모인 장비는 '태후'가 아니라 '대비'라는 명호에 만족해야만 했다. 황후 저저가 태후가 되겠지만, 아무런 힘 없는 태후가 될 게 뻔했다. 게다가 호오거의 나이 이제 갓 서른, 그가 죽기를 기다리기엔 아직 너무 젊었다. 앞으로 어떤 변고가 터질지 쉽사리 예상할 수 없는 상황이었다.

양황기 대신들과 황후 등의 이해관계는 그래서 일치했다. 양황기 대신들은 자신들의 기 색깔이 바뀌는 걸 원하지 않았고, 양황기의 주인이 바뀌는 것은 더 싫었다. 호오거는 황제에 오른 후 자신의 기인 정람기 하나만 색깔을 바꾸겠자고 했지만, 나머지 황기의 운명이 어떻게 될지 예상하기 어려웠다. 초기에 양황기 대신들은 황기와 백기의 모순 때문에 정람기와 양황기의 모순을 보지 못했지만, 정람기의 기주인 호오거가 황제가 되면 양황기의 지위를 위협하리라는 것을 깨달았다. 그리하여 푸린을 황제 자리에 앉히는 것만이 양황기의 위치를 사수할 수 있는 길이라는 결론을 내렸다. 양황기와 푸린이 공동 운명의 배를 탄 것이다.

살벌한 황제 옹립 제왕회의

숭덕 8년(1643) 8월 14일, 홍타이지가 죽은 지 6일째 되는 날 숭정전에서 '황제 옹립 제왕회의'가 열렸다. 최후의 결전이었다. 사전에 각 파들은 치밀한 준비를 했다. 호오거와 도르곤은 양황기兩黃旗가 푸린을 옹립할 것이라는 소식을 들었다. 도르곤은 삼관묘三官廟(지금의 심양 고궁태묘 故宮太廟)에 들러 쒸니와 황제 책립 문제를 논의했다. 이 자리에서 쒸니는 단도직입적으로 "선제에게는 황자가 계시므로 그가 황제에 오를 수 있는 유일한 분"이라고 딱 잘라 말했다. 쒸니는 호군통령 투레이와 협의한 끝에 호위군을 파견해 제왕회의장을 지키기로 했다. 도르곤의 양백기가 과격한 행동을 하면 이를 제어하기 위한 조치였다. 원래 황궁의 경비는 양황기 호위군이 책임지고 있었다. 8월 14일, 양황기 대신들은 대청문에서 제왕회의를 사수하기로 맹세하고 숭정전을 에워쌌다.

회의는 금방이라도 칼을 뽑고 활시위를 당길 것처럼 극도의 긴장감 속에서 열렸다. 팔기 중에서 양황기만 빠지고 6기의 기주들이 앉아 있었다. 그래서 양황기의 여주인인 황후와 장비를 대신해 쒸니와 오보이가 양황기 기주 자리에 앉아 푸린을 황제로 세워야 한다고 주장했다.

예친왕禮親王 다이샨은 호오거가 맏아들이므로 당연히 그가 대통을 이어야 한다고 주장했다. 하지만 호오거는 양황기 대신들이 이미 푸린을 지지하고 있음을 알고, 자신은 덕이 부족해 황제 자리에 어울리지 않는다며 퇴청했다. 아지거와 도도는 자신들의 친형제인 예친왕睿親王 도르곤을 황제로 앉혀야 한다고 주장했지만, 별다른 호응을 얻지 못했다. 그러자 도도는 자신도 누르하치의 아들로 황제에 오를 자격이 있다고 주장했다. 만약 자신이 황위에 오르지 못하면, 예친왕 다이샨이 꼭 황제에 올라야 한다며 푸린을 결사반대했다. 하지만 다이샨은 이렇게 말하고 퇴청했다.

"만약 도르곤이 황위에 오르면 청나라의 복이고, 그렇지 않으면 푸린을 세우는 게 낫습니다. 나는 이미 늦은 몸이므로 황제의 중임을 맡을 수 없습니다."

이때 양황기 대신들이 말했다.

"우리는 선제가 하사하신 밥을 먹고 의복을 입으며, 선제의 황은을 받았습니다. 만약에 황자를 황제에 앉히지 않으면, 선제께서 편히 눈을 감지 못하실 것입니다."

제왕들은 무장하고 있는 양황기 대신들을 바라보며 아무런 이의를 제기하지 못했다. 태연자약하고 침착하던 도르곤의 한 마디가 양보 없이 맞서던 대치 국면을 깨뜨렸다.

"호오거가 이미 대통을 이을 마음이 없다고 양보했으니, 선제의 제9황자인 푸린이 황제에 오르면 될 것입니다. 그는 아직 어려 팔기의 일을 처리하지 못하므로 저와 정친왕(지르갈랑)이 각각 좌우에서 보좌하다, 푸린이 성년이 되면 친정을 하도록 하는 게 어떻습니까?"

제왕들이 모두 이 방안에 동의했다. 도르곤은 자신에게 불리하게 돌아가는 국면을 전환시키기 위해 이처럼 장기적인 안목으로 푸린을 황제에 옹립하고 자신과 정친왕이 섭접왕에 오르는 방안을 내놓았던 것이다. 이는 도르곤과 푸린 양측의 입장을 절충한 매우 탁월한 해결책이었다. 현실은 호오거에게 불리했고, 이는 뒷날 도르곤이 호오거를 죽이는 잔혹한 결과를 가져왔다.

푸린은 아직 어려 황위 계승 싸움에서 결코 유리한 위치에 서기 어려웠다. 하지만 결과적으로 도르곤과 호오거가 대치하는 국면에서 어부지리를 얻었다. 도르곤과 호오거, 두 사람의 대치로 푸린이 어부지리를 얻

131

은 셈이었다. 이것이 객관적인 형세였다.

주관적으로는 황후와 장비의 공이 컸다. 그녀들은 양황기가 푸린을 지지하는 우세한 형세를 이용해, 양황기 대신들이 황제 옹립 제왕회의에서 중요한 역할을 하도록 유도했다. 도르곤의 보정을 받아들인 것은 부득이한 타협이자 양보, 혹은 현실을 냉정하게 분석한 책략이었다. 물론 도르곤이 보정왕에 오른 후, 권력을 독점하며 어린 황제를 위험에 빠뜨릴 수도 있었다. 하지만 황후와 장비는 이를 걱정하지 않았다. 어쨌든 황제와 도르곤은 군신 관계였다. 군사를 부릴 수 있는 최종 결정권은 황제에게 있었고, 군사 대권은 황후와 장비가 쥐고 있었다. '소년 천자' 순치제와 '어린 황제의 모친' 효장태후가 이끄는 양황기의 역량은 도르곤 형제의 양백기보다 강대했고, 여타의 제왕들도 도르곤을 견제할 수 있었다.

섭정왕 도르곤을 견제하다

숭덕 8년(1643) 8월 14일, 제왕들이 숭정전에서 단지 여섯 살에 불과한 푸린을 황제로 옹립했다. 팔기의 제왕들은 절대로 반역을 꾀하지 않으며 새로운 황제에게 충성을 다할 것임을 서약했다. 양황기 대신들 중 가장 먼저 푸린을 옹립하고자 했던 쒀니, 투레이, 탄타이, 궁아다이, 시한 등 6명의 대신들도 어린 주인을 보필하기 위해 일심동체를 이루자고 하늘에 맹세했다. 도르곤과 다이샨, 두 명의 보정왕을 비롯해 여타의 문무백관들도 목숨을 걸고 어린 황제를 함께 보필하자는 엄숙한 의식을 치렀다.

하지만 말과 행동이 다른 엄혹한 정치 현장이었다. 어린 푸린이 아직 정식으로 황위에 오르지도 않았는데 어린 황제를 몰아내고 보정왕 도르곤을 새 황제에 앉히려는 역모가 일어났다. 주동자는 다이샨의 손자인 아달례阿達禮였다. 그는 도르곤과 술을 마시다 때가 왔다며 황제에 오를 것을 권유했다. 도르곤은 아직 때가 아니라며 일언지하에 거절했다. 그런데 아달례는 아버지 쉬퉈에게 "이미 도르곤이 결심을 했다"며 함께 역모를 꾸몄다. 그러고는 할아버지 다이샨에게도 "모든 제왕들이 도르곤을 옹립하고자 결심했다"면서, 찬역을 도모해야 한다고 설득했다. 다이샨은 은밀히 이 일을 조사한 뒤 도르곤이 일을 꾸미지 않았음을 알았다. 다이샨은 비통함을 누르고 대청의 강산을 위해 아들과 손자를 역모죄로 처형했다. 아달례의 어미와 처 그리고 측근 부하들이 모두 처형되고, 모든 재산과 식솔들이 다른 버일러들의 재산으로 귀속되었다. 아달례와 쉬퉈 휘하이던 대학사 강린剛林과 범문정은 각각 정황기와 양황기鑲黃旗에 배속되었다. 인재를 아끼는 효장태후의 배려였다.

풍파가 가라앉은 후인 8월 26일, 푸린이 정식으로 황제에 오르는 즉위식을 거행하여 이듬해를 순치 원년으로 삼았다. 비록 찬바람이 불었지만 하늘이 만 리까지 푸르고 햇살이 눈부신 가을날이었다. 황궁도 유달리 휘황찬란했다. 내외 제왕과 버일러들이 문무군신들과 함께 독공전篤恭殿(대정전大政殿) 앞으로 일제히 모여들였다.

아직 여섯 살에 불과했지만 푸린은 효장태후의 엄격한 교육 덕분에 이미 궁중 의식의 예법을 잘 숙지하고, 마치 '애어른'처럼 즉위식을 자연스럽게 치러 냈다. 푸린이 영복궁에서 나올 때 근신들은 어린 황제가 얇은

옷을 입고 있는 것을 보고 추위에 떨까 봐 걱정스러워 평상시에 입는 담비 가죽옷을 올렸다. 하지만 푸린은 그것을 걸치지 않았다. 궁에 돌아온 후 푸린은 근신들에게 담비 가죽옷을 입지 않은 까닭을 이렇게 설명했다.

"담비 가죽옷이 황색이었다면 그 옷을 입었을 테지만 홍색이었기에 입지 않았다."

푸린은 "황제 옷은 황색이므로, 황색이 아니면 절대 입지 말아야 한다"는 모친의 가르침을 잘 기억하고 있었던 것이다.

어연御輦(황제의 수레)에 오를 때에도 푸린이 잘 앉지 못할까 봐 염려되어 유모가 부축하려고 했지만, 푸린은 이를 윤허하지 않았다. 이것 역시 모친에게 배운 궁중의 법도였다.

"황제에 오른 후에는 유모가 안아 줄 수가 없습니다. 하인들은 절대 황제와 동석할 수 없기 때문입니다."

푸린이 어연에 올라 영복궁의 동액문東掖門에서 나올 때 제왕, 버일러, 문무 군신들은 무릎을 꿇고 맞이했다. 푸린이 독공전에 들자, 신하들은 황제의 근신들에게 물었다.

"황제의 백부와 숙부, 형들이 조하朝賀(신하가 조정에 나아가 임금에게 예를 갖춤)할 때, 황제가 답례를 하나? 좌수坐受(앉아서 받기만 함)를 하나?"

근신이 답했다.

"황제께서 답례를 해서는 아니 됩니다."

지르갈랑과 도르곤이 제왕, 왕공, 문무백관들을 데리고 삼궤구고두의 예를 황제에게 올렸다. 푸린은 태연히 '좌수'했다. 그리고 예를 마친 후 대사면령 조서를 반포했다. 조서 반포를 마치자 다시 신하들이 삼궤구고

두의 예를 올렸다. 즉위식이 끝나자, 푸린은 일어나 가마를 타고 궁으로 돌아갔다. 제왕, 버일러, 문무백관들은 무릎을 꿇은 채 황제를 보냈다.

그런데 독공전을 나설 때, 푸린은 백부인 예친왕 다이샨에게 먼저 나서기를 청했다. 그리하여 예친왕이 독공전에서 나간 후에야 푸린은 가마에 올라 독공전을 나갔다. 이에 사람들의 칭찬이 끊이지 않았다. 예친왕 다이샨은 어린 황제와 대청의 황친들에게 존경받는 제왕들 가운데 가장 연장자였다. 황제를 옹립할 때도 광명정대하게 원칙을 견지해 대청의 궁정이 내란에 휩싸이는 것을 막고, 정국을 안정시키는 결정적인 역할을 했다. 반역을 도모한 아들과 손자를 처형할 만큼 황제에 대한 충성심이 강했다.

이날의 대관식은 태종의 복상 기간이었기 때문에 천자의 행차 의식을 거행하지 않았다. 음악도 연주하지 않았다. 그러나 즉위식은 경사스러운 행사였다. 황제는 이미 제위에 올라 영모纓帽(꼭대기에 술이 달린 모자) 황관을 썼다. 제왕 이하, 군민들은 모두 영纓(모자의 술)을 매달 수 있었다. 내대신, 시위侍衛(호위 무사), 어전인禦前人(황제를 모시는 환관) 등만 영을 매달지 않았다.

푸린은 일국의 군주가 되었지만, 아직 나이가 어렸다. 그래서 효장태후와 함께 영복궁에 거주했다. 황제가 거주하는 궁전은 측문으로 출입할 수 없었기 때문에, 영복궁을 대대적으로 수리해 남쪽과 북쪽에 각각 큰 출입문을 열었다. 영복궁을 양 궁으로 나누어 푸린 모자가 각각 살았다. 궁문의 변화는 권력의 변화를 뜻했다. 영복궁은 비록 측궁이었지만 이제 대권의 함의를 지니게 되었다. 변두리에 머물던 영복궁이 새로운 권력의 중심지로 변한 것이다.

저저 황후와 장비는 각각 효단孝端태후, 효장孝莊태후로 봉해졌다. 두 명의 황태후가 어린 황제를 보필하는 것은 청나라 역사상 처음 있는 일이었다. 이리하여 효장태후와 어린 황제기 양황기의 합법적인 주인 자리에 올랐다. 양황기 대신들은 효장태후와 어린 황제를 중심으로 더욱 강하게 뭉쳤다. 효장태후는 어린 황제를 보필해 정권의 안정을 다지며, 제왕들에게 의지해 대청의 강산이 평화롭게 순항하도록 힘썼다. 또한 도르곤이 대권을 찬탈하지 못하도록 각별히 신경을 썼다. 푸린은 황제 등극 대사면령 조서에서 말했다.

"짐은 아직 어리므로 백부와, 숙부, 형들에게 의지하며 공정하게 국사를 처리하겠노라."

다이샨이 대의를 표방하며 혈족을 반란죄로 엄히 다스린 것은 대청에 역모를 일으키는 자들은 결코 용서하지 않겠다는 의지를 만방에 과시한 거나 진배없었다. 체제상 두 명의 보정왕이 어린 황제를 보필하는 형태였지만, 중요한 국사는 반드시 두 명의 보정왕이 감독하는 제왕대신회의에서 결정했다. 이와 동시에 양황기 대신들이 정국을 좌지우지하며 효장태후의 의도를 조정에서 철저하게 관철하려고 노력했다. 효장태후의 꾀주머니인 범문정과 홍승주는 조정에서 효장태후의 의도를 건의했다. 홍타이지가 살아 있을 적에도 효장태후는 조정의 국사를 논하였기에, 도르곤은 그녀를 무시할 수 없었다. 오히려 도르곤이 주동적으로 나서서 상주문을 올리며 효장태후의 의견을 물었다.

7장

산해관을 뚫고
북경에 입성하다

　　　　　　　　　　도대체 명나라를 망하게 한 장본인은
누구일까? 도르곤일까? 이자성李自成일까?

　'농민반란군의 수령' 이자성은 순치 원년(1644) 정월에 섬서성 서안西安
에서 나라를 세우고 국호를 대순大順, 연호를 영창永昌이라 하고, 서안을
서경西京이라고 불렀다. 같은 해 3월 18일, 이자성이 북경을 공략했다. 자
금성 주변에서 농민군의 함성이 들리고 불길이 치솟자, 명나라의 마지막
황제 숭정제崇禎帝는 최후를 떠올렸다.

　망국 황제 숭정은 명나라의 명맥을 잇고자 세 아들을 급히 피신시켰다. 그리고 왕비와 후비들에게 자결을 명한 다음 딸들을 직접 자기 손으로 죽였다. 3월 19일, 황제 주변에는 어느 신하도 남아 있지 않았다. 그는 자신의 옷깃에 비장한 유서를 적어 내려갔다.

　"나는 저승에 가서도 선왕들을 뵐 면목이 없으니, 머리카락으로 얼굴을 가리고 죽는다. 내 시신은 도적들에게 갈기갈기 찢겨도 좋지만, 백성들은 한 사람이라도 상하게 하지 말라."

　명나라 망국 황제인 숭정제가 북경의 매산煤山(지금의 경산景山)에서 목매 자결하면서, 명나라는 역사의 뒤안길로 사라졌다.

　청나라는 원래 명나라를 적으로 삼았으나, 날로 기세가 높아지는 농민반란군도 유심히 지켜보고 있었다. 홍타이지 때부터 도르곤 때까지, 농민반란군과 연락을 취하며 명나라를 공동의 적으로 삼고자 하였지만 뜻을 이루지는 못했다. 당시 섭정왕 도르곤은 어린 황제를 대신해 통령대군이 되어 중원축록中原逐鹿(넓은 들판 한가운데서 사슴을 쫓는다. 군웅이 제왕의 지위를 얻으려고 다툼)을 도모하던 차였다. 대학사 범문정은 양황기鑲黃旗에서 효장태후의 고급 참모로 활약하며 중원을 정벌할 책략을 내놓았다.

　순치 원년 4월 4일에 이미 범문정은 도르곤에게 상서를 올려 대륙의 정세를 분석한 바 있었다. 이때 그는 곧바로 중원으로 진격하라고 건의했다. 청나라로서는 아직 명나라가 망한 줄 모르던 때였다. 범문정은 명나라의 궁핍한 말로와 민심이 이반되는 상황을 분석한 끝에, 명나라는 사면초가의 위험과 내우외환에 빠진 완쾌 불가능한 중병 환자라는 진단을 내렸다. 난세의 도가니에 빠진 중원의 백성들은 도망가기 바빴다. 의지할 데 없는 명나라 백성들은 새로운 군주가 새 나라를 세워 주기를 학수고대했다. 그래서 범문정은 청나라가 천명에 따라 민심을 얻고 대업을 이루어야 할 시기임을 강조했다. 만약 이 천시를 잃으면 천하를 얻기 어렵다는 주장이었다.

범문정은 또한 청나라의 주적은 이제 명나라가 아니라 농민반란군이라고 못 박았다. 원래 명나라는 청나라를 가벼운 적으로 여겼다. 그리고 이제 중원은 농민반란군의 차지였다. 이 형국은 마치 진시황의 진나라가 망하고 난 뒤 초나라(항우)와 한나라(유방)가 패권을 다투던 '초한지쟁楚漢之爭'과 같았다. 범문정은 대청이 명나라와 천하를 놓고 다투던 시기는 지났으며, 이제는 이자성과 각축을 벌여야 한다는 것을 잘 알았다. 그래서 그는 지금 청나라가 가장 시급하게 얻어야 할 것은 명나라 신민들의 마음이며, 만약 그것을 얻지 못하면 큰 대가를 치르고 농민반란군도 제거하기 어려울 것이라고 했다. 농민반란군이 천하의 민심을 얻은 후에 그들과 싸우는 것은 훌륭한 책략이 아니라는 말이었다.

범문정은 옛날처럼 성을 빼앗은 후 지키지 않고 약탈만 하는 공격 방법을 철회하라고 주청했다. 실제로 중원에 들어가 중국 대륙을 차지하려면, 반드시 점령지를 사수해 가며 사회질서를 바로잡아야 했다. 또한 현명하고 유능한 한족 관리들을 채용해 현지 백성들을 잘 다스리는 것만이 천하의 민심을 대청으로 돌리는 길이었다. 그래서 그는 빼앗은 성을 지키는 둔전병屯田兵(평시에는 토지를 경작하고 전시에는 병사로 동원되는 군사)을 두고 호구를 안정시키는 게 중요하다고 건의했다. 범문정이 상서를 올린 지 이틀 후, 도르곤은 농민반란군이 북경을 공격하고 명 숭정제가 자살했다는 첩보를 받았다. 그는 부랴부랴 왕공대신회의를 소집하고 요양 중인 범문정도 급히 심양으로 소환해 향후 대책을 논의했다.

범문정은 우선 농민반란군의 동태를 파악한 후, 비록 그들의 군세는 대단하지만 그들이 숭정제를 죽이고 명나라의 관료들과 백성들을 핍박한 탓에 민심이 그들을 떠났다는 장계를 올렸다. 하지만 이것은 오판이었다. 농민반란군은 명나라의 탐관오리, 지주, 지방 세도가들을 엄벌에 처하면서 세력을 키운 덕에 농민들의 마음을 사로잡았다. 이자성은 사회 진보를 가로막는 부패 세력들을 척결했다. 이는 이자성에게 거대한 승리를 안겨 준 원동력이었다. 이 때문에 관료, 지주, 부자 상인들을 포함한 사회 상층 세력은 불만을 품고 있었다.

범문정은 이러한 모순을 이용해, 명나라 관민들에게 군주를 살해한 자(이자성)에 대한 복수의 기치를 치켜들고 농민군이 얻은 승리의 열매를 빼앗고자 했다. 바로 이것이 산해관을 넘어 중원으로 진격한 이유 중 하나였다. 범문정은 "백성을 돌보지 않으면 천하를 얻을 수 없다"고 거듭 강조했다.

범문정의 건의를 받아들인 청나라는 중원축록의 방침을 정했다. 이리하여 출정을 결정하고 70세 이하, 15세 이상의 장정들을 소집했다. 범문정은 "군주를 시해한 자들에게 복수하려는 것이지 양민을 죽이려는 게 아니다"라는 격문을 각지에 띄웠다.

당시 범문정은 의정대신이 아니었다. 하지만 도르곤은 그의 계략을 매우 중시했다. 범문정은 확실히 쉽게 얻을 수 있는 인재가 아니었다. 홍타이지가 죽은 후에도, 효장태후의 가장 큰 관심사는 선제의 위업을 이어받아 중원을 정벌하는 것이었다.

순치 원년(1644) 4월 8일, 독공전에서 성대한 출정 의식이 거행되었다. 순치제는 명령장을 내렸다.

"짐은 아직 나이가 어리므로 대장군의 인장을 섭정왕 도르곤에게 주고 전군에 대한 통솔권을 위임하노라. 모든 상벌과 군 통솔을 봉명대장군奉命大將軍(도르곤)의 명대로 하라."

도르곤과 도도, 아지거, 공순왕恭順王 공유덕, 회순왕懷順王 경중명耿仲明, 지순왕知順王 상가희尙可喜 등이 만주와 몽골 기병 3분의 2, 한족 기병 전부를 이끌고 산해관으로 진군했다. 범문정은 정황기 한족군에 편입되어 귀순한 홍승주 등과 함께 출정했다. 청나라 팔기군은 진군하는 도중에 한족 문화와 명나라 지리에 밝은 범문정과 홍승주의 지략을 요긴하게 이용했다. 투항한 한족들이 중원축록의 안내원 구실을 할 것이라는 홍타이지의 예견이 적중했던 것이다.

하지만 만주의 팔기 대군은 아직 이자성의 농민반란군에 대한 이해가 많이 부족했기 때문에 서서히 행군했다. 4월 15일 팔기군이 요령의 부신阜新 지역에 다다랐을 때, 뜻밖에도 명나라의 요동 총병 평서백平西伯 오삼계吳三桂가 청나라에 구원병을 요청하는 편지를 보냈다.

농민반란군의 이자성 역시 북경에 입성하자마자 산해관을 지키는 오삼계에게 투항을 권유하는 서신을 보냈었다. 북경에 있던 그의 부친 오양吳

襄도 항복을 권하자, 천하의 대세가 결정되었다고 생각한 오삼계는 이자성에게 항복하려고 마음을 굳혔다. 하지만 북경에 남겨 둔 애첩 진원원陳圓圓을 이자성의 부하 유종민劉宗敏이 가로챘다는 소식을 듣고 생각을 바꾸었다. 청군의 힘을 빌려 이자성을 도빌하기로 한 것이다. 이 풍설은 청초의 시인 오위업吳偉業의 〈원원곡圓圓曲〉을 통해 널리 알려진 이야기다.

숭정제는 그날 세상을 버리고

님(오삼계)은 이자성을 쳐부수러 옥관(산해관)에 달려왔네

통곡하는 명나라 군은 모두 흰 상복을 입고

산해관을 찌르는 님(오삼계)의 분노는 홍안(진원원)을 위해서라네

鼎湖當日棄人間, 破敵收京下玉關

慟哭六軍俱縞素, 衝冠一怒爲紅顔

오위업은 젊은 미녀 한 명이 국운을 바꾸었다고 한탄했지만, 진원원은 무측천武測天처럼 이씨의 당나라를 무씨武氏의 주周나라로 바꾸어 여제의 자리에 오르지도 않았고, 양귀비처럼 외척을 등용해 안녹산의 난을 초래하지도 않았다. 또한 서시처럼 오나라를 위험에 빠뜨린 미인계의 주인공도 아니었다. 단지 가난한 집에서 태어난 죄로 돈에 팔려 소주蘇州에서 가희로 노래를 불렀을 뿐이다. 그런 그녀를 황후의 아버지 주규周奎가 숭정제에게 바치려고 사들여 북경으로 데리고 가 주규의 집에 머물다가 오삼계의 눈에 띄었는데, 그녀에게 첫눈에 반한 오삼계가 정인으로 삼았을 뿐이다. 오삼계는 그녀를 천금을 주고 샀다고 한다. 달콤한 며칠을 보낸

후 오삼계는 영원성으로 출정을 나가고, 진원원은 오양의 집에 머물렀다. 바로 이때 이자성이 북경을 함락한 것이다.

역사는 한 명의 기녀에 불과한 진원원을 격동의 파도가 몰아치는 역사의 한복판으로 끌어내어 경국지색, 즉 나라의 운명을 뒤바꾼 여인으로 만들었다. 오삼계는 여자 하나 때문에 중원을 이민족인 만주족에게 팔아먹은 매국노라는 비난을 들어야 했다. 만일 이자성 군대가 그녀를 정중하게 모셨다면, 오삼계는 이자성에게 투항해 대순大順(이자성이 1643년 서안西安을 점령하여 도읍으로 삼고 세운 나라)을 위해 싸웠을까? 그리고 한족 정권은 중원에서 계속 명맥을 유지하였을까?

물론 이는 민간에 전해지는 흥미로운 야사에 지나지 않는다. 원래 이자성에게 항복하기로 했던 오삼계는 농민반란군이 명나라 관원들과 지주들을 수탈하고, 자신의 가족까지 몰살시키자 다시 생각을 바꾸어 청나라의 힘을 빌리고자 한 게 틀림없다. 당시 오삼계의 가족은 이자성 군에 전멸되었기 때문에 정사인 위원魏源(청대의 역사가)의《성무기聖武記》는 "가족이 적에게 도륙되어 청에 투항했다"고 적었다.

오삼계는 영토를 할양해 주는 조건으로 청에 구원병을 요청했다. 청나라 군대는 희봉구喜峰口, 용정관龍井關, 장자령墻子嶺 등 세 길로 산해관을 넘고, 자신은 산해관에서 출병해 북경을 탈환한다는 것이 그의 계획이었다. 그러나 영리한 도르곤은 오삼계가 항복하는 게 아니라 구원병을 요청하고 있다는 데 주목했다. 도르곤은 청나라 군대가 산해관을 뚫는 이유는 명나라 군주를 살해한 농민군에 복수를 하려는 것이라며, 오삼계에게 '항복'을 권유했다. 만약 군대를 이끌고 투항하면 청조에 이미 투항한 공유덕, 경중명, 상가희처럼 오삼계도 번왕藩王에 봉하고 영토를 주겠다고 회유했다. 투항 외에는 달리 길이 없던 오삼계는 이리저리 생각을 해 볼 여유가 없었다.

4월 20일 청나라 군이 요령 금서錦西 동남부인 연산보連山堡에 다다랐을 때, 오삼계는 재차 급서를 보냈다. 이자성이 산해관에 주야로 달려와 이미 산해관 10리 밖에 진을 쳤다는 내용이었다. 그러나 도르곤은 병사를 나누어 진지를 지킨 채 전세를 관망만 했다. 이자성은 청나라 팔기 대군이 머지않아 전투에 참가하리라는 걸 전혀 눈치채지 못했다.

21일 오전 8시경, 이자성은 농민반란군 6만(청나라 쪽은 20만이라고 주장)을 이끌고 산해관에 맹공을 퍼부었다. 온종일 저항하던 오삼계는 사태가 여기에 이르자 별다른 해결책이 없다는 것을 깨달았다. 청나라 군에 투항하는 길만이 살 길이었다.

22일 아침, 청나라 군대는 산해관에서 불과 5리 떨어진 곳에 다다랐고, 이자성은 오삼계를 포위 공격했다. 오삼계는 이자성의 포위망을 뚫고 도르곤 앞에 가 앞머리를 밀고 댕기를 땋는 만주족 변발을 하고 대청의 신하가 되었다. 도르곤은 오삼계에게 산해관에 돌아가 이자성 군대와 응전하라는 명을 내렸다. 그리고 아지거, 도도에게 각각 1만 명의 기병을 이끌고 산해관으로 달려가게 하고, 자신은 나머지 대군과 함께 산해관으로 진격했다. 세 갈래의 만주 팔기 기병들이 중원축록의 웅장한 서막을 연 것이다.

오삼계는 휘하의 병사들에게 하얀 천을 갑옷 뒤에 꿰매 달라는 명령을 내렸다. 만주족, 몽골족, 배반한 한족으로 구성된 청나라 군대가 전장에 진입하면 이 천 조각이 오삼계의 투항한 병사와 이자성의 대순 군대를 구별해 줄 터였다. 산해관 관내의 석하石河 서쪽에는 농민반란군이 장사진을 이루었다. 수적으로 우세한 농민반란군은 서서히 산해관의 목을 조르고 있었다. 오삼계는 동분서주하며 싸움을 독려했지만 더 이상 버티기가 힘들었다.

하지만 청나라 군은 미동도 하지 않았다. 정오가 다가오자, 광풍이 불며 사방에서 누런 모래 먼지가 흩뿌렸다. 모래 먼지가 해를 가리자, 하늘이 시커멓게 변해 눈앞의 사람도 적인지 아군인지 분간할 수가 없었다. 이자성과 오삼계의 군대가 혈전을 벌이며 힘을 소진할 즈음, 도르곤은 만주 팔기병들에게 공격 명령을 내렸다. 의외의 공격을 받은 이자성의 군대는 혼비백산하여 달아나고 청군이 이를 40여 리나 추격했다. 이자성은 영평永平까지 철수했다. 도르곤은 곧바로 큰 공을 세운 오삼계를 평서왕平西王에 봉하고, 산해관 군민들에게는 삭발을 명하며 청나라의 속민임을 선언했다. 그리고 1만 명의 마보병(마병과 보병)을 오삼계에게 딸려 주고, 자신도 북경으로 치달았다. 5일 동안 미친 듯이 명나라의 수도 북경을 약탈하고 주민들을 살육하던 이자성 반군은, 진격해 오는 청나라 군대를 피해 서쪽으로 달아났다. 도르곤은 범문정과 홍승주의 건의를 받아들여 모든 장수들 앞에서 맹세했다. 엄중한 군령이었다.

"이번 출정은 폭도들을 제거하고 백성을 구제하며 천하를 안정시키는 것이다. 유구流寇(이자성)를 멸하기 위해 산해관을 넘어 서정西征을 함에, 무고한 양민에 대한 노략질과 학살을 엄격하게 금하노라. 만약 무고한 양민을 죽이고 그들의 재산을 약탈하면 지위를 막론하고 엄벌에 처하리라."

청나라 군은 신하역新河驛에 다다라, 이자성의 대순 군을 크게 이겼다는 조서를 성경의 순치제에게 올렸다. 청나라 군대가 통주通州에 이르자, 오삼계는 숭정제의 태자를 보호하기 위해 북경의 성내로 진입하고자 했다. 하지만 도르곤은 이를 허락하지 않았다. 대청의 섭정왕인 도르곤은 정식으로 승리의 북을 울리며 북경 성내로 당당하게 입성하고자 했다.

6월 5일, 청군이 북경에 무혈입성하자 명나라의 옛 문무백관들이 5리 밖까지 나와 환영했다. 도르곤이 무영전武英殿의 옥좌에 앉자, 명나라의 관료들이 고개를 숙이며 '만세'를 외쳤다.

청병이 북경에 입성한 초기에는 민심이 불안정했다. 청나라는 북경에 입성한 후에도 범문정과 홍승주의 건의대로 군대의 기강을 바로잡아 군사들이 함부로 백성의 재산을 약탈하거나 부녀자들을 희롱하는 것을 막았다. 백성들 중에는 농민군의 잔여 세력을 잡아들여 살해하는 이들도 있었다. 범문정이 농민군 이탈 세력과 성내 백성들이 서로 싸우는 것을 금지하도록 건의하자, 도르곤은 이를 실행했다. 백관의 하례를 받은 도르곤은 또 범문정이 건의한 대로 비참하게 최후를 마친 숭정제를 위해 천하에 3일간의 복상을 명했다. 가매장되었던 숭정제의 관도 황제의 예법에 맞추어 개장되고, 능묘를 '사릉思陵'이라 불렀다. 묘호는 회종懷宗, 시호는 단端, 즉 회종단황제懷宗端皇帝로 했다. 이렇게 청나라는 명나라 멸망의 책임을 이자성에게 돌렸다. 청나라는 도의와 천명에 따라 민심을 얻고 명나라의 원수를 대신 갚아 주었다는 자세를 취한 것이다.

동시에 명나라 옛 관료들의 관직을 삭탈하지 않고 녹봉도 그대로 내려주었다. 명나라 주朱씨 왕들이 귀순하면 그대로 왕의 작위를 유지하도록 하는 은혜를 베풀기도 했다. 복직한 명나라 관원들은 만주 관원들과 함께 공동으로 사무를 보았으며, 관청의 인장에는 한자와 함께 만주 문자가 새겨졌다.

원래 청나라는 정복지의 백성들에게 치발령薙髮令(만주족 전통 두발형인 변발을 하라는 명령)을 내려 그들의 복종 여부를 확인했다. 하지만 한족은 신체발부는 부모에게 물려받은 것이므로 감히 상하게 해서는 안 된다는 유교적 관념이 강하여 전통 두발형인 속발束髮을 버리는 것을 치욕으로 여겼다. 도르곤은 5월 24일 천하의 신민들에게 변발을 하지 않아도 된다는 조서를 내렸다. 단지 군인들에게만 삭발투순削髮投順(속발을 버리고 변발을 해 청에 귀순)을 명했다. 이러한 정책으로 청나라는 북방 한족 지주 계급과 명나라의 관료, 지식인 등의 지지를 얻을 수 있었고, 민심도 서서히 안정을 되찾아 갔다. 5월 26일, 효장태후와 순치제는 중원 정벌의 숙원을 이룬 도르곤과 팔기병들을 치하하고 위로했다.

명청 교체의 비극을 지켜보기만 하던 남방 사람들은 "주朱씨의 빵가루로 이李씨가 빵을 구어, 이웃 조趙씨 형님께 바쳤다"며 비아냥댔다. 주씨는 명나라를 연 주원장의 성씨이고, 이씨는 명나라를 멸망하게 한 이자성의 성씨, 조씨는 원나라 이래 여진족이 사용하던 중국풍 성씨였다.

이듬해인 1645년, 강남지방을 평정한 도르곤은 보류했던 치발령을 내렸다. 한족이 죽도록 혐오하는 치발령을 다시 내린 것은 변발이 청나라에 대한 순역順逆(청나라에 대한 복종 여부)을 식별하는 방법으로 매우 효과적이었기 때문이다. 청나라 조정은 치발령을 어긴 자는 즉각 사형에 처했다. 속발이냐, 변발이냐, 양자택일의 갈림길에서 목숨을 내놓아야 했던 당시에 항간에는 "머리를 남기고자 하면 머리카락을 남길 수 없고, 머리카락을 남기고자 하면 머리를 남길 수 없다"는 말이 떠돌았다.

중원 대륙의 첫 만주족 천자 순치제

북경 천도는 청태조 누르하치의 오랜 숙원이었다. 청태종 홍타이지는 아버지의 염원을 이어받아 북경 천도를 유언으로 남겼다. 홍타이지는 생전에도 북경 천도야말로 중국 대륙 통일의 관건이 되는 절차라고 누차 강조했다.

"만약 연경燕京(북경)을 얻을 수 있다면, 대륙 통일의 기틀을 마련하는 것이다."

효장태후도 출정 전에 홍타이지의 유언을 신하들 앞에서 널리 알렸다. 청나라 팔기병들이 북경을 점령한 지 한 달쯤 지나자, 그 발자취도 이미 굳건해졌다. 도르곤은 1644년 6월 11일, 제왕·버일러·대신 등과 상의한 끝에 북경을 수도로 삼기로 했다. 우선 보국공 툰치카吞齊喀, 구사어전 허뤄후이 등에게 다음과 같은 상주서를 딸려 성경으로 보냈다.

"하늘이 황제 폐하에게 홍복洪福을 주시어 이미 연경을 얻었사옵니다. 신이 재삼 사료컨대, 연경은 그 형세가 욱일승천하는 기세인지라, 예로부터 홍왕興王의 터로 명나라도 이곳에 도읍을 정하였으며, … 황상께서 이곳으로 천도하면 천하의 주인이 되실 것입니다."

효장태후와 성경에 남아 있던 섭정왕 지르갈랑은 순치제를 대신해 상주서를 받고, 8월 15일에 북경 천도를 결정했다.

청나라 조정으로서는 천도 전에 두 가지 중대사를 마무리해야만 했다. 첫 번째는 성경을 지킬 총관總官(군대를 통솔하여 지방을 지키는 벼슬)을 세우는 일이었다. 성경은 청나라의 발흥지이자 만주족의 고향으로 동북지방에서 가장 큰 도시였다. 또 만주 귀족 조상들의 묘와 사당이 있는 곳이었다. 북경 천도를 하기 전에 성경을 배도陪都(제2의 수도)로 정하고, 이부 외의 정부 기관은 그대로 성경에 남겨 두기로 했다. 그만큼 성경을 중요시했다.

8월 2일, 내대신 허뤄후이를 성경 총관으로 임명했다. 허뤄후이는 도르곤의 심복이었다. 그래서 도르곤은 그를 성경 총관으로 임명하고자 툰치카와 함께 특사로 성경에 보냈다. 효장태후는 특사 중 허뤄후이만이 구사어전 출신이고 총관으로서 재능이 있다고 인정해 그를 성경 총관으로 임명하는 것에 동의했다.

두 번째 중대사는 소릉昭陵(지금의 심양 북릉北陵)에 태종 홍타이지의 보궁寶宮(유골이 담긴 관)을 안장하는 일이었다. 8월 11일, 섭정왕 지르갈랑은 순치제와 호쇼이 친왕, 니루장경牛彔章京(장경章京은 기의 장관으로 순치제 8년에 중국식 좌령佐領으로 바뀜) 이상을 대동하고 산릉전 서쪽 계단에 모였다. 효장태후는 홍타이지의 비, 공주, 푸진 이하 진국장군鎭國將軍, 구사어전固山額眞, 상서 이상의 관원들에게 동쪽 계단으로 모이도록 명했다. 효장태후는 총비와 공주 등을 데리고 전내의 정중앙인 홍타이지의 보궁 앞에서 곡을 하고, 세 번 머리를 조아리는 예를 행했다. 이것은 부군이던 홍타이지에게 고하는 마지막 작별 인사였다. 내대신 보국장군 시한 등이 보궁을 보성寶城(묘실)에 안장했다. 안장이 끝나자 제물을 바치고 제사를 지냈다.

예정했던 8월 15일보다 5일이 늦은 8월 20일, 청나라의 대군과 인마가 북경을 향해 출발했다. 순치제 푸린이 앞 대열에 서고, 효장태후와 황가의 식솔들이 그 뒤를 따랐다. 양황기가 사방에서 그들을 호위하고, 기타의 기가 그 뒤를 따랐다. 인마의 행렬이 끊이지 않은 채 서쪽으로 나아갔다. 걸음은 완만했지만 행렬은 웅장하고 장대했다. 목적지에 도착하려면 한 달 넘게 걸리는 1,600여 리에 달하는 기나긴 서행이었다. 28일, 위가령관魏家嶺關(지금의 요령성 북진현北鎭縣)에 다다라 방향을 정남쪽으로 틀어 광녕廣寧, 탑산塔山, 영원 등지를 지나 9월 9일 산해관에 들어섰다.

9월 10일, 효장태후는 황제의 명으로 각 기에 속한 병사들과 백성, 고아와 과부, 가난한 이들을 구휼하여 민심을 안정시키도록 훈유했다. 또한 상인들에게 필히 성 밖에서 교역을 하여 성 안에 있는 백성들을 번거롭게 하지 못하도록 일렀다. 만약에 백성들을 약탈하는 자가 있으면 그가 속한 기의 장관이 엄히 다스리도록 했다. 효장태후는 우선 만주 기인들이 비합법적 행동을 일삼지 않도록 하여 명나라 옛 백성들의 동요를 사전에 막았다.

9월 12일, 황제 일행은 영평부永平府(지금의 하북성 진황도秦皇島 지역)에 다다랐다. 지부知府 풍여경馮如京, 부장 장위의張維義가 문무백관들을 이끌고 나와 황제를 영접했다. 순치제는 점점 더 도망자(팔기의 노예들로 주로 포로가 된 한족)들이 속출하자, 도망자를 만나면 곧바로 잡아들여 그 죄를 묻도록 하고 만약에 도망자를 은닉하다 발각되면 중형에 처하겠다는 유지를 내렸다. 9월 14일에 풍윤현豊潤縣에 다다라서도 다시 똑같은 유지를 내렸다. 그만큼 도망자들이 많았다. 말할 필요도 없이 이 유지는 효장태후와 섭정왕 지르갈랑이 내린 것이다.

북경이 점점 더 가까워졌다. 9월 18일, 통주通州에 도착하자 도르곤이 제왕, 버일러, 버이서貝子(친왕, 버일러 아래의 최고위층 귀족), 문무군신들을 데리고 와 황제를 맞이했다. 순치제는 사람을 보내 도르곤에게 말 한 필과 안장을 하사했다. 도르곤은 임시로 설치한 행전에서 효장태후와 순치제에게 삼궤구고두와 포견예抱見禮(허리를 끌어안고 서로 반가움을 표시함)를 행했다. 의식이 끝나자 모두 북경 성내로 입성했다. 9월 19일 오후 2시경, 순치제가 정양문正陽門(지금의 북경 전문前門)에 다다라 곧바로 자금성으로 입성했다. 효장태후는 동북쪽의 비교적 작은 영수궁寧壽宮에 임시 거처를 마련했다.

순치제가 오는 도중에, 북경에서는 성대한 등극 행사를 준비했다. 1년 전인 1643년 8월 26일 순치제는 성경에서 이미 등극한 바 있지만, 중국 대륙의 새로운 천자이자 만·한·몽의 공통 천자임을 공식적으로 선포하고자 북경에서 다시 즉위하려 한 것이다. 이리하여 청나라는 천명에 따라 명나라를 대신하는 천하의 주인으로, 중국 대륙을 통치하는 새로운 왕조로서 탄생했다.

순치 원년(1644) 10월 1일, 정식으로 순치황제 등극제전登極祭典이 거행되었다. 주인공은 일곱 살 된 푸린이었다. 대청을 국호, 순치를 연호로 삼았다. 효장태후는 홍타이지가 성경의 황궁 대청문에서 정무를 보던 경험에 비추어, 순치제가 어문에서 조정 의식을 행하도록 했다. 이런 의식은 일종의 상징이자, 어린 황제에게 경험을 쌓도록 하기 위한 배려였다. 순치제는 나중에 친정을 하게 되자, 건청문乾淸門에서 정무를 보았다. 같은 날 도르곤은 어린 황제를 대신해 중원을 정벌한 공으로 '숙부섭정왕叔父攝政王'에 봉해졌으며, 10월 13일에 정친왕 지르갈랑은 '신의보정숙왕信義輔政叔王'에 봉해졌다. 두 사람의 지위와 권력의 격차가 점점 더 벌어진 것이다.

등극제전 후, 효장태후는 대청의 대군을 이자성이 도망간 섬서성에 급파해 대순의 군대를 토벌하게 했다. 또한 황하를 도강하여 복왕福王 주유숭朱由崧(명나라 신종神宗의 손자)이 남경南京에 세운 홍광弘光 정권을 토벌하게 했다. 이리하여 대청은 대륙의 북방을 우선 안정시키고 전국을 통일하는 대장정의 서막ㄴ을 열었다.

 분봉책을 막았으나 삼번의 난이 터지다

도르곤은 청나라가 중원 대륙의 주인이 되기까지 결코 사라지지 않을 크나큰 공을 세웠다. 숙부섭정왕에 봉해진 후 도르곤의 오만과 전횡은 나날이 커져 '신의보정숙왕' 지르갈랑이 감히 그 기세를 누르기에는 힘에 부쳤다. 중요한 국사를 처리하는 데는 도르곤의 입김이 전적으로 작용했다. 효장태후는 단지 쒜니를 자신의 대표자로 내세워 국사에 참여시켰다. 만약에 의견이 다르면 하는 수 없이 황제의 유지를 빌려 도르곤을 견제했다. 호오거 문제를 어떻게 처리했는지부터 보자.

북경 천도를 하기 전부터 호오거는 도르곤에게 복종하지 않았다. 그는 도르곤을 믿지 않았다. 그리고 도르곤이 찬역을 도모하고 있지 않는지 항상 의심했다. 호오거는 자신의 심복이던 정람기 구사어전 허뤄후이 앞에서 늘 도르곤에 대한 불만을 토로했다. 예컨대 도르곤은 "박복한 병자로, 사는 날이 얼마 남지 않았다"는 투였다.

그런데 허뤄후이는 조변석개하는 인물이었다. 그는 홍타이지와 호오거 부자에게 연이어 중용되었지만, 도르곤의 위세가 날로 커지자 자신의 원래 주인이던 호오거를 배신하고 도르곤의 심복이 되었다. 도르곤은 순치 원년 4월, 호오거를 감금했다. 그리고 석방 후 지난 일을 추궁하지 않았지만 호오거의 7니루, 은전 5천 냥을 빼앗고 평민으로 강등시켰다. 호오거와 친밀한 이들은 참수했다. 허뤄후이는 호오거의 불충죄를 몰래 알려준 공으로 내대신, 성경 총관, 정서대장군定西大將軍, 삼등 앙방장경昂邦章京(지방 주둔군 사령관인 총관)에 봉해지고 도르곤의 최측근이 되었다. 호오거와 반목한 이들도 모두 상을 받았다.

효장태후는 호오거에 대한 처벌이 과중하다고 생각했다. 숙친왕 호오거가 폐위된 후, 그에게 기회를 다시 주고자 군대를 이끌고 중원을 평정하게 했다. 공을 세우면 그의 지위를 다시 복원시켜 줄 의도였다. 북경 천도를 할 때에도 호오거의 정람기를 양백기 앞에 세우고, 호오거의 처도 도도와 아지거의 처 앞에 가도록 대우해 주었다. 그리고 같은 해 10월, 북경에서 순치제가 재등극할 때 중원 정벌에서 세운 공을 인정해 호오거를 다시 숙친왕에 봉했다. 억울한 누명을 벗기는 차원이었다. 실제로 호오거는 사천성四川省의 명나라 봉기군인 장헌충張獻忠을 제압했다.

호오거의 지위는 도도와 아지거의 앞이었다. 이것은 효장태후가 도르곤을 소리 없이 견제한 시정 조치였다.

도르곤은 중원을 평정하면서 범문정과 홍승주의 건의를 받아들여, 한족 지주계급을 단결시키는 정책을 시행했다. 그 결과 북방과 남방의 일부 지주계급들이 청으로 귀순해 청나라를 지지하고 옹호했다. 이는 청나라가 중원을 신속하게 안정시키는 큰 원동력이 되었다. 당시 강남의 각 성에서는 계급 모순이 첨예했다. 남명 정권은 부패하여 백성들을 가혹하게 대하고, 환관파와 동림파는 당쟁에 여념이 없었다. 도망친 명의 세 왕자가 남방에서 앞서거니 뒤서거니 황제를 칭했다.

먼저 복왕福王 주유숭이 남경에 홍광弘光(홍광제 주유숭, 재위 1644 ~ 1645) 왕조를 세웠다. 그는 환관파의 우두머리였던 위충현魏忠賢의 잔당 마사영馬士英과 완대성阮大鋮의 보좌를 받으며 부패와 전권을 일삼았다. 남하하던 청의 군대는 '양주揚州 10일'(명나라가 망하고 남방, 즉 지금의 절강성과 강소성 사람들이 청나라에 저항하다 학살당함)과 '가정삼도嘉定三屠'(1645년, 즉 명나라 홍광 원년이자 청나라 순치 2년에 청나라가 체발령剃髮令을 내리자 가정嘉定 백성들이 향신鄕紳 후동회侯峒曾의 통솔 아래 반청 기의를 일으켰다. 청나라 오송吳淞 총병 이성동李成棟은 가정성에서 하루 동안 약 3만이 넘는 백성들을 학살함)라는 처참한 살육을 저질렀다. 이후 당왕唐王이 복주福州에서, 계왕桂王이 조경肇慶에서, 노왕魯王이 소흥紹興에서, 정강왕靖江王은 계림桂林에서 각각 감국監國(일시적인 천자의 나라)을 자처했다.

남명 정권은 1645년 초 청나라에 반격을 시도했다. 하지만 도도가 이끄는 청군이 6월 초에 전강鎭江에서 장강을 건너 남경을 함락시켰다. 이후 명나라의 부흥 세력은 동남 연안으로 퇴각해 포르투갈과 일본에 구원을 요청했다. 그러자 포르투갈은 1647년 마카오에서 화승총으로 무장한 병사 300명을 파병하여 계림을 지키던 남명 정권의 군대를 지원했다. 그러나 계림도 결국 청군에 점령되고, 남명의 마지막 황제 영력제永歷帝는 1659년 미얀마로 탈출했다. 그로부터 2년 후, 청나라에 귀순한 오삼계가 미얀마를 압박하자 미얀마는 영력제를 청나라에 넘겼고, 영력제는 다음 해 운남성에서 사망했다.

청군이 빠르게 중국을 평정할 수 있었던 힘은 항복한 한족들을 전면에 기용한 덕택이었다. 산해관을 넘어 북경에 입성(입관入關)한 후에 벌어진 전쟁들은 대개 항복한 한족 장수들과 명나라 군대가 앞장섰다. 이렇게 항복한 장수를 기용한 대담함은 중국 역사에서 보기 드문 일이었다. 홍승주는 강남의 5개 성을 공략했고, 공유덕은 광서廣西를 평정했다. 상가희와 경중명은 광동을 평정했다. 그리고 오삼계는 사천과 운남을 평정한 다음 이자성까지 격파했다.

청나라가 북방에서 실시한 명나라 상층 지식인에 대한 유인책이 남방에서도 성공하면, 만주족과 한족의 민족 모순이 감소하면서 청나라가 전국을 통일하는 데 유리하게 작용할 게 분명했다. 그래서 청나라 지도층에서 강남에서도 분봉제왕分封諸王 정책을 실시하자는 주장이 대두되었다. '분봉제왕' 정책이란 주나라 시대의 봉건제처럼 만주족 친왕들이 강남을 정벌하면 그들에게 영토를 떼어 주고 그 영토의 왕으로 삼는 정책을 일컫는다. 하지만 이것은 각 지방에 군웅들이 할거하게 해 중앙정부의 힘이 약화된다는 문제점을 안고 있었다. 유씨 성들에 분봉제왕 정책을 실시한 한나라가 '오초칠국吳楚七國의 난'을 맞이한 것처럼 말이다.

한나라 고조 유방은 다른 성씨들을 믿지 못해 유씨 혈족들에게 봉국을 떼어 주며 지방을 다스리도록 했다. 제6대 한경제漢景帝는 지방의 번왕들에게 위협을 느끼고, 조착晁錯을 등용하여 번왕 세력을 통제하는 정책을 실시했다. 오吳·초楚·조趙의 영토를 줄여 나갔던 것이다. 그러자 번왕들이 교서왕膠西王 앙卬, 교동왕膠東王 웅거雄渠, 치천왕菑川王 현賢, 제남왕濟南王 벽광辟光 등과 연합하여 반란을 일으켰다. 한나라의 중앙정부는 주아부周亞夫 난포欒布 두영竇嬰 등을 파견하여 난을 진압하려 했지만 실패했다. 한나라 조정은 결국 반란군에 대한 회유책으로 조착을 처형했다. 나중에 주아부가 주동자인 오왕을 물리치고 반란을 평정했다.

물론 만주의 팔기는 '단결력'이 주무기인 정예 군대였다. 그래서 그 수는 비록 적었지만 힘은 강대했다. 만약 팔기의 힘이 분산되면 전투력이 약화될 게 뻔했다. 효장태후는 이 점을 간파하고 도르곤이 분봉제왕 정책을 실시하자는 의정회의를 할 때 쒀니를 보내어 이를 막도록 했다. 도르곤은 자신의 의견에 반대하는 쒀니를 처벌하려고 했지만, 쒀니는 엄연히 효장태후의 입장을 대변하는 대신이었기에 하는 수 없이 분봉제왕 정책을 거두었다.

나중에 도르곤은 아이신기오로씨를 분봉제왕으로 삼지 않고 다른 한족 성씨들을 강남의 분봉제왕으로 삼았다. 이렇게 오삼계가 산해관을 연 뒤로 청나라는 계속해서 이한극한以漢克漢(한족으로 한족을 정벌)의 정책을 밀고 나갔다. 한족과 비교해 인구 면에서 현격하게 뒤졌던 만주족 청나라의 기본적인 대륙 통치 전략이었다. 그들의 근거지인 동북지방은 크게 신경 쓸 필요가 없었고, 화북은 예비 전투력으로 통제했다. 점령군의 주력은 장성을 따라 주요 군사도시에 배치했고, 강남에는 항복한 명나라의 군대를 보내 명나라 잔당들을 토벌하게 했다.

순치 6년(1650) 5월, 도르곤은 공순왕 공유덕을 정남왕定南王, 회순왕 경중명을 정남왕靖南王, 지순왕 상가희를 평남왕平南王으로 삼았다. 이리하여 한족 번왕들이 출현했다. 오삼계, 상가희, 경계무耿繼茂(경중명의 아들) 등이 각각 운남성, 광동성, 복건성에 할거하기 시작한 것이다. 이들 삼번은 각기 군사권과 재정권을 갖는 독립 정권이었다. 1673년, 강희제는 이들이 패도를 이루려고 하자 삼번을 철회했다. 그러자 삼번의 대반란이 터진 것이다.

8장

섭정왕
도르곤의
못다 이룬 꿈

        청태조 누르하치가 붕어할 때, 아들 16형제 중에서 15명이 살아 있었다. 그리고 그의 여덟째 아들 홍타이지가 후계자가 된 이후 재위 17년에 붕어할 당시에는 누르하치의 아들 중 8명이 살아 있었다. 8명 가운데 아지거, 도르곤, 도도 등 세 사람이 한 어머니의 배에서 나온 친형제들이었다. 나머지 5명은 각기 어머니가 다른 이복형제들이었다. 청태종 홍타이지의 형제들 중 도르곤계가 얼마나 강했는지를 미루어 짐작할 수 있다. 도르곤의 형제들은 누르하치가 죽었을 때 대푸진이던 어머니 우라나라씨 아바하이가 강제로 순장된 아픔으로 인해 서로 크게 의지하며 똘똘 뭉쳤다.

'소년 천자' 순치제는 홍타이지의 아들이었다. 도르곤이 조카인 소년 황제를 꼭두각시로 만들고 그 자리를 차지할 속셈이 있지 않을까 의심을 품는 사람들이 많은 것은 어쩌면 당연한 일이었다. 오삼계를 청으로 귀순시키고 이자성과 단판 싸움에서 승리하고 산해관을 넘을 때 청나라 군대를 이끌던 이들이 모두 도르곤의 친형제였다는 것은 이러한 의심을 더욱 짙게 했다.

오삼계를 대청의 신하로 만든 일은 만주족이 천하의 주인이 될 수 있었던 가장 큰 동력이었다. 물론 오삼계는 나중에 청나라에 내분이 일어 자신을 통제하지 못하는 형국이 도래할 것임을 예견하고 청나라에 투항한 것인지도 모른다. 결국 도르곤은 오삼계와 이자성의 싸움을 교묘하게 이용해 어부지리로 중원을 정벌했다. 섭정왕 도르곤이 영명하고 과감한 정책으로 대청을 통치하지 않았다면 이 절호의 기회를 놓치고 말았을지도 모른다.

오삼계를 앞세워 '산해관을 뚫고 중원에 입성한' 천추의 대업을 이룬 주인공이 도르곤 형제들이었으니, 당연히 청나라 내부에 문제가 발생할 수밖에 없었다. 더욱이 홍타이지의 생모인 여허나라씨가 낳은 아들은 오직 홍타이지 한 명뿐이었다. 도르곤의 욱일승천은 누구의 눈에나 분명하게 보였다. 도르곤 본인도 산해관을 넘은 이후 무소불위의 권력을 휘두르며 누구도 두려워하지 않고 점점 대권을 기정사실화했다.

그렇다면 왜 도르곤은 실력으로 어린 황제를 폐하고 스스로 황제의 자리에 오르지 않았을까? 많은 역사가들의 주장대로, 후계자를 지명하지 않은 채 누르하치가 죽었을 때 도르곤이 제위에 올라야 하는 게 마땅하지 않았을까? 하지만 조선의 《조선왕조실록》에 따르면, 누르하치가 죽기 전에 맏아들 다이샨(당시 44세)을 불러, "도르곤을 후계자로 세우고 싶지만, 아직 열다섯 살로 연소하니 네가 잠시 섭정한 후 나중에 그에게 친정을 하도록 하여라"라고 유언했다. 그런데 소심한 다이샨은 황위에 욕심이 많고 의지가 굳센 홍타이지가 두려워 그에게 양보하고 말았다. 그래서 《조선왕조실록》은 홍타이지가 도르곤에게서 '황위를 빼앗았다'라고 표현했다.

누르하치는 죽을 때 가장 총애하던 대비 우라나라씨를 순장하라는 유언을 남겼다. 이 유언은 건륭제 때 실록에서 삭제되었다. 누르하치는 젊은 여자가 황제(아들 도르곤) 곁에 있으면 권력을 남용할 수 있다는 걱정 때문에 그녀를 순장하라고 했는지 모른다. 물론 이것은 도르곤에게 큰 상처를 남겼다. 열두 살 때부터 누르하치를 섬긴 우라나라씨 아바하이는 순장되었을 때 불과 37세였다. 도르곤의 뇌리에는 항상 세상을 강제로 하직한 아름다운 어머니의 얼굴이 떠나지 않았다. 또, 대칸의 자리는 형 홍타이지의 것이 아니라 원래 자신의 것이었다는 사실도 알았을 것이다. 대청이 산해관을 넘어 중원을 차지하는 공적의 첫째 주인공 역시 도르곤 자신이었다. 그는 언제라도 어린 소년 황제를 갈아치울 권력도 있었다.

도르곤은 황제 자리를 어린 조카 푸린에게 넘긴 후 섭정왕이 되어 대권으로 가는 길을 착실히 다져 갔다. 이 과정에서 친형제라고 해서 봐주지 않았다. 숭덕 8년 10월, 형인 아지거를 도도의 정백기에 강제로 밀쳐

내고 자신이 직접 양백기鑲白旗를 다스렸다. 그런 후 아우인 도도의 정백기를 양백기로 고치고, 자신이 다스리던 양백기는 정백기로 고쳤다. 당시의 팔기 배열에 따르면, 정백기는 양백기보다 높은 위치였다. 정홍기와 함께 황제의 양황기兩黃旗 바로 밑이었다. 이렇게 도르곤은 자신이 다스리는 기의 지위를 높였다. 그로 인해 두 형제와의 사이가 소원해졌다. 아지거는 병을 핑계로 집 안에 칩거하고, 도도는 호오거와 사이가 가까워졌다.

당시에 도르곤의 대권을 가로막는 가장 큰 장애물은 또 한 명의 보정왕인 지르갈랑이었다. 물론 지르갈랑은 도르곤에 비해 지략과 재능이 떨어졌다. 홍타이지가 죽은 지 한 달쯤 지났을 때 지르갈랑은 아지거와 함께 영원성 공략을 위해 출정했다. 이 시기부터 도르곤은 군사에 관한 대사를 제멋대로 처리하기 시작했다. 조선인들은 이렇게 평했다.

"형법과 정치, 인사의 대소사는 구왕九王(도르곤)이 관장하고, 군사의 출병은 우진왕右眞王(지르갈랑)이 처리했다."

도르곤은 군대를 이끌고 산해관을 넘어 북경에 입성하는 기회를 틈타 권력을 독점하는 조치를 단행했다. 숭덕 8년(1643) 12월 15일, 지르갈랑과 도르곤은 섭정왕이 되었다. 연이어 버이서貝子 보뤄, 궁만다하이 외에 모든 제왕·버일러·버이서들은 6부의 일을 겸관하지 못하고 모두 상서尙書들이 직접 처리하라는 결정이 내려졌다. 도르곤이 직접 6부의 일을 관장한 것이다. 정사에 간여할 수 있는 기회가 줄어들면서 다른 제왕들은 권세가 약화되기 시작했다. 한 발 더 나아가, 도르곤은 도찰원都察院을 통해 제왕, 버일러, 버이서들을 감시하고 관리할 것임을 천명했다.

순치 원년(1644) 정월 10일, 지르갈랑은 스스로 한 발 물러나 도르곤보다 못한 위치에 있는 것에 만족을 표했다. 도르곤은 내삼원, 6부, 도찰원, 이번원理藩院 등의 관원들을 소집해 다음과 같이 선포했다.

"각 아문의 사무는 두 사람(도르곤과 지르갈랑)에게 우선 보고를 하고, 기록해야 할 사항이 있으면 예친왕(도르곤)에게 먼저 보고하여 허가를 얻도록 할 것이며, 만약 예친왕의 재가를 얻지 못하면 그 어떤 사무도 집행하지 못하도록 하라."

도르곤이 보정왕을 섭정왕으로 바꾸고, 6부의 모든 사무를 직접 관장하기로 한 것은 1인 치하를 향한 중요한 첫걸음이었다.

도르곤은 또 황가에 속하는 내삼원도 자신의 측근 기관으로 삼고자 했다. 홍타이지가 죽을 당시 내삼원 대학사는 정황기 만주인 시푸(내홍문원內弘文院), 양홍기鑲紅旗 한족 범문정(내비서원內秘書院), 정홍기 만주인 강린(내국사원內國史院) 등 세 명이었다. 뒷날 강린과 범문정은 각각 정황기와 양황기鑲黃旗에 배속되었다. 여기에다 원래 정황기에 속했던 시푸까지 더하면 내삼원 대학사들이 모두 양황기兩黃旗 소속이 된 것이다. 효장태후는 기주이자 가장의 신분으로 항상 그들과 접촉했다. 내삼원은 명실상부한 황가의 기관이었다. 순치 원년(1644), 대학사 시푸는 요·금·원 세 왕조의 역사를 만주어로 번역해야 한다고 상주했다. 효장태후와 순치제는 매우 기뻐하며 그 일을 크게 장려했다. 하지만 도르곤은 자신에게 상주하지 않았다는 불충죄를 덧씌워 시푸를 파면하고 재산을 몰수했다. 3대조(누르하치, 홍타이지, 순치제)의 원로 중신이 억울한 벌을 받은 것이다.

도르곤은 강린과 범문정도 자기편으로 끌어들이려 했다. 강린은 결국 도르곤의 심복이 되어 점차 그 위세가 대단해졌다. 그는 순치 4년(1647)에 1등품으로 진급하고, 다음 해에는 문신의 우두머리가 되었다. 11월에는 '바커스'(만주어로 문서 관리에 능통한 사람)라는 호를 하사받았다. 나중에는 아예 도르곤의 정백기로 기적을 옮겼다.

하지만 범문정은 항상 도르곤과 섞이기를 꺼리며 모든 일을 지르갈랑에게 보고하여 도르곤의 미움을 샀다. 한번은 도르곤이 강린과 범문정에게 청태조실록을 다시 쓰라는 명을 내린 적이 있는데, 범문정은 이 일의 경중을 잘 아는지라 병을 핑계 삼아 집 안에 칩거한 채 도르곤이 안배하는 모든 정무에 참가하지 않았다.

그러자 도르곤은 측근을 내삼원에 보내고, 순치 2년(1645) 2월에는 자신이 이끄는 정백기의 기인인 치충거祁充格에게 시푸를 대신하는 내홍문원 대학사 자리를 주었다. 치충거는 강린과 함께 내삼원을 통제했으며, 청태조실록을 수정할 때는 도르곤의 공적을 미화했다. 이리하여 내삼원이 사실상 도르곤의 손에 들어갔다.

도르곤은 6부도 기본적으로 이와 같이 처리했다. 가장 큰 관건은 이부를 장악하는 것이었다. 북경에 들어온 이후 그는 우선 이부상서에 궁아다이를 임명했다. 궁아다이는 순치제의 족숙이지만 홍타이지가 중병에 걸렸을 때 도르곤에게 투항한 자였다. 순치 4년, 정백기인 탄바이譚拜를 병부상서에, 양백기인 낭추郎球를 예부상서에 앉혀 도르곤은 6부를 장악했다.

순치 5년(1648) 7월, 6부에 한족 상서를 두기 시작했다. 도르곤은 대담하게도 자신에게 황제 등극을 주청한 진명하陳名夏를 중용했다. 아달례와 쉬퉈의 선례에 비추어 보면, 반역죄로 다스려야 마땅할 일이었으나 도르곤은 고발은커녕 도리어 진명하를 아꼈다. 도르곤은 서서히 중앙 권력의 중추인 내삼원과 6부를 장악하면서 대권에 대한 욕심을 본격적으로 드러냈다. 때가 되면 순치제에게 친정을 시키겠다는 마음도 점차 사라져 갔다.

호오거를 끝내 구하지 못하다

도르곤의 가장 강력한 경쟁자였던 보정왕 지르갈랑은 광서성을 공략해 60여 성을 빼앗고 위엄을 크게 떨쳤다. 지르갈랑의 양람기鑲藍旗는 항상 순치제에게 충성을 바쳤기 때문에 도르곤은 방심할 수가 없었다. 지르갈랑은 홍타이지가 죽은 후 의정회의에서 후계자를 뽑을 때도 호오거에게 투표했고, 결국에는 푸린이 등극하는 것에 동의한 인물이었다. 북경으로 천도하는 과정에서는 순치제와 효장태후를 보호하기 위해 원래의 팔기 행군 배열을 무시하고 자신의 양람기를 도르곤의 양백기보다 앞서열에 배치하기도 했다. 이렇게 미운털이 박힌 지르갈랑을 제거하기 위해 도르곤은 그에게 '호오거 옹립 기도'라는 죄명을 씌워 파면했다.

호오거로 말할 것 같으면, 그는 원래부터 도르곤에게 눈엣가시였다. 푸린이 큰형인 호오거의 누명을 벗겨 줄 때도 어쩔 수 없어 받아들인 것이다. 순치제가 호오거를 다시 숙친왕으로 복권시킨 순치 원년 10월, 청나라 군대는 두 갈래 길로 병력을 나누어 이자성의 대순 군대를 토벌했다. 도르곤은 호오거의 군대를 산동성에 보내 그 지방을 평정하고 양자강을 도강하는 청나라 군대를 호위하도록 했다. 호오거는 강북의 남명 정권 장수들인 고걸高傑, 허정국許定國 등을 공략해 임무를 훌륭하게 수행했다. 하지만 도르곤은 그 어떤 상도 내리지 않았다.

물론 북경에 입성한 이후로 청나라는 섬서성으로 도망간 이자성의 군대와 복왕 주유숭의 남명 정권을 토벌하느라 여념이 없었다. 또한 내부의 권력투쟁과 사천성 장헌충의 대서大西 농민 정권의 일까지 한시도 마음을 놓을 틈이 없었다. 명나라 말기, 농민봉기 지도자들 가운데 '노란 호랑이'로 불린 장헌충은 중국 역사상 가장 악랄한 대량 학살자였다. 1642년에 그는 양자강 하류의 안휘성 일대에서 사천성의 성도로 이동한 후 무자비한 공포정치를 시작했다. 점령하는 도시마다 무고한 양민들을 학살하고 재물을 노략질하고 지주들을 무참하게 살해했으며, 관료와 지식인들을 불문곡직하고 처형했다. 부하들의 반발도 용서치 않았다.

도르곤은 장헌충을 정벌할 기회를 측근인 허뤄후이에게 주었다. 당시 허뤄후이는 섬서성 서안에 주둔하고 있었다. 순치 2년(1645) 11월 20일, 도르곤은 허뤄후이를 정서대장군定西大將軍에 임명하고 구사어전 바옌巴顔, 이국한李國翰과 함께 출정하도록 명했다. 사천성과 섬서성 사이에는 수백 리에 걸쳐 펼쳐진 대파산大巴山이 턱 하니 버티고 있었다. 지형이 복잡해서 지키기는 쉬어도 공략하기에는 매우 까다로운 곳이었다. 담이 작은 허뤄후이는 그곳에 군사를 주둔시킨 채 형세만 관망하다 2개월을 허비하고 말았다. 섬서성 이자성의 잔당 세력도 뿌리를 뽑지 못했으니 사천의 장헌충을 정벌하는 것은 까마득했다. 이에 도르곤은 강골 정신이 있는 호오거를 보내 장헌충을 토벌하게 했다.

순치 3년(1646) 정월 21일, 도르곤은 호오거를 정원대장군靖遠大將軍에 임명하고 사천의 장헌충을 토벌하게 했다. 3월 초에 서안에 도착한 호오거는 곧바로 이자성의 잔여 세력을 소탕했다. 11월, 드디어 군대를 이끌고 사천성에 입성해 장헌충의 부하 장수인 유진충劉進忠의 투항을 받았다. 그런 다음 유진충의 인도 아래 보녕保寧을 거쳐 사천성의 남부에 도착했다. 호오거는 오보이를 선봉으로 내세워 곧바로 장헌충이 주둔하고 있는 서충西充을 공략했다. 다음 날 새벽, 하늘에는 누런 안개가 가득 찼다. 이를 틈타 청나라 군대는 아무런 대비도 하고 있지 않던 장헌충의 진지로 몰래 침입해 일시에 적들을 섬멸했다. 장헌충은 청나라 장수 아부란阿布蘭이 쏜 화살에 심장을 맞고 즉사했다. 청병은 이때 수만 급의 농민군 머리를 베고 대승을 거두었다. 이후 호오거는 사천성을 평정하고 순치 5년(1648) 2월에 북경으로 돌아왔다. 하지만 그는 순치제가 태화전에서 한 차례 연회를 베풀어 준 것 외에는 아무런 상도 받지 못했다.

도르곤은 순치 5년 3월 6일, 호오거에게 다시 죄를 뒤집어씌웠다. 죄명은, 사천성을 정벌한 지 2년이 지나도록 그곳을 안정시키지 못했다는 것이었다. 이때 효장태후가 선제의 큰아들을 살리고자 나섰다. 도르곤은 하는 수 없이 그를 죽이지는 못하고 감금했다.

도르곤에게 계속해서 핍박당한 호오거는 분노에 치를 떨었다. 그는 다시는 도르곤 앞에서 머리를 숙이지 않겠노라 맹세했다. 그러나 이듬해 3월, 호오거는 옥중에서 돌연 사망했다. 아직 40세의 팔팔한 나이였던 호오거는 도대체 어쩌다 죽었을까? 어떤 이는 도르곤에게 암살되었다고

하고, 도르곤이 간수를 사주해 호오거를 계속 모욕하도록 하여 그 분을 이기지 못하고 미곡을 끊고 죽었다고도 한다. 순치 6년(1649) 12월, 도르곤의 원비 대복진 박이제길특씨博爾濟吉特氏가 사망했다. 다음 해 정월, 도르곤은 호오거의 미망인인 보얼지진씨를 비로 맞이했다. 조카며느리를 비로 맞은 것이다.

도르곤은 호오거를 죽게 하고 그 비를 얻고 호오거의 정람기까지 수습해 일석삼조를 이루었다. 호오거가 유폐된 뒤 그의 정람기는 순치제에게 돌아갔어야 했지만, 도르곤은 자신의 동생인 도도에게 정람기의 기주 자리를 주었다. 이리하여 양백기兩白旗, 정람기 등 3기가 도르곤 형제의 수중에 들어갔다. 도르곤은 대청에서 군사적으로 가장 강력한 세력이 되었다. 도르곤이 정권 찬탈을 기도하려 한다고 사람들이 의심한 것도 무리가 아니다.

순치제는 호오거가 억울한 누명을 썼다는 사실을 알고 그를 동정했지만, 실제 권력을 갖지 못한 소년 천자는 그저 큰형이 죽는 것을 지켜보는 수밖에 없었다. 순치 8년(1651) 친정을 한 연후에야, 호오거의 누명을 벗겨 주고 원래대로 그를 숙친왕에 다시 봉하고 표창했다. 순치 13년(1656) 9월에는 호오거를 숙무친왕肅武親王에 봉하고 비석을 세워 그의 공적을 기렸다.

효장태후와 순치제를 떠받치는 튼튼한 버팀목은 양황기兩黃旗였다. 반면에 도르곤의 입장에서는 양황기야말로 야심의 실현을 가로막는 장애물이었다. 그래서 도르곤은 양황기 대신들을 자기편으로 끌어들이고자 몰래 양황기 대신들과 접촉했다. 그중에는 권세에 들러붙기를 좋아하는 자들도 있었지만, 황제를 보필하는 양황기의 반석은 흔들림이 없었다.

가장 먼저 도르곤에게 투항한 양황기 대신은 푸린의 족숙인 바이인투拜尹圖, 궁아다이, 시한 등 삼형제였다. 그들은 황제의 곁에 머물면서 몰래 황제의 일거수일투족을 도르곤에 밀고하는 첩자 노릇을 했다. 덕분에 그들의 관운은 형통했다. 정황기의 구사어전 탄타이도 도르곤의 밀정으로 활약하며 관직이 수직 상승해 이부상서까지 올랐다.

이들 세 명은 도르곤을 믿고 효장태후와 순치제를 경시했다. 한번은 순치제가 사냥을 나갈 때 일부러 황제를 험준한 산속의 작은 길로 유도해 어전 시위의 말이 실족하는 일까지 벌어졌다. 순치제는 하는 수 없이 걸어서 가야 했다. 그러자 이 세 명은 "아직 애송이 소년에 불과한 황제는 말 타기에 서툴러 이런 길로 걸어가는 수밖에 없지." 하며 비웃었다. 순치 6년(1649) 4월 17일에는 효단태후孝端太后 저저가 서거하여 다음 해 2월 성경의 소릉昭陵에 합장되었다. 이때 궁아다이와 시한은 공사가 다망하다는 핑계를 대고 제사에도 참가하지 않았다.

도르곤은 쒼니, 도뢰, 오보이 등 양황기 대신들과 접촉하며 그들의 지위를 높여 주었다. 하지만 효장태후에 대한 그들의 충정에는 변함이 없었다. 도르곤의 형 아지거가 순치제를 "여덟 살 먹은 어린 놈"이라고 욕하자, 쒀니는 도르곤에게 황제를 능욕한 아지거를 처벌해야 한다고 주청했다. 또, 탄타이가 도르곤의 공적을 내리깎는다고 밀고하여 쒀니가 파면당한 일도 있었다.

도뢰는 청나라 개국공신으로 전투에서 여러 차례 큰 공을 세웠다. 순치 2년에는 도도와 함께 남명 정권을 무너뜨렸다. 도르곤의 야심이 커지는 것을 감지한 그는, 순치 2년 10월 상서를 올려 "선제의 은덕을 입은 이들은 목숨을 걸고 황제를 지켜야 한다"고 맹세했다. 이 상서는 도뢰뿐 아니라 양황기 대신들의 결의이기도 했다.

그러나 도르곤은 점점 더 노골적으로 야심을 드러냈다. 순치 3년(1646) 5월, 도르곤은 효장태후와 순치제의 병권을 빼앗고 대내의 신부信符(조정의 병조에서 내어 주던 나무 문표)를 섭정왕부에 모아 두었다. 다음 해 12월에는 "몸에 풍환이 들어 무릎을 굽힐 수가 없다"며 황제에게 배알하는 예를 그만두었다. 급기야 대략 순치 4년에서 5년 3월 사이에 도르곤은 공개적으로 자신을 황제로 칭하고, 순치제를 태자로 삼아야 한다는 방안을 만천하에 공포했다. 그러면서 홍타이지가 자신의 황위를 '빼앗지 않았다면' 천하는 원래 자신의 것이었다고 주장했다. 중국 대륙을 정벌한 것도 자신의 공로가 컸고 그 덕분에 순치제가 천자의 지위를 누리게 됐지만, 이제는 자신이 직접 황제 자리에 올라야 한다고 효장태후에게 주청했다. 하지만 양황기 대신들이 극렬하게 반대하여 그 꿈을 이루지 못했다.

도르곤은 쒀니, 도뢰, 오보이 등 양황기 대신들에게 '숙친왕 호오거를 옹립하려 했다'는 죄목을 씌워 그들을 체포하려고 했다. 하지만 효장태후의 반대로 이 또한 물거품이 되었다. 그러자 도르곤은 그들을 구슬려 달래는 방안을 강구했다.

쒜니와 오보이는 양황기의 골간으로 효장태후의 최측근들이었다. 궁정 쿠데타의 광풍이 몰아치는 가운데서도 그들은 항상 효장태후 곁에서 튼튼한 버팀목이 되어 주었다. 순치 5년에 쒜니를 파면했던 도르곤은 그를 다시 기용했다. 그리고 측근들에게 "쒜니는 비록 나의 수하가 아니지만, 대사를 논하기에는 그만 한 인재가 없다"고 말했다. 그러자 궁아다이, 시한 등이 도르곤의 의도를 파악하고 쒜니와 오보이에게 달려가 "만약에 도르곤의 편이 되면 앞날이 보장된다"면서 그들을 구슬렸다. 하지만 오보이와 쒜니는 추호의 흔들림도 없이 자신들의 생사여탈권은 기주이신 효장태후의 손에 달렸다며 이를 단호히 거절했다.

순치 7년(1650) 7월 10일, 도르곤이 섭정왕부에서 병으로 드러누웠지만 순치제는 문병을 가지 않았다. 그러자 도르곤의 측근들이 사람을 보내어 순치제로 하여금 문병을 오게 해야 한다고 주장했다. 이때 정황기 몽골 후군 참령인 카란투喀蘭圖가 때마침 북경으로 돌아와, 직접 호위 군사들을 이끌고 와 순치제를 호위했다. 도르곤도 "양황기 대신들과 호위대들이야말로 충신"이라고 말하지 않을 수 없었다.

도르곤이 객사하다

스스로 황위에 오르고 푸린을 태자로 강등시키려 한 계획이 저지되자, 도르곤은 전술을 바꾸어 우선 '황부皇父'를 칭하기로 했다. 순치 5년 (1648) 10월 11일, 예친왕 다이샨이 죽었다. 다이샨은 대청의 개국 원로로 덕망이 높고 강직하여 아첨하지 않는 인물이었다. 도르곤으로서는 최중 량급의 경쟁자가 사라진 격이었다.

그 후 채 한 달이 지나지 않은 11월 8일, 도르곤은 스스로 '황부섭정왕' 을 칭했다. 실록에 따르면, 황제가 도르곤을 황부섭정왕에 봉하고 대신 회의에서 통과시킨 것으로 되어 있다. 하지만 정친왕 지르갈랑은 "도르 곤이 오만해져 스스로 황부섭정왕이라고 칭했다"고 말했다. 이리하여 도 르곤을 사열하는 의장, 음악, 호위대가 본분을 벗어나고 규범을 이탈했 다. 효장태후와 순치제는 도르곤을 '황부'섭정왕으로 부를지 말지 하는 결정을 유보했다. 순치 7년(1650) 초, 푸린은 조선 국왕에게 보낸 조서에 서 도르곤을 '황숙부皇叔父' 섭정왕으로 불렀다. 하지만 도르곤의 사신은 조서에서 '황부'섭정왕이라고 칭했다.

황부는 황제의 존경을 나타내는 칭호로 태상황太上皇에 가깝다. 황부 섭정왕은 황제라는 말만 없을 뿐이지 실제로는 황제나 다름없었다. 어린 순치제는 허수아비에 불과했던 것이다. 국내외에서는 이러한 움직임을 예민하게 주시했다. 당시 조선의 군신들이 이에 대해 대화를 나눈 기록 이 있다. 조선 국왕 인조가 물었다.

"청나라 공문에 '황부'섭정왕이라는 게 있는데 도대체 어찌된 조치인가?"

대신 이자점李子點이 대답했다.

"신이 사신에게 물었거늘, 그가 대답하기를 '숙叔' 자를 떼어 내고 청나 라 조정의 일은 모두 도르곤이 황제처럼 처리를 한다고 말했습니다."

대신 정태화鄭太和가 이어서 말했다.

"칙서에는 이러한 말이 없사온대, 황부라 함은 태상황을 이르는 것으로 사료되옵니다."

그러자 인조는 "청나라에는 두 명의 황제가 있나 보군." 하고 결론을 내렸다.

독일인 웨이터가 저술한《아담 샬 전기》에도 도르곤이 '황부'라고 칭한 전후 사정이 서술되어 있다.

"만주족이 북경에 입성한 후, 최초 6년간은 섭정왕 도르곤이 중국의 실질적인 통치자였다. 하지만 순치제의 명의는 엄격하게 지켜지고 모든 상주서는 황제에게 직접 전달되는 과정을 밟았으며, 표창에 대한 허가와 상주서 처리, 조서 반포는 모두 황제의 명의로 행해졌다."

"도르곤은 섭정왕 시기에 자신이 대청의 황제라고 생각하여 자신만의 화려한 궁전을 짓고 황제의 복장을 입었으며, 자칭 '황부'와 '국부國父'라 칭했다. 게다가 자신의 명의로 조서를 내렸다. 어린 천자는 생명의 위협을 느끼고 … 만주의 중국 통치가 이미 위험한 시기에 접어들었다."

외국인의 눈에도 분명하게 보였듯, 도르곤은 황부섭정왕을 칭하기 전에는 순치제에게 형식상 군신의 예를 지켰다. 그러나 황부섭정왕을 칭한 다음부터는 착란적인 변화가 일어나 황제를 구석으로 밀쳐 내고 자신의 명의 아래 조서를 내리며 황제가 되고 싶어 했다. 이러한 도르곤의 전횡은 순치제에게 깊은 인상을 남겼다. 순치 12년 그는 대신들에게 이렇게 말했다.

"섭정왕 도르곤은 짐과 함께 조상들에게 제사만 같이 지냈을 뿐, 천하의 국가 대사는 그 혼자 처리하며 짐을 향해 황상 폐하라고 부르지도 않았다."

도르곤의 최종 목적은 정식으로 황제의 옥좌에 앉는 것이었다. 도르곤이 갑자기 죽었을 때 정백기 대신 쑤커싸하蘇克薩哈가 내린 지시로 미루어 짐작하건대 도르곤은 이미 황제의 복식까지 마련해 둔 상태였다. 쑤커싸하는 도르곤을 모시던 시녀를 순장하기 전에 시종 5명을 불러 이렇게 명령했다.

"황부섭정왕께서 이미 황포黃袍, 대동주大東珠, 소주素珠, 흑호괘黑狐褂 등을 준비하셨으니 이것들을 몰래 관 속에 넣어라."

사실이 그러했다. 도르곤은 죽을 때까지 황제가 되는 꿈을 버리지 않았던 것이다.

그러나 양백기兩白旗를 거느린 도르곤에게는 큰 약점이 있었으니, 도르곤 본인 외에는 핵심도 후계자도 없었다는 것이다. 같은 어머니에게 태어난 동생 도도는 유일하게 신임할 수 있는 측근이었지만, 그와는 응어리가 있었고 게다가 순치 6년 3월에 도르곤보다 먼저 죽고 말았다. 같은 어머니에게서 태어난 형 아지거는 용감했지만 지략이 부족해 크게 중용할 수가 없었다.

두 번째 약점은, 양백기에는 양황기兩黃旗와 같은 응집력이 부족했다는 점이다. 양백기의 대부분과 정백기의 일부는 호오거의 정람기에서 빼앗아 온 이들로, 원래 주인인 호오거가 억울한 죽음을 당하자 정람기 기인들은 새로운 주인인 도르곤에게 진심으로 충성을 바치지 않았다.

반면에 양황기는 인력과 물자가 풍부했을 뿐만 아니라 효장태후, 순치제와 이해관계가 맞아떨어지고 명운을 함께하여 서로 크게 의지하며 강철 같은 응집력을 과시했다. 이 응집력이 도르곤을 막는 가장 큰 힘이었다. 몇 사람의 양황기 대신쯤 떨어져 나간다 해도 근본이 흔들릴 양황기가 아니었다. 만약 도르곤의 양백기와 효장태후의 양황기가 전면전에 돌입했다면 본래 황실 쪽이던 양람기와 정홍기도 분명 도르곤의 적이 되어 효장태후를 지지했을 것이다.

효장태후의 뒤에는 친정인 호르친 몽골도 버티고 있었다. 청나라는 산해관을 넘은 뒤로 호르친 등 몽골 부락들과 항상 좋은 관계를 유지하고 있었다. 만주족과 몽골족을 연결해 주는 교량은 역시 효장태후였다. 청나라가 남정과 서정을 하며 중원을 통일할 때 그 넓은 전선을 도모할 수 있었던 것은 몽골 덕분이었다. 만주 팔기의 전투력이 아무리 강하다고 해도 병사 수는 한정되어 있었다. 호르친 등 몽골 각 부락이 적극적으로 참전하고 막대한 지원을 해 준 덕에 청나라는 좀 더 쉽게 강역을 넓힐 수 있었다. 더 나아가, 할하 몽골(북몽골)까지 정벌하여 북방의 국경을 안정시킬 수 있었다. 바로 이 때문에 도르곤은 효장태후와 순치제를 무시할 수 없었다. 청대 역사가 위원魏源은 《성무기聖武記》에서 "호르친 몽골부는 대대손손 청나라 황실에 충성을 바치고 조정을 보좌하며 청나라와 운명을 같이했다"고 했다. 효단문황후 저저, 효장태후 부무부타이, 효혜장황후孝惠章皇后(순치황후) 등이 모두 호르친 몽골족으로 황실의 외척이야말로 청나라의 든든한 후원자들이었다. 만주족의 중원 정벌은 만몽 합작품이었던 셈이다.

쑤커싸하 등은 도르곤이 임종하기 전에 영평부에 성을 쌓아 양백기를 이주시킬 계획이었다고 폭로했다. 실제로 청나라는 나중에 도르곤의 죄를 추궁할 때 이를 반역의 주요 증거로 삼았다. 《아담 샬 전기》 역시 "도르곤이 순치제를 영평부에 유폐시키고 자신은 북경에서 등극하려고 했다"고 기록하고 있다.

하지만 그것은 근본적으로 불가능한 계획이었다. 어린 황제를 유폐시키고 새로운 황제로 등극하는 것은 그야말로 궁정 쿠데타, 즉 모반이다. 만약 모반이 일어났다면 분명히 양황기가 반대했을 것이고, 이는 내전으로 번져 청나라 자체가 내부 균열로 무너졌을 것이다. 그래서 학자들은 도르곤이 영평부에 만든 것은 일종의 '퇴로'였을 것이라고 결론 짓고 있다. 순치제가 친정하기 시작하면, 도르곤은 영평부로 물러나 그곳에 자기만의 작은 나라를 세워 천수를 누릴 작정이었다는 것이다. 만약 그가 황제의 꿈을 버리지 않았다면 북경에 계속 머물러 있지, 궁핍한 영평부로 갈 이유가 없지 않은가?

실제로 진명하 등이 도르곤에게 황제로 등극하라고 권하자, 도르곤은 가법家法에 따라야 한다고 말한 적이 있다. 여기서 가법이란 누르하치가 정한 '팔가공치八家共治(팔기 공화제)'이다. 황제는 반드시 팔기의 제왕들이 추천하는 인물로 정해야 하는데, 순치제는 바로 제왕 대신회의에서 팔기 기주들의 공의, 즉 '다수결'로 추천되어 황제에 올랐다. 이런 가법을 어기고 도르곤이 황제에 오르면 그것은 모반이나 다름 없다. 그래서 도르곤은 그날을 기다리며 팔기 안에 자신의 측근을 계속해서 넓혔던 것이다.

그런데 밤낮으로 격무에 시달리던 도르곤의 건강이 날로 악화되었다. 순치 7년(1650) 11월 3일, 도르곤은 사냥을 나갔다가 낙마하여 무릎을 다쳤다. 그리고 돌연 병이 깊어져서 하는 수 없이 카라호툰喀喇 성(지금의 하북성 승덕시承德市 난평현灤平縣)에 머물렀다. 12월 9일 밤 8시경, 도르곤은 향년 39세의 나이로 객사하고 말았다.

나무는 고요하고 싶은데 바람 잘 날이 없다던가. 도르곤은 임종하기 직전에 아지거와 밀담을 나누었다. 무슨 밀담이었는지는 알 수가 없으나, 아지거는 곧바로 300기병을 바람처럼 빠르게 북경 성내로 보냈다. 무장 쿠데타의 전운이 감돌았다. 하지만 도르곤의 측근인 내국사원 대학사 강린이 이 소식을 접하고 곧바로 말에 올라 하룻밤 새에 700여 리를 달려, 자금성에 먼저 도착해 보고를 올렸다. 그리하여 북경의 구문이 모두 닫히고 효장태후는 대비를 철저하게 했다. 아지거의 300기병은 북경에 도착하자마자 주살되었다. 대략 12월 10일부터 12일, 즉 3일간에 벌어진 일이다.

청나라 궁정은 효장태후를 중심으로 똘똘 뭉쳐 도르곤의 장례를 후하게 치를 준비를 했다. 13일에 정식으로 도르곤의 죽음을 천하에 알리고, 신하들과 북경 백성들에게 소복을 입도록 조서를 내렸다. 4일이 지난 17일, 도르곤의 영구가 북경에 도착했다. 영구를 이끌고 온 아지거는 곧바로 체포되었다.

푸린이 모든 친왕과 버일러, 문무백관을 이끌고 동직문東直門 5리 밖에까지 나와 도르곤의 영구를 맞이했다. 12월 20일, 푸린이 애조를 표하는 조서를 내리고 도르곤의 공적을 높이 평가했다. 12월 26일, 도르곤을 '무덕수도광업정공안민입정성경의황제懋德修道廣業定功安民立政誠敬義皇帝'로 추존하고 묘호를 '성종成宗'라 했다. 도르곤 부부의 위패도 태묘에 함께 모셨다. 이러한 모든 일이 '청나라의 내분을 막고자 한' 효장태후의 안배 아래 이루어졌다. 효장태후는 양황기와 양백기가 전면전을 치르면, 그것이 곧 대청제국의 몰락임을 누구보다 잘 알고 있었던 것이다.

9장

도르곤과
효장태후의
결혼 미스터리

순치 5년(1648) 11월, 도르곤은 황숙
섭정왕에서 황부섭정왕에 올랐다. 이것이 바로 '태후하가설太后下嫁說(효
장태후가 시동생 도르곤에게 시집가다)'이라는 청나라 최대의 미스터리를
낳은 의문의 빌미였다. 섭정왕이 '황부皇父'에 오른 선례는 중국 역사상
전례가 없는 일이었다.

 황부섭정왕이라는 수수께끼

하지만 한때 민간에서는 태후하가설이 끊임없이 고개를 들고 일어나

고, 소문이 꼬리에 꼬리를 물고 사람들의 입방아에 오르내렸다. 저잣거리의 뭇 백성들은 황'부'에서 황'모'皇母를 연상해, 황'부'인 섭정왕 도르곤과 황'모'인 효장태후가 틀림없이 결혼했을 것이라고 추측했다.

맹삼孟森 선생은《태후하가고실太后下嫁考實》에서 이러한 정황을 묘사한 바 있다.

"청세조(순치제)는 비록 조정의 대사에 감히 이러쿵저러쿵 간섭을 하지 못했지만, 청세조의 태후(효장태후)는 도르곤에게 시집을 갔다. 방방골골의 갑남을녀들이 이 전설을 말하기 좋아했지만, 감히 공개적으로는 터놓고 이러쿵저러쿵할 수가 없었다. 태후하가에 대한 공식 문서도 없었다."

맹삼 선생의 생각은 이렇다. 황부라고 하는 명칭은 고대의 '상부尙父'(임금이 특별한 대우를 하기 위해 신하에게 내린 칭호)나 '중부仲父'의 예처럼, 황제가 신하를 부르는 존칭이므로 태후하가의 근거가 될 수 없다. 가령 주나라 문왕文王이 여망呂望(강자아薑子牙, 즉 강태공)을 상부로 부른 것은 아버지처럼 그를 떠받든다는 의미였다. 제환공齊桓公이 관중管仲을 중부로 부른 까닭도 이와 같은 이치였다. 진시황은 여불위를 상국相國(재상)으로 삼고 중부라 부르며 그를 아버지처럼 떠받들었다. 요컨대 상부, 중부라는 칭호는 진짜 친아버지가 아니라 모두 국군國君(임금)이 특별히 공로가 큰 신하를 부르는 존칭이었다. 도르곤를 황부라 부른 것도 이와 같은 예다.

맹삼 선생 후에, 정천정鄭天挺 선생도《도르곤이 황부로 칭해진 유래多兒袞稱皇父之由來》에서 이 문제를 깊고 예리하게 논술한 바 있다. 원래 친속親屬 칭호를 작위 칭호와 함께 불러 존경을 표하는 게 만주족의 습관이었다. 이때의 친속 칭호는 존숭, 대우, 지위를 부여하는 의미다. 흔히 친속 칭호는 서로 다르다. 예컨대 이렇다.

순치 원년 10월 10일, 푸린은 예친왕 도르곤을 '숙부섭정왕'에 봉하고 13일에는 정친왕 지르갈랑을 '신의섭정숙왕信義攝政叔王'에 봉했다. 많은 백부와 숙부 중에서 두 사람을 '숙부왕'과 '숙왕'에 봉한 것은 두 사람이 섭정을 하고 있었기 때문이다. 이미 친왕에 봉한 것은 아주 오래전의 일이었다. 두 사람을 구별해 각각 숙부왕과 숙왕에 봉한 까닭은 도르곤이 산해관을 뚫고 중원을 정벌한 공이 너무나 컸기 때문이다. '숙부왕'과 '숙왕'은 작위 칭호로 보통의 가족 관계 칭호와는 다르다. 순치 4년 7월 2일, 예친왕豫親王 도도도 숙왕으로 봉해졌다. 푸린은 책문에서 "중원을 평정하면서 세운 공이 탁월하니 (도도를) 보정숙덕예친왕輔政叔德豫親王에 봉한다"고 했다. 숙왕이 '작위' 칭호라는 것을 증명한다. 친왕이 공이 세우면 진급을 하는 예이기도 하다.

순치 원년, 제왕·버일러·버이서들에게 대우에 따라 봉록을 내려 주었다. 숙부섭정왕은 3만 냥(은, 이하 이와 같음), 보정숙왕은 1만 5천 냥, 친왕은 1만 냥이었다. 호위 군사의 수도 정해 주었다. 숙부섭정왕은 30명, 보정숙왕은 23명, 친왕은 20명이었다.

도도가 순치 6년에 죽은 후 영친왕 아지거가 스스로 '숙왕'이라고 칭했다. 아지거는 혈연관계의 멀고 가까움 때문에 자신을 숙왕으로 부른 것이다. 아지거의 사자가 도르곤에게 물었다.

"정친왕(지르갈랑)은 숙부(누르하치의 동생 슈르가치)의 아들이고, 나(아지거)는 태조(누르하치)의 아들이자 황상의 숙부인데, 나를 숙왕으로 삼지 않고 정친왕 지르갈랑만 '숙왕'으로 삼다니요?"

그러자 도르곤이 대답했다.

" '숙왕'은 원래 친왕이고, 형(아지거)은 원래 '군왕郡王(친왕의 다음)'이었습니다. … 정친왕은 비록 숙부의 아들이지만, 원래부터 친왕 계열입니다. 형이 분수를 떠나 스스로를 '숙왕'이라고 칭하는 것은 이치에 맞지 않습니다."

도르곤의 말은 작위 칭호인 숙왕과 가족 내의 가깝고 먼 친속 관계와는 상관이 없다는 것을 보여 준다.

이상의 예들로 청나라 초기 숙부왕, 숙왕은 친왕 이상의 '작위'를 뜻하는 개념이었음을 알 수 있다. 숙부왕이 특히 존귀했다. 연령이나 혈연, 친소에 근거하지 않고 친왕 중에서 세운 공이 커야만 이러한 칭호의 작위에 봉해졌다. 일반적인 가족이나 친족의 칭호가 아니었던 것이다. 숙왕은 황부의 뜻을 내포하고 있다.

다시 만주족의 언어 습관을 고찰해 보자.

만주어에서 '황부섭정왕'을 중국어로 옮기면 '칸汗(황제)의 부왕父王'이다. 사실 '황부섭정왕'은 만주어에서도 원래 부왕을 뜻한다. 옛 만주어를 중국어로 번역하면 '칸의 숙부 부왕'이다. 푸린은 황숙부를 칭할 때 이미 도르곤에게 부왕이라고 불렀음을 알 수 있다. 한족은 부친이 아닌 이에게 부왕이라고 하는 것을 듣고 놀라지 않을 수 없었을 것이다. 하지만 '황제의 숙부 부왕'이라고 하든 '황제의 부왕'이라고 하든지 간에, 만주족은 만주의 옛 습관에 따라 존경하는 이에게 '부父'라고 부른 것뿐이다. 이는 아마도 금나라, 원나라의 옛 풍속일 것이다. 또한 황부를 '상부', '중부'라고 하는 것은 만주족의 전통 풍습이 아니다.

원래의 '황숙부섭정왕'을 '황부섭정왕'이라고 고친 것은 섭정왕 도르곤의 지위를 다시 한 번 높게 존숭한 것이나 진배없는 것이다. 하지만 제도적으로 '황부섭정왕'의 지위는 여전히 황제 아래였다. 이것은 가경제嘉慶帝 초년, 건륭제를 태상황太上皇(선위禪位했지만 생존한 황제에 대한 존칭)이라고 한 것과는 다르다. 건륭제는 아들인 가경제에게 절대 두 마음을 갖지 않았다. 하지만 도르곤은 조카인 순치제에게 그렇지 않았다.

효장태후가 도르곤에게 시집가다

효장태후가 어린 황제인 순치제의 보위를 유지하기 위해 시동생인 섭정왕 도르곤에게 시집을 갔다. 청나라 역사상 가장 흥미로운 미스터리인 '태후하가설太后下嫁說'이다. 황부섭정왕 도르곤과 효장태후는 모두 북경에 살았지만, 가장 이른 '태후하가설'은 이곳에서 나온 게 아니다. 북경에서 천 리나 떨어진 중국의 동남지방에서 가장 먼저 싹이 텄다. 반청 투쟁을 전개하던 장황언張煌言(1620~1664)이 지은 시〈건이궁사建夷宮詞〉가 태후하가설을 대표하는 최초의 작품이다.

장황언은 한족으로 남명 정권의 병부상서이자 장수 그리고 시인이었다. 자는 현저玄著, 호는 창수蒼水이며 절강성浙江省 영파寧波 사람이다. 남경의 남명 정권이 몰락하자 전숙락錢肅樂 등과 함께 거병하여 노왕魯王 주이해朱以海를 새로운 황제로 옹립하고 반청운동을 벌였다. 그는 대만의 정성공鄭成功과 연락을 취하며 안휘성에서 20여 개의 성을 사수하고 20여

년 동안 반청운동을 전개했다. 강희 원년(1662), 남명 정권의 마지막 왕인 영력제永歷帝 정권이 망하자 1644년 잔여 부대를 해산시키고 현오도縣嶴島(지금의 절강성 상산현象山縣 남쪽)에 은거했다. 그 후 얼마 지나지 않아 청나라 군에게 포로로 잡혀 항주杭州에서 살해되었다.

장황언의 시가 세상에 알려진 것은 순치 6년(1649), 도르곤이 황부로 칭해진 지 1년이 되기 전이었다. 비록 거리는 멀지만 시는 백성들의 입을 통해 천 리를 달렸다. 반만항청反滿抗淸의 정치적 운동과 깊은 관계가 있었기 때문이다. 시를 지은 목적은 청나라 통치자들의 추잡함을 알리는 데 있었다. 장황언의《장창수집張蒼水集》에 실려 있는〈건이궁사〉10수 중에서 7수가 바로 '태후하가설'을 폭로하는 내용이다.

축하의 술잔을 올리니,
성혼을 치르는 자녕궁이 떠들썩하였네.
춘관春官(예부의 관리)은 어제 새 의주儀注(식순을 적은 문서)를 올리고,
대례로 태후의 혼례를 공손히 치르었네.

上壽觴爲合巹樽, 慈寧宮裏爛盈門.

春官昨進新儀注, 大禮躬逢太后婚.

상觴은 술잔이고 준樽은 술을 따르는 도구인데, 여기서는 '술잔'을 의미한다. '합근合巹'은 옛날에 남녀가 혼인하는 일종의 예식이다. '상수상위합근준上壽觴爲合巹樽'은 친지들이 결혼 잔치를 하며 축하주인 성혼주를 함께 마셨다는 것이다. 그런데 행간 속에 풍자의 날이 서 있었다.

자녕궁慈寧宮은 효장태후가 거주하던 궁전이다. '자녕궁리란잉문慈寧宮裏爛盈門'이라는 구절은 태후가 결혼할 때 초롱을 달고 휘황찬란한 오색 천으로 장식한 자녕궁의 안팎이 흥겹고도 즐거운 분위기로 충만했다는 의미다. '춘관春官'은 《주례周禮》 육관六官의 하나로, 전례典禮를 맡았다. 당 나라 무측천 때 한 번 예부를 춘관으로 바꾼 적이 있지만 그 후엔 춘관을 예부로 통칭했다. '의주儀注'는 예의 제도로 전례를 진행하는 식순이다. '춘관작진신의주春官昨進新儀注'란 예부에서 결혼식을 식순에 따라 올렸다 는 의미다. '태후하가 의주'를 쓴 사람은 예부상서 전겸익錢謙益이었다. 장 황언은 전겸익이 효장태후의 결혼식에 참가해 대례를 주재했다고 했다. 청나라에 투항한 전겸익에 대한 미움이 담겨 있다. 마지막으로 '대례궁 봉태후혼大禮躬逢太后婚'은 효장태후가 도르곤에게 시집갔다는 것을 폭로 한 주제구이다.

〈건이궁사〉 8수를 보자.

> 액정掖庭(정전 옆에 있는 궁전)에서 연지閼氏를 책봉하니,
> 묘하도다. 과부(효장태후)가 어머니가 되고
> 후비(효장태후)의 베개 밑 꿈은 운우지정으로 돌아오네.
> 어찌 하자蝦子는 용아龍兒가 되려는가?
>
> 掖庭猶說冊閼氏, 妙選媚圍作母儀.
>
> 椒寢夢回雲雨散, 錯將蝦子作龍兒.

'연지閼氏'는 한나라 시대 흉노 왕의 정실부인을 일컫는다. '하蝦'는 만주

어로 시위侍衛를 뜻한다. 도르곤은 아들이 없어, 조카 도르보多兒博(도도의 친아들)를 양자로 삼았다. 도르곤의 친동생 도도는 당시에 영시위 내대신領侍衛內大臣(정일품)의 직위를 겸하였는데, '하자蝦子', 즉 '시위의 아들'은 도도의 친아들이자, 도르곤의 양아들 도르보를 가리킨다. 이 8수는 도르곤이 효장태후와 결혼했기 때문에 아들 순치제가 바로 용아龍兒(황태자)이므로 굳이 도도의 아들을 양아들로 둘 필요가 없다는 비아냥의 의미가 담겨 있다.

〈건이궁사〉는 금서가 되었다가 청나라가 기울던 20세기 초, 곧 청말민초에 다시 유행하며 장황언의《창수시집》이 출간되었다. 특히 민주혁명이 뜨거워지고 멸만흥한의 기치가 드높던 시절에 태후하가를 풍자한 〈건이궁사〉는 문학적으로 청나라 조정 통치자들의 문란한 패륜 행위를 알리는 데 이바지했다. 하여튼 〈건이궁사〉가 역사적 사실에 부합한다면, 효장태후는 죽은 남편(홍타이지)의 동생, 즉 시동생 도르곤과 재혼한 셈이다. 물론 남방에서 반청운동을 벌이고 있던 장황언은 만주 야만의 풍습을 널리 알리고자 이러한 시를 지었을 것이다. 한 마디로, 장황언의 시는 정치적 색채가 농후한 대청 투쟁의 산물이었다. 하지만 문학이 역사가 될 수는 없다.

물론 태후하가 같은 풍습은 변경 유목민에게는 흔한 일이었다. 경제가 발달하지 못하고 생산력이 떨어질수록 윤리 도덕이나 혼인 풍습은 원시사회와 가까워진다. 원시사회는 군혼제였다. 초기의 몽골, 만주 사회가 그랬다. 초원은 넓고 사람은 드물었다. 며칠에 걸쳐 수백 리를 가도 초원에 사람의 그림자조차 찾아볼 수 없었다. 눈보라가 치는 엄혹한 추위, 맹렬하게 태양이 이글거리는 건조한 사막 그리고 맹수들이 빈번히 출몰하는 냉혹한 자연환경에서는 사람들끼리 서로 돕는 게 가장 중요한 생존 방식이었다. 이런 환경 아래에서 남녀칠세부동석이니 정조 관념이니 하는 것은 공허한 이야기일 뿐이다.

아버지가 죽으면 생모를 제외하고 아버지의 처첩을 자신의 처첩으로 삼거나, 형이 죽으면 형수를 아내로 맞이하는 것이 관례였다. 이것은 북방의 씨족사회로부터 내려온 혼인 풍속이었다. 자주 이동해야 하는 북방의 유목민에게 남편을 잃은 여성은 당장 새 남편의 보호 아래 들어가지 않으면 삶을 연명하기가 힘들었다. 물론 한족처럼 정착해서 농경문화를 이룬 민족에게는 이러한 유목민의 혼인 풍속이 공맹孔孟의 윤리를 저버린 패륜으로 보였을 것이다. 하지만 유목민의 입장에서는 당연하면서도 절실한 생존 방식이었다.

왕소군은 전한前漢의 원제元帝(기원전 49~기원전 33)가 날로 강성해지는 흉노에 대한 화친 정책의 일환으로 시집보낸 중국 4대 미녀 중 한 명이다. 원래 양갓집 규수였던 그녀는 원제의 후궁이었으나, 황제의 사랑을 받지 못하다가 기원전 33년 한원제의 명령으로 흉노의 호한야 선우單於(흉노왕)에게 시집가서 연지가 되었다.

후한의 유흠劉歆이 지은《서경잡기西京雜記》에는 왕소군에 관한 재미있는 이야기가 실려 있다. 당시 대부분의 후궁들이 궁중 화가인 모연수毛延壽에게 뇌물을 바치고 아름다운 초상화를 그리게 하여 황제의 총애를 구했다. 그러나 강직한 왕소군은 뇌물을 바치지 않았다. 당연히 그녀의 초상화는 추하게 그려졌으며, 그런 까닭으로 오랑캐의 아내로 뽑히게 되었

다. 왕소군이 말을 타고 흉노로 떠날 즈음에서야, 한원제가 그녀의 아리
따운 얼굴을 처음 보았다. 절세의 미인이 따로 없었다. 한원제는 크게 후
회했으나 이미 엎질러진 물. 원제는 크게 노하여 왕소군을 추하게 그린
화공 모연수를 참형에 처했다.

결국 흉노 왕비에 오른 왕소군은 아들 하나를 낳았으며, 호한야가 죽
자 호한야의 본처 아들인 복주루 선우에게 재가하여 두 딸을 낳았다. 당
시에 왕소군은 한성제漢成帝에게 재가에 대한 가부를 물었다고 한다. 그
러자 한나라는 흉노에게 출가했으니 그곳의 풍습을 따르라고 회신했다.

삼낭자三娘子(1550~1612)는 효장태후처럼 막남 몽골(내몽골) 여자였다.
역사서는 그녀를 '중진하툰鐘金哈屯'라고 부른다. 그녀는 명나라 시기, 내
몽골 서부 웨이라터치라구터부衛拉特寄喇古特部의 수령 저항아하哲恒阿哈의
여식이었다. 원래 그녀는 막남 몽골 서부를 장악하고 있던 안다칸俺答汗
의 손자 바한나지巴漢那吉와 혼약을 맺은 사이였다. 그런데 안다칸이 중
진하툰의 미모에 반해 그녀를 취하고 수많은 처첩들 중에서 가장 총애했
다. 중진하툰은 수려한 용모에 재능이 뛰어나고, 기개가 드높아 작은 일
에 얽매이지 않는 여장부였다. 안다칸은 재위 시기에 막남 몽골 서부를
통치하면서 명나라와 우호 관계를 맺고 명나라 정부에 해마다 마시馬市
(말 시장)를 열어 달라고 부탁했다. 명나라 융경隆慶 5년(1571), 명나라는
드디어 안다칸과 협의해 마시를 열며 안다칸을 순의왕順義王에 봉하고 금
인金印을 내렸다.

삼낭자는 마시에서 말 무역을 하며 선주宣州 장가구張家口에서 선주 순
무와도 내왕했다. 안다칸은 쿠쿠허툰庫庫河屯(지금의 내몽골 후허하오터呼和

浩特)을 넓혀 그곳을 '삼낭자성'이라고 불렀다. 안다칸이 죽은 후, 문무를 겸비한 삼낭자는 정무와 병권을 주관하고 몽골 각 부를 통치하며 명나라와 말 무역을 계속했다. 본처가 낳은 안다칸의 맏아들인 황타이지黃台吉와 재혼한 후에도 그녀는 내외의 대소사를 주관하며 명나라와 무역을 계속 이어 나갔다. 황타이지가 죽은 후에는 그가 다른 처와 낳은 맏아들 처리커撦力克와 재혼했다. 그리고 처리커가 명나라와 전쟁을 벌이려 했을 때 이를 말린 공으로 명나라로부터 충순부인忠順夫人에 봉해졌다. 명 만력明萬曆 40년(1612) 6월에 그녀가 죽자, 명나라는 사신을 파견해 제사를 성대하게 치르고 그녀의 공을 찬양하는 시를 바쳤다. 그녀는 삼대의 부자지간과 결혼하며 30여 년 동안 내몽골의 통일과 내정을 안정시키고 몽골백성들을 평안하게 했다. 이 공로를 잊지 않은 한족, 몽골족, 만주족들이모두 그녀를 '건괵영웅삼낭자巾幗英雄三娘子'라고 불렀다.

후금이 흥기하던 시기에도 만주족의 풍습은 몽골족, 장족藏族(티베트족)과 엇비슷했다. 누르하치의 제2푸진은 원래 족형 나리서우那裏收의 부인이었고, 홍타이지의 후궁 중에서 신비와 귀비는 원래 린단칸의 처자들이었다. 영친왕 아지거는 그의 형 더거레이의 푸진을 취했고, 숙친왕 호오거와 당형 웨퉈는 숙부 망굴타이의 부인을 취했다. 효장태후가 도르곤에게 시집가기 전에도, 도르곤은 조카인 호오거의 처자를 자신의 푸진으로 삼았다. 나중에 '조카의 처를 강제로 빼앗은 색마'라는 오명의 원인이되었지만, 사실 이것은 도르곤에 대한 오해이다. 도르곤은 비록 호오거의 숙부였지만 조카보다 세 살이나 어렸고, 호오거는 푸진이 40명이 넘었다. 당시에 호오거의 다른 푸진은 아지거, 지르갈랑과 재혼했는데 도르곤에게만 죄를 뒤집어씌우는 것은 불공정하다. 무엇보다 이는 당시 만주족의 혼인 풍습이었다.

청나라 초기 만주 씨족사회의 풍습을 지키던 시절에는 황태후의 재혼이 그리 이상한 일이 아니었을뿐더러, 정말로 효장태후가 시동생 도르곤에게 시집갔다면 이것 역시 형이 죽으면 형수를 얻는 풍습의 전형적인 예일 뿐이라는 얘기다.

파란을 부채질한 야사

신해혁명(1911)으로 청나라가 무너지자, 연의演義, 비사, 일화 등의 형태로 청나라 궁정 내막을 다룬 작품들이 쏟아져 나왔다. 이때 근본을 알수 없는 책과 자료들을 토대로 삼은 태후하가설이 다시 광범위하게 유포되었다. 효장태후의 패륜 행위야말로 멸만흥한의 정서를 통속적이면서도 대중적으로 소화해 낼 수 있는 주요 소재였다. 역사적 사실에 맞든지말든지, 바람이나 그림자를 잡듯이 허망하게 마음 가는 대로 적어 버리는 허구적 멜로드라마가 주였다. 야사연의野史演義라고 할 수 있는데, 중요한 작품들을 소개하면 다음과 같다.

채동번蔡東藩의《청사통속연의淸史通俗演義》는 1916년에 완성되었다. 내용은 다음과 같다.

홍타이지가 임종하는 자리에서 도르곤과 보얼지지터씨(장비)는 황제를 돌보다가 서로 눈이 맞아 암암리에 정을 나누었다. 홍타이지가 세상을 뜨자, 도르곤은 애인 장비의 아들인 푸린이 황제에 오를 수 있도록 갖은 애를 썼다. 드디어 푸린이 황제에 오르자, 효장태후는 "특히나 감개무량하고 특별한 은총을 입었다며 의지懿旨(황태후나 황후의 조령)를 내려, 섭정왕 도르곤에게 적절하게 일을 치렀으니 꺼릴 필요가 없다"고 했다. 이때부터 도르곤은 한 치의 망설임도 없이 태후의 거처에 드나들고, 때로는 밤새 머물기도 했다. 푸린이 북경 천도를 단행한 후 "청나라의 대외적인 일을 섭정왕이 주관하고, 대내적인 일은 효장태후가 처리했다." 청나라가 중국 전역을 정벌하면서 도르곤의 권위는 나날이 높아지고, 섭정왕 도르곤 또한 순치제를 친자식처럼 아꼈다. 제왕과 대신들은 순치제에게 섭정왕을 당연히 아버지처럼 섬겨야 한다며, 도르곤을 칭송하고 그에게 아부하기에 여념이 없었다.

효장태후는 이런 상주문을 여러 차례 받고 매우 기뻐하며, 두 가지 조령을 내렸다. 첫째, 섭정왕의 공훈이 실로 크니 황제에게 궤배跪拜(무릎을 꿇고 엎드려 절함)를 할 필요가 영원히 없다. 두 번째, 숙부는 옛날에 부친과 같았으니, 이후부터 황상은 섭정왕을 황부로 존경하여야 한다.

이때부터 도르곤은 정말로 아무런 거리낌이 없어졌다. 순치 6년 동짓달에 내각이 반포한 상유上諭(황제 말씀)는 황부(도르곤)와 황모(효장태후)가 궁을 합쳐 함께 살 수 있도록 하는 대혼례를 치르게 했다. 상유가 내려지자마자, 태후의 궁과 예부 아문은 며칠 동안 눈코 뜰 새 없이 분주했다. 황부와 황모가 대혼례를 치르던 날, 문무백관이 조정에서 축하의 인사를 전하고 내각은 특별한 은조를 반포해 천하에 대사면령을 내렸다. 경성 내 관서는 승급을 하고 각 성은 은전과 곡식으로 내는 세금이 면제되었다.

《도르곤일사多兒袞軼事》는 양공도楊公道가 편집한 책이다. 고희의 노인
은 서문에서 태후하가의 필연성을 이렇게 논증했다.

"당시 청태종 홍타이지가 붕어할 때 푸린은 아직 어리고, 도르곤은 공
이 높은 몸이었다. 도르곤은 푸린의 앞날을 좌지우지할 수 있었으며, 안
으로는 황족 측근이 있고 밖으로는 신하들을 다스렸다. 그에게 황제로
등극하라는 상주가 끊이지 않았다. 그는 효장태후와 푸린의 아랫사람으
로 몸을 굽히지 않았으며, 제위에 오를 수 있는 실력을 갖춘 것도 당연히
이상할 게 없었다."

태후하가와 관련 있는 책의 내용을 간략하게 정리해 보면 다음과 같다.

〔태후하가〕 … 태종이 붕어했다. 세조世祖(순치제)는 아직 어리고, 유
언에 따라 정친왕 지르갈랑과 예친왕 도르곤이 보정왕에 올랐다. 하지
만 군정대권은 도르곤이 실제로 장악했다. 도르곤이 만약 다른 뜻을 품
고 있었더라면 감히 막을 자가 없었다. 당시 조정의 정세는 풍전등화였
다. 효장태후는 아직 젊고 아름다운 후궁이었다. 그녀는 눈치가 빠르고
기민하였으나 진퇴양난의 상황에서 태산처럼 무거운 사직社稷을 안정시
키는 데는 힘이 모자랐다. 어찌 제 한 몸 희생해 대업을 이루지 않을 수
있었겠는가?

… 하루는 도르곤이 입궁하자, 효장태후가 말했다.

"당신의 뜻은 일찍이 잘 아오. 하지만 서로에게는 마땅한 지위가 있
으니, 이렇게 되는 대로 일을 처리할 수는 없소이다. 당신이 만약 강제로

나를 얻는다면 나는 죽을 수밖에 없을 것입니다. 만약 성심껏 사랑을 얻고 싶다면 참된 마음으로 대하면서, 청나라를 위해 멸사봉공하며 우리 모자를 지켜 주시오. 천하를 통일하면 그때가 바로 우리가 결혼할 수 있는 적기일 것입니다."

… 이리하여 그 이후, 도르곤은 공을 세우는 데 부지런히 힘쓰면서 청나라 조정을 위해 견마지로의 자세로 온 정성을 다하고 조정과 태후 그리고 순치제를 보살피며 태후의 환심을 샀다. … 뒷날 천하를 평정한 다음에, 도르곤이 여러 차례 죽을힘을 다해 태후에게 간청하니, 태후는 도르곤의 일편단심을 배반할 수가 없었다. 그리하여 순치제를 후궁에 불러, 일의 전후를 울면서 일러 주었다. 태후는 이미 한 약속을 어기기에는 때가 늦었다. 그런데 도리와 예법에 따르면 사실상 시동생과의 결혼은 도저히 이루어질 수 없는 일이다. 하지만 약속을 어기면 청나라의 대업은 일순간에 무너지고 내란에 휩싸일 게 뻔했다. 그리하여 비밀스런 계책이 내는데….

수일 후, 청나라 궁전은 태후의 붕어를 만천하에 알렸다. 태후의 장례식이 융성하게 치러진 며칠 후에, 순치제는 은밀히 내지內旨(임금의 명령)를 내리고 순치의 유모 모씨가 섭정왕 도르곤에게 택일한 날을 알려 주었다. 궁중의 공금 수만 냥이 결혼 비용으로 쓰이고 … 태후가 도르곤에게 몰래 시집을 갔다. 청나라 궁정에서는 공전의 대혼례식이 치러졌지만, 천하의 신민들에게는 비밀 결혼을 알리지 않았다.

효장태후는 원래 도르곤에게 시집가는 것을 원하지 않았다. 도르곤 또한 여론과 민심을 걱정하며 감히 결혼식을 총망히 올릴 수는 없었다.

이때 전겸익이 예부를 맡고 있었는데 그가 몇몇 시랑들과 의논해 찬성을 이끌었다. … 도르곤은 여전히 곤혹스러워 그들의 의견을 조정의 대신들에게 토론하게 했다. 대신들은 모두 유유낙낙唯唯諾諾하며, 감히 다른 의견을 말할 수 없었다. 그리하여 의주儀註가 작성되고 전겸익은 혼례를 주관했다. 일이 성사된 후 도르곤은 전겸익에게 만여 금을 하사하고, 태후는 손수 짠 염낭을 하사했다.

《황궁오천년皇宮五千年》(원제《오천년황궁비사五千年皇宮秘史》)은 소해약蘇海若의 저서로 1930년에 출판되었다. 요점을 간추리면 다음과 같다.

태종의 후비, 보얼지지터씨(효장태후)는 요염하고 피부가 옥처럼 하얘서 대청의 궁궐 사람들은 그녀를 대옥비大玉妃라고 불렀다. 여동생이 하나 있었는데, 언니처럼 미모가 출중해 소옥비小玉妃라고 불렀다. 소옥비는 도르곤에게 시집을 갔다.

도르곤은 태종 홍타이지의 동생으로 문무를 고루 갖춘 인재였다. 궁중에서는 그와 견줄 만한 인물이 없을 정도로 식견이 탁월했다. 태종이 출정해 오랫동안 환궁하지 않을 때마다 보얼지지터씨는 독수공방하기가 싫어, 도르곤을 불러 나날이 서로 정을 두텁게 쌓아 갔다. 태종이 갑작스레 죽자 도르곤은 형의 자리를 노렸다. 하지만 일이 뜻대로 되지 않았으며, 주제넘게 감히 하지도 못했다. 푸린을 순치제로 앉히고 도르곤이 섭정을 하자, 멀지 않아 도르곤의 처 소옥비가 급사를 했다는 소문이 궁중에 떠돌았다. 이를 들은 사람들은 탄식하지 않을 수 없었고, 날로 소

문은 커져만 갔다. 이때 대옥비는 이미 황태후에 봉해진 서낭반노徐娘半
老(남조 양梁나라 원제元帝의 비 서소패徐昭佩가 중년에도 한창때의 아름다
움을 간직했다는 데서 유래해, 중년 부인이지만 여전히 아름다운 미인을 가
리킴)였다.

　도르곤은 한시도 대옥비를 잊을 수가 없었는데, 어찌 홀아비로 독수공
방하고 싶었겠는가? 얼마 안 있어 염치없는 조서詔書를 내렸다. … 아! 한
명은 황제의 숙부이자 당당한 섭정왕이고, 또 한 명은 황상의 어머니이
자 지존하신 황태후가 아닌가? 어찌 무소불위한 그가 염치를 알겠는가?
한편으로는 그 남편을 죽이고, 한편으로는 그 아내를 독살했으니, 양심
이 있는가, 없는가? 몰염치한 조서를 내려 혼례를 올렸도다! 구천에서 어
떻게 그 남편과 그 아내를 대하겠단 말인가?

이상 세 권은 비교적 세상에 일찍 알려진 대표적인 책들이다. 이후 출
간된 책은 모두 이 세 권을 기초로 하고, 이야기를 허구적으로 지어내 더
욱 역사적 진실과 멀다. 가령 《청궁13조淸宮十三朝》(또 다른 제목은 《청궁비
사淸宮秘史》)는 감히 이렇게 말한다.

　"다위얼(효장태후)은 사촌 오빠에게 시집갔다가, 남편이 죽자 얼마 후
에 홍타이지와 재혼을 했다. 뜻밖에도 재가를 한 여인이 입궁한 후에 황
후에 책봉되었다."

　홍타이지가 살아 있을 적, 다위얼과 도르곤의 불륜 관계에 대해서는
더더욱 농밀하게 묘사하고 있다. 게다가 도르곤이 죽자, 효장태후는 적
막을 견디지 못하고 홍승주와 옛정을 나누었다고도 한다. 모두 터무니없

는 거짓말이다.

우선 이러한 연의演義, 일화, 비사 등은 역사를 소재로 하고 역사적 배경과 역사 인물을 다루지만 결코 '역사'가 아니다. 역사 작품은 반드시 사실을 근거로 해야지, 임의로 날조해서는 절대 안 된다. 연의의 작자들은 말한다.

"정사를 날실로 하여 정확성을 추구하고, 일화를 씨실로 하되 허구와 날조는 존중하지 않는다."

비사秘史 작가들도 자신들의 작품을 이렇게 보증한다.

"대부분은 사실에 근거해 묘사하고, 일부 전해져 오는 이야기도 사실에 근거한다."

하지만 이러한 책들의 내용은 대부분 멋대로 조작한 것이다.

상술한 작품들은 '태후하가 조서'를 중요 논거로 인용했다. 게다가 내각이 특별히 내린 대사면령도 언급하고 있다. 건륭제(1711~1799, 청나라 제6대 황제) 때 태후하가에 관한 문서는 전부 삭제되었다. 그렇다면 그러한 조서들은 과연 어디에서 얻은 증거란 말인가? 그 조서들은 확실하게 가상이라는 걸 보여 준다. 또한 위에서 언급한 두 개의 조서는 글자부터 내용까지 다 다르다. 도대체 어느 게 진짜이고, 어느 게 가짜인가? 이미 건륭제 때 없어지고 또 몇 백 년이 지났는데, 어떻게 그 조서를 얻을 수 있단 말인가? '태후하가'가 사실이라면, 적어도 효장태후가 결혼한 구체적인 날짜만큼은 언급해야 하지 않은가? 그런데도 '모월 모일'이라는 식의 표현은 도대체 무엇인가?

《도르곤일사》 중 태후하가에 관한 것은 전후가 모순된다. 앞에서는 황제의 유모 명의로 도르곤에게 시집을 가고, 뒤에서는 도르곤이 신하들을 초청해 뜻을 모으고 전겸익이 태후하가 조서와 의주를 작성한다. 이왕 유모의 명의로 출가한다면 신하들에게 그 뜻을 알려 의주와 조서를 작성할 필요가 있었을까?

이러한 책들은 사실에 부합하지 않으므로 당연히 태후하가의 근거로 삼을 수 없다. 또한 '태후하가'는 정사에는 기록되어 있지 않다. 청나라가 중원에 들어온 지 수년이 지나고 백성들은 한족이 대다수인 유교적 전통이 강한 중국 대륙을 지배하다 보니, 분명 만주족의 결혼 관념도 변했을 것이다. 특히 효장태후와 도르곤은 모두 당시 만주 통치 집단의 최고위층이었다. 그들의 일거수일투족은 만백성들의 초미의 관심거리였다. 설사 그들이 만주족의 옛 풍속에 따라 결혼하고 싶었을지라도 중원 백성들의 눈을 두려워했을 것이다.

장황언의 시를 분석해 보아도, 역사적 사실과 부합되지 않는 곳을 발견할 수 있다. 사료에 따르면 순치 10년(1653)에 자녕궁을 다시 증축했다. 효장태후가 그곳으로 옮긴 해에 그녀는 42세였다. 만약 자녕궁에서 성대한 혼례식을 올렸다면, 필시 순치 10년 후일 것이다. 하지만 도르곤은 순치 7년 12월에 병사했다. 그렇다면 도대체 태후는 누구에게 시집을 갔단 말인가?

지금까지도 태후가 시집을 갔다는 예부의 새로운 의주는 발견되지 않았다. 남명 홍광 정권의 조정에서 예부상서를 지낸 전겸익은 순치 2년(1645) 청나라에 투항했다. 이듬해 5월, 청나라 조정은 그에게 예부시랑과 비서원秘書院의 일을 겸하도록 했다. 명사관明史館(명나라 역사 저술을 책임지는 기구) 부총재도 맡았다. 그러나 6월에 병이 들어 은퇴했다. 순치 5년 겨울에 도르곤이 황부섭정왕이 될 때, 전겸익은 이미 자신의 본적지로 돌아간 후였다. 따라서 그가 예부상서로 태후의 대혼례를 주청했다는 이야기는 허황되다.

나중에 청나라 통치자들은 도르곤이 조카 호오거의 처를 얻은 것을 시종일관 도르곤의 악질적인 범죄로 여겼다. 순치 8년 2월과 12년 3월, 지르갈랑 등은 이렇게 도르곤의 죄상을 열거하며 고발했다.

"도르곤은 호오거를 무고하게 죽이고 그의 처를 취했다. 또한 호오거의 비 한 명을 그의 형인 아지거에게 주었다. 도르곤의 죄에 대한 경중을 따지자면 그의 죄가 어찌 크다고 아니하겠는가?"

순치제는 도르곤의 죄상을 알린 조서에서 도르곤이 호오거를 죽게 하고 그의 처를 얻은 것을 주요 죄상 중 하나로 열거했다. 이를 통해 볼 때 산해관을 뚫고 북경에 대청제국을 세운 후 만주족의 혼인 풍속에 커다란 변화가 일어났음을 알 수 있다. 법률적인 근거도 있다. 일찍이 천총 3년 (1629), 홍타이지는 같은 집안끼리의 결혼을 금지하는 법령을 반포했다. 《청태종실록고본淸太宗實錄稿本》의 기재에 따르면, 홍타이지는 황제로 등극한 후 유교적 봉건 윤리 관념의 영향을 받아 이러한 조서를 내렸다.

"지금부터 백성들은 서모와 가족 중의 백모伯母(큰어머니), 심모嬸母(작은어머니), 형수, 며느리를 취하지 못한다."

"만약 남편을 잃고 … 개가하고 싶으면, 본가와 혈연관계가 없는 다른 성씨와 결혼해야 한다. 만약 이 법을 어기고 같은 가족 내에서 결혼하는 자가 있으면 간음죄로 다스리겠다."

이 법령이 반포되었을 당시에 홍타이지는 특별히 또 다음과 같은 조서도 내렸다.

"한족, 고려인들은 천륜에 따라 가족 중의 부녀를 처로 삼지 않는다. 만약 가족 중의 부녀를 얻으면 금수와 다를 바 없다고 하는데, 짐 또한 이와 같이 생각하여 … 문란하게 처를 얻는 풍습을 법으로 바꾸고자 하노라."

이와 같은 법령은 역으로 이러한 풍습이 보편적으로 행해지고 있었음을 방증한다. 하지만 만주족의 후금 통치자들은 옛날의 군혼 풍습과 일도양단하기로 결심했음을 알 수 있다. 위반자들을 금수로 여긴 것은 매우 중요한 관념의 변화였다. 효장태후를 비롯해 홍타이지의 부인들은 이러한 법령의 엄격성을 잘 알고 있었을 것이다.

물론 모든 만주족 사회에서 근친혼 풍습이 완전히 근절되기까지는 기나긴 시간이 필요했다. 하지만 국모로 존경받는 효장태후가 이 법령을 어겼을 리가 없다. 순치제, 지르갈랑 등은 도르곤에게 이 법령을 어긴 죄를 물어 백성들에게 효장태후의 결백함을 알렸을 것이다.

효장태후와 홍타이지의 합장 문제로 넘어가 보자.

강희 26년(1687), 12월 25일, 효장태후가 서거했다. 그녀는 임종 전에 손자인 강희제에게 말했다.

"태종문황제(홍타이지)를 안장한 지 오래되었으므로, 다시 능묘를 열지 말도록 하시오. 게다가 나의 마음은 황부(순치제)와 황제(강희제)에 머무니, 멀리 떠나는 것을 원하지 않소이다. 반드시 효릉孝陵(순치묘) 부근에 안장하시오. 그러면 마음이 편할 것이오."

강희제는 조모 효장태황태후의 유언을 지켜, 그녀의 영구를 잠시 하북성 준화遵化 청동릉淸東陵 정문 앞 좌측 안장전에 모셨다. 옹정雍正 3년 (1725), 정식으로 능을 세워 그녀를 안장했다. 심양 소릉昭陵(홍타이지의 능묘)의 서쪽에 있기 때문에 소서릉昭西陵이라고 불렀다.

태후하가설을 주장하는 사람들에 따르면, 청나라의 장례 풍습은 부부를 합장하는 것이 당연한데 효장태후는 도르곤에게 재가했기 때문에 심양의 홍타이지와 합장되는 것을 원하지 않고 동릉에 묻히기를 원했다고 주장한다. 하지만 이 주장 역시 근거가 불합리하다. 만약 그녀가 이미 도르곤에게 시집을 갔다면, 홍타이지와는 이미 부부 관계가 아니므로 합장할 이유가 전혀 없다. 다시 말해 홍타이지와 합장하고 싶지 않다는 것을 그녀가 임종 전에 굳이 밝힐 필요가 없는 것이다. 그리고 당연히 '도르곤과 합장을 원하다'는 유언을 남겨야만 이치에 맞다. 그녀가 남긴 유언은 도르곤에게 시집을 가지 않았다는 것과 여전히 그녀가 홍타이지의 미망인이라는 사실을 증명해 준다.

《태후하가설신탐太后下嫁說新探》을 쓴 허증중許曾重은 효장태후의 45년을 고찰한 후 이렇게 주장했다. 효장태후는 두 명의 소년 천자인 아들 푸린과 손자 쉬안예(강희제)를 키우고 가르치는 데 전념하면서, 도르곤과 오보이의 전횡을 막았다. 또한 모자와 조손祖孫 관계를 돈독하게 유지했다. 때문에 "〔홍타이지와 합장하지 않고, 자손들 곁에 묻히겠다는〕 그녀의 유언은 조리에 맞다."

도르곤은 죽은 지 두 달도 채 되기 전에 별의별 죄상을 다 뒤집어쓰고 말았다. 묘는 철거되고 가산은 몰수되었으며, 아들 도르보의 작위도 허가되지 않았다. 1년 전에 죽은 동생 도도도 친왕에서 군왕으로 격하되고 아지거는 죽임을 당했다. 도르곤 일당은 황족뿐만 아니라 그의 측근이던 이부상서(내무부장관) 탄타이도 주살되었다. 도르곤 사후의 이러한 조치는 황제가 최종적으로 승인한 일이었다. 순치제는 불륜 때문에 도르곤을 더더욱 용서할 수 없었을지도 모른다.

도르곤은 죽은 지 120년쯤 지나서야 명예를 회복할 수 있었다. 건륭 38년(1773) 상유上諭에 도르곤의 공적이 언급되고 황폐해진 그의 묘를 수습하라는 조서가 내려졌다. 5년 후인 건륭 43년에는 도르곤에게 예친왕이라는 봉호를 다시 내리고 '충忠'이라는 시호도 하사했다. 시호가 충인 이상 그에게 씌워졌던 모반 혐의가 벗겨진 것이나 진배없다. 건륭제의 상유를 보자.

"가령 당시 예친왕에게 역적의 증거가 다소 있었다손 치더라도, 그의 작위를 삭탈한 벌이 짐의 세조世祖(순치제)의 어지신 판단에서 나온 것이라면, 짐이 감히 이미 판결이 난 사안을 뒤집을 수가 있겠는가? 다시 말해 실은 '하찮은 자들의 간사스런 모략'으로 도르곤이 억울한 죄를 뒤집어쓴 것이다. 실록에 기재된 예친왕 도르곤의 치적은 가장 큰 공이다. 산해관을 열고 중원에 입성한 것도 도르곤의 공이다. 또한 반역의 흔적이 전혀 없다. 어찌 이를 무고한 누명이라고 하지 않을 수 있겠는가? 설령 죽은 뒤에 입혀진 옷이 금지된 황제의 황포일지라도 이것만 가지고 모반과 연결 지을 수는 없는 노릇이다."

순치제의 입장에서는 도르곤의 가장 큰 죄는 그가 형수인 효장태후, 즉 자신의 어머니와 결혼한 것이었다. 하지만 이는 한족 문화 숭배자였던 순치제의 생각일 뿐, 당시의 만주족 풍습으로는 그리 큰 죄가 아니었다. 따라서 당시의 실록에는 기재되어 있었는지 모르지만, 건륭제는 만주족의 결혼 풍습을 이해했기 때문에 태후하가와 관련된 내용을 깨끗이 삭제하고 도르곤을 용서했을 것이라는 역사적 추측도 가능하다.

언제 시동생에게 시집갔는가?

태후하가설에 관한 지금까지의 책들을 고찰한 결과, '효장태후는 도르곤에게 시집을 가지 않았다'고 하는 논자들은 청나라 초기의 팔기 제도와 사회제도를 바탕으로 이와 같은 결론을 내렸다. 지금까지 언급한 문제 외에 다음과 같은 중요한 논거를 들 수 있다.

효장태후는 계속해서 양황기兩黃旗의 주인이자 순치제 때의 황태후였다. 이것이야말로 그녀가 도르곤에게 시집을 가지 않았다는 가장 근본적인 증거이다. 양황기는 홍타이지의 유산으로 그 합법적 계승자는 제9황자인 푸린이었다. 효장태후는 선제(홍타이지)의 미망인이자 황제의 어머니로서 아들과 함께 양황기의 정당한 계승권자였다. 만약 효장태후가 도르곤에게 시집을 갔다면 그것은 도르곤의 비가 되었다는 것이다. 섭정왕의 비는 당연히 황태후라고 부를 수 없고, 양황기의 여주인이 될 수도 없었다. 숭덕 연간의 법률과 민간 풍속이 모두 이러했다. 《성경원당盛京原檔》에 기재된 법률에 따르면, 만약 과부가 재가하면 그녀는 전 남편의 유산에 대한 계승권을 향유할 수 없었다. 당연히 그 계승권은 전 남편의 아들에게 귀속되었다.

효장태후가 개가하지 않았다는 근거는 세 가지가 더 있다. 우선 태후하가에 관한 일이 《조선왕조실록》에 기재되어 있지 않다. 조선은 명나라의 속국이었기 때문에 매사 중국의 조정과 얽혀 있었다. 청나라도 이것을 이어받아, 청나라 초기부터 조선에 사신을 파견했다. 황실 성원의 경조사를 비롯해 조서와 조칙 등 청나라의 대소사를 모두 조선에 알렸다. 또한 해마다 조선의 사신이 북경에 여러 차례 왔다. 조선의 사신은 올 때마다 반드시 마무리해야 할 국사 외에도 중국 각 지방에 대한 정보, 특히 조정의 변화에 대한 정보를 세심하게 얻어 돌아갔다. 조선의 사신은 귀국하여, 중국에서 얻은 견문과 정보를 조정에 상세하게 보고했다. 조선의 군왕과 사신들은 이것들에 대해 깊이 토론을 한 후 기록으로 남겼다.

효장태후가 만약 도르곤에게 시집갔다면 조서를 반포했을 테고 당연히 조선에 사신을 파견해 이를 알렸을 것이다. 비록 조선에 사신을 보내지 않았을지라도, 북경에 온 조선 사신은 이 정보를 수집해 신속하게 조선 조정에 보고를 올렸을 것이다. 하지만 《조선왕조실록》 그 어디에도 태후하가에 대한 기록이 보이지 않는다. 또한 태후하가와 관련된 그 어떤 추측성 정보도 찾아볼 수가 없다.

원래 조선은 임진왜란 때 명나라가 원군을 보내준 것에 깊이 감명하여 청나라와는 그리 우호가 깊지 않았다. 《조선왕조실록》뿐만 아니라 다른 기록물에도 이러한 경향이 농후하게 표현되어 있다. 조선은 청나라에 불리하거나 좋지 않게 평가되는 일은 모두 상세하게 기록했다. 따라서 시동생과 형수가 결혼한 청나라 황실의 추잡한 일을 《조선왕조실록》이 기록하지 않았을 리가 없다. 때문에 태후하가가 사실이라면 이것은 틀림없이 조선의 정보망에 수집되어 조정에서 토론을 거친 후 기록되었을 가능성이 크다. 그런데 태후하가에 관한 일이 조선의 기록물에 등장하지 않는다면, 이거야말로 이상한 일이지 않은가?

두 번째 근거는 《아담 샬 전기》에 태후하가에 대한 언급이 없다는 점이다. 아담 샬은 독일예수회 전도사로 명나라 천계天啓 2년(1622), 중국에 와서 천주교를 전파했다. 그는 명청 양 대조에 걸쳐 중앙 기상부에서 관직을 맡아 달력을 개정하는 데 혁혁한 공헌을 하기도 했다. 순치제 때에는 흠천감欽天監 감정監正을 역임했다. 《아담 샬 전기》의 저자는 아담 샬의 직책과 대량의 자료를 바탕으로 전기를 완성했다. 전기에는 아담 샬이 중국에서 벌인 활동과 경력이 아주 소상하게 나온다. 아담 샬은 강희 5년(1666)에 세상을 떠났는데, 주로 북경에 머물며 청나라 고위급 인물인 도르곤, 순치제, 효장태후와 깊은 교류를 가졌다.

그는 상당히 솔직하고 소탈한 인물이었다. 《아담 샬 전기》에는 청나라의 황제, 황태후, 섭정왕 등에 관한 직설적인 내용이 많이 나온다. 예를 들면 도르곤에 관해서 "국가 최고 권위를 얻고자 황제가 되고 싶어 했으며 호오거의 처를 빼앗았다"고 기록했다. 또한 푸린은 그의 학생이었는데, 푸린이 동악비董鄂妃를 강제로 입궁시킨 일(1656년 순치 13년에 열여덟 살의 나이로 입궁한 효헌단경황후 혹은 현비)을 아주 엄격하게 논했다. 만약에 효장태후가 도르곤에게 시집을 갔다면, 아담 샬이 이를 몰랐을 리 없다. 태후하가 조서를 반포했다면, 이는 더더욱 비밀스런 일이 아니었을 것이다. 아담 샬은 효장태후의 의부義父이기도 했다. 그래서 효장태후는 자주 그를 초대해 식사와 술을 함께했다. 따라서 아담 샬은 다른 사람은 감히 개진하지 못하는 의견을 진술하게 말할 수 있는 입장이었다. 하지만 《아담 샬 전기》에는 태후하가에 관한 그 어떤 내용도 기록되어 있지 않다.

세 번째로, 도르곤과 효장태후가 살던 곳에 관한 문제이다. 모든 기록물에 도르곤은 황부섭정왕으로 불릴 때부터 죽을 때까지 황궁이 아니라 섭정왕부에서 살았다고 기록되어 있다. 반면에 효장태후는 황궁에서 살았지 섭정왕부로 옮겨서 산 적이 없다. 그들이 만약 부부가 되었다면, 이러한 생활이 정상적이었겠는가? 순치 7년 7월 10일에는 섭정왕부에서 병으로 드러누운 도르곤이 원망하는 기색을 보여 수하 사람이 푸린에게 문병 오기를 요구했다. 도르곤은 처량한 감정을 드러냈다. 만약에 태후가 도르곤에게 시집을 갔다면 그녀가 도르곤의 곁을 지켰을 것이고, 푸린은 당연히 다른 사람이 부르기 전에 문병을 갔을 것이다.

요컨대 지금까지 발견된 대내외의 그 어떤 기록물에도 태후하가에 대한 내용이 보이지 않는다.

'태후하가설'은 '강산을 미인과 바꾸고, 미인은 강산을 지킨다(江山換美人, 美人保江山)'는 이야기일 뿐이다. 태후하가설은 역사적 진실에 어긋날 뿐만 아니라 도르곤과 효장태후의 본래 성격과 면모를 왜곡했다. 사실 두 사람 중 그 누구도 이러한 결혼을 받아들일 수 없었다. 게다가 도르곤은 '강산을 사랑하지 않고, 미인을 사랑한' 그런 사람이 아니었다. 그는 강산도 사랑하고, 미인도 사랑한 영웅이었다. 하물며 강산을 얻는 대업이 있는데, 어찌 미인 한 명을 얻기 위해 대권을 포기했겠는가? 그는 호색한이기는 했지만 앞뒤 안 가리는 난봉꾼은 아니었다. 당시 효장태후는 이미 4명의 딸과 아들(순치제)을 둔, 마흔에 가까운 '서낭반노'였다. 도르곤이 강산과 맞바꿀 만한 미인은 아니었던 것이다. 만약 도르곤이 '형수 황태후(효장태후)'를 취했다면 그것은 조카(호오거)의 처를 취한 것보다 더 큰 죄이다. 그는 이렇게 손해가 막심한 일을 저지르며 대청의 대권을 포기할 위인이 아니었다.

이는 효장태후도 마찬가지다. 태후는 탁견이 있는 걸출한 여성 정치가였다. 그녀는 사태를 정확하게 판단하며 무엇을 버리고 무엇을 얻을지를 잘 알았다. 그녀는 어린 아들의 황제 자리를 지키기 위해 절대로 동요하지 않았다. 정세를 통찰하며 손바닥 뒤집듯이 사태를 처리했다. 자신에게 유리한 정세, 즉 양황기의 충성과 양황기 대신들의 단결 그리고 각 기의 지지를 바탕으로 항상 정치를 좌지우지했다. 그녀는 결코 사소한 욕심으로 일을 그르치는 인물이 아니었다. 색정에 눈이 어두워 도르곤에게 시집가는 황당한 일을 벌일 여자가 아니다.

만약 그녀가 곤경에 빠져 다른 선택의 여지가 없었다면, 즉 도르곤에게 시집가서 자기 명성에 금이 가게 했다면 그녀가 이룬 모든 성공, 심지어 아들의 황제 자리를 지키는 것도 수포로 돌아갔을 것이다. 황후를 저속하고 풍류적이며 방탕한 여인으로 그린 책들도 있지만, 그것은 완전히 뒤바뀐 이야기다. 그런 여인이 어떻게 숭덕, 순치, 강희 3대조 수십 년 동안 대청제국에 중대한 공헌을 하며 청나라를 반석 위에 올려 세웠겠는가? 청나라의 자자손손에게 어떻게 청나라의 걸출한 여성 정치가로 존경받을 수 있었겠는가?

10장

소년 천자
순치제를
보좌하다

도르곤이 죽고 한 달여가 지났다. 순
치 8년(1651) 정월 12일, 드디어 순치제의 친정식이 거행되었다. 7, 8년 동
안 사람들의 마음을 졸이게 했던 근심거리가 마침내 사라질 참이었다.
제왕, 문부백관, 후궁, 공주 등 청나라 황궁 내외의 모든 이들이 기쁨을
감추지 못했다. 친정식의 한 행사로 이미 고인이 된 효단태후 저저를 태
묘에 모시는 의식이 함께 짜여졌다. 저저의 위패는 태종문황제(홍타이지)
의 위패와 함께 놓였기에 태후라 하지 못하고 '효단문황후'라고 불렀다.

19일 입묘식이 치러지고 22일 조서를 반포해 효단문황후 저저의 역사적 공헌을 만천하에 알렸다.

"태종을 보필함이 빛났고 대청 강산의 기틀을 다졌으며, 조카 푸린이 순조롭게 황위를 잇도록 한 큰 공을 세웠다."

순치제는 효단문황후에게 '효단정경인의장민보천협성문황후孝端政敬仁懿莊敏輔天協聖文皇后'라는 시호를 올렸다. '보천협성輔天協聖'이란 네 글자는 상술한 그녀의 공적을 드높여 개괄한 것이다.

정월 23일, 효장태후는 황제처럼 동주東珠(아름답고 빛나는 구슬)를 관에 붙일 수 있다는 결정이 내려졌다. 또한 효장태후의 의장儀仗(의식에 쓰이는 기물)이 정해졌는데, 기물 중에는 용과 봉황이 새겨진 것도 있었다. 모두 효장태후의 특별하고도 숭고한 권세를 상징했다. 2월 10일 오전 6시경, 효장태후에게 존호를 올리는 의식이 거행되었다. 순치제가 내린 책문에는 성모聖母(효장태후)의 공덕을 칭송하는 내용이 들어 있었다.

효장태후는 태종이 살아 있을 적에 대업을 보좌했을 뿐만 아니라 후궁들이 화목해지도록 자신을 낮추었다. 자신의 어린 자식을 심혈을 기울여 보살피고 기르며 간곡하게 타일렀다. 아들이 황제에 즉위한 후에도 여전히 큰일에 부딪히면 황제에게 세심한 당부를 잊지 않았다. 그녀는 태종의 처자이자 순치제의 모친으로서 천하 만민의 모범이었다. 그 깊은 은덕을 말로는 이루 형용할 수가 없고, 그 성덕은 너무나 깊어 갚을 길이 없다. 천지·태묘·사직·제왕·버일러·문무백관들에게 삼가 아뢰어, 옥책과 금보를 공양하고 '소성자수황태후昭聖慈壽皇太后' 존호를 올리니, 성모의 마음이 유쾌하며 만수무강하기를 기원한다.

물론 의식은 효장태후의 공덕을 만천하에 알려 천하의 만민백성들이 태후를 공경하게 하는 데 집중되었다. 또한 현재만이 아니라 앞으로도 그 숭고한 지위와 크고도 광범위한 권세가 영원하길 바랐다.

순치제의 친정은 조정의 대권이 황제의 손 안으로 들어왔음을 의미했다. 일찍이 도르곤의 장례를 치르던 순치 7년(1651) 12월 21일, 대학사 강린에게 섭정왕이 갖고 있던 신부信符를 모두 회수하도록 했다. 이부시랑 쒀훙索洪 등에게는 도르곤이 대내외에 상을 내린 책봉 조서를 거둬들이도록 명했다. 26일에는 푸린이 제왕과 의정대신들에게 "긴급하고도 막중한 사안은 짐에게 알리고," 그 외의 세밀한 일들은 영선친왕ㅏ選親王 만다하이滿達海, 단중친왕端重親王 보뤄博洛, 경근친왕敬謹親王 니칸尼堪 등 세 명의 이사왕들이 처리하도록 했다. 이는 국가 정무와 팔기의 대권이 순치제의 손 안에 들어왔음을 입증했다. 다음 해 3월 6일에는 이사왕들의 직무를 멈추게 했다.

대권이 황제에게 돌아온 후, 효장태후 모자는 승리감에 휩싸였지만 한편으로는 보이지 않는 압력을 받지 않을 수 없었다. 친정 의식 때 반포된 조서를 보면 이를 짐작할 수 있다. 조서에서 우선 순치제는 친정 이후 자신의 책임이 '막중'하지만 그것을 잘해 낼 수 있을지 걱정되어 밤낮으로 불안하다고 했다. 순치제는 "나라가 매우 크고 국사 또한 많으니, 나 홀로 떠맡을 수 없어 조정 내외 대소 신료들과 각급의 관원들이 전심전력으로 보좌"해 주기를 바랐다. 그다음으로 만주족, 한족 문무백관들에게 자신의 맡은바 직무를 성심껏 수행하고 상하가 서로 소통해 나라를 안정시키고 백성을 평안하게 하여 대청의 강산이 날로 태평성대해질 수 있도록 하라고 명했다. 또한 만백성들은 안심하고 평안히 살면서 본업에 충실하도록 당부했다.

친정을 시작했을 때, 순치제는 고작 열네 살 '소년 천자'였다. 아직 어린 그로서는 견문도 좁고 정무 경험도 없어 당연히 막중한 국사를 처리하기에 힘이 부쳤다. 일찍이 성경 시절, 도찰원 승정 만다하이, 급사중給事中 하오제郝傑 등이 순치제에게 여러 번 박학한 스승을 청해 배움을 닦도록 주청했다. 산해관을 넘어 북경에 입성한 후 대학사 홍승주가 다시 순치제에게 한어를 배우도록 주청하고, 만주어와 한어가 가능한 신하를 보내 육경六經을 강독하도록 했다. 그러나 도르곤은 이를 전혀 받아들이지 않았다.

섭정왕 도르곤은 마땅히 순치제를 데리고 의정회의에 참가해, 순치제가 국정에 참가하여 스스로 제황학을 터득하도록 독려해야 했다. 하지만 도르곤은 도리어 순치제를 조정 한구석에 앉혀 두고, 그가 국정에 대한 의견을 피력하거나 국사에 대해 묻는 것도 허락하지 않았다. 그리하여 친정을 시작할 때 순치제는 조서의 내용을 이해하지 못했고, 상주문이 올라와도 어찌 처리해야 할지를 몰랐다.

친정을 한 순치제는 황제로서의 직무를 다하면서도, 한편으로는 학업에 열중해야만 했다. 그는 국사를 처리하는 것 외에 밤낮으로 분발하여 유교 경전과 역대의 예학을 학습하느라 진땀을 흘렸다.

순치제를 가르치고 그의 정무를 보필하는 일은 우선 어머니 효장태후의 몫이었다. 일반적인 상황에서는 황제가 주관하는 의정대신회의에서 국사를 결정했고, 당연히 황태후는 회의에 참가하지 않는 게 국법이었다. 하지만 순치제는 회의 전후에 어려운 문제에 맞닥뜨리면 모친을 찾아가 권고와 충고를 들어야만 했다. 황제를 보필하는 효장태후가 조정의 일을 주관하는 것은 당시의 문무백관이 모두 인정하는 바였다. 효장태후가 국사를 좀 더 손쉽게 처리하도록 하기 위해 내삼원 부서가 자금성 안으로 옮겨졌다. 이때 내삼원 대학사는 범문정, 강린, 닝완아寧完我, 펑취안馮銓, 홍승주 등이었다.

일찍이 순치제는 친정을 하기 전부터 어머니가 훈시하면 항상 순종하고 감히 거역하지 못했다. 순치제가 붕어한 후, 그의 아들 강희제는《효릉신공성덕비孝陵神功聖德碑》에서 이렇게 말했다.

"선제께서는 태황태후에게 항상 효성스러워 늘 새벽에 문후를 여쭙고, 항상 무릎을 꿇고 모친의 가르침을 달게 받으셨다."

순치제가 친정한 후에도 효장태후는 여전히 아들을 간곡하게 타이르며 주도면밀하고도 상세하게 가르쳤다. 평상시 순치제의 면전에서 청나라의 주인임을 강조하고 중요할 때에는 어린 황제에게 의지懿旨(황태후의 조령)를 내렸다. 2월 21일 효장태후가 존호를 받던 날, 그녀는 순치제에게 조서를 내려 아들이 크게 깨우치도록 했다.

"천자는 천하의 지존이므로 모든 일을 가벼이 처신하면 아니 됩니다.

.

만사에 성심을 다하며, 조상들의 공덕을 받들어 그 위업을 더욱 드넓게 펼쳐 나가야 합니다. 국사를 처리하고 백성들을 다스리는 데 부지런하고 성실하지 않으면 천하의 주인이라고 할 수 없습니다. 백성을 천하의 근본으로 삼아야 합니다. 백성들을 다스리는 데는 반드시 현명한 인재를 등용해야 합니다. 치국은 필히 충신을 아끼고 간신을 멀리하는 데서 출발하고, 정확하고 투철하며 확실한 소견을 지닌 이를 등용해야 합니다. 정무에 임할 때는 반드시 세밀하게 연구하고 강단 있게 판단하고, 신상필벌을 반드시 공평무사하게 처리해야 합니다. 의복과 물건을 사용할 때는 규범에 맞게 하며, 절대로 사치해서는 아니 됩니다. 모든 일에 대한 계획을 원대하게 세우고, 부지런히 배우며 다른 사람에게 묻기를 좋아하고, 노여움과 욕심, 유희를 눌러 자제해야 합니다. 오로지 즐거움과 편안함만을 좇으면 대업은 더욱 쇠퇴할 뿐입니다. 모든 정무를 처리하기 전에 반드시 종합하여 고찰해야지, 싫증을 내며 진저리를 치면 아니 됩니다. 이 말을 성심껏 지켜야만 만세의 복이 대청에 내릴 것이고, 이렇게 하는 것이야말로 효의 근본을 지키는 것입니다."

이 조서는 순치제가 수신제가치국평천하를 잘할 수 있도록 이끌어 주었다. 순치제는 평생 동안 이 조서를 유념했다.

효장태후는 아들 순치제에게 어떻게 하면 천하의 주인이 될 수 있는지를 늘 강조했다. 반드시 조상들의 공덕을 이어 나가고 대업을 더욱 넓혀라! 각근면려하여 나라와 백성들을 보살펴라!

그럼 어떻게 해야 나라를 잘 다스릴 수 있을까? 소년 천자의 어머니 효장태후는 이렇게 가르쳤다.

반드시 백성을 근본으로 삼아라! 학문에 힘쓰고 나태해지지 말라! 심혈을 기울여 국사에 전념하라! 이러한 것들을 반드시 지켜야만 청나라에 만세의 복이 내리고 효를 다하는 근본이다. 효장태후의 조서는 화려하지 않고 질박했으며, 언어는 간단했으나 뜻이 깊었다. 사상은 깊고도 본질을 꿰뚫었으며, 말이 간곡하고 의미심장했다.

효장태후의 어깨는 소년 천자를 잘 이끌어야만 한다는 막중한 임무로 무거웠지만, 양황기 대신들과 정친왕 지르갈랑의 보좌로 큰 힘을 얻었다. 양황기 대신들은 효장태후 곁에서 훌륭한 조수 역할을 톡톡히 해냈다. 다른 기의 중대한 사항도 양황기 대신들과 의논했는데, 그들의 의견이 크게 반영되었다. 실제로 양황기 대신들에게 묻는 것은 황제와 효장태후에게 상주문을 올리는 것이나 진배없었다. 정친왕 지르갈랑은 주도적으로 의정대신회의를 이끌면서 효장태후와 순치제에게 협력하며 일상 업무를 처리하고 돌연 발생하는 새로운 형세에 즉각 대응했다.

도르곤의 죄상을 추궁하다

도르곤의 사후에 관한 문제는 반드시 해결해야 하는 숙제였다. 그 목표는 영원히 그리고 철저하게 도르곤의 양백기兩白旗와 황제 사이의 대결 상황을 척결하는 것이었다. 장장 24년간의 황기와 백기의 숙적 싸움을 끝내고 황권을 강화하기 위해서였다.

효장태후는 이 일을 조용히 해결하기 위해 혼란을 일으키지 않고 조금씩 문제를 처리하는 책략을 썼다. 우선 도르곤을 향해 창끝을 겨누지 않고, 가장 방자한 도르곤의 형 아지거를 처리하는 데 모든 역량을 집중했다. 그리고 도르곤의 측근들을 제거한 다음, 본격적으로 도르곤의 죄를 물었다. 도르곤에게 누명을 쓰고 억울하게 죽거나 한 이들의 명예와 직위도 회복시켜 주었다. 도르곤에게 투항한 양황기 대신들은 충분히 그들을 이용하고 가장 마지막에 손을 보았다.

순치 8년(1651) 정월 8일은 순치제가 친정을 시작하기 며칠 전이었다. 바로 이날 제왕, 구사어전, 의정대신들이 영친왕 아지거의 모반죄를 추궁했다. 주요 근거는 다음과 같았다. 아지거는 도르곤이 죽은 후 곧바로 카라호툰에 주둔하던 그의 친위 기병대를 이끌고 쏜살같이 북경으로 달려와 도르곤의 양자인 도르보가 물려받아야 할 양백기를 접수하고자 했다. 또한 정람기도 욕심냈다. 그 목적은 '정권 탈취'였다.

아지거는 이사왕 보뢰에게 따졌다.

"원래 당신들 이사왕 세 명에게 명령을 내렸는데, 왜 당신들은 지금 섭정왕에 대한 문제를 제기하지 않는가?"

이 말은 아지거가 섭정왕의 지위를 계승하려고 했음을 암시한다. 아지거가 양백기를 욕심내자, 양백기 대신들은 '그가 양백기를 얻고 나면 반드시 정권을 탈취하려고 쿠데타를 일으킬 것'이라고 생각했다.

이렇게 증거가 확실했다. 최후의 결정은 아지거를 유폐시키고 그의 재산인 13니루를 몰수해 황제에게 귀속시키는 것이었다. 그가 점유한 도도의 7니루도 도도의 아들인 둬니多尼에게 돌려주었다. 친히 병력을 인솔해 아버지 아지거와 함께 패란悖亂에 동조한 아들의 작위도 폐하고 버이서로 강등했다. 섭정왕 도르곤이 준 4니루도 몰수했다. 이외에 모반에 참가한 연루자들을 모두 처벌했다. 아지거가 유폐된 곳에서 시끄럽게 굴자어쩔 수 없이 그를 처형했다. 이렇게 하여 섭정왕 도르곤과 기쁨과 슬픔을 함께 나누며, 도르곤의 뒤를 이어 '역모'를 꿈꾸던 도르곤의 유일한 친형 아지거가 저승으로 사라졌다.

같은 해 2월 5일, 내대신 뤄쓰 등 도르곤의 측근들도 차례로 처리되었다. 혹자는 참형에 처해지고, 혹자는 직위가 폐해져 서민으로 강등되고재산도 몰수되었다. 옛 주인인 도르곤을 배반하지 않은 그들이 나중에도르곤의 죄상을 따질 때 시끄럽게 굴까 봐 먼저 손을 쓴 것이다.

이 다섯 명을 처리하고 열흘 후인 2월 15일, 드디어 도르곤에 대한 처분이 심의되었다. 쑤커싸하, 잔다이詹岱, 무지룬穆濟倫 등의 폭로 내용이주요 증거였다. 그리하여 도르곤이 생전에 황제만 입는 팔괘황포八卦黃袍, 대동주大東珠, 소주素珠(염주), 흑호괘黑狐褂를 준비하고, 영평부에 병영 주둔지를 세워 양백기를 그곳으로 옮기려 했음이 밝혀졌다. 이 같은 죄상에 근거해 도르곤의 재산과 백성들이 몰수되고 양자인 도르보, 뉘둥어女東莪는 신친왕信親王 뒈니의 노예로 강등되었다. 도르곤에게 투항한 허뤄후이는 충신들을 살해한 죄가 너무 커서 능지처참과 멸문지화를 면치 못했다.

순치 8년(1651) 2월 21일, 푸린은 정식으로 조서를 내려 도르곤의 죄상을 만천하에 알렸다. 죄상은 크게 세 가지였다.

첫째, 황제의 권위를 넘어 대권을 독점하였고, 이자성의 농민반란군을 정벌한 왕공 대신들의 공을 전부 자신에게 돌렸다.

둘째, 반대파를 숙청하며 자신의 측근들로 붕당을 조직하고, 정친왕의 권한을 임의로 동생인 도도에게 주어 그를 보정숙왕으로 내세웠다. 숙친왕 호어거를 살해하고 그의 비, 재산, 관병을 사사로이 취했다.

셋째, 본분을 망각하고 마음대로 자신의 의장, 음악, 시위侍衛 등을 황제와 같은 급으로 높이고 국고를 횡령하여 섭정왕부를 황궁처럼 꾸몄다. 일부 양황기 대신들과 기인들을 자신의 정백기 수하에 두고, 양백기를 영평에 주둔시켜 역모를 꾸미려 했다.

이 증거들에 근거해 도르곤이 "역모를 꾸민 게 확실하니, 하늘과 만백성들이 공분"한다며 천지·태묘·사직·천하에 그의 죄상이 포고되었다. 도르곤의 묘도 파헤쳐져 육시戮屍에 처해졌다.

그리고 주도적으로 도르곤의 첩자 노릇을 한 대학사 강린을 비롯해 도르곤과 아지거의 측근 대신들이 모두 참수되었다. 그들은 재산이 몰수되고, 가족들도 서민으로 강등되는 처벌을 받았다. 연이어 도르곤에게 빌붙은 양황기 대신들도 처벌되었다. 정황기 구사어전이자 이부상서인 탄타이는 도르곤과 당파를 형성한 죄로 순치 8년(1651) 8월에 처형되었다. 그 밖에 여러 대신들이 순치 9년(1652) 9월에 엄중한 벌을 받았다. 그중 바이인투만 너무 늙었다는 이유로 감옥에 가두고, 다른 사람들은 모두 사형에 처하고 재산을 몰수했다.

이와 동시에 도르곤의 잘못된 판결로 억울한 누명을 쓴 이들의 명예를 회복시켜 주고 그들의 죄를 씻어 주었다. 순치 8년(1651) 정월, 태종 홍타이지의 장자 호오거를 숙친왕에 다시 봉하고 공덕비를 세워 그의 군공을 기록하고 표창했다. 2월, 그의 넷째 아들 푸서우를 호쇼이 현친왕顯親王에 봉하고 의정에 참여시켰다. 2월 3일, 정친왕 지르갈랑의 아들 푸얼둔富兒敦이 세자로, 지두濟度가 다라간군왕多羅簡郡王에, 러두勒度는 다라민군왕多羅敏郡王에 각각 봉해졌다. 순치 9년 2월 18일, 다시 정친왕 지르갈랑을 정친왕鄭親王에 봉하고, 도르곤의 섭정 당시 무고하게 삭탈당한 보정숙왕의 자리를 되찾아 주었다. 도르곤에게 핍박당한 이들이 모두 복직되면서 재산을 돌려받고 진급했다.

이 피바람을 비껴 간 유일한 인물이 바로 범문정이다. 순치제는 강린을 처리할 때 범문정도 태조실록을 고치는 데 참여했기 때문에 하는 수 없이 그를 면직시켰다. 하지만 그는 도르곤 편이 아니었고, 효장태후가 중대한 임무를 맡긴 인재였기에 오래 지나지 않아 복직되었다. 순치 9년에는 범문정을 의정대신에 임명했다. 이것은 청나라 조정이 그를 특별히 총애하는 '한족 제일의 관리'로 인정했음을 의미한다. 이리하여 그는 전심전력으로 순치제를 위해 힘써 일하다, 늙어서는 명예롭게 퇴직하고 평안한 만년을 보냈다.

도르곤이 기주이던 정백기正白旗를 황제(순치제)가 직접 관할하게 되면서 정백기와 양황기가 황제 직속의 3기, 즉 상삼기上三旗가 되었다. 그 밖에 양홍기兩紅旗, 양람기兩藍旗, 양백기鑲白旗 등 하오기下五旗가 있었는데, 순치제는 정백기를 몰수하는 동시에 양백기의 종속 관계도 바꾸었다. 호오거의 정람기 기인들은 대부분 강제로 도르곤의 양백기로 옮겨 간 터라 그들을 다시 원래 주인에게 돌려주었다. 그리하여 호오거의 아들 호쇼이 현친왕 푸서우가 아버지 호오거의 자리를 물려받아 정람기의 기주가 되었다. 원래 도도가 기주이던 양백기는 도도의 아들 신군왕 둬니가 통솔하게 되었다. 양람기는 여전히 지르갈랑이 통솔했다. 정홍기는 다이샨의 자손들이 세습했다. 양홍기는 다이샨의 증손인 평군왕平郡王 뤄커둬羅可鐸에게 주었다. 동시에 순치제의 이복형인 쉬싸이도 양홍기에 들어가 기의 업무를 장악하고, 순치 8년에 호쇼이 승택친왕承澤親王에 봉해졌다.

황제와 그의 형, 조카들이 양황기, 양백기, 양홍기 등 5기를 통치하여 다른 기보다 절대적 우세를 점했다. 지르갈랑이 기주인 양람기는 황제와 가장 가까웠다. 정홍기는 황제의 명에 복종했으며, 정람기 역시 그랬다. 그리하여 도르곤 세력이던 양백기와 황제 세력이던 양황기의 오래된 대립 구도는 철저하게 와해되었고, 양대 기의 투쟁은 종지부를 찍었다. 이후 황권에 도전하는 기주는 아예 나오질 못했다. 각 기의 기주와 황제가 대권을 두고 각축을 벌이는 구도는 완전히 소멸했다. 청나라가 팔기의 분권 통치에서 벗어나 군주 전제 중앙집권 체제를 견고히 하고, 황제 본가가 황권을 세습하는 기초가 마련된 셈이다.

도르곤이 명예를 회복하는 데에는 이후 한 세기가 걸렸다. 건륭 43년 (1778) 정월 10일, 건륭제는 조서를 반포해 도르곤의 죄를 벗겨 주었다. 예친왕 도르곤의 작위를 다시 되찾아 주면서 그의 양자인 도르보가 그 작위를 계승하고 도르보의 세손世孫(맏손자) 춘잉淳穎이 세습하도록 했다. 하지만 정백기만은 도르곤의 후손들에게 돌려주지 않았다. 이후 옹정제는 팔기 제도를 개혁하여 기타 제왕들이 다시는 기의 주인이 되지 못하도록 조치했다.

의붓아버지 아담 샬

순치제가 친정을 한 후, 그를 가르치고 깨우쳐 준 사람 중에는 모친인 효장태후 외에 중요한 또 한 사람이 있었다. 바로 독일인 선교사 아담 샬이다. 아담 샬을 순치제에게 소개한 이는 범문정이었다. 범문정은 덕과 지혜를 겸비한 인재로 매사 심사숙고했기 때문에, 효장태후도 그의 소개라면 믿고 승낙했을 것이다.

아담 샬의 정치적 통찰력과 솔직하고 성실한 진언은 천자인 순치제가 경건한 마음으로 옷깃을 여미게 했다. 일찍이 도르곤이 섭정하던 시기에 아담 샬은 순치제에게 황숙부의 '대권 전횡'을 주의하라고 신신당부했었다. 게다가 그는 도르곤이 일찍 죽을 것이라고 예언했다. 순치제는 진심으로 감격하여 친정 후 주재한 의정대신회의에서 이러한 아담 샬의 귀중한 도움을 특별히 언급했다.

순치제의 친정 후, 아담 샬은 황제에게 두 가지를 건의했다. 하나는 어전성禦殿城을 중건하는 것이며, 다른 하나는 세력이 너무 강한 라마승들을 탄핵하여 라마 사당을 수리하거나 탑을 세우지 말라는 것이었다. 푸린은 아담 샬의 상주서를 효장태후에게도 열람시켰다. 조정 고관들이 이에 모두 동의하고, 황제도 비준해 주었다. 순치제가 아담 샬을 얼마나 중시했는지를 알 수 있는 대목이다.

이 일이 있은 지 얼마 후인 순치 8년(1651) 여름 무렵, 황제는 황족들과 조정 대신들을 데리고 내몽골로 사냥을 떠났다. 몇 명의 친왕과 효장태후만이 수도를 지켰다. 효장태후의 주변 인물이 아담 샬 앞에 극적으로 모습을 드러낸 것이 바로 이때이다.

어느 날 아담 샬이 사는 곳에 돌연 세 명의 만주족 부녀자들이 찾아왔다. 그들은 아담 샬이 알고 지내는 어느 친왕의 권속이라고 자신들을 소개했다. 그러면서 그들 주인의 부府 중 군주郡主(친왕의 딸)가 염병(장티푸스)으로 앓아누웠다며 왕진을 부탁했다. 아담 샬은 이야기를 듣고 난 후 그 병이 그리 위험한 지경이 아니란 것을 알고 그들에게 성패聖牌(십자가)를 주면서 말했다.

"이 성물聖物을 환자의 가슴 앞에 두면 나흘 내에 병이 나을 것입니다."

그렇게 하니, 과연 군주의 병이 완쾌되었다. 세 명의 만주족 부녀자들이 다시 아담 샬을 찾아와 금품으로 답례하며 감사를 표했다.

또 며칠이 지나 한 몽골족 부녀자가 시녀들을 대동하고 아담 샬의 거처로 찾아와 더욱 많은 금품을 전해 주었다. 성물인 십자가에 대한 비용 차원이었다. 아담 샬은 그 인상 좋은 몽골족 여인에게 계속 말을 붙였다.

"당신의 여주인은 황제의 모친이 아니십니까? 그리고 저에게 치료를 받은 군주는 다름 아닌, 순치제와 결혼하기 전에 효장태후마마께 가르침을 받으며 자란 황제의 약혼녀이고 말입니다."

그러자 몽골족 부녀자가 대답했다.

"황태후마마께서는 당신을 아버지처럼 대하고 싶어 하십니다. 그러니 태후마마를 딸처럼 대해 주십시오."

아마도 아담 샬은 이 몽골족 부녀자들의 이름을 끝까지 몰랐을 테지만, 효장태후의 의향을 전달한 이가 태후의 시녀 쑤마였음을 알 수 있다. 그 이후로 효장태후와 아담 샬은 부녀지간의 예로 선물을 주고받았다.

황제의 대혼례가 있던 날, 아담 샬은 이미 환갑이었지만 친히 입궁하여 종일토록 황제의 결혼을 축하해 주었다. 효장태후는 그의 건강이 염려되어 다음 날 사람을 보내 안부를 물었다. 아담 샬은 또 의녀義女 효장태후가 존호를 받자 이를 축하하기 위해 특별히 입궁했다. 효장태후는 이를 특별한 예의라고 여겨 감개무량해했다. 효장태후는 팔목에서 두 개의 금팔찌를 벗어 시녀에게 딸려 보내 아담 샬에게 '의부義父에 대한 예의'로 전했다. 그러면서 앞으로 아담 샬은 아버지이므로 무릎을 꿇고 인사하지 말라고 했다. 효장태후는 아담 샬의 장전莊田에 쟁기를 끌 소가 필요하다는 것을 알고 곧바로 소 두 마리를 보내고 의부의 문후를 여쭈었다. 그 후에도 자주 의부의 안부를 묻고 예물을 보냈다.

효장태후는 왜 푸린이 출타했을 때 적극적으로 아담 샬과 교류를 텄을까? 만약에 며느리의 병 때문이었다면 나중에 보답을 하면 그만이었다. 괜히 신분을 밝히면서 자주 왕래할 관계를 트지 않아도 되었다. 이는 틀림없이 황제와 관련 있을 것이다. 매사에 세심했던 효장태후는 황제가 아담 샬을 칭찬하고 믿는 것을 보고 아담 샬과 관계를 트고 그에 대한 정보를 장악한 후 아담 샬을 순치제의 좋은 스승이자 유익한 친구로 만들고자 했던 것이다.

아담 샬에 따르면, 태후뿐 아니라 순치제도 그에 대해 주도면밀하게 조사한 적이 있었다. 순치제는 아담 샬의 독신 생활을 전혀 이해할 수가 없었기 때문에 밤낮으로 사람을 보내어 자문을 구실 삼아 그의 거처를 몰래 조사했다. 그리고 아담 샬의 정결한 생활을 확인한 후에야 아담 샬을 스승이자 친구, 측근 고문으로 모셨다.

순치제는 만주어를 사용해 아담 샬을 '마파瑪法'라고 불렀는데, 이 말을 한어로 번역하면 '할아버지'이자 '윗사람'이다. '마파'는 순치제가 "아들로서 (아담 샬을) 아버지처럼 대하고 학생으로서 (아담 샬을) 스승처럼 대하며, 친밀감과 경외의 감정을 모두 품고 있었다"는 사실을 알게 한다.《아담 샬 전기》에서는 마파를 독일어로 '부사父師', 즉 '부친이자 선생님'이라는 존칭으로 번역했다.《아담 샬 전기》를 읽어 보면, 순치제는 아담 샬을 아버지이자 스승으로 존경하고 사랑했으며, 아담 샬은 백성이자 신하로서 순치제를 존중했다. 순치제는 아담 샬의 면전에서는 자신이 '학자學子(학생이자 아들)'의 지위라며 스스로를 '황제학자皇帝學子'로 불렀다.

순치제는 아담 샬이 입조하면 특별히 삼궤구고의 예를 면해 주었을 뿐만 아니라, 그의 상주문은 황궁, 어화원禦花園, 원유苑囿(사냥을 위해 동물을 기르는 곳) 등 장소와 시간을 불문하고 직접 황제에게 올릴 수 있도록 했다. 공적인 일뿐만 아니라 사적인 접촉도 매우 자연스럽게 했다.

푸린은 비록 유약하고 아직 어린 티를 벗지 못한 소년 천자였지만, 정치적 지위와 주위 환경 탓에 또래들보다 조숙하고 지략이 남달랐다. 그는 대청제국의 주인으로서 늘 새로운 지식을 갈망하여 아담 샬이 대답해 줄 수 있는 거의 모든 문제에 대해 질문을 던졌다.

가령 일식과 월식의 원리, 혜성과 유성의 출현, 물리학, 조정의 각 관원들과 행정, 흠천감欽天監(중앙 천문기관) 하급 생원들이 모르는 것, 인품과 덕, 명말의 숭정제는 왜 나라를 망하게 했는지 같은 다양한 문제들이었다. 아담 샬은 '마파'이자 '사우師友(스승과 벗)'로서 거리낌 없이 진솔하게 대답해 주었다. 순치제는 흥미로운 연구를 직접 벌이기도 했다. 어느 해 겨울, 순치제는 아담 샬과 함께 원유에 가 이틀에 걸쳐 호박유琥珀油를 만드는 방법을 연구했다. 호박유가 진귀한 약재라는 것을 알아낸 순치제는 손수 300포를 채취해 아담 샬에게도 약재로 쓰라고 건네주었다.

젊은 황제 순치제는 항상 순진한 마음으로 자신이 국가 대사를 잘 처리하는지를 알고 싶어 했다. 그래서 '마파' 아담 샬을 불러, 자신이 당연히 해야 할 일과 그러지 말아야 할 일이 무엇인지를 가르쳐 달라고 부탁했다.

1655년 북경에 역병이 창궐했다. 백성들이 큰 재앙을 당하자, 황제는 이를 자신의 탓으로 돌리며 마음 아파했다. 어느 날 한밤중에 순치제는 아담 샬을 불러 황제 개인의 잘못과 조정의 실정에 대한 솔직한 의견을 들려 달라고 청했다. 아담 샬은 우선 국사를 환관들에게 맡기지 말라고 엄숙하게 주청했다.

순치제는 1654년(순치 11) 명나라의 이십사아문二十四衙門을 본떠서 내십삼아문內十三衙門을 설립했다. 정치 실권을 환관이 장악하는 황제의 직속 정치기구였다. 하지만 당시는 환관의 폐해로 명나라가 망한 직후였기 때문에 문무백관들이 내십삼아문 설치를 반대했다. 그러자 순치제는 환관의 폐해를 미리 방지한다는 철패鐵牌를 자금성 안에 세워 그러한 우려를 잠재우고자 했다.

1661년 순치제가 병사한 후, 강희제는 내십삼아문을 폐지하고 황제의 사적인 일을 주관하는 내무부를 설치했다. 황제의 잡무를 보는 환관들로 구성된 경사방敬事房은 내무부의 하부 기관이 되어 아무런 정치력도 행사하지 못했다. 내무부는 군기처, 이번원과 함께 청조를 대표하는 3대 기관으로, 정치를 환관에게 맡기는 전통을 없애고 상삼기의 기인 관료들에게 맡겼다. 바로 이 점이 환관의 폐해를 없앤 청나라의 특징이었다.

아담 샬은 순치제에게 별자리에 대해 논하며 자연현상과 인간사를 결합해 천재天災와 같은 특별한 자연현상은 하늘의 경고라고 했다. 순치제가 물었다.

"만약 짐이 실수를 되풀이하지 않는다면 하늘의 재앙과 백성들의 화禍가 없어지는 것입니까?"

아담 샬은 '분명히 그렇다'고 잘라 말했다.

사실 순치제는 성격이 불처럼 급하고, 고집불통에 제멋대로여서 모후인 효장태후 말고는 감히 누구도 직언을 하지 못했다. 그런데 아담 샬은 이런 점들에 관한 상주서도 황제에게 올려, 덕과 품행이 바른 황제가 되어 달라고 진언했다. 순치제는 마파의 진언에는 고개를 끄덕이며, 되도록 자주 마파가 자신에게 간언해 주기를 바랐다.

어느 날 황제가 아담 샬에게 물었다. "왜 대다수의 관원들이 대충대충 직무를 처리하는가?" 아담 샬이 대답했다.

"그들은 폐하의 행동을 모범으로 삼습니다!"

황제는 부끄러워 얼굴이 빨개졌다. 하지만 화를 내지는 않았다. 게다가 아담 샬의 직언을 받아들였다.

한번은 아담 샬이 조정 일에 관해 효장태후에게 직접 장계를 올렸다. 황제의 뒤에는 태후가 있었기 때문이다. "태후는 만백성의 귀감이어서 반드시 신중하셔야만 합니다. 라마승들을 과잉보호하지 마십시오." 이에 효장태후는 "시간을 두고 라마승들이 조정 일에 다시는 간섭하지 못하도록 하겠습니다."라고 답했다.

사실 아담 샬은 종교적 편견을 낳을 수 있는 청나라의 라마교 우대 정책을 이해할 수가 없었다. 아담 샬은 티베트의 달라이라마가 "순치제를 라마승 제자로 삼고 싶다"고 청했다는 이야기를 들었다. 아담 샬은 "라마승 제자가 되는 것은 황제의 신분에 어울리지 않는다"고 간언했다. "황제와 라마승은 각자의 직분이 있으므로 그에 충실해야 합니다."

순치 9년(1652), 티베트의 달라이라마가 북경에 와 황제를 알현하기로 했다. 황제는 친히 북경을 떠나 2개월의 여정이 걸리는 곳까지 행차해 달라이라마를 영접하기로 했다. 이때도 아담 샬은 장문의 상주서를 써 올렸다. "몸소 먼 곳까지 거동해 달라이라마를 알현하면 황제의 존엄을 잃는 것입니다." 대학사 홍승주, 진지린陳之遴도 이에 동의했다. 결국 황제는 친왕을 보내 맞이하도록 하고, 자신은 남원어원南苑禦園 대전에 앉아 달라이라마를 접견했다.

그렇게 아담 샬과 순치제는 할아버지와 손자의 관계를 맺어 10년 이상 지켜 나갔다. 아담 샬은 젊은 황제를 가르치고 깨우쳐 주며 다른 사람이 도저히 할 수 없을 정도로 깊은 영향을 끼쳤다. 효장태후도 자신의 서양인 의부이자 아들의 '마파'인 그를 존경하며, 아들이 말을 듣지 않으면 의부인 아담 샬에게 도움을 청했다.

황제의 대권을 돕다

　도르곤이 죽은 후, 의정대신회의 및 기타 권력기관에 대한 전면적인 조정이 이루어졌다. 효장태후는 정치권력을 재정비하기 위해 대규모로 인적 자원을 재배치했다. 순치제 친정 전의 의정왕, 버일러, 버이서 중에서 지르갈랑, 우다하이, 한다이 등만이 남았다. 순치제가 친정을 하고 난 후, 특히 순치 8, 9년을 거치면서 의정대신들이 보충되어 12명으로 늘어났다. 그중에서 지르갈랑 집안이 4명을 차지했다. 그들의 일거수일투족이 의정대신회의의 전체 국면에 중대한 영향을 끼친 것은 당연했다. 의정대신들 중에서 유일한 구세대 의정왕인 지르갈랑이 최고참으로서 회의를 주재했다. 지위와 위신이 높고 친가 사람들의 의정회의에 많이 참가해 본 그였지만, 황제와 맞설 생각은 전혀 없었다. 하지만 제왕들의 대표 자격은 면할 수가 없어 하는 수 없이 조정회의를 조정하고 모든 국면을 좌지우지하는 위치가 되었다.

　당시에는 중원 통일전쟁이 계속되는 와중이었다. 때문에 북방을 견고하게 하고 남방을 통일시키는 노고는 전부 팔기의 정벌에 의존하고 있었다. 제왕, 기주, 만·몽·한 병사들과 약간의 니루를 거느리는 수장들이 수만에 달했고, 그들의 맏아들들만 1천 명에 이르렀다. 그들의 전공戰功이 클수록 조정 내 권력도 강해졌다. 친정 후 그들에게 의지했던 황제는 봉록과 상을 푸짐하게 내려 주었다. 그런데 의정대신회의의 권력이 커지고, 참견하는 사안이 너무 많아지면서 문제가 터졌다. 심지어 의정대신들이 황제를 무시하여 순치제의 의견도 부결되기 일쑤였다.

가령 순치 8년(1651) 2월 5일, 의정왕 대신들이 뤄쓰, 보얼후이, 어커친
額克親, 우바이吳拜, 쑤바이蘇拜 등 다섯 명의 정백기 대신들을 처리하는 문
제를 논했다. 그리하여 뤄쓰와 보얼후이는 사형에 처하고 가산을 몰수했
다. 다른 세 명은 종실 자격을 박탈한 후 서민으로 강등시키고 가산과 식
솔을 몰수했다. 순치제는 처벌이 너무 과하다며 제왕대신들에게 뤄쓰와
보얼후이의 죽음만은 면해 주라고 건의했다. 하지만 모든 의정대신들이
이렇게 상주했다.

"나라를 동요시키고, 백성을 기만하고 사주하며 미혹에 빠뜨린 이들은
하늘이 그 간사함을 벌하기에 그 죄를 면할 수 없사옵니다."

황제는 하는 수 없이 의정대신들의 처리를 따를 수밖에 없었다.

순치 11년(1654) 8, 9월 사이에는 정친왕 지르갈랑을 수장으로 한 의정
대신들이 권력과 부를 강화할 목적으로 한족 출신 노예의 수를 늘리려
했다. 그들은 '도인법逃人法'(한족 도망자를 처벌하는 법)을 다시 수정하여
도망자를 숨겨 준 이에게 중벌을 내리는 도르곤 섭정기의 도인법으로 돌
아가자고 주장했다.

9년 전인 1645년 봄, 도르곤은 '투충법投充法'을 반포해 팔기의 관민이
한족 빈민들을 부리는 것을 허용했다. '투충'은 청나라의 북경 입성 후 만
주족이 한족을 팔기의 노예로 삼는 악습을 가리키는 말로, 한족의 토지
를 강제로 몰수한 '권지圈地'의 결과였다. 북경 근처 지방 토지를 만주족
이 강제 점령하면서 이 땅을 경작할 노동력이 대거 필요해졌고 토지를
빼앗긴 한족 농민들은 하는 수 없이 농노가 되었는데, 청나라 관병들은
빈민이든 부호든 가리지 않고 마음대로 한족을 노예로 삼았다. 권지와

투충으로 도망자가 속출하자, 도르곤은 노복奴僕의 도망을 엄중히 금하는 도인법을 제정했다.

도르곤 섭정 시기에 도망자를 숨겨 준 이는 도망자의 주인까지 노예로 삼았다. 하지만 도망자들은 잡혀도 다시 도망을 갔고, 심지어 그들을 잡은 이들도 도망을 갔다. 그래서 순치제는 이렇게 하는 게 너무 과하고, 무고한 이에게 죄를 덮어씌울 수 있다며 도인법을 한 차례 수정했다. 그런데 의정왕 대신들이 다시 예전으로 돌아가자고 고집을 부린 것이다. 황제는 하는 수 없이 동의했다.

담천談遷이 쓴《북유록北遊錄》을 보면, 의정대신들의 의견은 "국의國議"이고 "청나라 조정의 대사를 의정대신들이 이미 결정하면 지존(황제)도 어떻게 할 수 없었다"고 되어 있다. 또, "6부의 일은 모두 의정대신들이 말로 결정했다". 이때가 청나라의 북경 입성 후 의정대신회의가 가장 광범위한 권력을 차지했던 '의정대신회의 최절정기'라고 할 수 있다.

이러한 상황에 연이어 맞닥뜨리자, 아직 젊은 순치제는 답답하고 짜증이 나 때로는 화를 벌컥 냈다. 효장태후는 아들에게 참으면서 적당히 타협하고 양보하면서 제왕들의 지지를 더욱 많이 얻으라고 충고했다. 이와 동시에 황태후는 의정대신회의의 권력을 약화시키는 계획을 서서히 실행에 옮겼다.

효장태후는 생전에 이렇게 제왕들의 권세가 황제의 권력과 모순을 일으키는 상황에 자주 직면했다. 효장태후는 의정왕공과 의정대신들의 정원 수를 확충하면서 그들의 권력을 끊임없이 분산시켰다. 효장태후는 역사적인 경험을 십분 발휘하여, 순치제가 의정대신회의의 출신 성분을 바꾸고 정원 수를 늘리는 것을 도왔다. 순치 8년부터 12년까지 의정대신에 임명된 이들은 30여 명에 달했다. 출신 성분도 광범위해졌다. 새롭게 의정대신이 된 이들은 적극적으로 도르곤의 죄상을 밝힌 기존의 정백기 대신 쑤커싸하, 잔다이 그리고 도르곤에게 피해를 입은 양황기 대신 오보이鰲拜, 어비룽, 쒺니 등이었다. 일찍이 의정대신에 임명된 만주 팔기의 구사어전 외에 팔기 몽골 구사어전도 새롭게 의정대신에 임명되었다. 6부의 만몽 상서는 전부 의정대신 항렬에 들어갔다. 순치 9년부터 13년 연간, 내원 대학사 만주족 시푸希福, 어써헤이額色黑, 한족인 범문정, 닝완아(영완와)도 의정에 참여했다. 기타 황제의 시종 내대신과 시위 그리고 제왕 버일러부 사무를 담당하는 장사長史, 심지어 아무런 직책이 없는 기인도 의정자가 되었다. 태후는 이렇게 여러 사람들이 의정대신회의에 참가해 의견을 모으게 하여, 개인의 독단과 전횡을 막고 특별한 당파가 의정대신회의의 국면을 쥐락펴락하지 못하도록 했다.

순치 9년(1652) 정월 30일, 황제는 극히 예사롭지 않은 조치를 내렸다. 내삼원에 다음과 같은 조서를 내린 것이다.

"이후 모든 상주문은 짐이 친히 열람하니, 정친왕 지르갈랑에게 올릴 필요가 없도다."

정친왕 지르갈랑의 국정 참여 한계를 명확히 한 것이다. 3월 15일에도 조서를 내려 각 부를 관리하는 제왕, 버일러, 버이서 등의 업무 중단을 선포했다. 이리하여 제왕들이 조정을 좌지우지할 여지와 위험성이 제거되었다. 하지만 정친왕 지르갈랑은 태종 홍타이지에게 충성을 바치고, 어린 군주인 푸린을 잘 보필한 충신이었다. 그래서 순치제는 그의 은덕과 공로를 결코 잊지 않고 존경을 표했다. 도망자, 투충, 개인 무역 같은 문제에서는 그에게 적당히 양보하며 관계가 어색해지지 않도록 했다. 그렇게 조정 대사에 대한 제왕들의 지지와 협력을 얻어 냈다.

강남의 난국을 돌파하다

순치 16년(1659) 초, 청나라는 남명의 영력永曆 정권과 대서군(사천성 장헌충 군대)의 반청연합 세력 토벌에 나섰다. 세 길로 남하하여 곤명昆明에 집결한 후 서남 전선에서 큰 승리를 거두었다. 황제는 운남과 사천, 광서를 평정한 공을 치켜세우며 은조恩詔(임금이 특별히 은혜롭게 내린 조서)를 내렸다. 조정에서 승리를 경축하고 있던 사이, 돌연 남쪽에서 급보가 날아들었다. 6월 말이었다. 동남 연안에 웅거하고 있는 남명 정권의 주요 장군인 정성공鄭成功이 군대를 이끌고 반청투쟁을 감행한 것이다. 정성공이 23일 진강鎮江을 함락시키고, 26일에는 강녕江寧(지금의 남경)을 포위하자 동남 전선이 크게 동요했다. 급보가 전해지자 일시에 조정이 놀라고 인심이 크게 황황해졌다.

순치제는 상주문을 읽고 놀라 허둥대며 어쩔 줄을 몰라 했다. 만약 강녕을 잃으면 동남의 풍부한 재화와 부세賦稅를 보전하기가 극히 어려워졌다. 더구나 북경과도 가까운 거리라 자칫하면 수도까지 위험에 빠질 수 있었다. 순치제에게 닥친 가장 큰 위기였다. 이때 황제는 모후를 찾아갔다.

"태후마마, 북경을 버리고 수도를 성경盛京(지금의 요령성 심양)으로 천도해야 국난을 피할 수 있사옵니다."

그러나 효장태후는 성경 천도를 윤허하지 않았다. 중국 대륙 통일을 대업으로 삼은 청나라가 북경을 버린다는 것은 있을 수 없는 일이었다. 북경을 중심으로 남쪽을 공략해야 했기 때문이다. 태후는 순치제를 크게 꾸짖었다. 조상들의 대업을 망각하고 천하를 얻기까지 흘린 공신들의 피땀을 빤히 눈뜨고서 포기하려는 순치제의 비겁함을 탓한 것이다.

순치제는 모후의 훈계를 받아들였지만, 아직 혈기방장한 청년이었던 탓에 극단적인 선택으로 돌아섰다. 그는 남원南苑에서 왕공대신회의를 소집하고 자신이 직접 토벌군을 이끌고 친정에 나서겠다고 선포했다. 《아담 샬 전기》는 이렇게 묘사하고 있다.

"그(순치제)는 보검을 빼어 들고 선언했다. … '몸소 친정을 하여 승리하든지 아니면 죽든지 하겠다.' 그는 결심을 굳히려고 보검으로 황제의 어좌를 단칼에 내리쳐 산산조각 냈다. 그가 문무백관들에게 이렇게 과감하게 나오자, 그들은 어가의 친정 계획에 대해 아무런 반박도 하지 못했다."

그러나 의정대신들은 황제가 몸소 정벌에 나서는 친정에는 찬성하지 않았다. 황제와 황태후는 수도를 지키는 게 좋다고 간언했다. 효장태후도 토벌군을 보내 적군을 소멸시키는 게 능사이지, 순치제가 직접 친정을 하는 경솔하고 바보스런 짓은 지나치게 모험적인 행동이므로 뭇 백성들의 동요를 가져올 수 있다며 그만두라고 설득했다. 그녀는 사람을 아담 샬에게 보내 순치제의 고집을 말려 달라고 부탁했다.

순치제는 아직 젊고 경험도 적어 모든 일에 경솔하기 짝이 없었다. 하지만 효장태후는 누르하치·홍타이지와 더불어 여진족 통일, 내몽골 정벌, 중원 입성 등 거칠고 사나운 역사의 격동을 헤쳐 오면서 전쟁 중에 얻는 승리와 패배가 병가지상사라는 사실을 잘 알고 있었다. 어느 곳을 한번 잃어버린손 치더라고 그것은 '병래장당 수래토엄兵來將擋 水來土掩'〔병사가 공격해 오면 장군이 막고 물이 밀려오면 흙으로 막듯이, 그 어떤 사태에도 대처 방법이 있음〕이라고 믿었다. 냉정을 되찾은 순치제는 모후와 대신들 그리고 마파의 권유를 받아들여 남정 토벌군을 조직해 남하시켰다.

순치 16년(1659), 7월 8일, 7월 15일, 7월 17일 황제는 연이어 정성공 토벌군을 네 길로 나누어 출정시켰다. 대청의 팔기병들은 호호탕탕 강녕으로 내달았다. 그런데 남정 토벌대가 아직 목적지에 도착하지도 않은 8월 초, 강녕을 포위한 정성공의 군대가 철수했다는 희소식이 전해졌다.

정성공은 강녕을 포위한 후 대대적인 공격을 차일피일 미루다가 기회를 잃어버린 것이었다. 귀주貴州에서 개선하던 머이런장긴梅勒章京(만주어 '장긴章京'은 중국어 장군將軍에서 나온 말로 군대와 민간을 불문하고 '집단의 수령'이라는 뜻) 가추하噶褚哈, 마얼싸이馬兒賽 등이 만주 군사들을 이끌고 형주荊州에서 배를 타고 북경으로 돌아오던 중에 적군이 강녕을 포위했다는 소식을 듣고 곧바로 밤낮 없이 남하하여 강녕성을 구원했던 것이다.

7월 15일이 되자, 소송蘇松 수군 총병관 양화풍이 직접 마보관병馬步官兵 3천여 명, 금산金山 영참장營參將 장국준張國俊이 마보병 1천여 명을 이끌고 왔다. 이들과 강녕의 강남 총독 랑엔쭤郎延佐, 앙방장경昻邦章京 카카무喀喀木 등이 공동작전을 펴 7월 23일 마침내 적을 격퇴했다. 다음 날에도 만한滿漢 관병이 수륙 합동작전을 펴 크게 승리하고 적선 500여 척을 불태우는 전과를 올렸다. 이들은 계속 적들을 추격해 진강, 과주瓜洲에 다다랐다. 적병들은 원래의 근거지로 뿔뿔이 흩어져, 9월 초 하문에 다다랐다. 정성공에게 항복했던 지방의 부, 현 등이 다시 청나라의 관할 아래 들어왔다.

승리의 첩보가 북경에 전해지자, 순치제는 크게 기뻐하며 공을 치하했다. 효장태후는 이렇게 결정적 순간에 황제의 키잡이 노릇을 하며 방향을 정하고 불안한 시국을 안정시켰다. 황제는 모친에게 충심으로 감사하지 않을 수 없었다.

 씀씀이를 아껴 백성을 구휼하다

순치제의 친정 이후 청 조정의 가장 큰 난제는 궁핍한 재정 상태였다. 순치 8년(1651) 3월, 저장된 국고는 20만 냥에 지나지 않은데 6월에 지급해야 할 관봉官俸(수도의 문부백관 연봉)은 모두 60만 냥이었다. 국고가 빈 정도가 아니라 결손난 상태였다. 부득이하게 황제는 황궁 내고內庫의 은 냥을 모으라는 명을 내렸다. 그러나 관봉의 은냥은 전국적으로 지출되는 것 가운데 작은 부분에 지나지 않았다.

그중 한시도 늦출 수 없는 게 바로 군비였다. 사천성을 얻기 위해 순치 10년(1653)에 섬서성에 증병하며 지급한 군비만도 360만 냥에 달했다. 그 때문에 군비가 매년 어마어마하게 모자랐다. 순치 13년(1656) 4월 이부에서 올린 상주문에 따르면, "현재 매년 부족한 군비는 440여 만 냥"에 달했다. 이외에도 내외 왕공 귀족의 봉은과 녹미, 이재민 진휼, 사신 접대, 궁정 지출 등에도 어마어마한 돈이 들어갔다.

전국적으로 통일전쟁이 진행 중이라서 부세 수입에 한계가 있었으며, 수입이 지출에 비해 턱없이 부족했다. 순치 10년 섬서성에서 186만 냥을 거둬들였지만, 이는 당해 년 군비의 반에 불과한 금액이었다. 백성들은 극도로 빈곤하여 새끼 새가 먹이를 기다리며 슬픈 소리를 내듯 울부짖어 조세를 더 징수할 수도 없었다. 이제는 국가가 나서서 이재민들을 구휼해야만 했다. 남은 방법은 지출을 줄이는 것밖에 없었다.

순치제가 친정을 하며 황태후에게 존호를 바칠 때, 효장태후는 황제에게 백성을 근본으로 삼고 백성에게 늘 관심을 갖고 사랑하라고 가르쳤다. 그리고 국가재정이 곤란에 빠지자, 근검하게 살림하며 재정을 관리하는 데 능한 효장태후가 솔선수범하여 나라의 재물을 아껴 쓰는 것이 곧 백성을 사랑하는 것임을 몸소 보여 주었다.

북경과 그 주변의 주州, 현縣은 여러 해 동안 흉년이 들어 백성이 안심하고 생활할 수가 없었다. 순치제는 모든 기근에 대한 정황을 곧바로 자녕궁의 효장태후에게 보고했다. 황태후는 자연재해가 백성들에게 입히는 고초에 깊은 관심을 갖고 구제 대책을 강구했다. 순치 7년(1650) 7월 13일, 효장태후는 순치제를 직접 만나서 궁중의 은 8만 냥을 아껴 만주족과 한족 병민들을 진휼하라고 지시했다. 순치제는 곧바로 호부, 공부에 유지를 내려 고초를 겪고 있는 백성들에게 재난의 경중에 따라 실질적인 혜택이 돌아가도록 한 성모聖母의 은덕을 전했다. 동시에 고초를 겪는 모든 만몽 좌령佐領들에게 포 60필, 목화 600근, 쌀 100석을 나누어 주었다.

순치 11년(1654) 2월 23일과 25일, 황제는 두 차례 연이어 호부에 유지를 내렸다. 흉년이 든 지방의 전량錢糧(세금)을 감면해 주는 동시에 기근이 심한 곳은 구휼을 펼치라는 영슈이었다.

"호부, 예부, 공부, 병부 등 4부는 은 16만 냥을 풀어 백성들을 진휼토록 하라."

효장태후는 이를 듣고 그릇 비용 등 궁중의 돈을 아껴 은 4만 냥을 내놓았다. 황제는 또 어전에서 은 4만 냥을 절약하여 총 24만 냥의 구휼금을 만한 대신 16명에게 딸려 보내어 8부 지방의 이재민들을 진휼토록 했다.

순치 13년(1656), 기내 부근에 엄혹한 재난이 닥쳤다. 여름부터 가을까지 폭우, 황충蝗蟲(메뚜기 떼) 등의 재난이 끊이지 않아 민생고가 극심해졌다. 8월 20일, 황제는 자녕궁에 가 태후를 뵙고 재난과 백성들의 생활고를 보고했다. 황태후는 "백성들의 고초가 너무나 가련하니, 궁중의 은 3만 냥을 절약해 곧바로 진휼토록 하시오."라고 말했다. 9월 9일, 이재민을 구휼하기 위해 병부상서 양청표梁淸標가 출발했는데, 순치제는 친히 정순문까지 나아가 그들을 접견하고 격려했다.

순치제 때 효장태후가 여러 번 구중궁궐의 씀씀이를 아껴 이재민을 구휼한 것은 황제와 조정 대신들에게 크나큰 모범이 되었다. 또한, 궁궐의 은냥을 아껴 이재민을 구휼하는 전통이 생겨 강희제와 옹정제에게도 큰 영향을 미쳤다. 효장태후의 근검절약과 이재민을 구휼하는 인애仁愛의 마음은 일종의 큰 가르침이 되었던 것이다. 고관대작이 조금만 돈을 헤프게 쓰지 않아도 기근과 추위로 목숨을 내놓아야 하는 백성들의 생명을 살리는 의식주가 될 수 있다는 교유敎誘였다.

효장태후는 이렇게 백성의 곤궁을 구제하는 여러 가지 대책을 실시했다. 예를 들면 만리장성 바깥쪽에 피서성避暑城(여름에 피서를 하는 성) 증축을 하지 않았다. 도르곤은 섭정 시기에 국고를 지출하여 자신과 형제의 호화로운 저택을 지었다. 순치 7년(1650) 7월에는 만리장성 바깥인 카라호툰 성에 여름 피서궁을 지으면서 모든 경비를 관민의 협력으로 부담시켰다. 심지어 하북, 산서, 절강, 산동, 강남(지금의 강소성, 안휘성), 하남, 호광湖廣(지금의 호북성, 호남성), 강서, 섬서 등 9개 성에서까지 부세를 거둬들였다. 매년 거둬들이는 부세 외에 새롭게 250만 냥의 부세를 증액하기도 했다.

하지만 순치제는 친정을 한 지 얼마 지나지 않아 호부에 영을 내려 "만리장성 밖에 피서성을 쌓는 것은 쓸데없이 세금만 더 부담시키는 것이니 모든 공사를 곧바로 멈추도록 하라."고 했다. 증액한 부세는 순치 8년에 부과한 정액 부세에 맞춰 거두었다.

지방 공품도 면제했다. 지방 공품은 일반적으로 황제에게 바치는 지방의 특산품으로, 운송로가 멀기 때문에 지방과 백성들의 부담이 컸다. 순치 8년 정월 8일, 친정대전을 치르기 4일 전에 호부는 황제에게 섬서성 한중부漢中府의 특산품인 감자柑子(홍귤나무 열매)를 바쳤다. 황제는 유지를 내려 섬서성이 바친 감자는 비록 세액에 속하지만 "음식으로는 미약한데 백성들만 폐를 입으니, 짐은 그것을 참을 수가 없다."며, 목전에 섬서의 군비가 시급하므로 감자를 운송하는 은전을 병사를 양성하는 데 쓰도록 했다. 그리고 이후 한중의 특산품인 감자, 강남의 귤, 하남의 석류를 바치는 것을 영원히 금지시켰다. 10일에는 호부에 유지를 내려, 섬서성에서 직조하는 융갈장망絨褐妝蟒 견직물은 특별히 쓸 데가 없으니 올리지 못하도록 했다. 강서의 진공품인 용완龍碗(그릇의 일종)은 순치 8년 정월 14일에 영을 내려 그만두도록 했다.

같은 달 24일, 황제는 호부에 유지를 내려 백성들을 불편하게 하는 모든 일은 일률적으로 그만두게 하고 사천의 선병扇柄(부채), 호광의 어자魚鮓(소금에 절인 생선)를 영원히 올리지 못하도록 했다. 순치 11년 정월 10일, 공부工府에 유지를 내려 남경·소주·항주 일대가 연이어 수재와 가뭄 피해를 입어 백성들의 고초가 이루 말할 수 없으니, 축백祝帛(제문을 쓰는 비단)을 제외한 모든 면직물을 2년 동안은 올리지 말라고 했다.

기구를 간소화하고 남아도는 인원도 없앴다. 수입이 지출에 비해 부족해 순치 9년 4월 6일, 호부는 상주하여 허가를 받고 선부宣府의 양 순무巡撫, 예부·공부의 고내감庫內監 390여 명에서 수십 명만을 남기고 모두 면직시켰다. 그 후 각 도의 어사禦史 20명을 해고했다. 첨사부詹事府(황후와 태자 가족의 사무 기구)의 관원도 줄였다. 호부 고내감 55명을 해고했다. 공부의 감국 태감 130명, 장역匠役(관부 혹은 환관의 집에서 일하는 기술자) 275명을 줄였다. 6부 이사관理事官, 부이사관 등 55명을 줄였다. 순치 10년 2월, 섬서 총독 맹교방이 병사 12만 명을 줄이면 매년 군비 31만 냥을 절약할 수 있다고 상주하여 황제의 칭찬을 받았다. 황궁의 관원 수가 감소하자 점점 재정 압박이 해소되었다.

낭비를 줄이기 위해 긴급한 필요가 없는 경비도 줄였다. 순치 8년(1651) 정월 11일, 황제가 호부상서 바하나巴哈納에게 물었다.

"바깥에서 쓰이는 돈에 낭비는 없는가?"

그러자 바하나가 이렇게 상주했다.

"산동성 임청臨淸의 토질이 굳고 세밀하여 수도의 건축용 벽돌로 사용하느라 관원 한 명을 파견해 대규모로 구운 후 북경으로 운반하느라 운임비를 지불하고 있사옵니다."

그러자 황제는 "궁전을 짓는 데에는 수도에서 구운 벽돌도 충분하다"며 임청에서 벽돌 굽는 일을 멈추게 하고 관원도 돌아오도록 명했다. 그전에는 섬서성에서 모피 사는 것을 멈추도록 하고 비용을 아껴 전부 군비로 돌렸다. 그 후 불필요한 공정과 사당 건축을 멈추게 했다. 독무督撫(총독과 순무) 집안의 양식도 줄였다. 주와 현에서 찰원察院(역참)을 수리하고 주택을 짓는 경비도 줄였다. 강녕, 항주, 서안, 한중에 주둔하는 만주족과 한족 병정들에게 매년 지불하는 양식도 줄였다. 또 강녕, 소주, 항주 세 곳에 철저히 절약하도록 독촉했다.

이러한 노력을 통해 재정 상황이 좋아져 순치 11년 6월 25일, 호부는 황제에게 국고가 이미 260만여 냥이라고 보고했다. 비록 전쟁은 끊이지 않아 재정이 근본적으로 곤경을 벗어나기는 어려웠으나, 절약한 결과는 매우 좋았다. 통치 지역이 넓어지자 부세도 증가하고 경기도 좋아졌다.

순치 때에는 국고도 이렇게 늘어 갔을 뿐만 아니라 이재민의 부세를 면제하는 데에도 인색하지 않았다. 순치 13년 8월 22일, 효장태후가 이재민을 진휼할 은전을 기부한 후 10일째 되는 날, 순치제는 호부에 유지를 내려 순천부順天府(명청 시대 북경 지방)의 세금을 면제했다. 재난이 커지는데도 이재민들에게 부세를 그대로 받는다면 그들은 분명히 유랑민이 될 게 뻔했다. 그래서 순천부에 각 주, 현의 재난 상황을 신속하게 조사하게 하여 그 피해의 경중에 따라 부세를 면제하도록 명했다.

황제와 효장태후가 중앙과 지방 관원들의 공동 노력을 매우 강하게 강조해 순천부에서 이재민을 구휼하고 부세를 면제하는 일은 원만하게 진행되었다. 그리고 이것은 수도권 사회의 안정과 백성들의 생활고를 덜어 주었다.

이런 노력을 전후해 순치의 친정이 시작되고, 조정은 여러 차례 은조를 내려 세금을 면제해 주었으며, 경축일에는 묵은 빚을 면제해 주었다. 순치 8년에는, 순치 5년에 민간에서 체납한 세금을 면해 주었다. 순치 11년에는 순치 6, 7년 두 해 동안 민간에서 다 내지 못한 세금을 면제해 주었다. 천재지변과 인재로 백성들의 생활이 궁핍한 때에는 그에 맞춰 부세를 면제해 주었다. 순치 10년 3월, 반란군들에게 혹독한 착취를 당한 산서성의 74개 주와 현에는 6년 동안 세금을 면해 주었다. 직예直隸(지금의 화북성)의 계주薊州, 풍윤豊潤 등 11주에는 9년 동안의 수재를 들어 부세를 면해 주었다.

중국에는 명나라 때까지 고아원이 널리 있지 않았다. 순치제는 익녀溺女(가난한 집에 계집아이가 태어나면 물에 던져 죽임) 풍습을 엄금하는 특별한 조서를 내렸다. 이리하여 고아를 양육하는 일이 널리 행해지고, 나중에는 비공식적으로 고아를 책임지는 기구와 상설 관원도 생겼다. 뒷날 효장태후도 고아들을 돕기 위해 기부했는데, 우선 녹미를 내놓았다. 만한滿漢 문무백관들도 이를 본받아 제각기 돈을 갹출해 도움을 주어, 몇 년 지나지 않아 수도에서 지방의 군현까지 고아원이 생겨났다.

11장

천하의
가련한
부모 마음

효장태후와 순치제는 조정의 대사를
조화롭게 처리했다. 친밀한 모자 관계를 넘어, 스승과 학생 사이 같았다.
하지만 한족 문화에 대한 태도에서 두 사람은 크게 갈라졌다. "순치제는
한어를 좋아하고 한족의 제도를 숭모했다." 하지만 효장태후는 "한어를
매우 싫어하여" 아들이 한어를 배우면, "속된 한어로 인해 만주 풍습이
쇠한다" 하여 이를 막고자 했다.

효장태후는 태조 누르하치 적부터의 구시대 사람으로, '강한 만몽연맹'을 기반으로 청나라의 번영을 이끌었다. 한족과는 오랫동안 대치 상태를 유지했고, 이 시기를 지나면서 전쟁이 없을 때에도 한족 문화를 경계했다. 그런데 대청제국이 산해관을 넘어 북경에 입성한 후 중국의 전 국토를 통일하니, 한족을 대다수의 속민으로 두게 되었다. 청나라 조정으로서도 이제 한족 문화를 이해하는 게 국가의 대사였다. 효장태후가 생각을 바꾸어야 할 때가 온 것이다.

몽골족과 한족 문화를 대하는 효장태후와 순치제의 시각 차이는, 곧바로 황후와 황비 간택 문제에서 극히 첨예한 모순을 드러냈다. 북경 입성 후 효장태후는 소년 천자가 한족 소녀들과 접촉하는 것을 매우 경계했다. 태후는 한족 여인이 며느리가 되어 '삼촌금연三寸金蓮', 즉 머리 위에 만주족 여인네의 상투를 트는 것을 무척 싫어했다. 그래서 조서를 내려 "전족纏足(여진족 여성은 전통적으로 전족을 하지 않음)을 한 (한족) 여인들이 입궁하면 참수하겠다"고 공표하며, 나무 팻말에 이 유지를 새겨 황궁의 북문인 신무문神武門에 걸도록 했다. 그녀는 만몽연맹을 견고히 하기 위해 만몽연혼 정책을 이어 가며, 그녀의 친정 사람들을 계속 황비로 맞아들이려 했다. 그리고 급기야 아들과 상의도 하지 않은 채 섭정왕 도르곤과 의논해 자신의 질녀인 몽골 호르친부 쥐리커투卓禮克圖 친왕 우커산의 딸을 순치제의 황후로 맞아들였다.

순치 8년(1651) 정월 17일, 푸린이 친정대전을 치르고 5일째 되는 날,

그의 외삼촌인 우커산이 딸 보얼지진씨博爾濟錦氏를 데리고 북경에 다다랐다. 세 명의 이사왕과 내대신들은 효장태후의 의도에 맞춰 두 달에 걸친 대혼례를 치르도록 황제께 주청했다. 하지만 뜻밖에도 황제가 아직 대혼례의 길일이 아니라며 거절했다. 이렇게 신부 측이 이미 도착했는데 신랑 측이 아직 택일도 하지 못한 일은 선례가 없었다. 태후는 하는 수 없이 질녀를 후궁에 잠시 머물게 하고, 다른 날을 택일로 정하기로 했다.

8월 2일, 우커산이 딸의 결혼식을 위해 모든 왕비들을 대동하고 다시 북경에 도착했다. 친왕 이하, 상서 이상, 친왕과 군왕들의 비 등이 조양문朝陽門까지 영접을 나갔다. 곧바로 융성한 환영회가 열렸다. 하지만 우커산의 누이동생 부무부타이(효장태후)가 홍타이지에게 시집오던 때와 비교하면 열기가 크게 퇴색한 분위기였다. 우커산은 당시 신랑인 홍타이지가 직접 환영 대오를 이끌고 북쪽으로 영접을 나와 선양에서 환영회를 열어 준 것을 똑똑히 기억하고 있었다. 누르하치는 친히 버일러들과 푸진을 인솔하고 성 밖 10여 리까지 영접을 나왔었다. 사람과 가축이 바삐 움직이고 깃발이 나부끼며 징소리와 북소리가 하늘 끝까지 장엄하게 울려 퍼지던 과거의 성대한 결혼식을 기억하고 있었다.

하지만 이번에는 신랑인 푸린의 얼굴조차 볼 수 없었다. 선대의 만몽 혼인 환영식에 비해 냉담하기 그지없었다. 이것은 당사자인 푸린이 이 결혼을 마음속으로 흔쾌히 원하지 않는다는 것을 웅변해 주었다.

효장태후와 지르갈랑 등은 소년 천자에게 '만몽 혼인동맹'이 대청의 통치와 대청의 강산을 지키는 주춧돌이라며, 마음대로 혼인을 물리면 호르친 몽골부에 죄를 지어 만리장성이 무너지는 꼴이나 마찬가지라고 설득했다. 이 혼인은 황제가 원하든 원하지 않든지 간에 청나라의 변경 통치 전략을 고려해 성황리에 이루어져야 한다는 것이었다. 푸린은 하는 수 없이 효장태후의 명을 받들어 대혼례를 치렀다.

마침내 8월 13일, 북경 자금성 내에 초롱을 달고 곳곳에 오색천을 장식한 성대한 황제의 대혼례식이 거행되었다. 우커산의 딸 보얼지진씨가 드디어 대청제국의 황후로 책립되었다. 모든 식순이 성공적으로 치러져 소년 천자의 모후는 체면을 살렸다.

그러나 어려서부터 제멋대로였던 소년 천자는 결혼식 후에도 모친이 주관한 혼인을 여전히 못마땅해했다. 새 황후가 정궁에 머물며 밤마다 그를 기다려도 아랑곳하지 않고 여전히 측궁에 살며 오랫동안 황후를 만나지 않았다. 그렇게 2년이 훌쩍 지나면서 소년 천자의 마음속에는 황후를 폐위하려는 마음이 스멀스멀 싹트기 시작했다.

순치 10년(1653) 8월 24일, 소년 천자는 예부와 내삼원에 조서를 내려 선대에 폐후를 한 사례가 있는지 조사케 했다. 내삼원 대학사들은 황제의 조서를 읽고 크게 놀라며 사직의 안위를 걱정했다. 후한後漢의 광무제光武帝, 송인종宋仁宗, 명선종明宣宗 등은 모두 현명한 군주라 칭해지지만 폐후를 한 선례가 있었다. 그렇지만 대학사들은 황제에게 신중하게 처리할 것을 거듭 진언했다. 순치제는 곧바로 유지를 내려 반박했다. 그리고 모후에게 폐후에 대한 생각을 여쭈었다. 같은 해 8월 26일, 정식으로 폐후 결정이 반포되었다.

제왕 대신들과 효장태후는 뜻을 모아 황제가 마음을 고쳐먹도록 백방으로 노력했다. 그러다 9월 1일 다른 대책을 내놓았는데, 황후를 중궁으로 계속 두고 다른 두 명의 동서 양궁을 책립하는 것이었다. 그럼에도 소년 천자는 고집을 꺾지 않으면서 황후가 폐위되어야 하는 다섯 가지 이유를 내놓았다.

첫째, 어렸을 때 예친왕 도르곤이 자신의 친척이라는 것을 명분으로 혼인을 정했지 자신은 결코 현재 황후와의 결혼을 결정하지 않았다. 둘째, 황후는 무능하기에 천하의 어머니 노릇을 할 수 없다. 셋째, 책립을 할 때부터 뜻이 맞지 않았고, 혼인 후에도 감정이 좋지 않았으며 여전히 다른 측궁에 거주한 지 3년째다. 넷째, 황후는 극도로 사치스럽다. 옷은 주옥으로 장식하고 음식은 반드시 금그릇에 담아 먹으며, 함부로 재물을 낭비한다. 다섯째, 황후는 마음이 바르지 못하다. 특히 질투심이 강하여 조금이라도 용모가 아름다운 여자를 보면 곧바로 투기심에 휩싸여 죽이고 싶어 한다. 황후의 용모에 대해서는 별다른 이의가 없었으나, 그녀가 지혜롭다는 것은 지나친 칭찬이라는 것이었다.

그중 첫 번째 이유를 보며, 순치제는 본인이 선택하지 않은 결혼에 대한 책임을 도르곤에게 덮어씌워 문제를 효장태후의 어깨 위에 전가하지 않으려 했다. 모든 잘못을 도르곤에게 전가해 그와 효장태후의 모순을 감추려 한 것이다. 다른 이유들은 모두 황제와 황후 사이의 문제였다. 우선 두 사람의 감정이 좋지 않았다. 그리고 황후의 덕이 황후의 자리에 어울리지 않는다는 것이었다. 특히 황후의 투기심이 강한 것은 일부다처제 사회에서 처를 내쫓는 중요한 이유에 해당되었다.

이제 효장태후가 나서야 했다. 태후는 황제가 황후와 합궁하지 않고 3년 동안 측궁에 사는 것을 속수무책으로 지켜보았다. 아들의 용안이 점점 여위고 초췌해지자, 여러 번 설득했지만 황제는 애초의 마음을 돌리지 않았다. 하는 수 없이 효장태후는 조서를 내려 황제 스스로 황후 폐위 건을 결정하도록 내버려 두었다. 의정왕 대신들은 황태후의 윤허를 접하고 9월 5일 "성지를 받들겠다"는 회의 결과를 상주했다. 이리하여 순치제는 곧바로 황후를 폐위하고 측비로 강등시켜 측궁에 거주하도록 했다.

눈 깜짝할 사이에 8개월이 훌쩍 지나갔다. 효장태후는 또다시 아들의 황후를 물색했다. 그녀의 눈은 여전히 친정인 호르친의 아가씨들에게 머물렀다. 이번에 간택한 처자는 효장의 친정 조카인 차오얼지綽爾濟의 딸이었다. 곧 효장의 조카 손녀였다. 차오얼지는 순치 9년에야 진국공鎭國公에 봉해진 몽골의 평범한 귀족이었다. 이러한 가정환경에서 자라 못된 버릇이 비교적 적은 순하고도 바른 처자였다. 이 조카 손녀는 숭덕 6년 (1641) 10월 3일생으로 순치제보다 세 살이 적었고 용모가 상당히 뛰어났을 뿐만 아니라 성격도 좋았다. 순치제가 17세이던 순치 11년(1654) 정월 3일 이 처자는 우선 순치의 비가 된 후, 6월 16일 황후에 책봉되었다. 바로 뒷날의 효혜장황후孝惠章皇后다.

이번에도 관습에 따라 효장태후가 모든 것을 관장했다. 이번에는 순치제도 반대하지 않았다. 이전에 비해 많은 것을 배우고 깨달아 한층 성숙해진 듯싶었다. 모후에게 공개적으로는 순종하면서 소극적으로 저항한 것이다. 황제는 새로운 황후에게도 여전히 냉담한 태도를 보였다. 천성이 순진한 효혜장황후는 순치제가 동악비만을 사랑해도 전혀 개의치 않으면서 자신의 궁에서 조용한 나날을 보냈다.

그런데 순치제는 채 4년이 지나지 않아 또다시 황후를 폐위하고 동악비를 황후의 자리에 앉히려고 했다. 효장태후는 절대로 이를 윤허하지 않았다. 동악비는 순치제 앞에 무릎을 꿇고 간청했다.

"절대로 황후를 폐위하지 말아 주십시오. 그렇지 않으면 소첩은 감히 살아갈 수가 없습니다."

순치제는 어쩔 도리 없이 사랑하는 동악비의 청을 들어주고 황후 폐위의 명을 거두었다.

당시 순치제의 후비는 적어도 30명 이상이었다. 문헌에 기재된 수만도 20명이다. 일찍이 순치 5년에 청나라는 유지를 내려 "천하는 모두 한 가족으로 만주족과 한족은 모두 짐의 신하이자 자식들"이라고 공포하며 만한통혼滿漢通婚을 윤허했다. 황태후가 전족 여인의 입궁을 허락하지 않는다는 목패도 자연스레 철거되었다. 순치제는 아버지 홍타이지나 조부 누르하치와는 다르게 20여 명의 후비 가운데 5명의 한족 후비를 맞이했다. 만주족은 9명, 몽골족은 6명이었다. 6명의 후비 가운데 두 명의 황후가 효장태후의 조카딸들이었다. 후비들 중에서 몽골족 후비는 지위가 높아 단 한 명도 서비庶妃가 아니었지만 모두 자녀가 없었다. 순치제는 8명의 아들과 5명의 딸을 두었는데, 그중 1명이 동악비의 소생이고 다른 4명은 모두 서비의 소생이었다. 강희제의 생모는 동가씨佟佳氏로, 당시에는 '서비'였지만 강희제 즉위 후 황후로 봉해졌다. 순치제의 둘째 아들 푸취안福全의 생모인 동악씨董鄂氏는 원래 서비였는데, 강희 20년에 영각비寧悫妃로 봉해졌다. 자신이 좋아하는 아가씨들 중에서 자유롭게 서비를 간택했던 순치제는 이 서비들과 더 가까웠던 것으로 보인다.

이처럼 효장태후와 순치제 사이에는 결혼을 둘러싼 첨예한 모순이 존재했다. 효장태후는 모든 일을 대국적으로 바라보고 조정의 이익을 생각해 만혼동맹을 중시했다. 그녀는 아들이 애정을 추구한다는 사실을 몰랐다. 봉건 통치자들에게 혼인은 세력을 확대하는 일종의 정치적 행위였다. 청나라의 정략결혼은 청나라 조정의 이익과 직결된 중대 사안이었다. 황제의 지위는 높았지만 자유는 적었다. 결혼을 포함해 황제 개인의 모든 것은 조정의 대국적인 정치에 복종해야만 했다. 그런데 '소년 천자' 순치제는 이상적인 애정을 좇았기에 극도의 번뇌와 고통 속에 빠지게 되었다. 물론 이는 모후, 가족, 조정에도 큰 부담을 끼쳤다.

동악비와 청년 황제의 치정

후궁에 절세가인 3천 명이건만,

황제의 총애는 한 사람에게만 향한다네

后宮佳麗三千人, 三千寵愛在一身

당나라 시인 백거이의 〈장한가長恨歌〉에 나오는, 당현종唐玄宗이 양귀비를 남달리 총애했다는 시구이다. 하지만 순치제에 비하면 당현종의 총애는 총애가 아닐 정도였다.

동악씨는 입궁 후 현비賢妃에 봉해지고 귀비貴妃가 되었다. 흔히 '동악비'라고 한다. 청대 민간 전설에서는 남경 진회秦淮의 명기名妓 동소완董小宛이 동악비라고 억지로 갖다 붙인다. 홍승주가 강남을 귀순시킬 때 동소완의 명성을 사모하여 억지로 그녀를 겁탈하려 하였으나 그녀가 죽음으로 맞서자 하는 수 없이 순치제에게 바쳤다. 뒷날 그녀는 순치제의 총애를 한 몸에 받았다. 이리하여 순치제와 동소완은 사랑을 굳게 맹세한 연인이 되고, 둘의 애정은 억겁의 세월도 녹일 수 없었다. 순치제는 오직 그녀만을 일편단심 사랑했다. 뒷날 동소완은 효장태후에 의해 출궁을 당하고 서산西山 옥천사玉泉寺에 피해 살았다. 나중에 실종되어 신선이 되었다는 등 이야기들이 전해지지만 역사적 사실은 아니다.

사서에 따르면 진짜 동소완은 명나라 천계天啓 4년(1624)에 태어나 순치 8년(1651) 정월 2일에 죽었다. 그녀는 명말 진회의 명기로, 이름은 백白이며 뒷날 모양冒襄의 처가 되었다. 청병이 남하할 때, 난리 통에 9년 동안 여기저기를 전전하면서 동가식서가숙하다가 죽었다. 동소완은 순치제보다 열네 살이 위이고, 동악비보다는 열다섯 살 많다. 동소완과 동악비 둘 다 한족인데, '진짜 동악비'는 정백기 내대신 어쉬鄂碩의 딸이다.

동악씨는 원래 남편, 그것도 3품 이상 대관원의 처였다. 청대에는 3품 이상 고관의 명부命婦들은 황후와 제왕의 푸진, 버일러, 버이서의 부인들을 접견해 시중을 들어야 했다. 동악씨는 황후와 기타 비빈을 시중들다 순치제를 알게 되고, 두 사람은 첫눈에 반해 사랑에 빠졌다.

그렇다면 동악씨는 대체 누구의 처란 말인가? 역사학자들마다 보는 방법이 다르다. 대다수는 순치제의 이복동생인 양친왕襄親王 보무보귀얼의 처라고 본다. 주요 근거는 《아담 샬 전기》에 실린 내용에 따른다.

"순치제는 한 명의 만주족 군인의 부인에게 불처럼 뜨거운 연애 감정을 느꼈다. 그 군인이 부인을 심하게 질책하자, 순치제는 이를 듣고 그

군인의 따귀를 모질게 때렸다. 그리하여 그 군인은 원망과 분노에 휩싸여 결국 자살하고 말았다. 황제는 그 군인의 미망인을 입궁시켜 귀비로 삼았다."

하지만 이 단락에서도 '그 군인'이 누구인지는 나오지 않는다.《청세조실록清世祖實錄》의 기록을 참조해 보자.

"순치 13년(1656) 7월 3일, 양친왕 보무보귀얼이 죽었다. 향년 16세. 7월 9일 예부는 8월 19일을 택일해 (동악)비를 책립했다."

순치제는 양친왕이 죽자마자 '(동악)비 책봉'의 예를 곧바로 거행하고 싶은 마음을 참지 못하고 8월 이후를 길일로 삼아 '비 책봉식'을 거행할 것을 명했다. 이후의 기록에는 동악씨가 현비賢妃와 황귀비皇貴妃로 결정될 때, 같은 날 혹은 그에 앞서 양친왕에게 제사를 지내 위무했다고 한다.

이를 분석해 보면 동악비와 양친왕은 필히 모종의 관계가 있다. 양친왕은 만주족 기인이기 때문에 광범위한 의미로는 '군인'이라고 부를 수도 있다. 앞에서 언급한《아담 샬 전기》의 내용으로 다른 결론을 내는 사람도 있다. '그 군인'은 양친왕이 아니라는 것이다. 주요 이유는 두 가지다. 첫째,《아담 샬 전기》를 다 읽어 보면 만주 '군인'과 만주 '왕공王公'을 매우 엄격하게 구분했다. 두 번째, 순치제는 순치 20년에 15세의 보무보귀얼을 양친왕에 봉했다. 하지만 아무런 군공도 없는 그를 단지 선제의 아들이고 자신의 동생이라는 이유로 양친왕에 봉했는데, 과연 그런 그를 일반적인 '만적滿籍 군인'이라고 부를 수 있겠는가?

따라서 동악비가 양친왕의 푸진이 아니라《아담 샬 전기》에 기재된 내용대로 어느 '만적 군인'의 부인이라는 것이다. 이 만적 군인이 누구인지는 확인할 길이 없게 되었다. 하지만 분명히 3품 이상의 장수일 것이다. 3품 이상의 명부만이 입궁하여 후비를 시중들 수 있었기 때문이다.

필자가 생각하기에 상술한 것 중에 두 번째가 이치에 맞다. 보충하자면 이렇다. 첫째 청나라 제도에 따르면 친왕의 푸진들은 3품 이상 부인들의 시중을 받았다. 다른 사람은 곁에서 시중을 들지 못하게 했다. 때문에 입궁하여 후비를 측근에서 시중을 든 이는, 양친왕의 푸진이 아니라 3품 이상 문무관원의 명부일 것이다.

두 번째로 3품 이상의 관원은 많은데, 도통都統과 좌령佐領 사이에 참령參領이 바로 정3품관이다. 그래서 아담 샬은 그의 이름을 몰랐다.

세 번째로 아담 샬은 순치제의 도덕적인 결함을 비교적 상세하게 알고 그 어느 것도 숨기지 않았다. 만약 동악비가 순치제의 제수씨, 즉 양친왕의 부인이었다면 절대로 모를 리가 없고, 알았다면 숨기지 않고 오히려 격렬하게 질책하면서 언쟁을 벌였을 것이다.

동악비를 책봉할 때 양친왕에게 제사를 지낸 것도, 만약 두 가지 일이 시간적으로 너무 가까우면, 곧 동생이 죽자마자 곧바로 혼사(동악비와의 결혼)를 치르는 것은 아무리 황제라도 마음이 불편했을 것이다. 단지 우연의 일치일 뿐이라는 얘기다.

순치제의 혼인을 효장태후는 여러 차례 반대했다. 황제가 '남의 처를 빼앗았다'는 추문이 달가웠을 리 없다. 이후 태후는 이 모든 사단의 발단, 즉 3품 이상 고관 부인들이 입궁해 시중드는 제도를 조서를 내려 폐지하라 명했다. 순치 11년(1654) 4월 5일, 순치제는 성모 황태후의 유지를 받들어 명부들이 황후와 제왕의 푸진 등을 곁에서 시중드는 것을 금지했다. 그 목적은 "상하를 엄하게 하고, 의심을 없앤다"는 것이었다.

그러나 소 잃고 외양간 고치는 격이었다. 이후에도 순치제와 동악씨는 계속 내왕했다. 그리하여 순치 13년(1656) 4월 24일, 예부는 황태후의 의도를 수렴해 또 다른 비빈을 책봉하는 의식을 거행하자고 건의했다. 동악씨를 입궁시키려는 순치제의 계획을 단념시키고자 한 것이다. 하지만 순치제의 분노로 무산되었다. 2개월이 또 지났다. 대략 5월 하순, 황태후는 친히 내대신 오보이에게 유지를 내려 황제를 깨우쳐 가르치도록 했다. 황제의 비빈이 아직 책립되지 않았으므로 당연히 예법에 맞춰 비빈을 책봉해야 한다는 것이었다. 순치제는 모후의 말을 따를 수밖에 없었고, 길일을 8월 이후로 택했다.

황태후가 이번에 간택한 동궁東宮 황비는 광서에서 희생된 정남무장왕定南武壯王 공유덕의 딸 공사정孔四貞이었다. 그녀는 정숙하고 단정한 모범 규수였다. 일찍이 효장태후는 공유덕의 충성과 희생을 잊지 않고 그의 딸 공사정을 입궁시켜 친딸처럼 양육했다. 충신의 후예를 며느리로 앉혀 동궁 황비로 삼는다면 대단히 모범적이면서도 아름답고, 나라의 경사이자 아들이 좋은 아내를 얻는 일거양득의 결과를 얻을 수 있었다.

그러나 이미 마음속에 동악씨를 간직한 순치제는 끝끝내 거절했다. 공사정도 순치제에게 시집가는 것을 마다했다. 그녀는 궁에서 자랐기에 궁중의 모든 일을 잘 알았을 뿐만 아니라, 그녀가 어릴 적에 아버지가 이미 부하 장수인 손룡孫龍의 아들 손연령孫延齡에게 시집을 보내겠다고 약조한 터였다. 이렇게 순치제와 공사정, 당사자들이 원하지 않았기 때문에 혼사를 진척시키지 못했다. 효장태후는 이 일에 대해 좀 더 통 크게 접근

할 필요가 있었다. 태후는 황제와 동악씨의 결혼을 반대하면 순치제와 끊임없이 분쟁을 일으킬 게 뻔했기에 결국 동의했다.

순치 13년(1656) 12월 6일, 동악씨를 황귀비로 책봉하는 의식이 거행되었다. 책옥冊玉과 의장이 하사되었다. 의식은 매우 성대하고 장중하여 마치 황후의 책립식 같았다. 게다가 선례를 깨고 대사면령까지 반포했다. 《청회전淸會典》에 따르면, 청나라 예법상 황후를 책립하면 천하에 조서를 반포하고, 비빈을 봉하면 그렇지 않았다. 하지만 이번에는 사람이 특별하고 황제의 정도 각별하여 은조恩詔를 반포했다. 소년 천자는 사랑하는 동악비가 황후에 버금가는 인물이라는 것을 만천하에 알리고 싶었던 것이다. 이렇게 하여 황제는 어머니의 적극적인 찬성도 얻지 못하고, 선례를 깨면서까지 사람들의 의심을 살 만한 혼례를 올렸다. 비록 책문에서 "그녀(효장태후)는 이에 자애로운 명을 내려 귀비를 책봉한다"고 했지만 효장태후는 동악비 책봉대전에 참석하지 않았다.

순치 14년(1657) 10월 7일, 동악비는 제4황자를 낳았다. 그전에 순치제에게는 세 명의 황자가 있었다. 맏아들은 뉴뉴牛鈕로 두 살 때 죽었다. 차남은 푸취안으로 다섯 살, 셋째는 쉬안예로 네 살이었는데, 모두 서비 소생이었다. 넷째가 바로 동악비 소생으로 모두 한결같이 고귀했다.

동악비 소생의 넷째가 태어나자 순치제는 기쁨에 겨워 다음 날 예부에 친히 쓴 '주유朱諭'를 내렸다. 여기서 황제는 뜻밖에도 넷째 황자야말로 "짐의 첫 번째 아들"이라고 칭했다. 예부 관원들도 덩달아 "삼가 첫 번째 황자가 태어나다"라고 했다. 이는 곧 '황태자'를 가리켰다.

그런데 이 제4황자는 104일밖에 살지 못하고, 순치 15년(1658) 정월 24

일에 요절하고 말았다. 순치제는 크나큰 상처를 입고 슬픔의 나락에 떨어졌다. 그는 동악비를 위로하기 위해 100여 일밖에 살지 못한 아들을 영친왕榮親王에 봉했다. 북경의 동쪽 계현薊縣 황화산黃花山에 특별히 호쇼이 영친왕 능침을 세워 그에 합당한 장례를 치렀다. 그러고는 천총千總(하급 무관) 2명, 파수병 100명을 두어 무덤을 지키게 했다. 순치제는 친히 묘비명을 지어 갈석碣石(둥근 비석)에 새겼다. 그 묘비명에는 "호쇼이 영친왕, 짐의 첫 번째 아들" 그리고 '생몰년, 호쇼이 영친왕에 봉한다'는 내용 등이 실려 있다.

동악비는 절세가인일 뿐만 아니라 선량하고 현명한 숙녀로 대국을 간파하는 지혜와 재능, 교양을 고루 갖춘 출중한 인물이었다. 구중궁궐의 특수하고도 복잡한 정황 아래에서 자신에 대한 황제의 총애가 오해와 싸움을 불러일으키지 않도록 매사를 조심하고 세심하게 살폈다. 특히 궁중의 모든 사람들과의 원만한 관계를 맺었다. 비록 그녀의 건강은 아들이 요절한 다음부터 날로 악화되었지만, 이러한 상황에서도 그녀는 몸을 추스르며 행동거지에 어긋남이 없도록 했다.

동악비는 입궁한 후, 황제의 미세한 것까지 그녀의 보살핌이 미치지 않은 게 없도록 했다. 하지만 조정 일에는 전혀 간여하지 않았다. 그녀는 사람의 뜻을 헤아리는 안목이 탁월했다. 그래서 황제의 심경 변화를 세심하게 알아차리고 내조를 훌륭하게 해냈다. 황제가 난관에 부딪히면 적절한 방안들을 기민하게 내놓았다. 가령 황제가 형부 상주문을 비준할 때 머뭇거리면 명확하게 그 원인을 물어 간청했다.

"백성들의 목숨은 귀하고 한 번 죽으면 다시 살아날 수 없습니다."

황제는 신중하게 고려한 후에 되도록 관대하게 죄를 묻고, 억울한 죽음이 없도록 처리했다. 순치제는 "관대함을 진언하는 그녀의 마음이 곧 짐의 마음"이었다며, 자신은 그녀와 뜻이 잘 맞고 지향하는 바가 같다고 했다. 그 후 순치제의 심사안이 더욱 신중하고 상세해졌다. 황제는 밤중에도 상주문을 읽고, 동악비는 곁에서 황제를 밤새껏 보필했다. 만약 황제가 상세하게 보지 않으면 그녀는 심사안을 자세히 읽을 것을 건의하며, 조그마한 착오와 누락도 피하도록 했다. 그녀는 순치제를 현명하게 내조한 슬기로운 여인이었다.

동악비는 또 황태후와 황후가 무엇을 생각하는지를 놓치지 않고 알아챘다. 그녀의 성공은 무엇보다 시어머니가 황후를 편애하는 것을 원망하지 않는 데 있었다. 또한 자신에 대한 황제의 편애가 황태후와 황후의 오해를 사지 않도록 한 것도 큰 성공이었다. 효장태후를 정성스럽게 공경함에 있어서 효장의 친딸에 뒤지지 않았으며, 황태후의 궁에 갈 때는 "좌우를 물리고 여종처럼 모셨다". 순치 14년 겨울, 황태후가 남원에 머물 때 "성체聖體에 병이 나자" 동악비는 아침저녁으로 황태후를 시중드느라 침식을 잊어버릴 지경이었다. 황태후가 도리어 그녀를 곁에 두고, 태후궁의 대소사를 모두 반드시 그녀에게 맡겼다. 동악비가 곁에 없으면 효장태후의 심경도 그리 밝지 않았다.

순치 15년 황제가 황후를 폐했을 때도 동악비는 황상에게 명령을 거둘 것을 간청하였을 뿐만 아니라, 시어머니 효장태후가 이러한 풍파에서 안정을 찾도록 성심껏 모셨다. 황후가 불평을 늘어놓으면 황제의 고충을 이해해 달라고 간청했다. 황후가 병이 들자, 그녀는 황후를 돌보며 경건하게 5일 밤을 지새웠다. 그녀는 사서를 읽어 주며 마음의 번뇌를 헤아려 주고 마음을 터놓을 수 있는 말벗이 되어 주었다. 그 밖의 다른 비빈이 병들어도 동악비는 친히 가서 정성껏 보살폈다.

요컨대 동악비는 온 힘을 다해 후궁들이 서로 화목하게 지내도록 노력했다. 순치제가 감정적으로 불공평하거나 편애의 벽에 부딪히면 그것을 뚫도록 교정하고, 그와 황후의 관계가 위기에 빠지지 않도록 했다. 이렇게 동악비는 황제 집안의 상혼을 지우는 핵심적인 인물이었다. 그녀는 황태후의 마음속 걱정과 기대에 만족스럽게 부응했으며, 효장태후도 결국 이러한 며느리를 각별히 사랑했다.

순치 15년 정월 24일, 넷째 황자가 요절하자 동악비는 청천벽력을 맞은 듯 애끊는 깊은 슬픔의 나락에 빠졌다. 병석에 누워 회복되지 못한 채 3년이 지났다. 비록 몸과 마음은 상하여 수척해졌지만, 여전히 인내하며 "만사가 예의에 어긋나지 않도록 처리했다". 병으로 드러누워 일어나지 못하고 목숨이 경각일 때에도 효장태후가 사람을 보내 안부를 묻자, 그녀는 여전히 "오늘은 안정을 찾았습니다"라고 대답했다. 순치제는 이런 그녀의 행동을 이해하지 못해 물었다.

"병이 이렇게 위중한데 안정을 찾다니요?"

그러자 동악비가 "저의 병을 태후마마께 절대 알리지 마십시오. 제가 죽고 나면 자연스럽게 아시게 될 것입니다."라고 말했다. 순치제는 이런 그녀가 가련해서 참을 수 없는 슬픔에 남몰래 울음을 삼켰다.

동악비는 임종 직전에 다음과 같은 유언을 남겼다.

"거의 일어서지 못하지만 전혀 고통스럽지 않습니다. 유독 황태후와 황제의 은덕에 보답하지 못해 마음이 무겁습니다. 제가 죽은 후 황제의 성명으로 조종의 대업을 이으시고, 황태후마마께서는 옥체를 보존하시어 너무 슬퍼하지 마십시오. 제가 죽은 후에는 그 어떤 진귀한 보물도 안장하지 마시어 나라의 재물을 헛되이 하지 마시고, 빈곤한 이의 장례처럼 치러 주십시오."

순치 17년(1660) 8월 19일, 이제 겨우 스물두 살에 불과한 재색을 겸비한 꽃 같은 여인이 인간 세상의 줄을 놓아 버렸다. 치정의 사랑을 준 낭군과 영원히 이별하며 길이길이 남을 애정을 가슴속에 묻은 채 그녀가 비통하게 떠나자 숱한 전설이 태어났다. 유일한 홍안의 지기知己이자 연인이 세상을 떠나자, 순치제는 살 의욕을 잃었다. 순치제는 5일 동안 조정의 일을 폐하고 친히 동악비의 영혼을 지켰다. 8월 21일, 예부에 조서를 내려 "성모 황태후의 유지"에 따라 선례를 깨고 동악씨를 황후에 봉했다. 시호는 열두 자에 달했는데, 바로 '효헌장화지덕선인온혜단경황후孝獻莊和至德宣仁溫惠端敬皇后'였다.

슬픔과 회한에 휩싸인 황제는 친히 어필로 4,000여 자에 달하는 〈단경황후행장端敬皇后行狀〉을 써 동악비의 미덕을 찬양했다. 그리고 대학사 김지준金之俊에게 명하여 동악씨의 전기를 쓰도록 했다. 황제는 원래 문서를 비준할 때 주필朱筆(붉은 글씨)로 하고 국상에서는 남필藍筆(남색 글씨)을 썼다. 국상의 복상 기간은 통상 27일이었다. 그런데 순치제가 자신의 끝없는 슬픔을 표시하기 위해 남필로 비준한 장례 일정만도 8월부터 12월까지 120일에 달했다. 청나라 역사상 유례가 없는 일이었다.

동악비는 생전에 순치제의 영향을 받아 불교를 믿었다. 그래서 순치제는 호주湖州(절강성 오흥吳興) 보은사報恩寺의 공계삼筇溪森 선사에게 장례식을 주관토록 했다. 108명의 승려가 낮에는 요발鐃鈸(법회에 쓰는 향동제響銅製 악기인 바라)로 순치제가 사랑하는 비를 잃은 슬픔을 하늘에 알리고, 황혼에는 동악비의 명복을 빌기 위해 지전을 태우고, 시식施食(외로운 혼령을 위하여 음식을 올리며 경전을 읽음)을 했다. 대소 관원들이 모두 장례식장에 나와 장례식은 극히 장엄하고 성대했다. 장지로 발인하여 운구가 떠날 때에는 팔기 2, 3품 관원들이 관을 들었고, 30명의 궁녀와 환관들을 순장했다.

역사는 반복된다고 했던가? 그로부터 20여 년 전인 숭덕 2년(1637), 홍타이지도 총비 하이란주가 제8황자를 낳았을 때 너무나 기뻐하며 황자를 "황사皇嗣"라고 부르며 경축했다. 다음 해에 제8황자가 요절하고 그 뒤를 이어 하이란주마저 죽자 홍타이지는 슬픔을 가누지 못했다. 그 치명적인 사랑이 순치제에 이르러 반복된 것이다. 그러나 홍타이지는 그때 이미 성숙한 중년이었지만, 푸린은 지혜와 이성이 부족한 청년 황제였다. 순치제는 비교적 근검절약하는 군주였지만, 사랑하는 아이와 총비를 위해 많은 사람을 동원하고 재물을 크게 낭비하며 장례를 치렀다. 사랑하는 사람을 하늘나라로 보내는 날에는 특히나 비정상적이라 할 정도로 깊은 슬픔에 젖어 들었다.

불교는 티베트를 통해 만주에 전해졌다. 누르하치는 항상 염주를 지
녔으며 허투알라에 절도 세웠다. 홍타이지는 1635년 10월에 여진족이라
는 민족명을 사용하지 못하게 금하고 '만주족滿洲族'라는 새로운 민족명을
썼는데, 만주는 산스크리트어 만주시리, 즉 '문수사리文殊師利(문수보살)'에
서 유래했다. 만주시리는 '총명한 사람'이란 뜻이다. 홍타이지는 또 성경
에 실승사實勝寺를 세웠다. 홍타이지가 죽자 과부가 된 효장태후는 불교
를 통해 마음속의 번뇌를 씻어 냈다.

동악비가 죽자 순치제는 총비를 따라 죽으려고까지 했다. 순치제가 모
든 정무에서 손을 놓고 정신도 놓아 버리자, 궁중 사람들은 주야로 그를
돌보며 황제의 자살을 막고자 했다. 그 후 순치제는 자신을 승려들에게
완전히 맡겼는데, 사려 깊은 효장태후와 '마파' 아담 샬이 없었다면 아예
불문에 귀의했을지도 모른다. 이러한 정황을 묘사한 《아담 샬 전기》는
역사적 사실에 부합한다.

물론 야사는 다르게 전한다. 순치제는 동악비가 죽은 후 슬픔을 이기
지 못하고 출가해 중이 되었으며, 청나라 조정은 이를 감추기 위해 순치
제가 붕어했다는 가짜 조서를 반포했다. 뒷날 강희제는 친아버지인 순치
제를 뵙기 위해 조모인 효장태후와 함께 친히 오태산五台山을 방문했다고
도 한다. 그러나 이러한 전설은 항간에 떠도는 말이라는 게 학자들에 의
해 완전히 증명되었다. 물론 순치제가 임종 직전에 불교를 깊게 믿은 것
은 사실이다. 하지만 오태산으로 출가해 중이 된 것은 사실이 아니다.

애초에 순치제는 친정 후 국정을 힘써 보살피고 문치로 천하를 다스리고자 유신儒臣들과 치국의 도道를 토론하며, 선대의 사람들과는 다르게 불교를 존숭하지 않았다. 아담 샬은 순치제에게 천주교를 포교하였으나 뜻을 이루지 못했다. 그런데 순치 14년(1657)부터 순치제는 불교에 흥미를 붙이기 시작했다. 이것은 궁중의 환관들과 깊은 관련이 있다. 청나라는 산해관 밖에 있을 적에 환관이 매우 적었을 뿐만 아니라, 그들은 단지 궁중에서 잡일을 하는 잡역부에 지나지 않았다. 때문에 환관은 크게 되거나 정치에 깊이 관여할 수 없었다. 명청 교체기 때에 명나라 조정이 환관들을 강제로 황궁 밖으로 쫓아낸 후 그들은 도처에서 유랑했다. 그들이 뒷날 다시 한 무리씩 궁으로 돌아와 그 수가 1천 명에 달했으며, 승려들과 함께 이익을 도모해 황제에게 영향을 미치기 시작했다.

이 해 연초 순치제는 북경의 해회사海會寺에서 환관의 주선으로 불교 선사 감박憨璞을 만났다. 나중에 순치제는 그를 대궐로 불러들여 불법을 공부하겠다는 뜻을 전했다. 감박은 황제의 비위를 맞췄다.

"황제께서는 이미 금륜왕金輪王의 환생이십니다. 석가모니를 믿으면 불교를 공부하지 않아도, 스스로 깨우치는 천하의 지존이십니다."

순치제는 감박이 아첨하여 떠받드는 말을 듣고 득의만만하여 기분이 유쾌해졌다. 감박은 또 전력을 다해 환관들에게 아양을 떨며 환관의 추천으로 황제의 총애를 받았다. 마침내 그는 '명각선사明覺禪師'라는 봉호를 받고 황제와 불법에 대해 토론했다. 이로부터 황제는 불교를 믿는 마음이 점점 독실해졌고, 동악비까지 불법을 믿었다. 하지만 이때까지는 불교를 그렇게 맹신하는 단계는 아니었다.

순치제는 사랑하는 아들이 요절하고 총비 동악비마저 병마에 몸을 가누지 못하자, 극도의 고통에 빠져 불법으로 마음의 안정과 해탈을 찾고자 했다. 감박은 이 기회를 틈타 순치제에게 강소성 출신의 저명한 고승인 호주湖州 보은사報恩寺 주지 옥림통수玉林通琇(1614~1675)를 추천했다. 옥림통수는 황제의 부름을 받고, 순치 16년 2월 15일에 북경에 올라와 순치제에게 불법에 관한 높은 지혜와 언행을 보여 주었다. 이에 순치제는 옥림통수에게 빠져 자신에게 법명을 내려 달라고 청했다. 옥림통수는 10여 자를 보여 준 후, 황제가 친히 자신의 법명을 선택하도록 했다. 순치는 되도록 추한 글자를 사용해 달라고 주문했다. 그러자 옥림통수는 순치의 법명을 '행치行癡'로 정했다. 옥림통수의 속명은 양통수楊通綉고, 호는 옥림玉林이었다. '행行' 자는 '통通' 자보다 아래 항렬이다. 즉, 행치는 '(옥림통수의) 제자'라는 뜻이 담겨 있었다. 순치제는 옥림통수를 마치 선문의 스승처럼 대하며 자신을 그의 제자라고 불렀다. 순치제는 옥림통수를 '대각보제능인국사大覺普濟能仁國師'로 봉해 주었다. 얼마 후인 같은 해 9월, 옥림통수는 같은 연배의 저명한 고승인 광동 차양인茶陽人 목진민木陳潘을 북경으로 불렀다. 그는 8개월 동안 만선전萬善殿에 머물며 황상의 총애를 받고, 홍각선사弘覺禪師라는 봉호를 받았다. 순치제는 목진민에게 이렇게 말했다.

"짐은 전생에 승려였음이 틀림없소. 그러니 절에 오면 불가의 맑고 청아한 창문만 바라보아도 다시는 대궐로 환궁하고 싶지 않소이다. 황태후께서 마음에 걸려 하실 것을 아랑곳하지 않는다면 짐은 이미 출가했을 것이오."

하지만 목진민은 만민의 어버이이자 천하의 주인인 황제가 불가에 귀의하는 것은 적절하지 않다며 순치제를 말렸다. 하지만 승려가 되고자 하는 황제의 마음은 현실의 고통에 부딪히면 부딪힐수록 자꾸만 커졌다. 아들이 요절하고 동악비마저 병으로 눕자 그는 더한 일이 터질까 봐 전전긍긍했다.

국사와 가사를 한 몸에 짊어진 순치제는 날이 갈수록 몸이 쇠약해지고 마음마저 가눌 길이 없어 점점 더 도피처를 찾았다. 하지만 효장태후를 생각하면, 대청의 대업을 다시 어머니의 어깨에 지우고 자신은 불가에서 조용히 지낼 수만은 없는 노릇이었다. 어머니의 간난신고를 이겨 낸 노력 덕에 대청의 오늘이 있건만, 그 어머니의 피땀으로 이루어진 대청 강산을 배반하고 떠난다는 것은 천하의 불효자식이나 할 짓이었다.

이때 목진민의 진언은 유익했다. 효장태후도 불가에 귀의하려는 아들의 마음을 돌려세우기 위해 진력했다. 아담 샬도 힘껏 효장태후를 도왔다. 아담 샬은 '황제 학생'이 불교에 빠져 불가의 일에 재물을 낭비하자, 엄중하게 진언하는 상주문을 올렸다.

"한번 현혹된 사람은 다시 그 이성을 회복할 수 없습니다."

순치제는 '마파의 진언이 맞다'고 생각했지만, 동악비마저 요절하자 그 충격을 도저히 감내할 수가 없었다. 다시 공공연하게 출가의 뜻을 내비쳤다. 조정 대신들은 크게 놀랐고, 효장태후는 여러 번 그에게 마음을 돌려세우라고 권유했다. 하지만 황제는 공계삼에게 삭발식을 요청했다. 공계삼은 이를 만류했지만 황제의 고집을 꺾지 못하고 결국 삭발식을 치르고 말았다.

화가 난 효장태후는 공계삼의 스승인 옥림통수를 대궐로 소환했다. 옥림통수는 승려였지만 속세의 일에도 밝은 총명한 사람이었다. 황제의 삭발식이 얼마나 엄중한 사태인지를 아는 옥림통수는 다른 묘안을 강구해 냈다. 황제는 만민의 천자이기에 만약 백성들이 천자가 출가했다는 사실을 알면 크게 동요할 게 분명했다. 이 기회를 틈타 대청의 적들이 준동할 것도 불을 보듯 뻔했다. 정국은 다시 안개 속에 빠지고, 자신의 절도 크게 화를 입을 게 눈에 선했다. 북경에 도착한 옥림통수는 곧바로 장작더미를 쌓고 제자 공계삼의 화형식을 준비했다. 순치제는 하는 수 없이 옥림통수에게 유조를 내려 자신이 원해서 한 일이므로 공계삼의 죽음만큼은 면하게 해 주었다. 이로써 일개 한 명의 중에 의해 치러진 황제의 출가 의식은 끝이 나고 황제도 다시 마음의 안정을 되찾았다.

하지만 출가에 대한 황제의 마음이 완전히 사라진 것은 아니었다. 옥림통수는 황성 내 서원西苑의 만선전 방장실方丈室에서 순치제를 알현했다. 순치제는 자신의 출가 근거를 이렇게 설명했다.

"석가모니께서는 원래 인도 북부의 카필라 왕국의 태자였지만, 갑자기 황태자의 지위를 포기하고 출가를 해 불교를 창시하셨습니다. 보리달마 선사는 남인도 향지왕香至王의 아들이었는데, 고승에게 배움을 얻고 불문에 귀의하였습니다. 이분들은 모두 황위 계승권과 부유한 왕자 생활을 포기하고 출가해 승려가 되었지 않습니까?"

순치제가 '효자'라는 사실을 알고 있던 옥림통수는 모친의 이야기로 황제의 마음을 돌리려 했다.

"황제폐하, 세법이든 출세법이든 폐하께서는 여하튼 황제이십니다. 우선 성모(효장태후)의 마음을 편안하게 하시고, 천하의 만민 백성들이 생활을 즐겁게 할 수 있도록 보살펴 주십시오."

성모의 마음을 편안하게 하라는 말부터 끄집어 낸 것은 황제가 내심 가장 아파하는 부분을 건드린 것이었다.

"죽은 자식과 처는 다시 살아올 수 없지만, 모친은 유일한 어머니이므로 모친이 계시는 한 절대로 출가할 수 없습니다."

옥림통수의 말을 듣고, 순치제는 드디어 출가하려는 마음의 싹을 잘랐다.

순치제의 귀의를 철저하게 막고자 순치제가 가장 총애하는 태감 오량보吳良輔를 대신 출가시켰다. 오량보는 순치 18년(1661), 정월 2일 민충사憫忠寺(북경 광안문廣安門 밖 법원사法源寺)에서 삭발을 하고 승려가 되었는데, 순치제는 친히 그의 삭발식에 왕림했다.

청년 황제의 요절과 소년 천자의 등극

'청년 황제' 순치제는 영준하고 다정다감하며 감정이 예민했다. 14세에 친정을 하여 정사에 성실하고 백성을 사랑하였으며, 매일 온갖 정사를 처리하면서도 성현들의 책을 읽는 데 침식을 잊을 정도로 전력했다. 그 때문에 기력이 쇠약해져 건강이 좋지 않았다. 동악비가 죽은 후에는 아침저녁으로 그녀를 그리워하며 매일 슬픔에 젖어 지내다 마침내 건강이 급격하게 악화되고 말았다.

동악비가 죽은 지 4개월째, 순치제는 당시 불치의 병이던 천연두에 전염되어 순치 17년 연초부터 순치 18년 설까지 조정을 돌보지 못하고 모든 국가 대사에 간여하지 못했다. 하지만 정월 2일, 민충사 에서 태감 오량 보가 그를 대신해 승려가 되는 의식에는 왕림했다. 마음이 불편하였으나 병세는 그리 중하지 않은 듯싶었다. 그런데 천연두는 풍한이 가장 무서 웠다. 순치제는 이 행사에 참가한 뒤로 병환이 더욱 위급해지고 말았다. 정월 4일, 조정은 정식으로 문무백관들에게 황제의 병환을 알렸다. 실제 로 병세가 돌이킬 수 없을 정도로 악화되고 있었다.

청나라 조정은 효장태후로부터 문무백관까지 모두 어른이 천연두에 걸리면 그 결과가 죽음뿐이라는 것을 잘 알고 있었다. 큰 재난이 닥쳐오 리라는 예감으로 부득불 후사를 준비해야만 했다. 가장 시급한 일은 황 제의 후사를 명확하게 하는 것이었다. 《아담 샬 전기》는 당시의 상황을 급박하게 묘사하고 있다.

"황위를 계승할 황태자를 책봉하지 않았기에 황태후는 황제에게 황태 자를 어서 책봉하라고 재촉했다. 황제는 형제 중에서 고를 생각이었으 나 황태후와 친왕들은 모두 황자 중에서 황위 계승자를 골라야만 한다는 의견을 내놓았다. 황제는 아담 샬에게 의견을 물었다. 아담 샬은 효장태 후와 생각이 같았으며, 더더구나 효장태후가 적당한 황태자를 고르는 게 가장 현명하다고 생각했다.

이렇게 하여 황제는 아담 샬의 견해를 받아들여, 나이가 비교적 많은 황자를 버리고 서출이자 아직 일곱 살(만 나이)이 채 안 된 황자를 황태 자로 책봉했다. 당시 이러한 결단을 한 배경은 황태자에 책봉된 어린 황자가 아주 어릴 적에 이미 천연두에 걸려 그 병을 이겨 낸 경력이 있었기 때문이다. 다시는 천연두로 인해 해를 입지 않을 것이 확실하였던 것이다. 하지만 나이가 많은 황자는 아직 천연두에 걸린 적이 없어, 이 공포스럽기 짝이 없는 천연두를 항상 조심해야만 했다. 이렇게 하여 황태자에 책봉된 황자는 뒷날 중국 최대의 명군주가 되었으니, 바로 강희제였다."

쉬안예를 황위 계승자로 선택한 이는 효장태후라는 것을 알 수 있는 대목이다. 순치 18년(1661) 정월 6일 깊은 밤, 푸린은 생명이 막바지에 이르렀다는 것을 느끼고 죽음이 임박한 상황에서 급히 태감을 불렀다. 곧이어 태감은 학사 왕희王熙와 전직 학사 마러지麻勒吉에게 신속하게 양심전養心殿에 가 황제를 알현하라는 황제의 명을 전했다. 순치제는 자신이 지나치게 한족화가 되었고 환관으로 구성된 내십삼아문內十三衙門을 두어 명나라와 같은 폐해를 일으켰다는 등 낱낱이 자책하는 유조를 내렸다. 그리고 제3황자 쉬안예를 황태자로 세우고 쒀니, 쑤커싸하, 어비룽, 오보이를 보정대신에 앉혔다.

마러지와 왕희는 이와 같은 황제의 명에 따라 건청문에서 철야로 황제의 조서를 작성해 시위 구부자賈蔔嘉에게 건네며 황상에게 올리도록 했다. 순치제는 억지로 몸을 가누며 마러지와 왕희가 초안을 잡은 유조를 세 번씩이나 고쳐 쓰게 하고는, 다음 날 새벽이 되어서야 최종 원고를 결정했다. 그 후 순치제는 마러지와 구부자에게 효장태후와 제왕, 버일러, 대신들에게 유조를 전하도록 했다. 그리고 하루 낮 동안 고생스럽게 몸을 뒤척이다 7일 밤 자시(저녁 11시부터 다음 날 새벽 1시), 향년 24세의 나이로 양심전에서 붕어했다.

　사랑하는 아들을 잃은 효장태후는 너무나 슬픈 나머지 대신 죽고 싶은 심정이었다. 제왕 대신이 재삼 간청하자, 그녀는 어리고 사랑스런 손자들을 버릴 수가 없어 다시 한 번 몸을 추슬러 일어났다. 정월 8일, 청나라 조정은 정식으로 순치제의 장례를 치렀다. 14일, '샤오듀즈小丟紙' 의식을 거행했다. 듀즈丟紙는 만주어로, 사람이 죽으면 생전에 썼던 물품을 태워 저승에서도 그대로 그 물건들을 향유하게 하는 것을 뜻한다. 샤오듀즈는 옷과 장신구 등을 태우고, '다듀즈大丟紙'는 거처했던 방 등을 태우는 것이다.

　까만 소복과 긴 옷을 입은 효장태후는 전신에 소복을 걸친 궁녀들의 부축을 받아 건청문의 주춧돌 위에 이르렀다. 효장태후는 남쪽을 향해 손을 돌난간에 짚고 서서 애끊는 통곡을 했다. 극도의 슬픔과 고통 때문에 간과 허파가 찢어지는 듯했다. 여인에게 중년에 남편을 잃고 노년에 자식을 잃는 것처럼 슬픈 일은 없는 법이었다. 효장태후는 그 어느 것 하나도 면하지를 못했다. 사랑하는 아들은 그녀가 의지하는 유일한 희망이었다. 아들 순치제는 '아비 없이' 힘들게 자라도 결국 조정의 대권을 장악했다. 하지만 황제로서 크게 솜씨를 떨치려는 찰나에 갑자기 세상을 떠나, 어머니의 마음은 칼로 베인 듯 눈물이 끊임없이 흘러내렸다.

　순치제의 주검은 화장되었다. 그가 생전에 쓰던 관포와 허리띠, 진귀한 노리개 등이 샤오듀즈 의식 중에 태워졌다. 2월 2일, 순치의 재궁梓宮(황제의 관)은 경산景山 수황전壽皇殿으로 옮겨졌다. 백 필의 준마와 낙타가 운반한 그의 능라금수綾羅錦銹, 옥, 구슬 등은 전부 수황전 밖에서 거행된 '다듀즈' 의식 때 태워졌다. 옛날 만주족 풍습에 따른 것이다.

그런데 효장태후는 비싸고 호화로운 어가의 진귀한 보물들이 태워지는 것을 목도하고 사람을 보내 수습하게 한 후, 민간에 다시 팔게 하여 산릉을 세우는 비용으로 쓰도록 했다. 이렇게 만주족의 전통적인 풍습과 궁중의 상규를 초월하는 효장태후의 행동은 큰 호평을 받았다. 당시 이 일을 목도한 중서사인中書舍人 장신평張宸平은 이렇게 논했다.

"황태후의 검소한 덕은 자자손손 이어져야 마땅하다."

어린 쉬안예는 조모의 이런 검소함을 매우 경모하여 뒷날 다뉴즈와 샤오뉴즈의 전통 풍습을 폐지하고, '반상유념頒賞遺念'(윗사람이 상을 내려 기념함), 즉 황제가 쓰던 물품은 친우나 신하에게 기념으로 하사하도록 했다.

강희 2년(1663) 4월 22일, 세조 푸린의 관곽이 효릉孝陵으로 향했다. 6월 6일, 청동릉淸東陵 효릉에 안장하였으며, 이때 같은 해 2월 11일에 서거한 효강장황후 동씨孝康章皇后 佟氏(강희제의 모친), 그전에 서거한 효헌단경황후 동악씨와 합장했다. 강희 6년 5월, 효릉신공성덕비孝陵神功聖德呷를 세웠는데, 비문에는 "황제의 유조를 고려하여 산릉을 호화롭게 꾸미지 않고 금옥과 보물을 매장하지 않았다"라고 적혀 있다. 그래서 지하궁 보상寶床에는 '보궁寶宮'이라고 하는 골분骨粉 단지, 부채, 신발 등 세 가지만 나란히 놓였다. 효장태후는 값비싼 재화와 보물이 매장되는 것을 원하지 않았다. 후세에 도굴꾼들은 효릉에는 보물이 묻혀 있지 않다는 것을 알고 무덤을 파지 않았다. 그리하여 효릉은 청동릉의 모든 왕릉 중에서 유일하게 도굴을 당하지 않았다.

순치제의 일생은 짧고 각박했다. 친정 기간이 10년에 불과하지만, 이 시기에 역사의 수수께끼가 많아 그를 둘러싼 전설이 유독 많다. "효장태후가 도르곤에게 시집가다", "순치제가 동악비와의 치정으로 중이 되다"
등등에 관한 사람들의 호기심은 기이한 소문과 일사逸事로 단숨에 녹아
들어 의문의 꼬리가 자꾸 길어졌다. 마치 순치제와 효장태후가 전혀 조
정 일에는 신경을 쓰지 않은 것처럼 말이다. 그 때문에 순치제는 업적이
없는 듯하다. 하지만 수수께끼와 미스터리는 역사적 고증으로 명확하게
밝히고, 순치제와 순치조順治朝에 대한 평가는 엄밀하게 할 필요가 있다.

개괄해서 말하자면, 순치조는 황태후, 황제, 섭정왕, 제왕, 대신, 관민
등의 공동 노력으로 중대한 업적을 이루었다. 우선 20여 년간의 정벌 전
쟁으로 반청의 주력을 소탕하고 대륙의 절대 부분을 통일해 대청제국의
견실한 기초를 닦았다. 이는 강희제가 대만을 비롯한 중국 대륙 전체를
완전하게 통일하는 데 없어서는 안 될 중요한 주춧돌이 되었다. 이어 건
륭제 때에는 티베트, 외몽골, 신강 위구르까지 통합해 만주족의 대청제
국은 '오족(만주족·한족·몽골족·티베트족·위구르족) 일가', 즉 '화이일
가華夷一家'(통일다민족국가)가 되어 오늘날의 중화인민공화국의 원형을 형
성했다.

두 번째, 팔기의 기주들, 제왕, 남명 정권 등을 비롯한 황권 대립 세력
을 완전히 축출하고 황제의 이름 아래 전국 통일을 이루는 중앙집권 체
제를 세웠다. 이후 모든 청의 황제들이 이 체제를 이어 나갔다.

세 번째, 순치제 대에 이르러 재정 궁핍이 엄청났는데, 효장태후의 지
도 아래 온갖 방법과 지모를 동원하여 재원을 늘리고 지출을 절약한 끝
에 국가재정을 탄탄하게 했다. 이 재정적 기반은 이후 청나라의 모든 국
사가 원활하게 진행되도록 하는 경제적 힘이었다. 동시에 황태후와 황제

가 솔선수범해 궁정의 지출을 줄이고 이재민을 구휼하고 세금을 면제하며 중원 백성들의 생활을 매우 빠르게 안정시켰다. 이러한 전통은 강희제에게로 이어져 대청은 중국 역사상 전무후무한 영토와 경제력을 가진 제국으로 일어설 수 있었다.

네 번째, 티베트 종교 지도자인 달라이라마 5세와 이 지역의 군정 수뇌인 구스칸固始汗과의 관계를 돈독히 했다. 순치 10년(1653)에 달라이라마는 만주어, 한어, 티베트어로 씌어진 금책金册과 금인金印을 받고 '서천대선자재불소령천하석교보통와적라항라西天大善自在佛所領天下釋敎普通瓦赤喇恒喇 달라이라마'에 봉해졌다. 이로부터 달라이라마를 중국의 중앙정부가 책봉하는 제도가 시작되었다. 군정을 책임지는 구스칸도 만주어, 한어, 티베트어로 씌어진 금책과 금인을 받고 '준행문의민혜遵行文義敏慧 구스칸'에 봉해졌다. 이로써 청나라와 티베트가 군신 관계임을 법률적으로 확립하여, 강희와 건륭 연간에 티베트 지방을 관리하는 명문과 실질적 기초가 마련되었다.

다섯째, 주변의 조선, 일본, 안남安南(베트남) 등과 정상적인 외교를 펼쳤으며, 흑룡강 유역을 침범한 러시아 군대를 무찔러 동북 변경을 지켰다.

여섯째, "만주족과 한족은 운명공동체이므로 문(한족)과 무(만주족)를 모두 경시하지 않았다." 즉, 중국 대륙의 새로운 천자라는 형세에 발맞춰 한어, 한족의 전통문화와 전장典章(법규) 제도를 배우며 폭넓게 인재를 발굴했다. 인구가 풍부한 한족 사회에서 물색한 인재는 강건성세康乾盛世(강희제·옹정제·건륭제로 이어지는 청나라의 최전성기)를 이루는 조직적인 인적 자원이 되었다.

요컨대 순치 연간은 비록 그 기간은 짧고 정세는 복잡하고 곤란이 첩첩산중이었지만, 청나라가 중국 대륙을 완전히 차지하는 웅보를 내딛으며 강건성세의 주춧돌을 놓은 시기였다.

순치제는 임종 시에 자신의 과오를 엄격하게 반성하며 평상시에 모후의 가르침과 신하들의 간언을 철저하게 관철시키지 못한 것을 깊이 뉘우쳤다. 그래서 유조에서 자신의 죄 14가지를 길게 자책했다. 당시 상황을 종합해 고려하자면, 이 시기 청나라의 최대 과제는 어떻게 만주족의 전통 제도를 개혁하고 한족의 전통문화를 흡수하느냐로 요약된다. 산해관을 넘어 북경에 입성한 이후 청나라는 새로운 정치 문제에 봉착했다. 중국 대륙에 살고 있는 절대 다수가 한족이었기 때문에 과연 그들의 문화 풍습과 정치제도와 경제 체제를 어떻게 대할 것인가 하는 문제가 가장 큰 관건이었다. 청의 지배계층으로서는 무엇보다 피지배층과의 관계가 숙제로 떠올랐다. 한족에게 무엇을 배우고 무엇을 버려야 하는가, 또 청나라의 무엇을 이어 가고 무엇을 버려야 하는가? 한동안 혼란이 이어졌지만, 순치제는 새로운 사물을 받아들이고 한족 전통문화를 배우는 데 신속했다.

앞에서 언급한 대로 환관제도는 명나라의 큰 폐단이었는데, 순치제는 큰 고민 없이 대다수의 환관들을 궁중으로 불러들이고, 환관을 통한 정치를 하고자 황제 직속 정치기구인 '내십삼아문'을 세웠다. 그리고 여러 방면에서 환관들의 충동질에 휩쓸렸다. 이에 대해 황태후와 아담 샬은 순치제를 따끔하게 질책했다. 북경에 입성하기 전까지만 해도 청나라는 명나라처럼 그렇게 겉치레를 하는 나라가 아니었다. 만주족은 원래 검소하고 소박하여 씀씀이가 헤프지 않았다. 그런데 입성 후 도리어 명나라의 영향을 받아 환관제도의 폐해를 낳고, 황제가 사치와 방종에 빠지기도 했다. 그나마 효장태후가 있어 항상 철없는 소년 천자에게 경고하며 스스로 솔선수범해 황제를 바른길로 인도했다. 순치제도 모후의 가르침을 잘 따랐다.

하지만 동악비와 제4황자가 죽자, 순치제는 예제를 떠나 겉치장에 빠져들었다. 한족 대신들을 중시하는 것과 만주족 왕공王公 대신들을 홀시하는 것은 엄연히 다른 문제였다. 이렇게 청나라에는 조상들의 제도와 한족의 제도를 어떻게 융합해야 하는가의 문제가 장기간에 걸쳐 대두되었다. 순치제 이후의 황제들도 이 문제로 골치를 앓았다.

12장

손자를 보좌한
무욕의 태황태후

순치제는 8명의 황자를 두었다. 그중 황장자, 황4자, 황6자는 요절했다. 생존한 황자는 제3황자 쉬안예 외에 둘째 황자 푸취안(9세), 다섯째 황자 창닝常寧(5세), 일곱째 황자 룽시隆禧(2세), 여덟째 황자 융간永幹(여덟 살에 사망) 등이었다.

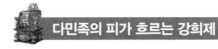
다민족의 피가 흐르는 강희제

효장태후는 여러 황자 중에서 제3황자인 쉬안예를 황위 계승자로 택했다. 단지 쉬안예가 이미 천연두를 이겨 냈기 때문만은 아니었다. 멀리서부터 이야기하면, 쉬안예의 모친인 둥씨佟氏(1640~1663, 동가씨佟佳氏)의 가문과 관계가 있다. 둥씨는 원래 요동의 한족으로 조부 둥양전佟養眞은 천명 3년(1618) 후금에 귀순했다. 누르하치가 명나라를 칠 때, 그는 큰 공을 세워 삼등 갑라장경甲喇章京(건륭제 때 중국식 경차도위輕車都尉로 바꿈)을 세습 직으로 받았다. 맏아들 풍년豊年은 수하 60명과 명군의 기습을 받아 살해되었다. 둥씨의 부친 둥성년佟盛年은 이름을 둥도뢰佟圖賴로 고치고 여러 해 동안 큰 공을 세우며 정백기, 양백기, 정람기 등의 한군漢軍 도통, 정남장군定南將軍 등을 역임했다. 그리고 삼등 앙방장경昻邦章京을 세습하다, 죽은 후 소보少保(태자의 스승에 대한 명예 칭호) 겸 태자태보太子太保(태자의 스승)에 봉해졌다. 둥도뢰의 숙부 둥양성佟養性은 천총 5년(1631) 정월, 한족 팔기가 막 조직될 때 앙방장경 직을 받고 한족 군민들에 관한 모든 일을 관장했다. 이렇게 둥가씨의 가족은 청나라의 개국공신들이자, 한족 팔기의 골간이며 중견이었다. 대청이 중원에 들어온 후 한족 팔기는 중국 대륙 통일전쟁에 동참했을 뿐만 아니라, 만주족과 한족의 모순을 완화하고 두 민족의 우호와 교류에 특수한 작용을 했다.

이렇게 예사롭지 않은 가문 덕택에 둥씨는 많은 서비 중에서도 특별한 대접을 받았다. 효장태후도 큰 관심을 보이며 총애했다. 어느 날 회임한 둥씨가 자녕궁에서 효장태후에게 문안을 올릴 때였다. 효장태후는 둥씨의 오른쪽 옷섶이 용 한 마리가 둘둘 똬리를 틀고 있는 것 같은 형상임을 보았다. 매우 이상히 여긴 태후는 그녀가 회임했다는 것을 알고 가까이 다가가 말했다.

"내가 순치제를 회임할 때 주변 사람들이 나의 옷섶이 용처럼 똬리를 튼

채 빛을 발했다고 했는데, 뒷날 중원을 통일한 성스런 아들을 낳았지. 현재 퉁비도 이러한 길조가 보이니 아들을 낳으면 큰 복을 받을 것 같네."

효장태후는 이로써 진즉부터 본인의 의향을 전한 것이다.

쉬안예는 순치 11년(1654) 3월 18일 오전 10시경 태어났다. 당시 순치제는 17세, 동씨는 15세로 쉬안예는 둘 사이의 유일한 자녀였다. 쉬안예는 태어날 때부터 사람들의 사랑을 독차지했다. "용모와 차림새가 제왕의 의용儀容에 맞게 당당하고 낯빛이 환하게 빛나며, 두 눈동자가 서로 멀면서도 매우 맑고, 넓고 큰 귀에 우뚝한 코는 한껏 솟았으며, 하늘이 용납한 듯 행동이 거침없고 타고난 재지才智가 뛰어났다." 흔히 말하기를, 타고난 용모가 남다르고 기품이 넘쳤다고 한다. 이렇게 훌륭한 손자를 얻었기에, 효장태후는 쉬안예를 자신의 심장처럼 남달리 아끼고 금지옥엽으로 애지중지하며 기특하게 여겼다.

당시 궁중의 법도에 따르면 생모는 아들과 함께 기거할 수 없었다. 쉬안예는 태어나자마자 보모에게 안겨 이미 대기 중이던 유모에게 건네진 후 건동오乾東五에서 길러졌다. 유모를 떠난 후에는 환관 약간 명을 친구로 삼아 그들에게 음식, 언어, 걸음걸이, 예절 등을 배웠다.

여기서 눈에 띄는 것은, 친할머니인 효장태후가 몸소 정성껏 손자를 기른 점이다. 강희제는 "짐은 걸음마를 하고 옹알이를 할 적부터 성모(효장)의 자애로운 가르침을 받았다"고 회고했다. 효장의 가르침에는 식사, 주거, 일언일행 그 모든 것에 법도가 있었다. 강희제가 태어난 지 2년, 즉 순치 12년(1622)에 천연두가 북경에 창궐했다. 순치제는 두 살인 쉬안예와 보모를 자금성 밖 북장가北長街 동쪽의 부제府第(뒷날 라마 사당 복우사

福佑寺로 바뀜)로 옮겨 살게 했다. 그러나 쉬안예도 천연두를 피하지 못했다. 그러나 6, 7세의 쉬안예는 천연두를 이겨 내고 궁으로 되돌아왔다. 병마를 이기고 면역력까지 얻어서 돌아온 황자였지만, 이때는 동악비가 제4황자를 낳은 뒤라 순치제는 쉬안예를 냉담하게 대했다.

하지만 조모의 세심한 보살핌은 어린 쉬안예의 영혼을 따뜻하게 해 주었다. 효장은 손자에 대한 가르침을 일관되게 이끌어 가고자 세밀하고도 장대한 방안을 강구해 몽골족 시녀 쑤마라고에게 그 임무를 맡겼다. 40세가 지난 쑤마라고는 황태후의 명을 받들어 매일 황궁과 쉬안예가 거주하는 북장가를 말을 타고 돌았다. 비바람이 몰아쳐도 수년 동안 이를 멈춘 날이 없었다. 쑤마라고는 어린 쉬안예에게 사람 됨됨이, 인품과 덕성, 말과 행동거지, 생활 습관, 독서 습관 등을 '가르치고 깨우쳐 줌'으로써 '비범한 인재'로 자라도록 도와주었다. 쑤마라고는 쉬안예가 글자를 읽고 붓을 쥘 수 있을 때 그에게 만주 문자를 가르치고 서예를 연마하도록 했다. 예친왕禮親王 자오롄昭槤은《소정잡록嘯亭雜錄》에 이렇게 기록했다.

"쑤마라고는 쉬안예가 어릴 적부터 몸소 가르치고 깨우쳤다."

선견지명이 있었던 것일까. 황태후는 제왕의 표준에 따라 손자를 엄격하게 가르쳤다. '엄숙하고 위엄 있고 단정한' 행동거지는 황제가 수양해야 하는 최소한의 품행이었다. 이러한 습관을 기르기 위해 황태후는 쉬안예를 늘 깨우쳤다.

"앉아 있을 때나 누워 있을 때나 주변을 두리번거리며 사팔눈을 하지 말거라."

주변을 경망스럽게 두리번거리는 것은 덕용과 관계가 멀 뿐만 아니라,

황제의 금기를 깨뜨리는 짓이었다. 때문에 쉬안예는 어린 나이에 등극하고도 제신회의에 나가 경사를 논할 때 친히 가정의 일처럼 한담을 하면서도 모든 행동거지가 위엄이 있고 단정했다. 황태후의 진지하고 엄격한 교육은 뒷날 쉬안예를 대청제국의 위대한 군주로 키운 밑거름이었다.

쉬안예는 어려서부터 독서와 서예를 즐기고, 농사에 흥미를 보였다. 또한 활쏘기에 능하고 음주를 싫어하며, 책임을 회피하지 않고, 쓸모없는 책은 읽지 않았다.

강희 2년(1663), 어느 장수가 '소년 천자'의 총애를 받기 위해 보기 드문 앵무새를 잡아 황금 새장에 넣어 어전에 바쳤다. 강희제는 그 앵무새를 본 후 상을 내리기는커녕 오히려 그 장수에게 삼가 근신하도록 명했다. 겨우 열 살 난 어린아이의 행동으로는 보기 어려운 반응이었다. 소년 천자 강희제가 이런 유혹에서 벗어날 수 있었던 것은, 할머니 효장태황태후가 '부하가 진상한 참새를 거절한 조부 홍타이지'의 이야기를 들려주고 늘 마음에 새기도록 한 덕분이었다.

애완동물 따위에 전혀 재물을 낭비하지 않은 강희제는 평생 동안 근검절약하면서 정무를 게을리하지 않았다. 효장태후는 기회가 있을 때마다 손자에게 할아버지인 홍타이지가 갑옷을 입고 친히 전쟁에 나가 피를 흘리면서 싸워 천신만고 끝에 대청의 기틀을 세운 이야기를 해 주었다. 강희제는 할머니의 이야기를 가슴에 새기며 어른이 되어 진짜 홍타이지 같은 영웅 황제가 되었다.

'오족일가 통일 다민족국가'였던 청나라의 위대한 군주 강희제의 몸에는 3개 민족의 피가 흐르고 있었다. 아버지 순치제는 만주족, 할머니 효장태후는 몽골족, 어머니는 한족이었다. 효장태후의 직접적인 가르침을 받으면서 효장의 시녀 쑤마라고에게는 몽골어와 만주어를 배우고, 만주족 스승에게는 궁술과 기마술, 한족 스승에게는 한어와 사서오경을 배웠다.

강희제와 비교적 많이 접촉한 프랑스 전도사 부베Joachim Bouvet는 이 다민족국가 청나라를 지배하는 다민족 혈통의 중국 황제를 매우 높게 평가했다. 그가 보기에 강희제는 천부적으로 비범한 재능과 여러 가지 미덕을 겸비했는데, 특히 "취미와 기호는 속되지 않고 고아했으며, 모든 행동거지가 제왕의 신분과 매우 어울렸다." 강희제가 이렇게 훌륭한 풍모와 습관을 갖추게 된 까닭은 조모인 효장태후가 어릴 적부터 그를 정성스럽게 가르쳤기 때문이다. 강희제는 성년이 된 후에 말했다.

"(할머니께서) 어릴 적부터 짐을 엄격하면서도 정성스럽게 가르쳐 주신 것이, 짐이 처음부터 끝까지 한결같은 이유이다."

순치 16년(1658), 쉬안예가 여섯 살 때의 일이다. 쉬안예는 형 푸취안, 동생 창닝과 더불어 황부의 궁으로 가 부친에게 안부를 여쭈었다. 순치제가 세 아들에게 미래의 꿈을 물었다. 아직 세 살이던 창닝은 당연히 대답을 할 수가 없었다. 사리에 밝았던 푸취안은 할머니가 쉬안예를 아낀다는 것을 알고 "현명한 왕이 되고 싶다"고 대답했다. 쉬안예는 조모로부터 아버지의 대업을 이어받아야 한다고 배웠기에 과감하게 말했다.

"소인이 크면 황부皇父처럼 되어 청나라를 위해 열심히 노력하겠습니다."

순치제는 이것이 황태후의 의중이라는 것을 알고 쉬안예의 꿈과 지력에 크게 만족했다. 나머지 두 아들의 대답은 앞으로 펼쳐질 형제 간의 화목함을 보여 주는 풍경이었기에 순치제는 크게 기뻐하며 그들의 장래를 안심했다.

수렴청정을 거절하다

북경에 입성하기 전, 청나라는 새로운 황제를 세울 때 팔기 친왕, 군왕, 버일러 등이 상의하여 공동으로 결정했다. 하지만 강희제의 황위 계승은 팔기 왕공대신회의에서 결정한 게 아니라, 순치제의 유조 형식으로 제3황자 쉬안예를 황제로 옹립한 것이었다. 청나라 역사상 처음 있는 일이었다. 효장태후가 주도하여 옛날의 황위 계승 제도를 대담하게 개혁한 것이다. 이리하여 천자를 공의로 결정하는 게 아니라 선황이 직접 지정하고, 황족 중에서가 아니라 황자 중에서 고르는 제도가 생겨났다.

순치제가 붕어하자 조정의 상하, 제왕 대신뿐만 아니라 푸진과 관원들 모두 황자 중의 누군가 황위를 잇기를 바랐다. 중서사인 장신張宸의 《잡기雜記》에 따르면, 당시 외성의 각 문을 닫고 사병이 엄중하게 보초를 섰으며, 대로와 골목에는 인적이 드물었고, 모두 불안감에 떨었다. 오후 4시경, 문무백관들이 조복을 입고 궁궐로 가 태화전 서각문西閣門에 다다랐다. 그들은 미리 궁에 있던 관리 위사제魏思齊를 만나자 누가 황제에 옹립되었냐고 앞다투어 물었다. 위사제는 "황제의 아들" "마음의 안정" 등이라고 대답했다. 이는 황자가 황위를 계승하는 것이 당시의 민심인 터라 하늘의 뜻에 따라 정국이 안정되었음을 의미했다.

그 당시 황위 계승 제도가 크게 달라져야 한다고 모든 사람들이 이구

동성으로 말한 이유는 다음과 같다.

첫째, 황권은 이미 강해지고 견고해진 반면에 제왕의 권세는 약해졌다. 제왕과 황제는 이미 국사를 공동으로 결정하는 관계가 아니었다. 제왕, 대신 등은 황제의 유지를 받드는 신하에 불과했다. 절대 지존의 황권보다 높은 것은 없었고, 그것은 절대로 함께 나눠 가질 수가 없었다. 당연히 황위는 세습되는 게 시대의 필연이었다.

둘째, 청조는 북경 입성 후 관내의 전통인 중앙집권제를 흡수하고 많은 한족 관리들을 두었다. 그러면서 아들이 부황의 황권을 세습하는 제도에도 익숙해졌다. 즉, 황제 가족 내의 황족들에게 황권을 분배하거나 이어지게 하면 분쟁이 일어날 가능성이 컸다. 백성들은 태평성대를 갈망하며 정국의 혼란으로 생활이 위태로워질까 봐 가장 두려워했다. 때문에 황위 계승 제도를 개혁해야만 하는 객관적 환경이 조성되었고, '황자 계승'은 시대의 대세였다.

순치 18년(1661) 정월 9일, 쉬안예는 조모 효장태황태후의 주도 아래 황위에 올랐다. 대사면령을 내리고 다음 해를 강희 원년으로 반포했다. 순치제의 시호는 장황제章皇帝, 묘호는 세조世祖로 했다. 강희 원년(1662) 8월, 강희제는 조모를 태황태후, 모후(순치제 황후)를 인헌황태후仁憲皇太后, 생모를 자화황태후慈和皇太后로 존숭했다.

'강희康熙'라는 글자의 만주어 원뜻은 '안정, 태평, 안락'으로, 장기간의 항쟁을 끝내고 태평성대를 갈망하는 중원 백성들의 갈망을 담고 있다. 하지만 동남 연안에서는 여전히 정성공의 세력이 활개를 쳤다. 정성공은 네덜란드 점령군을 몰아내고 대만을 접수한 후에도 대륙을 소란스럽게 했다. 흑룡강 유역에 침입한 제정러시아 세력도 쫓아내야만 했다. 막서漠西(서몽골)의 오이라트 몽골과 막북의 할하 몽골도 관리를 더욱 철저히 해야 했다. 요컨대 강희제의 어깨 위에는 전국을 통일하고 변방을 지키며, 부역賦役을 가볍게 하고 세금을 줄여 '다민족 통일국가' 백성의 생활을 윤택하게 해야 할 막중한 임무가 중첩되어 있었다. 소년 황제 강희제의 어깨는 맡은바 책임으로 무거웠고, 갈 길은 아직 멀기만 했다.

쉬안예가 강희제로 등극한 후 여러 달이 지나서였다. 강남 동성현桐城縣 생원인 주남周南이 황궁 문 앞에서 10개 조항의 진상서를 올렸다. 그중 제10조항은 "(효장태황태후가) 수렴청정을 하여야 훌륭한 정치가 융성"한다는 것이었다. 그는 송대의 황태후가 수렴청정을 한 선례를 끌어들여 효장태황태후가 수렴청정해야 한다고 주장했다. 송나라 제5대 황제 영종英宗은 가우嘉祐 8년(1063)에 즉위했으나 병환 탓에 조정을 장악할 수 없었다. 그래서 조태후曹太后가 수렴청정을 하다가 영종의 병이 호전되자 다시 대권을 돌려주었다. 영종이 죽은 후에는 영종과 황후 고씨高氏 사이에서 난 맏아들이 즉위했다. 그런데 아직 열 살도 안 된 어린 황제여서 고씨가 태후의 신분으로 수렴청정을 하며 9년 동안 조정을 이끌다 원우元祐 8년(1093) 병으로 죽었다. 이러한 선례에 따라 효장태황태후가 수렴청정을 하는 게 이치에 합당하다는 게 주남의 논리였다.

효장태황태후는 덕망이 높고, 조정을 관리하는 능력과 위업이 완벽했다. 하지만 그녀는 개인의 권력을 강화해 지존이 되려는 욕망이 전혀 없었다. 역사는 그녀를 절대지존의 자리로 밀거나 이끌었지만 그녀는 그 유혹을 이겨 냈다. '손자 황제'(강희제)를 보좌하려는 마음밖에는 없었다.

때문에 주남의 건의를 단호하게 물리쳤다.

모든 사람이 인정하듯, 강희제는 중국 봉건사회 역사상 가장 위대한 황제였다. 효장태황태후의 교육과 보좌가 그를 '최고의 황제'로 키웠다. 쉬안예 자신도 할머니에게 큰 고마움을 느끼고 있었다. 강희 26년 12월, 효장태황태후가 중병으로 앓아눕자, "애가 타 어쩔 줄 몰라 하던" 강희제는 신하들에게 말했다.

"짐의 어릴 적을 회상하면, 일찍이 부모를 여의고 조모의 슬하에서 자라기를 30여 년, 태황태후마마는 오늘날 짐이 성공하기까지 짐을 가르치며 길러 주셨소. 조모 태황태후가 계시지 않았던들 짐의 오늘은 절대로 있을 수 없었을 것이오."

겨우 여덟 살에 즉위한 '손자 황제'에 대한 효장태황태후의 보좌는 두 가지 방면에서 이루어졌다. 아직 소년인 강희제가 직접 조정에 나가 국가 대사를 결정하는 친정을 통해 독립적으로 조정을 장악하는 능력을 키우는 게 첫 번째였다. 두 번째는 치국의 도를 가르치는 것이었다. 강희는 즉위 후 품행과 학문이 모두 뛰어난 신하를 골라 그들에게 중국 고대의 유가 경전을 배웠다. 강희제는 나중에 이렇게 회고했다.

"짐은 여덟 살에 즉위한 이후로 한시도 면학을 게을리한 적이 없소. 당시 짐을 가르친 장張, 임林 두 분의 내시위 외에 여러 스승들이 계셔서 짐은 경서와 시문을 잘 읽을 수 있었소."

　강희제는 제왕의 정치학, 성현의 사서오경 등을 부지런히 공부해 만사의 이치를 정확하게 깨달았다. 게다가 늘 효장태황태후에게 격려와 가르침을 받았다. 강희제가 등극할 때 효장태황태후는 이렇게 말했다.

　"예로부터 황제 노릇을 하기란 어렵지만, 만백성은 오직 황제의 은총만을 간절한 바라면서 삽니다. 그 때문에 황제는 반드시 깊이 생각을 궁리해 치국의 도를 밝히고, 백성들의 삶을 태평하게 하며 청나라의 강산을 영원토록 유지시켜 나가야 합니다. 황제는 자애와 인의, 공경과 온유함으로 백성들을 대하며 경세제민하고, 말과 행동을 두루 신중하고 근엄히 하여 조부와 부친의 기업을 훌륭하게 번창시켜야만 할머니의 마음이 놓일 것입니다."

　강희제는 할머니의 바람을 저버리지 않기 위해 조모의 가르침을 가슴속에 깊이 새겼다. 한번은 효장태황태후가 관원들 앞에서 강희에게 희망이 무엇이냐고 물었다. 강희제가 대답했다.

　"천하를 안정시키고 백성들의 삶을 안락하게 하며, 태평성대를 온 천하와 함께 누리는 게 유일한 소망입니다."

　관원들 모두 황제의 높은 뜻을 칭송하며, "황상의 치국이 종국엔 태평성대를 이룰 것"이라고 이구동성으로 말했다. 순치제가 붕어한 후 효장은 조정에 중요한 작용을 하기 시작했지만 정면으로 나서서 정무를 관장하지는 않았다. 그녀는 국가의 정무를 위해 황제가 친정을 하기 전에 황제를 보필하는 보정대신을 두었다. 강희제가 즉위한 지 5일째, 효장태황태후는 제왕, 버일러, 도통, 대학사, 상서 등 문무백관들 앞에서 말했다.

"경들의 천자였던 순치제의 은덕에 보답하기 위해, 4명의 보정대신들은 서로 도와 강희 황제를 성심껏 보필하여 만세의 귀감이 되시도록 하시오."

네 명의 보정대신은 순치제가 임종 때 황태자를 봉하면서 자신의 3기 신하 중에서 고른 측근 대신들로, 내대신 쒀니(정황기), 쑤커싸하(정백기), 어비룽(양황기), 오보이(양황기) 등이었다. 순치제는 그들에게 어린 황제를 보필해 정무를 처리하도록 명했다. 효장의 뜻이 담긴 순치제의 유조는 나중에 효장태황태후의 주도 아래 그대로 실행되었다. 순치제가 붕어한 후 여드레 만에 '보정 4대신 체제'라고 하는 새로운 청나라 통치 시스템이 세워졌다. 그것은 "효장태황태후를 중심으로 순치제의 유조에 근거해, 섭정 권력의 전횡을 막기 위해 이성공신異姓功臣(만주족 황실 성씨가 아닌 공신)들을 보정대신에 세우고 친왕, 버일러 등의 귀감이 되도록 하는 통치 체제"였다.

청나라의 전통에 따르면, 황제가 어리면 국가의 정무는 종실의 친왕이 섭정하는 게 도리였다. 세조 순치제가 어려서 숙부인 도르곤이 섭정한 것이 좋은 예이다. 하지만 섭정 권력이 비대해지면서 황권까지 위협하는 상황이 벌어지자, 효장태황태후는 대담하게 구제도를 개혁해 황제 직속의 기에 속하는 원로 중신을 보정대신으로 내세웠다. 그들은 황제와 친척 관계도 아니고 황위 계승권과도 거리가 멀었으나, 황제와 명운을 함께했다. 태황태후, 황제와는 군신 관계이면서 기주旗主와 기원旗員으로서 철저하게 종속 관계였다. 보정대신들은 수시로 모든 것을 태황태후에게 장계로 올렸다. 조선의 사신이 중국의 상황을 이해한 것에 따르면, "보정 대신들이 국사를 담당하며 사무를 결재했지만 태황태후에게 모든 것을 소상히 밝혔다."

'보정 4대신 체제'는 효장태황태후와 '소년 천자' 강희제 그리고 보정 4대신의 '집단 통치지도 시스템'이었다. 모든 국사를 보정 4대신이 공동으로 상의해 어린 강희제와 같이 처리하며, 최종적으로 태황태후의 결정을 주청했다. 혹은 태황태후가 의견을 내면 보정 4대신이 협의를 하고 황제가 유지를 내려 실행에 옮겼다. 과거에 순치제는 명나라 제도를 모방해 '내관內官 13아문'을 두고 환관을 임명해 내무부를 대신하게 하며 그들을 총애했다. 환관들은 관원들에게 뇌물을 받으며 결탁했다. 효장태황태후가 보기에, 환관들의 부패 정치는 만주족의 제도를 뒤엎고 명나라의 잘못을 되풀이하는 악행이었다. 그래서 강희제에게 조서를 내려 '내관 13아문'을 철폐하고 내무부를 다시 두도록 했다.

순치제는 몽골 등 외번外藩을 관리하는 이번원理藩院을 없애고, 그 대신 예부가 외번의 정무를 관장하게 했다. 그러면서 일반적으로 조공자에게 연회를 베풀거나 상을 내리는 선에서 일을 처리했다. 이는 명나라의 외번 관리법이었다. 그 때문에 순치 연간에 외번 몽골와의 관계가 멀어지고 관리도 소홀해졌다. 효장태황태후는 이부와 예부에 의지懿旨(황태후의 조령)를 내려, "태조황제 때 몽골 각 부락이 귀순하여 이번원을 두고 그 임무가 막중한 외번 정무를 맡겼다. 하지만 예부에 그 일을 맡기자 옛날보다 더 못하기에," 다시 이번원을 두고 직무를 더욱 확대하도록 했다.

보정 4대신 체제는 강희제 초년에 유지되다가, 강희 8년(1669) 5월에 오보이를 포박하면서 폐지되었다. 이 8년 5개월 동안을 역사는 '보정 시기'라고 한다.

13장

강희제의 혼사와
친정을 이루다

강희 4년(1665) 9월 8일, 열두 살인 쉬안예가 대혼례를 올렸다. 이때 쉬안예의 양친이 없어 혼인 대사를 조모인 효장태황태후가 주관했다. 이번에는 효장도 호르친 몽골 부족에서 손자며느리를 구하지 않았다. 그녀가 간택한 손자며느리는 수석 보정대신 쒀니의 손녀인 내대신 가부라噶布喇의 딸 허서리씨赫舍裏氏(1654~1674)였다. 허서리씨는 정황기 만주인으로 순치 10년 12월 17일에 태어나 쉬안예보다 한 살이 많았다.

허서리씨는 대대로 학문을 하는 학자 가문 출신이었다. 증조부는 한족 문화에 정통했다. 증조부, 조부, 부친 등도 모두 만주어, 몽골어, 한어 등에 탁월한 실력을 보여 대칸과 황제의 중용을 받았다. 허서리씨는 어릴 적부터 가정교육을 잘 받은 모범적인 규수로 전통적인 부녀자의 도에 밝아, 입궁 후 효장태황태후를 극히 공경했다. 그녀는 후궁들을 "오직 경애하고, 오직 근면"하게 이끌며 화목한 궁을 만들었다. 모든 사람을 너그럽고 온화하게 대하며, 내궁 비빈, 궁녀 등에게 "은혜를 주고" "부지런함을 솔선수범"하며 모든 일을 원활하게 처리했다. 그리하여 황실은 상하를 막론하고 서로 화기애애하게 지낼 수 있었다. 강희제에게는 항상 온유한 태도와 말씨로 친절하고 성의 있게 대했다. 그녀는 결코 수다를 떨면서 자신의 목적을 이루려고 독촉하는 성격이 아니었다. 검소하고 절약하는 습관이 몸에 밴 알뜰한 처자였다.

허서리씨가 죽은 후, 강희제는 책문에서 "짐을 돕는 것이 미치지 않은 데가 없었으며, 짐은 그녀로부터 많은 것을 얻었도다"라고 말했다. 그녀는 강희제의 심신을 평화롭게 안정시키는 후궁으로 온화하고 따뜻한 가정을 이루고자 한 강희제의 이상적인 내조자였다. 강희제가 황제 직을 성공적으로 해낸 것은 허서리씨의 내조 덕분이었다. 강희제는 매우 만족해하며 조모 효장태황태후에게 크게 감사했다.

강희 8년(1669) 12월 13일, 허서리씨는 적장자嫡長子(본처가 낳은 자식)인 제2황자 청후承祜를 낳았다. 청후는 당연히 황제와 태황태후의 금지옥엽이었다. 하지만 불행하게도 네 살 때 요절하고 말았다. 강희와 허서리씨는 비통함을 감추지 못했다. 5년 후, 강희 13년(1674) 5월 3일 오전, 허서리씨가 둘째 아들 윈렁允礽를 낳았다. 윈렁은 강희제의 제7황자였다. 황자들이 너무 일찍 요절해, 살아남은 황자 중에서 서열을 따지자면 윈렁은 두 번째 적장자(황장자 윈티允禔는 혜비惠妃 나라씨納喇氏 소생)였다. 자연히 신분이 높아 다음 해에 황태자로 봉해졌다.

그러나 윈렁이 태어난 날 오후, 허서리씨는 난산으로 피를 너무 많이 흘린 탓에 곤녕궁坤寧宮에서 서거했다. 시호는 인효황후仁孝皇后, 옹정제 때 시호를 효성인황후孝誠仁皇后로 고쳤다. 하루 사이에 그것도 몇 시간 새에, 강희제는 큰 기쁨에서 너무나 큰 슬픔의 나락으로 떨어지는 감정의 급전직하를 겪어야만 했다. 강희제는 매우 이지적이면서도 감정이 풍부한 사람이었다. 10년 동안 부부의 정을 나눈, 서로 마음이 잘 통하던 아내를 잃고 강희제는 오장이 타는 듯한 비통함에 젖었다. 아들 윈렁을 얻은 기쁨이 클수록 아내를 잃은 아픔이 가슴 밑바닥을 치고 올라와 강희제는 오랫동안 자신을 돌볼 수가 없었다. 그는 5일 동안 조회에 나가지 않았다. 그 후 국사를 돌보는 것 외에 짬이 나면 항상 죽은 아내에 대한 추억에 깊이 침잠했다.

그해(1674) 5월 5일, 강희제는 "황후의 관을 자금성 서쪽으로 옮겼다". 그리고 5월 27일 오전, 친히 황후의 관을 북경 교외 사하沙河 지구의 공화성鞏華城에 옮기고 밤늦게 돌아왔다. 황후의 관이 자금성 서쪽 공화성에 있더라도 강희는 늘상 가서 "애도의 곡을 했다". 어느 덧 5월 말이 되었다. 강희제는 국사를 마치면 거의 매일 곧바로 죽은 아내의 재궁梓宮에

가 제사를 지내고 그녀를 애도했다. 그해 6월부터 12월까지 그는 매달 대여섯 차례씩 죽은 아내를 찾았다. 강희 14년(1675) 5월 3일 허서리씨의 서거 1주기가 되자, 강희제는 하루 전날 공화성에서 밤을 새고 1주기 망혼제를 지내고 돌아갔다. 허서리씨의 영구는 강희 20년에 효동릉孝東陵의 동쪽 경릉景陵 앞에 안장되었다. 그 사이에 황제가 공화성에 가 망처의 제사를 지낸 것은 128차례였다. 특히 매년 추석 전날이면 공화성에서 망처와 더불어 하룻밤을 지냈다.

허서리씨가 죽은 지 3년이 되도록 강희제는 새로운 황후를 맞이하지 않았다. 효장태황태후가 나서서 재혼을 서둘렀다. 강희 16년(1677) 8월 22일, 어비룽의 딸 양황기 만주족 뉴후루씨鈕祜祿氏(?~1678)가 새로운 황후로 추대되었다. 뉴후루씨와 허서리씨는 동시에 입궁하여 비가 되었지만 12, 13년 동안 뉴후루씨에게는 자녀가 없었다. 뉴후루씨는 황후에 책봉된 후 후궁들을 잘 이끌어 태황태후, 황태후, 황제의 호평을 얻었다. 그러나 애석하게도 그녀는 반년 만인 강희 17년(1678) 2월 26일 이승의 끈을 놓고 말았다. 시호는 효소황후孝昭皇后인데, 옹정제가 효소인황후孝昭仁皇后라고 고쳤다.

뉴후루씨의 죽음은 강희제의 가슴에 난 상처에 다시 소금을 뿌린 격이었다. 그는 비통함과 슬픔에 젖어 뉴후루씨의 영구를 허서리씨의 망혼소인 공화성으로 옮겼다. 그리고 빈번히 그곳을 찾아 자신의 두 망처를 애도했다. 강희 20년(1681) 2월 18일, 황제는 공화성에 도착해 다음 날 뉴후루씨와 허서리씨의 영구를 경릉 앞에 안장하고 애통하고도 간절하게 곡을 했다. 안장의 예는 3월 8일에 끝났다.

강희제의 세 번째 황후는 그의 사촌 누이 동씨佟氏였다. 뒷날 동가씨佟佳氏(?~1689)로 불렸다. 그녀의 부친 동국유佟國維는 강희의 생모 효강황태후孝康皇太后의 동생이다. 동국유는 강희 9년에 내대신에 임명되고, 21년에 영시위내대신領侍衛內大臣으로 승진했으며 나중에는 의정대신에 올랐다. 동씨와 강희의 결혼은 친척끼리 겹사돈을 맺는 격이었다. 강희 16년(1677) 8월 24일, 쉬안예는 효장태황태후의 명에 따라 동씨를 귀비에 책봉했다. 20년(1681) 12월 20일에는 효장태황태후의 명에 따라 동씨를 황귀비皇貴妃로 책봉했다. 그녀는 강희제가 책봉한 유일한 황귀비였다. 황귀비는 황후의 아래지만, 모든 비빈보다는 위였다. 황후가 없었기에 황귀비가 실질적인 후궁들의 지도자였다. 상하의 모든 사람들이 황귀비에게 만족했다. 동씨는 딸을 한 명 두었지만 요절했다.

동씨는 강희제의 황자와 공주들을 친어머니처럼 대하며 사랑했다. 옹정제雍正帝(청나라의 제5대 황제, 재위 1722~1735) 윈전胤禛이 출생한 후에는 그녀가 10년 동안 길렀다. 그래서 옹정제와 그의 후대들은 "항상 동지아씨의 높은 은덕을 기렸다". 강희 26년(1687), 효장태황태후가 서거할 때 그녀는 시할머니 효장태황태후의 만년을 곁에서 보살피고 임종을 지킨 수석 손자며느리였다. 이렇게 그녀는 윗사람을 공경하고 아랫사람을 사랑하는 데 지극정성을 다했다. 그러나 강희 28년(1689) 7월, 동씨의 병이 위급해졌다. 7월 9일, 강희제는 동씨를 황후에 앉혔다. 그다음 날, 동씨는 학을 타고 서산으로 돌아갔다. 시호는 효의황후孝懿皇后다. 옹정제는 효의인황후孝懿仁皇后로 높였다.

강희제가 36세이던 해는 동씨와 만난 지 13년째였다. 강희제로서는 인생에 대한 감정이 풍부하고 성숙한 때였다. 애정의 참뜻을 전면적으로 이해하고 확실하게 체득한 시기라 사랑하는 아내를 잃은 슬픔이 더욱 깊고도 처절했다.

가랑비가 내리던 어느 날 밤, 강희제는 불현듯 어떤 정경을 보고 떠오르는 바가 있어 마음이 아파 왔다. "가슴 밑바닥을 치는 슬픔이 두 눈을 통해 튕겨 나와, 자신을 억제하지 못하고, 말로 다하지 못하는 정을 붓에 옮겨 아픈 가슴을 표현했다." 죽은 아내에 대한 끝없는 추억에 사로잡힌 마음을 한 줄 시로 읊었던 것이다.

자금성 후궁 모서리에 숨은 달빛,

밤벌레 울음이 애달픈 걸 그제야 알았네.

하늘에서 날리는 빗방울은 나의 눈물이런가,

소슬한 가을빛도 나의 정을 베지 못하네.

그대와 나는 이미 이별했건만,

기러기와 물고기라도 다시는 소식을 전하지 못하리니.

설령 나랏일이 바쁠지라도 잊지 못하고,

옛사랑의 풍경은 베갯밑 꿈처럼 몰려드네.

노을이 지네, 거울 속 나의 눈썹 너무 죄어,

눈물이 이미 뺨에 닿고

찬 밤이슬 섬돌을 적시니,

나무를 맴도는 안개가 마음의 적막 더욱 깊게 하네.

옛 시구를 불러도 그대는 다시 오지 못하고,

달빛은 떠올라 텅 빈 밤하늘만을 비추네.

지금 그대는 천애에 남아 나는 외로운 새,

자금성의 나는 그대의 노래와 울음을 듣지도 못하네.

보슬보슬 내리는 가을비 소리,

울적한 마음 가라앉지 않고

헤어짐을 맛본 찰나에 하필 낙엽이라니,

이별할 땐 귀뚜라미 울음소리도 싫네.

너는 하늘 한 끝으로 날아갔건만,

나는 바다의 다른 한 끝을 붙잡고

나 홀로 슬픈 곡조를 들으니,

상심이 어느덧 새벽에 다다랐네.

그대의 미소와 목소리는 이미 먼 곳으로,

나의 눈물은 누구를 위해 흘러나

그대의 덕과 몸가짐은 모두 천하를 위하는 어미의 마음

찬바람을 태우는 반딧불이 하늘하늘,

다시는 그것도 그대의 그림자를 비추지 못하고

이승의 나는 그대를 떠나 보낸 아픔을 먹고 자란,

줄곧 애수의 황제라네

동가씨가 죽은 후, 강희제는 더 이상 황후를 책립하지 않았다. 그의 네 번째 황후는 그가 죽은 후에야 황후에 책봉되었다. 옹정제가 즉위하여 자신의 생모인 우아씨烏雅氏(1660~1723)를 황태후로 세웠던 것이다. 옹정 원년에 우아씨가 죽자 시호를 효공인황후孝恭仁皇后라 정하고, 강희제의 다른 세 황후와 같이 경릉에 안장했다.

강희제는 후비들에게도 항상 깊은 정을 주면서 관심을 표했다. 출궁하면 정기적으로 후비들에게 편지를 써서 평안하다는 안부를 전했다. 흥미로운 견문 내용은 알려 주고 회신을 기다렸다. 지방 특산품을 얻으면 사람을 보내 후비들에게 전했다. 갈단(몽골 준가르 부의 수령)을 친히 정벌할 때, 참외를 딸려 보내며 편지에 "먼저 깨끗이 씻은 후 뜨거운 물에 담갔다가 곧바로 먹으면 되오"라고 썼다. 또 "물건은 비록 작지만 멀리서 보낸 마음이니, 웃지 말기를 바라오"라고 덧붙였다. 대청의 황제였으나 평범한 사람들의 살가운 사랑과 다를 바 없었다.

오보이를 제거하다

보정 4대신 체제는 네 명의 보정대신이 정무를 의논한 후 황제와 태황 태후에게 보고를 올린다는 대원칙이 있었다. 하지만 나중에 이 대원칙이 무너지면서 청 조정에 위기가 닥치고, 설상가상으로 황제의 권위도 침범 당했다. 가장 중대한 사건은 권지圈地(토지 구획) 문제로 일어났다.

사건의 발단은 오보이였다. 보정대신 오보이는 일찍이 전장에서 태종 홍타이지의 생명을 구했으며, 어린 순치제를 충심으로 지킨 대청의 개국

공신이었다. 하지만 오보이는 자신의 공을 과신한 나머지 점점 오만에 빠졌고, 결국에는 권력욕을 주체하지 못하고 공사를 빌미로 사익을 추구하기에 이르렀다. 순치 초년, 섭정왕 도르곤은 북경 부근의 땅을 점거하여 팔기 좌우익의 순서에 따라 팔기의 장수들에게 나누어 주었다. 도르곤은 드높은 권세를 이용해 원래 양황기鑲黃旗에 주기로 했던 영평부 일대의 옥답을 정백기에 주고, 정백기를 좌익의 우두머리 기로 삼았다. 그러면서 박토薄土는 강제로 양황기에 주고 양황기를 우익의 말석에 두었다. 양황기를 무시하고 압제하는 이러한 도르곤의 행동은 당시 양황기 기인들에게 큰 불만을 샀다.

하지만 그로부터 20여 년이 흐르자, 그곳의 기민旗民들도 각자 안정되게 생업에 종사하게 되었고, 도르곤이 강제로 땅을 나누어 준 유쾌하지 않은 기억도 희미해졌다. 양황기와 정백기 간의 원한도 차츰 잊혀졌다. 그런데 강희 5년(1666) 정월, 오보이가 새삼스레 과거사를 빌미 삼아 원래의 양황기 토지를 돌려 달라고 주청했다. 같은 해 3월에는 "모든 일은 태조와 태종의 규정을 준수한다"는 기호旗號를 저버리고 황제의 유지를 명의로 토지 반환을 강행했다. 양황기와 정백기의 모순을 다시 불러일으킨 이 사건은 큰 풍파를 몰고 왔다.

강희제는 효장태황태후에게 이 문제를 보고한 후, "태황태후가 권지 문제로 백성들을 소란스럽게 하는 보정대신들을 질책했다"며 토지 반환 건을 중지하도록 명했다. 이때 공교롭게도 정백기 국사원 대학사 겸 호부상서인 쑤나하이, 직예·하남·산동 총독 주창조朱昌祚, 보정순무 왕등련王登聯 등 세 명이 토지 반환을 반대하는 상소를 올렸다. 수십만의 유랑민을 양산하고 기민들의 안정된 삶을 뒤흔들 수 있었기 때문이다. 하지만 오보이는 고압적인 수단으로 토지 반환을 강행하며, 쑤나하이 등을 사지로 몰아넣었다. 나이가 아직 열세 살에 불과한 강희제였지만 사태가 엄중하다는 것을 알고, 같은 해 12월 보정대신들을 불러 깊은 논의를 했다. 이때 보정대신들 가운데, 정백기의 쑤커싸하와 양황기의 오보이(양황기), 어비룽(양황기), 쒀니(정황기) 사이에 첨예한 대립이 일어났다. 대립 형세는 3(양황기) 대 1(정백기)이었다. "오보이, 쒀니, 어비룽은 쑤커싸하를 엄중히 처리해야 한다"는 장계를 올리고, 쑤커싸하는 고립무원이었지만 크게 부화뇌동하지 않았다. 강희제는 쑤커싸하의 잘못을 엄중하게 문책하자는 상소를 결코 윤허하지 않았다. 태황태후와 황제가 토지 반환과 쑤커싸하의 처벌을 반대한 것이다. 이는 조야의 보편적인 의견이기도 했다. 하지만 오보이는 태황태후와 황제까지도 안중에 두지 않고 조서를 고치면서까지 쑤커싸하를 중벌에 처하고 토지 반환을 강행했다.

토지 반환 사건과 쑤커싸하의 피살은 보정 4대신 체제의 붕괴를 의미했다. 보정대신들의 의견 통일이 무시되고, 황권 역시 침범당했다. 이것은 오보이가 사당私黨을 결성해 권력을 독점한 난정亂政에 다름 아니었다. 이런 오보이의 횡포에 뒤숭숭해진 조정 신료들은 황제의 친정에 대한 욕구를 점점 더 강하게 느꼈다. 보정대신 쒀니는 강희 6년(1667), 황상의 친정을 주청했다. 하지만 같은 해 6월 수석 보정대신 쒀니는 죽고 말았다.

강희제는 오보이가 날이 갈수록 교만해지고 보정 4대신 체제에 균열이 생기자, 다른 보정대신들을 데리고 효장태황태후를 알현했다. 효장은 "황제가 아직 어린데, 만약 천하의 국사를 모두 황제의 손에 쥐어 주면 황제가 어찌하리오. 한두 해가 더 지나간 뒤 다시 얘기해 봅시다."라고 말했다.

이때 오보이는 황제의 친정이 막을 수 없는 대세라고 판단했다. 그러나 이를 바라지는 않았다. 그는 효장태황태후에게 보정대신 지위를 보장받을 수 있는 호기라고 판단하고, 급히 속마음을 감추고 "주상께서 친히 국정을 살피고 소신들이 여전히 보좌를 하면 문제가 없겠습니다."라고 말했다. 당시 효장태황태후는 한편으로는 쉬안예가 아직 어려 마음이 놓이지 않았고, 오보이의 문제도 그다지 위험하지 않다고 생각했다. 그래서 오보이를 역이용해 황제의 친정을 돕고, 보정대신들이 황제를 보필하는 '보정 정치체제'를 폐하고자 했다. 효장태황태후는 열네 살 황제의 친정을 윤허하고 친정대전에 좋은 날을 잡았다.

강희 6년(1667), 7월 7일이 길했다. 이날 강희제는 태화전에서 친히 문무백관들을 거느리고 친정親政의 예를 올리고, 천하에 친정을 선포했다.

"천하는 넓고, 국사는 바쁘다. 짐이 홀로 국사를 처리할 수 없으니, 여전히 보정대신, 제왕, 버일러, 문무백관들의 보필을 받고자 하노라."

여기서 비록 보정대신들을 우선 언급했지만 제왕들과 버일러, 문무백관들까지 언급한 것은, 이제는 내외 모든 문무백관의 도움을 모두 받아 친정을 수행하겠다는 의지를 내비친 것이다. 황제는 당일, 친히 건청문에서 국사를 처리하며 조정의 대소 신료들에게 "앞으로는 늘 이럴 것"이라고 말했다.

물론 황제의 친정 후에도 보정대신들이 정사를 주로 처리했다. 수석보정대신 쒀니가 사망했기 때문에, 쑤커싸하와 어비룽보다 작위가 높은 오보이가 수석 보정대신 역할을 하며 황제를 대신해 상소문을 비준하는 주필을 쥐었다. 그리하여 자신을 진짜 재상으로 착각한 오보이는 조정의 대권을 장악하고 소년 황제를 겉으로는 추앙하는 척하면서 실권을 잃게 했다.

우선 오보이는 황제가 친정을 하면서 내린 대사면령의 초고를 직접 주관하며 자신의 의지를 반영했다. 강희제의 의견은 구하지도 않고 다른 사람을 이용해 은밀히 대사면령에 "실시 기한을 반포"했다. 그는 한 가지 계략을 이루지 못하면 또 다른 계략을 꾸몄다. 보정대신들이 국사를 상의하면 황제에게 보고하는 것이 당연했기에, 오보이는 쑤커싸하에게 강희제가 국사를 처리할 때 그가 태조와 태종에 버금가는 황제가 될 수 있는 길을 가르쳐 주자고 제안했다. 하지만 쑤커싸하는 황제의 친정을 진심으로 원했기에 이를 거절했다.

"주자主子(주인님, 즉 정백기의 기주인 강희제)를 감히 가르치는 일에, 어느 누가 주제넘게 주청을 하고 이름을 올릴 수 있단 말입니까?"

쑤커싸하는 강희제가 친정을 한 지 6일째 되는 날, 스스로 보정대신 자리에서 물러나 성경의 선제태종(홍타이지) 능침을 지키려 한다는 상주문을 올렸다. 오보이는 이렇게 쑤커싸하가 자신을 따르지 않자 쑤커싸하를 음해하여 제거하기로 했다. 그는 쑤커싸하가 올린 상주문에서 "여생이 한 가닥 실처럼 남아 있더라도 (조정을 위해) 바치겠다"는 문장을 문제 삼았다. 보정대신의 명의로 쑤커싸하에게 그 문장의 본래 의도가 무엇이냐고 캐물었다. 그리고 그 문장을 "(강희제의) 친정을 원하지 않는다"로 해석하도록 측근 대신들을 사주했다. 더불어 쑤커싸하가 대역죄를 지었다는 24개 항목의 죄를 논하게 했다. 마침내 쑤커싸하와 그의 맏아들 내대신 차커단제츠克旦皆를 능지처참하고, 다른 6명의 자식과 손자 한 명, 형제 2명 등은 참수하고 가산을 몰수하기에 이르렀다.

강희제는 오보이와 그의 도당들이 쑤커싸하에게 무고하게 죄를 뒤집어씌워 피살했음을 잘 알았다. 그래서 "(쑤커싸하에 대한 처벌을) 윤허하지 않았다." 그런데 오보이는 황제의 면전에서 누차 주청을 강행하고, 대신들은 오보이의 무소불위의 권위에 벌벌 떨며 관직을 잃을까 봐 쑤커싸하 일족의 몰살을 반대하지 않았다. 아직 어리고 친정을 한 지 얼마 되지 않아 경험도 부족한 소년 황제가 견디기 어려운 압력이었다. 그래서 쑤커싸하를 능지처참하지 말고 교수형에 처하고, 기타 가족들은 원래의 판결대로 집행하도록 하는 유지를 내릴 수밖에 없었다. 강희제는 선제를 모신 공신을 죽음으로 내몬 죄책감과 심한 분노감으로 치를 떨었다.

오보이가 황제를 강제로 협박하며 쑤커싸하를 피살하고 전횡을 일삼자, 조야의 관원들도 이를 그냥 두고 보기 어려워졌다. 효장태황태후도 오보이를 특별히 주시하기 시작했다.

강희 7년(1668) 9월, 내비서원시독內秘書院侍讀 슝츠뤼熊賜履가 상소를 올렸다. 그는 "조정의 우환거리를 제거하지 않으면 사직의 존망이 우려스럽다"며 송나라 유학자 정이程頤가 말한 '천하치란계재상天下治亂系宰相'(천하의 환란은 재상과 연루됨)을 인용했다. 오보이를 죄 주라는 상소였다. 다른 만한 대신들의 마음도 한결같았다. 마침내 오보이를 제거하지 않으면 안 될 시점이 온 것이었다. 하지만 오보이는 원로공신으로 그의 도당이 조정의 각 부분에 널리 퍼져 있었기에, 오보이에 대한 처리는 반드시 타

당하고 주도면밀해야 했다. 오보이 제거 계획이 일사불란하게 되지 않으면 도저히 손을 쓸 수 없을 만큼 오보이의 세력은 막강했다. 자칫 타초경사打草驚蛇(풀을 쳐서 뱀을 놀라게 함)해서는 안 되었다. 강희제도 슝츠뤼의 상주문에 깊이 공감했다. 하지만 아직 때가 아니라고 보고, 일부러 상소에 반대하는 척 슝츠뤼를 질책하고 오보이의 경계심을 늦추었다.

어떻게 하면 오보이를 척결할 수 있을까?

효장태황태후는 심사숙고 끝에 강희제에게 그를 제거할 방안을 내놓고 행동에 옮기도록 했다. 우선 오보이의 죄를 명확하게 하여 그를 포박하기로 했다. 경거망동은 금물이었다. 강희제는 아무런 내색도 하지 않고, 각 부서에 은밀히 오보이 제거 작전을 지시했다. 근위 시위들은 오보이의 영향력이 큰 탓에 전혀 믿을 수가 없었다. 그래서 강희제는 만주 소년들을 모집하여 자신의 시위대인 '선박영善撲營'를 조직했다. 선박영 만주 소년들은 날마다 씨름 연습을 하며 오보이의 목을 비틀 날만을 기다렸다. 오보이를 제거할 조직적 준비를 마친 것이다.

오보이를 사로잡을 선박영의 지도자로 측근 신하인 쒀어투索額圖(?~1703)가 임명되었다. 그는 수석 보정대신 쒀니의 차남으로, 강희제 숙부의 장인이었다. 원래 일등 시위였다가 강희 7년 6월, 이부 우시랑右侍郎을 1년간 역임하고 스스로 사직하여 다시 황제의 일등 시위로 복귀했다. 강희제는 함께 장기를 두자고 쒀어투를 입궐하게 해, 구체적인 오보이 제거 방안을 의논했다.

오보이는 선박영의 시위들이 씨름을 하고 장기를 두는 것을 아이들 놀이로 치부하고 개의치 않았다. 그 누구도 주의를 기울이지 않았다. 행동으로 옮기기 전에 강희제는 각종 명목으로 오보이 파들을 각 지역에 분산시켜 세력을 집결하지 못하도록 했다.

강희 8년(1669) 5월 16일, 황제는 친히 선박영 만주 소년들과 궁정 근위대를 불러들여 엄숙하게 선언했다.

"너희들은 모두 나의 부하들로 힘을 과시할 때가 되었다. 너희들은 나에게 복종하는가? 오보이에게 복종하는가?"

모두들 벼락처럼 힘차게 외쳤다.

"오직 황상만 따르겠습니다!"

그리하여 강희제는 오보이에게 속히 입궐하여 선보영의 씨름 경기를 관람하라는 어명을 내렸다. 그리고 아무런 내색도 하지 않고 씨름 경기를 관람하던 강희제는 갑자기 오보이를 체포하라는 명을 내렸다. 어안이 벙벙해진 오보이는 단숨에 제압되었다. 그 다음에 그의 당파들도 잡아들였다. '소년 천자' 강희제가 지닌 지모와 대담성이 빛을 발한 순간이었다.

의정대신회의는 어명을 받들어 오보이의 죄를 심사했다. 핵심 죄상은 30조목이었다. 의정대신들은 오보이의 죄가 막중하므로 정법에 따라 처리해야 한다는 장계를 올렸다. 강희제가 효장태황태후에게 장계를 보고하니, 효장은 황제와 둘이 협의하여 너그러운 처분을 내리기로 결정했다.

강희제는 5월 28일, 예부와 이부에 유지를 내려 "오보이가 사당을 결성해 조정의 대권을 독람하고 국정을 문란케 하였으며, 사리사욕을 채우는 데만 몰두⋯"했다는 죄상을 반포했다. 하지만 오보이가 청나라에 큰 공헌을 한 업적을 참작해 죽음을 면하게 하는 대신에 작위를 빼앗고, 가산을 몰수하고 종신 구금형에 처했다. 오보이를 따르던 추종자들은 죄의 경중에 따라 처벌하는 동시에 은혜를 베품으로써 양황기의 민심을 달래었다. 복수심을 제거한, 그야말로 정치적인 처분이었다.

황제는 오보이에게 죽음, 면직, 좌천을 당한 이들의 억울함을 모두 풀어 주었다. 이미 고인이 된 쑤커싸하 등은 작위와 세직을 되돌려 주어 그 후손들이 세습하게 했다. 나이에 어울리지 않는 소년 황제의 지략과 과단성, 주도면밀함에 모두 놀랐다. 이로써 강희제는 실전에서 자신감을 얻고, 이후 대정치가로 성숙해 가는 첫발을 당당하게 내딛었다.

강희제는 오보이를 제거한 후, 보정대신 체제를 없애고 비홍지권批弘之權(황제가 직접 결재함)을 회수했다. 그 후 상주문에 대한 모든 주필은 황제가 직접 처리했다. 같은 해 겨울, 어사 이지방李之芳의 건의를 받아들여 대학사가 입직하여 상주서를 헤아리는 제도를 다시 세우고 "임의로 상주서를 고치는 폐단"을 없앴다.

강희 9년(1670) 8월, 내삼원을 내각으로 고치고, 12월 한림원을 다시 두는 등 각종 기관은 황제를 중심으로 재조직되었다. 강희제는 또 주접奏摺 제도를 실시했다. '주접'이란 지방관이 중간 관료를 거치지 않고 황제에게 바로 올리는 사적인 상주문으로, 황제와 지방관을 일대일로 직결시키는 비밀 정보 수집 파일이었다. 황제는 그 하나하나에 직접 주필朱筆로 답변하거나 자신의 의견을 적어 지방관에게 다시 돌려보냈다.

신만주 팔기로 동북을 안정시키다

강희제는 오보이를 자신의 손으로 제거하면서 조정을 다루는 솜씨가 눈에 띄게 늘어 갔다. 변하지 않은 것은 마음속에서 우러나오는 효장태황태후에 대한 존경과 할머니를 최고의 스승으로 믿는 신뢰였다. 황제는 자녕궁으로 가 조모의 문안을 여쭐 때면 함께 밖으로 산보를 나가 자연 풍광을 즐기면서 국가 대사에 대한 할머니의 가르침과 도움을 잊지 않고 청했다. 조정의 중요한 결책은 우선 조모에게 여쭈었고, 초안을 작성한 후에 조모의 가르침을 받았다. 행정 관료 용인술, 조정 관원들의 진급과 파면, 좌천 등도 조모의 의견을 여쭈었다.

효장태황태후의 눈에도 '손자 황제'가 날마다 성장해 가는 게 보였다. 믿음직한 황제였다. 그래서 점점 더 강희제가 독립적으로 정사를 처리하도록 하고 일일이 간섭하거나 도맡지 않았다. 하지만 청나라의 사직이 걸린 중대사는 효장태황태후가 관심을 갖고 생각을 궁리한 끝에 황제에게 가르침을 내렸다.

오보이를 제거한 후, 내외의 정국은 안정되고 나라는 평화로웠다. 강희제는 이 호기를 틈타 정책을 조정하고 민족의 모순을 완화하며, 폐단을 척결하고 백성들의 휴생에 힘을 썼다. 이에 따라 경제적 생산력도 점점 높아졌다. 강희 8년 전국의 인정호구人丁戶口 수는 1938만여 호에 달했고, 전답은 543여 만 경頃(일경一頃은 백묘百畝로 2만여 평)에 이르렀다. 이 수치는 점점 더 증가하여 강희 10년에는 인정호구 수가 1,943여만 호, 전답이 549여 만 경에 달했다.

강희제와 효장태황태후는 날로 커지는 청나라의 대업에 크게 안도했다. 하지만 아직도 전 국토의 통일은 미완성이고, 제정러시아 세력이 동북 변경에 잔존해 국경을 어지럽혔다. 강희제는 잠시라도 게으름을 피울 틈이 없었다. 조모도 그를 깨우치며 항상 편안할 때 '유비무환'하라고 일렀다.

강희 11년(1672) 12월 15일 오전 10시경, 강희제는 자녕궁에 다다라 조모의 안부를 물었다. 효장은 강희에게 "태종 때의 경험을 살려 천하가 태평할 때 위험을 잊지 말고, 쉴 때 군비를 비축하고 강병을 기르라"고 했다. 무비武備를 언급한 것이다. 효장태황태후는 병사를 기르는 것은 1,000일이지만 쓰는 것은 단 하루이고, 군사력이 없는 평화는 찰나에 그친다고 가르쳤다. 뒷날 청나라 역사가 효장의 선견지명을 증명했다.

강희제는 조모의 지도에 따라 군대를 정비하기 시작했다. 그중 주요한 것은 만주 팔기 열병식과 쿠얄라족庫雅納族, 후르카족, 허저赫哲족 등 동북 변경의 작은 집단들로 조직한 '신만주新滿洲 팔기'였다.(시버족錫伯族과 솔론족, 다우르족, 부트하족도 자체적인 니루와 기로 조직되어 청과 러시아의 국경인 흑룡강 일대의 팔기주방에 배치되었다. 특히 시버족은 18세기 신강성 원정에서 탁월한 전공을 세우고, 변경을 지키기 위해 가족과 함께 영구 주둔 임무를 띠고 신강 위구르 지역에 파견되었다. 이들은 지금도 그곳에 살고 있으며, 만주어를 사용한다. 그 수는 약 4만 명이다.)

강희 12년(1673) 정월, 강희제는 제왕들과 버일러들을 이끌고 처음으로 남원南苑에서 팔기 정예부대의 사열을 받았다. 18일 오전 8시경 강희제는 효장태황태후의 문후를 여쭈면서 열병식 날짜를 구체적으로 정했다. 그리고 19일 남원으로 향했다. 남원은 수도에서 남쪽으로 20리 떨어진 영정문永定門 밖에 위치한 둘레 120리의 땅이었다. 청나라는 그곳에서 군사훈련을 하기 위해 1,600호를 두고 그들에게 각자 24묘를 주어 봄에는 파종하고 겨울에는 수렵을 하게 하며, 항상 제때에 무예를 연마하도록 했다. 대열大閱, 즉 열병은 출정 의식이었기 때문에 엄격한 규범이 있었으며 장대했다. 6부 만주족 상서, 내대신, 시위, 설을 맞아 알현을 온 외번 몽골의 왕, 버일러 등이 모두 갑옷을 입고 활을 든 채 시립했다.

20일, 양응대晾鷹臺에서 정식으로 대열식이 거행되었다. 팔기의 왕 이하 4품 무관 이상, 호군護軍(수도를 지킴)들이 모두 갑옷을 입고 양응대 양쪽에 각 기의 순서에 따라 배열했다. 내각의 만한滿漢 대학사, 각 부의 만한상서滿漢尚書, 3품관 이상, 각 아문의 당관堂官, 한림, 과도科道 등이 양응대 위 동쪽에 배립했다. 외번 몽골에서 온 제왕, 버일러, 버이서, 공, 태길 등은 양응대 위 양익에 나누어 배립했다. 궁수들은 양응대 서쪽에 배열했다.

강희제는 전신에 갑옷을 두르고 양응대 어황악禦黃幄에 올랐으며, 상삼기 내대신, 도통, 호군통령, 전봉통령들은 대오를 갖춰 서쪽에서 동쪽에 이르기까지 웅장하게 배열했다. 제왕, 버일러 등 각 기의 관원, 호위는 기의 등급에 따라 동쪽에 배열했다. 엽총이 발사되자 함성을 지르며 대오를 형성해 쏜살같이 내달려 서쪽에 다다랐다. 별처럼 늘어서고 바둑알처럼 사방에 총총 퍼진 팔기는 기율이 엄격하고, 군용의 기세가 쩌렁쩌렁했다.

강희제는 양응대 아래에 나무 표적을 세우라고 명한 후, 활 다섯 발을 쏘아 모두 명중시켰다. 만주족 전통의 '사류射柳' 의식의 일종이었다. 활을 쏘는 의례는 금나라의 여진족이 샤머니즘에 기초해 제사 의례 때 하던 행사였다. 외번 몽골의 손님들은 강희제가 기마술과 궁술에 능한 것을 보고 경탄해 마지않았다. 강희제는 남원에서 회궁해 다음 날 태황태후에게 문안을 드리고 성황리에 끝난 열병식 이야기를 들려 주었다. 대열병식을 통해 실제처럼 전투 의식을 치른 것은 늘 사냥으로 생계를 잇던 수렵민족의 전통 정신을 이어받은 팔기군의 상무정신을 고취시키고자 함이었다. 이것은 얼마 후 폭발할 '삼번의 난'(1673~1681)을 진압하는 정신적 · 조직적 준비 구실을 톡톡히 했다.

'신만주 팔기'는 강희제가 효장태황태후의 지지 아래 변경을 튼튼히 지키고자 새롭게 조직한 팔기였다. '만주滿洲'는 곧 '팔기 만주'이다. 신만주는 또 '이처伊徹(신新이라는 뜻) 만주'라고 부르는데, '푸佛(노老라는 뜻) 만주(구舊만주)와 상대적인 개념이었다. '신만주 팔기'는 청나라가 산해관을 넘어 북경에 입성한 후, 동북 변경의 소수민족들이 자발적으로 팔기 기적旗籍에 들어와 조성된 좌령佐領(니루장긴牛錄章京의 한역漢譯)이었다.

원래 청나라는 동북의 여진족을 통일하는 과정에서 이미 여진의 각 부락과 종족들을 기적에 편입시켜 팔기의 역량을 크게 강화했다. 강희제는 친정 후 효장의 가르침에 따라 '신만주 팔기'를 새로 조직했다. 강희 10년(1671), 지금의 길림성 혼춘琿春 동부 연초하煙楚河 동쪽 연안 일대에 살던 동해 여진 쿠얄라 부족을 영고탑寧古塔, 즉 지금의 흑룡강성 영안寧安으로 이주시켜 12좌령을 편성했다. 강희 20년(1673), 송화강 하류 낙라허諾羅河(지금의 요력하饒力河), 우수리강 등지에 살며 대대로 조공을 바치던 허저족 모얼저러씨墨爾折勒氏가 국경 안으로 들어와 살기를 원했다. 장군 바하이巴海는 황제의 소수민족 교화 명령에 따라 그들을 영고탑 부근으로 이주시키고 40좌령을 편제했다. 이들이 바로 '신만주 팔기'이다.

당시 조정 대신들은 신만주 팔기의 중요성을 알지 못해 그다지 중시하지 않았다. 하지만 효장태황태후는 강희제를 격려하며 칭찬했다. 강희제는 1677년 쿠얄라를 다시 26좌령으로 편제했다.

이상 허저족과 쿠얄라족들로 편성된 신만주 팔기는 공히 78좌령이었다. 길림과 영고탑에 40좌령, 성경에 17좌령, 금주錦州에 5좌령, 광녕廣寧(지금의 요령 북진北鎭)에 3좌령, 의주義州(지금의 요령 의현義縣)에 7좌령 등이었다. 다른 6좌령은 북경에 와서 시위가 되었다. 1673년 삼번이 난이 터진 후, 원래 동북지방에 주둔하던 팔기 청병은 모두 관내로 들어오고 대신 신만주 팔기가 동북지방을 방어했다. 효장태황태후의 선견지명으로 편성된 '신만주 팔기'가 동북 변경을 튼튼히 지키는 데 혁혁한 공헌을 한 것이다.

14장

국사에 심장을 매달고
문치와 국방을
지도하다

        강희 12년(1673) 11월 21일부터 강희 20년(1681) 10월 29일까지, 장장 8년에 걸친 '삼번의 난'은 강희제의 일생에서 가장 큰 폭풍우이자 절체절명의 대위기였다. 삼번의 난이 발발한 그해, 강희제의 나이는 고작 20세였다. 소년 천자에서 이제 갓 '청년 천자'가 된 그의 사명은 삼번의 난을 진압하고 대청제국을 번영의 가도로 내달리게 하는 것이었다. 강희제의 기둥이던 효장태황태후는 당시 온 힘을 다해 손자를 보필하고, 풍전등화의 대청제국을 구해 냈다.

 삼번의 난을 평정하다

이른바 '삼번'은 순치 연간에 청나라 조정이 운남성, 광동성, 복건성에 파견한 한족 번왕들의 번을 일컫는다. 운남의 평서왕平西王 오삼계, 광동의 평남왕平南王 상가희常可喜, 정남왕靖南王 경계무耿繼茂(나중에 아들 경정충耿精忠이 세습) 등이 삼번의 번왕들이었다. 당시 그들은 명의 잔당인 남명 정권을 소탕하라는 황제의 명을 받고 출정해, 남명 정권과 농민군을 소멸시키고 청나라가 중국을 완전히 통일하는 데 혁혁한 공을 세웠다. 번진 세력을 감시하기 위해 효장태후는 순치 10년 8월 홍타이지의 열넷째 딸을 오삼계의 아들 오응웅吳應熊에게 시집보냈다.

하지만 삼번은 각지에 주둔한 후 세력을 팽창하며 자신들만의 군사를 길렀다. "천하의 재물은 모두 삼번의 것"이라는 말이 떠돌 정도로 삼번은 갖은 탐욕을 부렸다. 장원을 경영하고 산림을 개발하고 광산을 채굴하면서 막대한 경제력을 쌓아 갔으며, 제멋대로 세금을 징수하고 화폐도 주조했다. 토지 겸병과 인신매매, 독자적으로 관리 선발을 하는 것도 주저하지 않았다. 또 티베트와 차마무역茶馬貿易(차를 통해 병기와 말을 구입하는 무역)을 독단적으로 벌였다.

삼번과 청나라 조정 간의 모순은 순치 말기에 더욱 첨예해졌다. 그리고 강희 초년, 삼번은 지방의 군웅으로 할거하면서 청나라의 통일 대업을 심각하게 위협하기에 이르렀다. 오보이를 제거한 후 유교 경전에 몰두하던 강희제는 "삼번, 하무河務(하천 수리), 조운漕運이 국가를 잘 다스리는 3대 대사"라는 글귀를 궁중의 기둥에 매달아 놓고 밤낮으로 궁리했다. 삼번의 번왕들은 송나라 초기 개국공신들과는 차원이 달랐다. 그래서 강희는 삼번의 번왕들은 "당나라 말기의 번왕들과 같은 역적들"이라면서 반드시 소탕할 것임을 다짐했다. 삼번을 축출하기 위한 깃발이 펄럭이기 시작한 것이다.

그런데 공교롭게도 삼번이 먼저 주동적으로 철수하겠다고 요구했다. 가장 먼저 상가희가 상주문을 올렸다. 그는 순치 연간에 늙고 병이 들어 북쪽으로 옮기기를 원했다. 강희 12년(1673) 2월, 상가희는 70세였다. 그는 재차 상소를 올리며 고향인 요동으로 옮겨가 살고 싶다는 뜻을 밝혔다. 단지 2좌령 관병과 기 아래에 속한 실직자, 노약자, 과부, 고아 등 24만여 명만 데리고 북쪽으로 옮겨 가고자 했다. 하지만 그는 자신의 권력과 전 재산은 나라에 돌려주지 않고, 그의 아들 상지신尙之信이 계속 번왕 작위를 세습해 광동에 주둔하기를 원했다.

강희제는 의정대신회의를 열어 곧바로 모든 번을 철수시키기로 결정했다. 오삼계와 경정충도 이 소식을 듣고 각각 7월 3일, 9일 연이어 철수를 요구하는 상주문을 북경으로 올렸다. 조정이 진짜로 자신들을 제거하려 하는지 알아내려는 의도였다. 그들은 '청년 황제'가 감히 자신들의 번을 철수시키지 못할 것이라고 장담했다. 하지만 강희제는 곧바로 그들의 상주서를 비준했다. 조정 대신들 태반은 강희제의 유지를 반대했다. 오삼계가 이를 빌미로 반역을 꾀할까 봐 두려워서였다. 그러나 강희제는 대담했다. 한 치의 두려움도 없었다. 이미 그들의 반란에 대비한 군사적 준비를 마쳤기 때문이다.

"오래전부터 반란을 도모한 오삼계 등 삼번의 수괴들을 제거하지 않으면, 이미 생긴 종기를 그대로 방치하는 꼴이다. 번진藩鎭 철폐를 당장 시행해도 저들은 반란을 일으킬 것이고 그렇지 않아도 조만간 폭동을 일으킬 것이다. 차라리 선제공격이 낫다."

번진 철폐령이 내려졌다. 그런데 대궐 안팎에서 변고가 발생했다. 북경 대지진과 태화전 화재가 일어나고, 총애하던 허사리 황후도 돌연 사망했다. 민심이 흉흉해졌다. 하지만 강희제는 번진 철폐에 대한 조정의 반대를 철저하게 물리쳤다. 평서왕의 관직을 삭탈하는 조서를 내리고 그의 죄상을 낱낱이 공개했다. 북경에 살던 오삼계의 아들과 손자는 처형되었다.

오삼계는 드디어 무력으로 조정에 반항하기로 결심했다. 강희 12년(1673) 11월 21일, 그는 번의 관병을 소집하고, 같이 반란을 일으키자는 권유를 거절한 운남 순무 주국치朱國治를 처형하고 조정의 사신을 억류했다. 그리고 자칭 '천하도초토병마대원수天下都招討兵馬大元帥'라 하고, 반청의 기치를 높이 들었다. 군사를 일으키기 전에 그는 이미 평남왕 상가희, 정남왕 경정충, 대만의 정경鄭經, 귀주, 운남, 호광(지금의 호남성, 호북성), 섬서 등지의 동지들에게 공동으로 병사를 일으키자는 서신을 보냈다.

12월 2일, 명나라 황제의 후대인 '주삼태자'로 가장한 양계륭楊啓隆이 북경에서 소란을 일으켰다. 다음 해 3월 경정추가 복건에서, 15년(1676)에는 상지신이 광동에서 반란을 일으켰다. 한때 청나라에 항복했던 명나라 관원들도 지방에서 호응했다. 모든 반청 세력이 일거에 준동한 것이다. 반란에 가담한 총독, 순무, 제독, 총병만도 26명이었다. 운남과 귀주의 토사土司(소수민족이 모여 사는 지구에 임명되던 소수민족 출신 관리)들이 이끄는 반란군도 수만에 달했다. 그 형세가 드세니, 반란군은 남방의 광대한 지역을 넘어 섬서성과 감숙성까지 전염병처럼 퍼져 "동남서북이 모두 들썩였다".

오삼계의 반란 소식이 북경에 전해지자 조정의 대소 신료들은 화들짝 놀랐다. 대학사 쒀어투는 철수 주창자들을 참수할 것을 주청했다. 하지만 강희제는 "번진 철폐는 짐의 뜻이니, 그들에게 죄가 없다"며 공개적으로 자신의 책임임을 밝혔다. 번진 철폐를 번복하고자 한 대신들의 흔들림을 강력한 의지로 막은 것이다. 효장태황태후는 중요한 시기에 강희제를 지지하고 격려하며 묘안을 짜냈다.

강희 13년(1674) 초, 강희제는 삼번의 난 진압 차 출정하는 팔기 관병들에게 은 2량씩을 하사하고자 했다. 효장태황태후는 "지금까지 출정 관병에게 상을 내리는 선례는 없었다"면서도 곧바로 찬성했다. 그녀는 전쟁 기간에 조정의 재정 지출이 매우 많은 이치를 알면서도, 궁중의 은냥을 절약해 군사들에게 나누어 주었다. 오삼계가 반란을 일으킨 지 얼마 지나지 않아 만주 기병들이 남정南征을 떠나면서 북경은 텅 비었다.

이 틈을 타, 강희 14년(1675) 3월 차하르 친왕 부얼니布爾尼가 반란을 일으켰다. 부얼니는 홍타이지의 차녀 마카타馬喀塔의 아들이었다. 마카타는 강희 2년에 죽었다. 부얼니의 아버지 아부나이는 강희 8년 조정에 알현을 오지 않아 작위가 삭탈되고 성경에 구금되었는데, 부얼니가 그 작위를 이어받았다. 하지만 그는 동생 뤄보짱羅蔔藏과 함께 삼번의 난으로 청나라의 북방이 허술해진 틈을 타 성경으로 출병해 아버지를 구하고 몽골대제국의 영광을 다시 재현하고자 했다.

당시 전방의 전황은 매우 긴박했다. 그런데 후방에서도 반란이 일어나니, 청나라 조정은 우왕좌왕했다. 강희제에게는 부얼니의 반란을 제압할 군대가 없었다. 불안해진 강희제는 효장태황태후에게 도움을 청했다. 효장은 "투하이圖海가 모략에 출중하니, 그에게 임무를 주라"고 조언했다. 강희제는 곧바로 투하이에게 군대를 조직해 부얼니의 반란을 평정하라는 명을 내렸다.

투하이는 순치제가 파격적으로 선발한 인재였다. 그는 과거에 잘못을 저질러 파면된 적이 있었다. 하지만 강희 초년에 효장의 뜻에 따라 다시 정황기 만주도통 겸 대학사로 기용되었다. 인재를 중시한 효장태황태후는 3대조에 걸쳐 재능이 출중한 관원들을 장악해 적절한 시기에 강희제에게 연결해 주었다.

강희제는 신군왕信郡王 어자鄂紮를 무원대장군撫遠大將軍, 투하이를 부장군에 임명해 부얼니를 토벌토록 했다. 과연 투하이는 고비가 되는 시점에 효장의 기대를 저버리지 않았다. 그는 팔기의 가노家奴 중에서 용감한 자들을 선발해 수만의 대오를 조직했다. 그러고는 다음 날 덕승문德勝門 밖에 모이라는 명을 내렸다. 다음 날 새벽 투하이는 전열을 정비해 사열을 마친 후 곧바로 새로 편성된 군사들을 출정시켰다. 그들은 밤낮을 가리지 않고 차하르로 내달았다.

투하이는 부하들의 사기를 고무시키기 위해 차하르 몽골 부호들을 약탈해 개인의 재산으로 삼아도 좋다고 했다. 모두 서민 집안 출신으로 가난했던 투하이 부하들의 사기가 하늘을 찔렀다. 차하르 몽골은 원래 원나라 대칸의 직계 후손들로 수백 년의 기업을 닦았기에 재산이 매우 풍족했다. 투하이의 차하르 토벌군은 며칠 만에 차하르 몽골에 다다랐다. "하늘 아래 적수가 없고, 일당백이던 병사"들은 달록達祿 대전에서 차하르 몽골을 크게 무찔렀다. 명을 받고 달려온 호르친 몽골부 기병들도 부얼니 형제들의 목을 연이어 베고 그 수급을 강희제에게 바쳤다.

차하르 난을 평정한 것은 전략적으로 그 의미가 컸다. 그것은 수도권 지역과 북방 변경 등 후방을 안정시켜 청나라 조정이 남방에서 일어난 삼번의 난에만 역량을 집중한 덕에 얻은 승리였다. 이는 효장이 지인知人과 용인用人에 탁월한 식견을 보여, 그들로 하여금 위급한 돌발 시기에 재능을 마음껏 발휘할 기회를 주었기에 가능했다.

청나라의 북경 입성 전후, 번왕에 봉해진 사람은 네 명이었다. 상술한 삼번의 왕과 정남왕定南王 공유덕孔有德(약 1602~1652)이다. 공유덕의 군사와 백성들이 '삼번의 난 진압'에 참가한 것은 효장태황태후와 관계가 있다. 공유덕은 명나라 모문룡毛文龍의 부하로 산동성에서 난을 일으켰다가 결국 청에 귀순했다. 순치 6년(1649) 한족 번왕 가운데 한 명인 정남왕에 봉해져 2만의 군사를 이끌고 광서성의 명군을 토벌하고, 가솔들과 함께 광서성에 주둔했다. 그런데 순치 9년(1652) 명나라 손가망孫可望의 습격을 받아, 계림桂林에서 아들 연훈延訓과 함께 전사했다. 딸 공사정孔四貞은 유모가 구출해 민간에 숨겨 두었다. 그녀는 열두 살이 되어야 북경에 와 순치제로부터 백금 만 냥을 하사받고 군주郡主(친왕의 딸) 대우를 받았다. 녹봉은 호쇼이거거和碩格格(일등급 공주인 친왕의 딸)급이었다.

효장태후는 공사정을 궁중으로 데려와 수양딸로 삼았다. 이때부터 공사정은 청나라 궁중의 유일한 '한족 공주'로 지냈다. 효장태후의 주관 아래, 그녀는 아버지의 부하였던 손용孫龍의 아들 손연령孫延齡에게 시집을 갔다. 강희 5년(1666) 청나라는 손연령을 진수광서장군鎭守廣西將軍에 봉하고, 그에게 공유덕의 옛 주둔지이던 계림을 관할하도록 했다. 뒷날 오삼계가 난을 일으키자 손연령은 반역에 가담했다. 하지만 아내인 공사정의 간곡한 설득으로 다시 청나라에 귀순했다. 강희 16년(1677) 오삼계에 의해 손연령이 피살되자, 공사정은 친히 군대를 이끌고 저항해 계림을 수복했다. 삼번 세력을 약화시키는 데 큰 전공을 세운 공사정은, 전쟁이 끝난 후 계림을 부장인 술수戍守에게 넘기고 다시 효장태후 곁에 돌아와 모녀의 정을 나누었다.

처음에는 청나라 조정이 열세였던 삼번과의 전쟁은 점점 팔기에 유리해졌다. 1678년 오삼계는 나라를 세우고 연호를 소무昭武로 정했지만 얼마 후 병사했다. 그의 손자 오세번吳世璠이 연호를 홍화洪化로 고치고 그 뒤를 이었지만, 청병들에게 포위되어 자살로 생을 마감했다. 이로써 강희 20년(1681) 9월, 드디어 8년에 걸친 삼번의 난이 청병의 승리로 막을 내렸다. 오세번의 수급은 북경의 시장에 효시되고, 오삼계의 해골은 산산이 부서져 들판에 버려졌다.

삼번의 난을 진압하는 과정에서 강희제의 영도력이 빛을 발했다. 강희제는 우선 삼번은 언제든 꼭 뿌리를 뽑아야 하는 청의 화근이라고 판단하고 청년 황제답게 과감하게 철퇴를 결정했다. 그는 단호한 의지와 중심을 잃지 않는 평정심으로 민심을 안정시켰다. 그리고 '소탕과 위무' 정책을 병행해 큰 성공을 거두었다. 적들은 소탕하고, 아군은 격려하는 정책이었다. 특히 녹영병綠營兵(순치제 때 설치된 것으로 부족한 병력을 메우기 위해 투항한 한족 명군으로 조직한 지방 군대)의 지위를 높여 주었다.

강희제는 삼번의 난을 평정한 후 존호를 받는 것을 거절하고, 모든 공을 조모의 가르침으로 돌렸다. 삼번의 난을 평정하는 전쟁 통에도 효장은 여러 방면으로 강희를 도왔다. 그래서 강희제는 할머니를 "궁중의 요순堯舜이자 문모文母"라고 존칭했다. 같은 해 12월, 청나라의 제왕과 군신들이 효장태황태후의 공덕을 기리기 위해 태황태후에게 휘호徽號를 존숭해야 한다는 상주문을 올렸다. 하지만 효장은 단호히 거절했다. 황제를 비롯해 청나라의 제왕, 버일러, 문무백관들이 여러 차례 상소문을 거듭 올리자, 12월 24일 효장태황태후는 마침내 윤허했다. 효장태황태후는 "소성자수공간안의장경돈혜온장강화인선홍정태황태후昭聖慈壽恭簡安懿章慶敦惠溫莊康和仁宣弘靖太皇太后"라는 휘호를 받았다.

 만리장성보다 견고한 북방 민심

만주어 '무란木蘭'은 한어로 '사오루哨鹿'이다. 사오루는 북방 민족의 전통적인 수렵 방식을 가리킨다. 깊은 밤, 사냥꾼들은 몸에 사슴 가죽을 걸치고 소뿔 피리로 사슴 소리를 흉내 낸다. 사슴들이 피리 소리를 따라 모여들면 활을 쏘아 잡는 것이다. 무란위장木蘭圍場(황실 사냥터, 하북성 승덕에서 100킬로미터 정도 떨어진 곳에 위치)은 이름 그대로 사슴을 부르는 장소였다. 강희제가 무란위장을 세운 것은 특별한 정치적 · 군사적 목적 때문이었다.

청나라의 발전에 큰 장애물이던 삼번의 난을 평정한 것은 '다민족 통일국가' 대청제국이 세계적인 제국으로 흥성하는 시발점이었다. 강희제는 이 성과를 공고히 하기 위해 멈춤이 없는 전진을 계속해야 했다. 그래서 삼번 전쟁이 아직 끝나지 않을 때, 북쪽 변방을 튼튼히 하고 대만을 수복하려는 계획을 세웠다.

비록 북방에서 차하르 친왕 부얼니의 반란을 신속하게 진압했지만, 효장태황태후와 강희제에게 그의 반란은 더욱 깊은 경계심을 갖게 했다. 부얼니는 효장의 고모 저저의 친외손자로 효장태황태후의 외손자이기도 했으며, 강희제는 효장태황태후의 친손자로 저저의 손자이기도 했다. 외손자가 손자의 위기를 틈타 반란을 꾸민 '내란'은 호르친 몽골 등 내몽골 각 부와 동북의 신만주로 쌓은 북쪽 변경의 장성이 안전하지 않음을 뜻했다. 만리장성 너머에는 불안정한 요소와 거친 환경이 도처에 산재해 있었던 것이다.

고북구古北口, 선부宣府, 대동大同 등 국경 밖 근처로 이주한 차하르부 백성들도 어루만져 편안한 삶을 영위하도록 해야만 했다. 예로부터 만리장성의 유명한 관문 중 하나인 고북구는 산해관과 거용관居庸關(지금의 북경시 창평구)의 중간에 위치하는데, 동쪽의 희봉구喜峯口와 더불어 몽골족의 침입을 막는 요충지였다. 또한 청대에는 북경과 열하熱河를 연결하는 요충지였다.

바얼카스巴爾喀什 호 동쪽에 살다가 천산天山 북쪽 이리 강 유역으로 옮겨 간 오이라트 몽골 준가르부의 수령 갈단이 세력을 확장하고 있는 것도 결코 좌시할 수 없었다. 갈단은 강희 16년(1677)에 출병해 청해青海 호쇼이터부를 겸병했다. 다음 해에는 천산 남로의 야르칸드 등 회부回部(회교도들이 거주하는 변경, 지금의 신강성新疆省 천산남로) 성들을 공격해 취하고, 서쪽으로 카자흐, 부루터 등을 침범했다. 동쪽으로는 하미와 투르판을 노략질하고 하서주랑河西走廊을 제압했다. 연이어 막북의 할하 몽골 내부 정치를 간섭하기 시작했다.

원래 북쪽 변방을 공고히 하는 것과 몽골을 위무하는 것은 깊은 관계가 있었다. 무란위장은 '대륙의 목구멍'인 열하지방을 장악해 북쪽의 변방을 튼튼히 하고 또 몽골을 위무하는 두 가지 효과를 얻고자 하는 목적에서 세워졌다. 북쪽의 돌발 사태에 대비하는 중요한 절차였다. 북방과 관련된, 특히 몽골 문제는 조모 효장태황태후가 전문가이기에 강희제는 할머니의 가르침이 절실했다.

강희 16년(1677) 9월, 처음으로 북방을 순시한 강희제는 자신의 눈이 이미 북방을 향해 있다는 것을 몽골 각 부에 알렸다. 9월 10일, 강희제는 우선 효장태황태후의 궁에 가 문안을 올린 후 준화遵化에 가, 희봉구로 향하는 북방 순시에 올랐다. 달포 간에 걸쳐 차한성察罕城(지금의 하북성 평천현平泉縣 남쪽으로 20리), 서쪽으로 얼하허爾哈河(평천현 서북에서 발원해 남쪽으로 흐르다 폭하瀑河로 유입), 화얼화커허和爾和克河, 후시한투胡西漢圖, 어환가오지터俄倫篙齊特 등지를 순시하고 아투허雅圖河를 걸쳐 희봉구에 다다랐다. 그리고 북경으로 돌아왔다.

강희제의 이 북방 순시는 남방의 삼번을 평정한 후 사냥, 군사훈련, 피서, 몽골족 위무 등을 하기 위한 위장圍場(황실 사냥터) 장소를 물색하려는 것이었다. 그 후 이번원 관원을 보내 몽골 각 부와 연락을 취하고 적절한 사냥터를 실질적으로 조사토록 했다. 3년이 지난 후 무란위장 세우기의 본 궤도가 막을 올렸다. 강희 20년(1681) 3월 20일부터 5월 3일까지, 강희와 효장은 43일 동안 여행을 했다. 효장태황태후는 준화로 온천 요양을 떠났다. 강희제는 조모를 호위하는 한편, 만리장성 이북 지역을 순시하며 무란위장을 세우기로 마음을 굳혔다.

북경을 출발해 준화 온천에 다다르기까지는 9일이 걸렸다. 이때 효장은 69세, 강희는 28세였다. 8년간에 걸친 삼번의 난이 진압되고 청나라 조정이 한숨을 돌린 차였다. 효장과 강희는 대규모의 행렬에 빼곡히 둘러싸인 채 느긋하게 봄 풍경을 만끽했다. 여행 도중에 몽골 파오包를 설치했는데, 몽골 파오는 몽골족의 집이자 만주족이 행군 작전과 수렵을 할 때 쉬던 임시 가옥이다. 효장은 몽골 파오에 특별한 감정을 지니고 있었다. 왕복 18일 동안, 그녀는 몽골 파오에서 자며 어릴 적의 추억에 흠뻑 잠기며 가슴이 충만하고 따스해지는 것을 느꼈다.

3월 25일, 천안현遷安縣에 속한 백포점촌白布店村 난하灤河 강변에 묵었다. 다음 날 강희제는 강변에 큰 몽골 파오를 설치하고 오전 10시경 효장태황태후에게 난하 풍경을 구경하도록 청했다. 강희제는 친히 시위들을 이끌고 작은 배를 몰고 고기를 낚아 할머니에게 맛보게 했다. 황제도 배를 몰고 낚시하는 재미에 흠뻑 빠졌다. 깊은 구중궁궐 속에서만 살던 효장은 질박하고 실실한 민간의 고기 잡는 풍경과 손자가 마치 어린아이처럼 좋아하며 노는 것을 보자 얼굴에 웃음꽃이 활짝 피었다. 효장은 아낌없이 주머니를 털어, 황제와 함께 노를 젓고 고기를 낚은 시위들에게 상을 내렸다. 잡은 물고기도 내대신들과 시위들에게 맛보게 했다. 마침내

28일, 효장태황태후는 준화 온천 행궁에 도착했다.

강희제는 제신, 시위들과 더불어 이미 고인이 된 선부先父, 어머니, 처자에게 제사를 지내고 동생 순친왕純親王 릉시隆禧를 안장했다. 동시에 조모와 무란위장을 세우는 것에 대해 깊이 의논했다. 4월 5일 출발해 제2차 희봉구 밖 내몽골 지방을 순시하는 길에 올랐는데, 각 곳의 몽골 기旗들이 적극적으로 사냥터를 헌납했다. 강희는 마지막으로 차한성 남쪽에 다다라, 시카푸친커우西喀布秦口를 지나 희봉구로 들어갔다. 20일이 걸려 25일 준화 온천에 도착한 후 조모에게 문안을 올리고 무란위장 측량 탐사 정황을 보고했다.

강희제는 친히 그곳을 순시하고 사람을 보내 측량 탐사를 한 끝에, 카라선 기와 옹우특 기 영역 내에 속하는 곳을 무란위장 터로 최종 결정했다. 둘레 1,300여 리, 남북으로 200여 리, 동서로 300여 리, 면적은 약 1만 제곱미터에 달했다. 드디어 황실 사냥터이자 피서지인 금단의 황실 사냥터를 세우게 된 것이다.

무란위장이 위치한 곳은 지금의 하북성 북부 '위장圍場 만족몽골족자치현'으로, 북경으로부터 약 1천 리 떨어진 곳이다. 무란위장의 북부는 대흥안령 남단 고용高聳으로, 남쪽 구릉지대에 차가운 바람을 머물게 하여 기후가 습윤했으며 겨울에는 따뜻하고 여름에는 시원했다. 위장 내에는 산들이 쭉 이어져 삼림이 울창하고 강들이 가로세로로 흘렀다. 갖가지 길짐승과 날짐승들이 자라며 번식하고 휴식을 취했다. 사냥하기에 가장 좋은 장소이자 피서 명승지였다.

무란위장은 군사적 요충지이기도 했다. 청대 전기, 북경으로 통하는 내몽골, 외몽골, 길림, 흑룡강, 네르친스크(지금의 러시아 땅) 등을 잇는 중요한 통로였다. 그래서 수렵, 군사훈련, 피서 등의 목적 외에도 몽골을 위무하고 북쪽 변방을 견고하게 하는 이중적 역할을 했다.

무란위장을 연 지 2년, 즉 강희 22년부터 해마다 팔기 호군, 날랜 기병 騎兵 12만이 3월, 10월, 12월 세 차례에 걸쳐 대규모의 군사훈련을 벌였다. 강희제도 무란위장을 연 후로 죽을 때까지, 21년(1682) 동북 순시, 35년(1696) 갈단 친정 등 두 해만을 거르고 무란위장에 해마다 행차했다. 그는 매년 한 차례씩 팔기를 거느리고 만리장성 이북을 넘어 무란위장에 다다라 가을 사냥대회를 열었다. 그리고 직접 사냥을 하고 무예도 연마했다. 금수들을 적군으로 가상한 군사훈련은 대규모로 진행되었다. 팔기 관병뿐만 아니라 몽골 각 부의 왕공과 관원들도 참가했다. 이 훈련에 몽골 각 기는 매년 1,200기병, 100명의 향도, 위장을 지키는 궁수, 사슴을 잡는 궁수, 창을 든 병사 등 약 300명을 보냈다.

강희제는 매년 열리는 가을 사냥대회에서 몽골 각 부의 지배층을 접견하고 북방을 견고하게 하는 방안들을 기탄없이 논의하는 한편, 만몽연맹의 대연회를 베풀고 서로 간의 감정을 교류했다. 이미 천연두에 걸린 적이 있는 몽골 왕공은 면역력이 있기 때문에 매년 연말 북경으로 와 황제를 알현했다. 반면에 천연두에 아직 걸린 적이 없는 몽골 왕공들은 무란위장에서 황제를 알현했다. 몽골 각 부가 거주하는 지역은 고한高寒 지대여서 그들이 더운 북경 근처로 오면 높은 기온 때문에 돌연 천연두에 걸려 사망하곤 했다. 그래서 강희제는 몽골 왕공들의 건강을 배려해 기후가 선선한 무란위장에서 만났던 것이다. 몽골 각 부는 그래서 더욱 강희제에게 감격했다.

청대 역사가 위원은 "몽골을 위무하는 청나라의 행사 가운데 무란의 가을 사냥대회가 가장 성대"했다고 기록했다. 당연히 무란추선木蘭秋獮(목란 가을 사냥대회)은 몽골 위무책 가운데 하나였다. 누르하치와 홍타이지는 막남 몽골(내몽골 동쪽)을, 강희제는 막서 몽골(내몽골 서쪽)과 막북 몽골(외몽골로 현재의 몽골공화국)을 손에 넣었다. 이로써 진시황 이후 줄곧 골치를 썩이던 북방 민족의 문제가 해결되었다. 강희제는 이렇게 말했다.

"진시황은 토목공사로 만리장성을 축조해 북방의 침략을 막으려 했다. 하지만 대청제국은 몽골에 은혜를 베풀어 북방의 방어를 맡겼다. 이는 만리장성보다 훨씬 견고하다."

강희제는 '민심'이 변방을 지키는 가장 견고한 요새라고 믿었다. 실제로 무란위장에서 맺은 만몽연맹은 이후 북쪽을 평화롭게 하고, 제정러시아에 저항하고 외몽골을 항복시키고 갈단을 정복하는 데 지대한 공헌을 했다. 강희제는 준가르부 갈단을 세 차례에 걸쳐 친정했다. 1696년 자오모도 전투에서 패한 갈단은 다음 해 음독 자살했다.

강희제의 말은 역사가 증명한다. 진시황이 '북방 오랑캐(胡)'의 침략을 막고자 몽염 장군에게 만리장성을 쌓게 했으나, 진나라를 무너뜨린 것은 외부의 적이 아니라 내부의 적이었다. 진나라 제2대 황제인 호해胡亥(기원전 229?~기원전 207)가 환관 조고趙高에게 농락당하며 민심을 잃고 진나라를 멸망의 길로 몰아넣었던 것이다. 또한, 명 태조 주원장은 대장군 서달에게 '천하제일관'인 산해관을 쌓게 해 '동북의 오랑캐(夷)'를 막고자 하였으나, 명나라 장수 오삼계가 만주족 도르곤에게 산해관을 열어 주는 바람에 중원이 정벌되었다.

 사냥터에서 친정 식구들을 만나다

　만리장성 북쪽에 무란위장을 세운 것은 효장태황태후의 친정인 호르친 몽골부 사람들과의 관계를 더욱 돈독하게 했다. 효장은 열세 살에 만주로 시집온 후, 단 한 번도 친정을 방문한 적이 없었다. 그녀는 북방 지역의 풍광과 초원, 질박하고 부지런하며 용감한 몽골 유목민들을 사랑했다. 노년이 될수록 무시로 고향이 그립고 옛일이 정겨웠다. 무란위장이 생긴 덕에 고희의 태황태후는 마침내 바라던 소원을 이루고 만리장성 북쪽의 무란위장에서 친정집 식구들을 만날 수 있었다.

　강희제는 몽골 부족과 더욱 긴밀하게 연락했다. 그리고 무란위장에서 몽골 왕공들과 사냥을 즐기며, 청나라가 몽골을 특히 중시한다는 것을 과시했다. 여름에는 조모에게 더운 북경을 떠나 만리장성 북쪽 밖에서 피서를 하라고 권했다. 강희 22년(1683) 6월 20일, 황제는 조모를 모시고 아들 셋과 함께 무란위장으로 피서를 떠났다. 몽골 각 부 왕공들을 알현하려는 목적도 있었다. 25일 무란위장 입구인 구애구九隘口에 다다랐으며, 27일에는 요동부의 오라대烏喇岱(홍산紅山)에 도착했다.

　광활한 무란위장은 지형 변화와 금수의 분포에 따라 작은 사냥터를 더 두었다. 건륭 46년에 편찬된 《흠정열하지欽定熱河志》에 따르면, 이런 작은 사냥터만 총 69곳이었다. 하지만 역대 왕조마다 명칭이 많이 바뀌어, 효장태황태후가 머문 '오라대'는 《흠정열하지》에 그 이름이 나오지 않는다. 고증해 보니, 오라대는 사냥터 동쪽의 웨이쉰거얼위장威遜格爾圍場이었다. 강희제는 효장태황태후와 함께 오라대에서 13일을 머물렀다. 이때 강희제는 부근의 가하이투噶海圖(야저천野豬川) 등 작은 사냥터 8곳을 순시했다. 그리고 조모와 함께 황실 사냥터의 최북단 바이찰拜察로 향했다.

바이찰은 《흠정열하지》에는 등장하지 않지만, 사냥터의 최북단으로 흥안대령興安大嶺 아래에 있으며, 몽골 각 부와 연락하기에 매우 편리한 곳이었다. 강희제는 바이찰에서 조공을 바치는 몽골 각 부의 왕, 버일러 등을 접견하고 윤삼월 26일 정오, 바이찰 행궁 앞에 장막, 어좌, 의장 등을 세워 대연회를 열고 큰 상을 내렸다. 강희제는 당시의 감회와 의의 그리고 연회의 성대함을 시 〈주필흥안駐蹕興安〉에 표현했다.

대소 번신들이 멀고 가까운 데서 때를 맞춰	於時遠邇大小藩臣,
식솔들을 이끌고 무란의 행장으로 달려오니,	各率其屬, 趨侍行殿,
'간묘幹苗'의 이야기가 떠오르고	旣幹苗以講武事,
'무란 연간燕衎'은 옛사람의 일을 떠오르게 하네	復燕衎以懷遠人.

여기서 '간묘'의 고사는 《시경詩經》〈대우막大禹漠〉에 나오는 "무간우이묘격舞幹羽而苗格"이라는 시구에서 유래한다. 전설에 따르면, 하나라를 세운 대우大禹는 삼묘三苗가 반란을 일으키자 사람들에게 명하여 손에 가짜 방패와 가짜 창을 들고, 꿩 깃털과 쇠꼬리로 장식한 깃발을 들고 춤을 추게 하여 '삼묘의 난'을 평정했다. 여기서 "연간燕衎"은 환영 연회를 뜻한

다. 즉 "간묘이장무사幹苗以講武事", "연간이회원인燕衍以懷遠人"이라 함은, 무란위장을 세워 가을 사냥을 할 때 몽골 각 부를 위한 환영 연회를 열고 상을 내려 북방의 안정을 도모했다는 의미다.

효장태황태후는 이 대규모의 황제 조현朝見(신하가 입조해 임금을 알현) 행사에는 참가하지 않았다. 황제보다 더 어른인 효장이 참가하면 강희제가 낮은 지위로 행사를 치러야 했기 때문이리라. 하지만 몽골 각 부는 효장이 위장에 왕림할 것을 알고 무척 감동했다. 효장태황태후는 다른 방식으로 황제와 같은 일을 해냈던 것이다.

조공을 바치러 온 호르친 몽골의 왕들과 버일러들은 모두 효장태황태후의 친정 식구들이었다. 다얼한達爾漢 친왕 반디班第는 효장의 넷째 오빠 만주시리의 손자였다. 쥐리커투 친왕 두얼바都爾巴는 큰오빠 우커산의 여섯째 아들이었다. 다라군왕 비리커투는 셋째 오빠 쒀뤄무素若木의 증손이었다. 다라버일러 바커시구얼巴克西固爾은 둘째 오빠 차한의 증손이었다. 네 오빠의 후손들이 모두 온 것이다. 그들은 고모할머니, 혹은 고모증조할머니를 알현하며 가슴이 벅차오르는 감동과 자부심을 느꼈다. 효장태황태후는 이미 70세를 넘기고 고향을 떠난 지 58년이 지났으며, 부모와 오빠 내외들은 모두 세상을 떠나고 없었다. 고희의 노인은 북경에서 천리나 떨어진 내몽골의 무란위장에서 친오빠들의 후손들을 접견하고 감개무량해했다.

효장태황태후는 친정집이 이렇게 번성한 게 한량없이 기뻤다. 그녀는 이 귀여운 아이들에게 귀한 상을 주고 싶었다. 그래서 화제를 조상들에 관한 이야기로 돌려 자신의 오빠 내외, 즉 후손들의 아버지 혹은 할아버지에 관한 이야기를 상세하게 들려주었다. 영광스러운 호르친 보얼지지 터씨의 가족사였다. 조상 대대로 간난신고의 고초를 겪으며, 때로는 전쟁터에서 피를 흘리며 후대에 밝은 햇살이 비추는 나라를 열어 주었다. 그녀는 조상들의 우수한 전통을 계속 이어 가라고 후손들을 격려했다. 한담으로 가르침을 주고 긍지를 심어 준 것이야말로 최고의 상이었다.

태황태후는 바이찰에서 6일을 머무르며 대부분의 시간을 친척들과 보냈다. 때로는 강희제가 친히 와 외사촌 형제들과 시간을 보내며 만몽연맹의 단결력을 과시했다. 이리하여 사돈 간의 감정은 더욱 친밀해지고, 청나라와 몽골의 군신 관계가 더욱 견고해졌다. 순치제 연간에 다소 엷어졌던 몽골연맹이 강희제 때에 이르러 다시 회복된 것이다. 이것은 뒷날 준가르 몽골부 갈단이 침범했을 때 아주 중요한 역할을 한다.

7월 1일 오전 10시, 강희제는 효장태황태후를 친히 수행하며 북경으로 출발해 25일에 도착했다. 이리하여 조모와 손자는 무란위장 순행을 무사히 마쳤다.

15장

담백하고
행복한 만년

　　　　　　　　　　효장태황태후의 행복과 대청제국의
안위는 결코 따로 떼어 내어 생각할 수가 없다. 그녀는 평생 중원 통일의
울퉁불퉁한 길에서 신산한 삶을 살았다. 그러나 만년에는 모든 일이 순
조로워 행복하고 건강한 여생을 즐겼다.

　우선 조정 내에 숨은 난적들과 오보이를 제거하는 데 성공하고, 삼번
의 난을 평정했다. 청나라는 결국 강대한 제국의 영광을 빛내는 길에 순
조롭게 진입했다. '손자 황제' 강희제는 이미 장성해 혼자서도 충분히 조
정을 장악하고, 조상들이 용감하게 열어젖힌 중원 대륙 대통일의 숙원을
완성하는 단계에 이르렀다. 효장은 비로소 마음을 놓았다.

유일한 취미 '창계차'

그렇다고 효장태황태후가 조정 일에 전혀 신경 쓰지 않았다는 것은 아니다. 강희제는 조모와 "30여 년을 함께 동고동락하여" 할머니의 견해를 듣는 게 습관이 되었다. 그래서 효장태황태후 만년에는 할머니와 손자가 국사를 함께 의논하는 게 가장 큰 즐거움이자 몸에 밴 일상이었으며, 피차 간에 생각과 감정을 소통하는 게 빠뜨릴 수 없는 생활 풍경이었다. 효장태황태후가 어떤 생각에 이르러 가르침을 내리면, 강희제는 존중을 표하고 진지하게 이를 집행했다.

강희 18년, 태화전에 불이 났다. 이후 태황태후는 늘 불조심을 환기시켰다. 강희 23년(1684) 10월 1일, 황제는 태황태후의 의지를 내리며, "겨울에 바람이 세니 각 궁의 등을 조심하고, 임의로 끽연하는 행위를 금지하니 언제나 엄밀하게 경계하라."고 명했다.

그 4개월여 전인 5월 18일, 어문闕門에서 조회를 열 때 일부 대학사와 학사들이 둬뤄후이多羅惠 군왕 보웡궈뤄博翁果諾가 나태하여 지단地壇에 제사를 지낼 때 아무런 까닭 없이 목욕재계를 하지 않았다는 장계를 올렸다. 의정회의에서 그의 작위를 박탈하기로 하고 황제의 결정을 기다렸다. 보웡궈뤄는 청쩌承澤 친왕 쒀싸이의 차남으로, 쉬안예와는 친숙백 지간의 형제였다. 종실의 친속 작위를 삭탈하는 것은 매우 엄중한 문제였기에 강희제는 이를 조모와 의논했다. 효장태황태후는 "윗물이 맑아야 한다"며 곧바로 그의 작위를 삭탈하라는 의지를 내렸다. 강희제도 곧바로 보웡궈뤄의 작위를 삭탈했다.

하지만 강희제는 조모의 걱정과 피로를 덜기 위해 중대사가 아닌 작은 일들은 아예 조모에게 의논하지 않았다. 이렇게 조모의 생활이 조금이라도 더 편안하고 안락하기를 바라며 할머니가 천수를 누리면서 만수무강하기를 간절히 바랐다.

두말할 필요 없이, 효장태황태후는 물질 방면에서는 모든 것을 충분히 만끽하며 살았다. 하지만 그녀는 호화로움보다는 근검절약을 추구하여 대청제국의 흥국興國 태후답게 그 씀씀이가 결코 헤프지 않았다. 그녀는 명나라 군대와 농민군 그리고 북방의 반란군들만이 적이 아니라 내부의 사치와 낭비도 적이라고 생각했다. 그래서 쓰던 물건이 훼손되면 다시 고쳐 썼지 쉽게 새것을 사지 않았다.

가령 강희 17년(1678) 7월 17일, 환관이 태황태후의 은화로를 땜질 수리하는 데 은 8리厘를 썼다. 강희 20년 10월 2일에는 태황태후가 거처하는 자녕궁 식당에서 쓰던 큰 사발 둘, 큰 소반 둘, 접시 일곱, 사발 둘, 국자 둘, 물동이 둘, 작은 병 하나, 숟가락 둘 등을 땜질 수리하는 데 은 1냥 3전 7푼分을 썼다. 효장태황태후는 이렇게 검소함을 좋아했다. 지나친 겉치장이나 허례의식에 신경을 쓰지 않은 '대청의 실용적 태후'라 할 만했다.

매년 2월 8일은 태황태후의 생일인 '성수절聖壽節'이었다. 황제와 대신들은 성수절에는 당연히 성대한 대전을 열어야 한다고 생각했다. 하지만 효장태황태후는 개인의 생일날에 나라의 군대와 백성들을 동원해 재화를 낭비하는 것을 원하지 않았다. 그래서 의지를 내려 "연회를 금했다". 강희제는 조모의 근검함과 소박한 미덕을 배워 자신의 생일인 만수절 때에도 연회 금지령을 내렸다.

천고의 역사가 말해 주듯, 궁궐 내에서는 원래 효장처럼 소박하고 근검 절약하는 사람을 보기 힘들다. 하지만 효장은 몇 번이고 되풀이해 은을 기부하여 이재민을 진휼하고 음식을 내어 장병들을 위로했다. 만백성의 우러름을 산 구중궁궐의 여성 정치가라 할 만하다.

생전에 효장이 즐긴 호사로운 취미가 있다면 바로 차를 마시는 것이었다. 차를 마시고 은그릇을 쓰는 것은 야외에서는 '몽골 파오'에서 자는 것처럼 몽골족의 전통 습관이었다. 궁정 지출 장부에 따르면, 17년 3월 효장태황태후와 황태후가 한 달 동안 창계차蒼溪茶, 백원차伯元茶를 마시느라 쓴 돈이 2근斤 8냥兩이었다. 한 근에 8전, 은으로는 2냥이었다. 때로는 찻잎이 싸서 한 달에 은 1냥 7, 8전만을 쓰기도 했다.

효장태황태후와 같이 차를 마신 황태후는 그녀의 며느리이자 질손녀인 보얼지지터씨였다. 순치제의 황후였던 그녀는 총애를 잃고 쓸쓸히 거처하다 하마터면 폐위가 될 뻔했으나, 강희제가 그녀를 황태후에 봉하고 친어머니처럼 공경한 덕에 행복한 만년을 보냈다. 효장태황태후는 그녀와 차를 즐기며 한담 나누길 좋아했다. 효장태황태후도 적막하지 않았고, 황태후도 후반생을 행복하게 지내며 77세의 나이로 영면했다.

부처에게 국태민안을 빌다

효장태황태후는 라마교를 믿어 만년에 자주 예불을 드렸다. 몽골족은 라마교를 믿는 게 전통이었고, 만주족은 샤먼(무당)을 믿었다. 하지만 홍타이지 때부터 조정은 이미 라마교를 신봉했다. 효장은 만년에 조용하고 한적하며 평화로운 나날을 보냈지만, 나이는 속일 수가 없어 날이 갈수록 몸이 노쇠해져 갔다. 자연히 종교에 마음을 기탁해 자신의 건강과 자손들의 번창 그리고 대청의 태평성대를 빌었다.

자녕궁의 정전은 그녀가 거처하는 곳이고, 후전은 그녀가 예불을 드리던 대불당이었다. 대불당 안에는 금칠을 한 대불단을 두지 않고 높은 삼세불三世佛만 있었다. 효장은 해마다 12월 5일부터 대불당에서 21일 동안 독경했다. 평시에는 매월 초6일 라마교의 종교의식에 따라 금강경 등을 소리 높여 낭송했다. 그리고 자녕궁 남쪽에 위치한 화원에 함야관鹹若館을 두고 자주 그곳에 가서 불경을 읽었다. 효장은 늘 라마교에 의지했으며, 절에도 자주 갔다. 강희 17년(1678) 12월 18일에는 남원南苑의 인우묘仁佑廟에 가서 향을 태웠다. 불교 신도로서 효장은 고기를 삼가고 몸을 깨끗이 하며, 정한 기일에 소찬素饌을 시식했다.

강희제는 불교를 믿지 않았다. 그러나 신민들의 신앙을 존중하고 조모의 예불 활동도 지지했다. 강희 21년(1682) 2월, 강희제는 삼번의 난과 해녕海寧(절강성 동북부)을 평정하고 동북쪽 조상들에게 제사를 드렸다. 4월 21일, 효장은 유지를 내려 요양의 천수불사千手佛寺에 은 600량을 시주했다. 또 천산향암千山香巖 등 다섯 곳의 절에 각각 은 5냥씩을 시주했다.

산서성 오태산은 라마교 절이 많은 불교의 명산이다. 효장은 오래전부터 그곳에 가서 예불을 드리고 싶은 마음이 있었다. 강희제는 할머니의 소원을 들어주고자 1683년 2월, 친히 황태자와 함께 오태산 보살정菩薩頂 보살라마사菩薩喇嘛寺에 올라 조모를 위해 기도하고, 절을 수리하는 비용과 황제의 편액 및 비문을 하사했다. 그리고 북경에 돌아와서는 곧바로 공부에 명해 북경부에서 오태산까지의 도로와 다리를 수리하도록 했다. 조모가 오태산에 가실 수 있게 준비한 것이다.

같은 해 9월 11일, 강희제는 형 유친왕裕親王 푸취안(동생 공친왕恭親王) 창닝 등과 함께 조모를 모시고 오태산으로 출발했다. 조모는 황제의 수레에, 강희제는 말을 탔다. 이때 효장의 나이는 71세, 출타해 등산을 하기에는 고령이어서 강희제는 무척이나 조바심이 났다. 강희의 형제 세 명은 효장의 친손자들로서 다 함께 조모를 호위하고 만사에 조심하며, 만일의 사태에 대비했다.

9월 13일, 축주逐州를 지났다. 장성령長城嶺은 산세가 험준하여 강희제가 먼저 도로 보수 상황을 점검하는 시찰을 나갔다. 푸취안과 창닝이 할머니를 모시고 그 뒤를 따랐다. 19일, 두 번째로 오태산 보살정에 오른 강희제는 다음 날 태감을 조모에게 보내어 산 정상에 오르기에는 산세가 너무 험하니 "가부를 결정해 주기"를 청했다. 22일 강희제는 태황태후의 수레로 되돌아가, 23일 조모와 다시 만났다. 용천관龍泉關에 다다랐다. 강희제는 친히 태황태후의 수레를 호위했다. 지세가 험준해 수레를 모는 무관들이 발을 안전하게 내디딜 수도, 올라갈 수도 없었다. 강희제는 조모에게 실태를 보고했다. 하지만 효장태황태후는 오태산에 오르는 염원을 포기하지 않았다.

24일, 태황태후는 용천관을 출발해 장성령에 다다랐다. 수레로 울퉁불퉁한 산길을 오르기에는 위험천만해, 강희제는 조모에게 여덟 명이 메는 가마에 갈아타시라고 청했다. 하지만 태황태후는 가마를 드는 교위校尉

들이 위험에 빠질 수 있다며 여전히 수레를 고집했다. 강희제는 재삼 청하여 조모를 가마에 태우고는 친히 호위했다. 효장은 강희제에게 "가마와 수레 같은 작은 일을 세밀하게 신경 써 주니 정말로 효손"이라고 고마워했다.

그러나 장성령이 너무나 높고 험준해 효장은 결국 산 정상에 오르지 못했다. 효장은 오태산의 모든 절에 절을 올리고, 황제를 대신 보내 기도하도록 했다. 황제는 조모의 명을 받들어 효장태황태후를 다시 용천관으로 되돌려 보내고 자신이 대신 정상에 올라 예불을 드리기로 했다. 푸취안은 조모를 호송하고 귀경길에 올랐다. 강희제는 25일, 세 번째로 오태산 보살정에 올랐다. 다음 날, 태황태후의 명에 따라 모든 절에 예불을 올렸다. 10월 2일, 강희제와 효장태황태후는 곡양현曲陽縣(하북성 보정시 서남부) 북쪽 오랑하五郞河에서 다시 만나, 9일에 북경에 닿았다. 왕복 28일이 걸렸다. 효장태황태후는 오랜 소원을 이루고, 강희제와 다른 형제들은 조모에 대한 효심을 정성껏 보여 드렸다.

원래 효장태황태후는 본바탕이 건강해 항상 생기가 넘쳤다. 다만, 만년에는 고혈압 등 뇌혈관 질병이 있었다. 강희 24년(1685) 8월 28일, 돌연 중풍이 들었지만 곧바로 치료하여 빠르게 쾌유되었다. 효장은 부처의 보살핌에 감사하며 특명을 내려 9월 18일을 '길일'로 정해 황손들을 보내어 백탑사白塔寺(지금의 북경 부성문阜成門) 내에 가서 예불을 드리도록 했다. 그런데 강희제가 백탑사로 출발하려고 할 때 갑자기 큰비가 내렸다. 효장은 비가 그치면 출발하라고 일렀다. 그러나 강희제는 조모의 회복을 경축하는 일이라 조금도 지체하지 않고 비를 무릅쓰고 떠났다.

강희 25년(1686) 2월 8일은 효장태황태후의 74세 성수절이었다. 강희제는 이날 효장태황태후의 공덕을 노래하고 건강과 장수를 축하했다. 그러면서 특별히 한 존尊에 73센티미터 높이의 황동으로 도금한 네 팔 달린 관음상을 주조해 조모에게 바쳤다. 관음상의 연화좌 밑에 만주어·몽골어·한어·티베트어로 "영념성조모인자, 수우종생, 경뢰보살감응, 성수무강永念聖祖母仁慈, 垂佑從生, 更賴菩薩感應, 聖壽無疆"(영원히 성스럽고 인자하신 할머님을 평생토록 보우하시고 보살님도 감응하시어 성수무강하시기를 비나이다)이라는 글귀를 새겼다. 태황태후는 매우 기뻐하며 자녕궁 대불당에 관음상을 안치했다. 불교를 믿지 않는 강희제였지만, 이렇게 조모의 정신세계를 위해 성의를 다했다.

 화목한 '만몽한' 대가정

가정이 화목하고 자손들이 효성스런 것은 노인에게는 가장 행복한 일이다. 강희제는 처첩, 자식, 손자, 증손자 등을 합해 150여 명의 대가정을 이루었다. 청나라 열두 황제 중에서 가장 많은 자녀를 두었는데, 도합 35남 20녀였다. 황손은 97명이나 되었다.

일부다처제 사회에서 자손이 많은 것은 복이었지만, 또한 모순도 적지 않았다. 하지만 강희제는 몸소 모범을 보이며 후비와 자손들에게 넉넉한 정을 베풀었다. 강희제는 편애하지 않았고, 황제의 가법에 따라 가족 모두를 사랑하였기에 대가정의 화목을 유지할 수 있었다. 세 명의 황후들도 비빈들과 서로 화목하며 후궁의 분위기를 평온하고 온유하게 했다. '강희제의 만몽한 대가정'의 화목이야말로 효장태황태후에게 가장 큰 위안거리였다.

강희제를 비롯해 후손들이 모두 효성이 지극해 효장은 시름을 덜었다. 순치제가 죽을 당시 손자 네 명이 모두 어렸다. 차남 푸취안(1653~1703)은 아홉 살, 삼남 쉬안예(1654~1722)는 일곱 살, 다섯째 창닝(1657~1703)은 다섯 살, 일곱째 룽시(1660~1679)는 겨우 두 살배기였다. 외아들 순치를 잃은 효장에게는 손자들밖에 없었다. 아들 순치는 아버지 노릇을 제대로 하지 못하고 떠났기에 조모인 효장이 손자들의 교육, 혼인 등 가정의 대소사를 주관하며 그들이 대청의 기업을 튼튼히 다질 수 있도록 애정을 쏟아 보호하고 가르쳤다.

쉬안예는 청나라 제4대 황제인 강희제에 등극한 후, 조모의 가르침에 따라 다른 형제들을 후덕하게 대했다. 둘째 형 푸취안을 호쇼이 유친왕和碩裕親王, 다섯째 동생 창닝은 호쇼이 공친왕和碩恭親王, 일곱째 동생 룽시는 호쇼이 순친왕和碩純親王에 봉했다. 이 세 명의 친왕은 모두 군공軍功이 없었지만 15세 때 작위를 받았다. 모두 효장태황태후의 뜻에 따라 형제들의 화목을 위해 상례를 깨고 작위를 수여한 것이다. 형제들이 협력해 선조의 위업을 이어 가라는 효장의 마음이었다. 강희제의 형제들은 할머니의 기대를 저버리지 않고 모두 강희제의 오른팔이 되어 황실의 화목과 청나라의 대업을 위해 전심전력을 다했다.

자손들이 어릴 적에는 효장의 슬하에서 천진난만하게 놀면서 큰 즐거움을 주었고, 장성해서 각자의 왕부를 세운 후에는 늘 조모의 안부를 물으며 만년의 효장을 행복하게 했다. 세 명의 손자들은 효장이 오태산으로 예불을 드리러 갈 때 동행하고, 병이 들 때는 병상을 지키며 조모를 정성껏 간호했다.

강희제는 평상시나 정무가 바쁠 때나 2~3일 간격으로 자녕궁에 와서 조모의 안부를 여쭈었다. 시간이 허락하거나 조모가 병이 들었을 때면 날마다 두세 차례씩 문후를 물으러 자녕궁에 들렀다. 보통 오전 8시에서 10시 사이에 문안 인사를 드렸는데, 이때가 노인들이 비교적 한가하고 정신이 맑아 같이 한담을 즐기기에 안성맞춤이었기 때문이다.

사람은 원래 명절이 되면 가족들이 그립다. 노인일수록 설이나 명절이 되면 더욱 자손들이 함께 모이기를 바란다. 강희제는 조모의 이런 마음을 잘 헤아려 해마다 명절이 되면 되도록 오랜 시간을 조모와 함께 즐거운 시간을 보내며 단원반團圓飯(한가위 때 온 가족이 모여서 먹는 밥)을 먹었다. 강희 21년 2월, 강희제가 동북지방으로 조상들에게 제사를 지내러 갔는데 왕복 80일이 걸렸다. 이때 그는 조모와 함께 단양절을 함께 보내기 위해 말을 급히 몰아 하루 전인 5월 4일에 북경으로 당도해, 곧바로 자녕궁에 들러 조모의 안부를 물었다.

황손이 밖으로 순무巡撫를 나가면 조모는 밤낮으로 염려했다. 강희제는 조모의 염려를 덜어 드리기 위해 며칠 간격으로 사람을 보내 안부를 전하는 편지를 올렸다. 궁궐에서도 황제의 마음을 헤아려 신속하게 조모의 정황을 알려 주었다. 북쪽으로 사냥을 나가 짐승을 잡으면 곧바로 회궁해 조모가 신선한 고기를 맛보도록 했다. 강희 23년 9월, 강희제는 처음으로 남쪽으로 순무를 나가 60일을 지냈다. 도중에 황하에서 잡은 신선한 물고기와 과일을 태황태후와 황태후에게 급히 보내 주었다. 돌아오던 길에 직예성 하간부河間府 주가장奏家莊에서 조모가 보내 준 유제품을 받았다. 이렇게 조모와 손자 간의 정이 살갑고 두터웠다.

효장태황태후의 건강은 강희제의 가장 큰 관심거리였다. 효장의 옥체에 조금이라도 이상이 생기면 강희제는 곧바로 탕약을 준비했다. 때로는 직접 조모를 모시고 온천 요양을 갔다. 강희 11년(1672) 설에 조모의 질병이 며칠이 지나도 호전되지 않자, 조모를 모시고 적성赤城(직예성 선화부宣化府에 속함, 지금의 북경 서북쪽 하북성)에 가 온천 요양을 하기로 결정했다. 하지만 효장은 국사가 중요하다며 강희제가 같이 가는 것을 말렸다. 강희제는 조정의 대사는 내각이 이틀 간격으로 상주문을 보낼 것이니 걱정하지 말라고 했다.

정월 24일 새벽, 9일 동안의 여정이 시작되어 2월 3일 목적지에 도착했다. 효장은 가마에 타고, 강희는 말을 타고 조모를 수행했다. 당시 효장은 아직 환갑이었지만, 스무 살의 청년 황제의 눈에는 고령의 노인으로 보였다. 강희는 직접 조모를 부축해 가마에서 내리게 하고, 행궁에 인도해 식사를 대접했다. 그런 연후에야 자신의 행궁에 갔다. 식사가 끝나면 먼 곳에서 말을 내려 조모의 행궁으로 걸어가 시립한 채 조모가 가마에 오르는 것을 도왔다. 그리고 말을 타고 조모의 뒤를 따랐다.

험준한 산을 만나거나 다리를 건널 때는 친히 조모의 가마를 호위했다. 정월 26일, 팔달령八達嶺을 지나 반산도盤山道를 지날 때 길이 험하고 산이 험난하기 그지없었다. 강희제는 잠시 조모의 행렬을 멈추고 친히 먼저 거용관居庸關으로 말을 타고 가서 길을 살폈다. 당시 고개를 넘을 때는 말에서 내려 도보로 걸으며 행렬을 일사불란하게 유지해야 했다. 효장은 강희제에게 도보로 걸으면 피곤하니 말을 타라고 일렀다. 하지만 강희는 걸으면서 가다가, 조모의 가마가 평탄한 길에 이르자 그제야 말에 올랐다.

효장태황태후는 적성에서 65일간 온천 요양을 했다. 강희제는 조모의 요양 생활을 잘 보살피면서 시기를 놓치지 않고 정무를 처리하고 민정을 살피며 지방 관원들을 접견했다.

그런데 온천에 도착한 지 며칠 지나지 않아 궁궐에서 슬픈 소식이 날아왔다. 황후 허서리씨 소생의 황장자 청후承祜가 4세의 나이로 병사했다는 비보였다. 강희제는 가장 총애한 아들을 잃은 큰 슬픔에 젖었다. 하지만 조모의 문후를 여쭈러 행궁에 가서는 평시처럼 웃는 얼굴로 문안 인사를 올렸다. 조모가 평안하게 요양을 즐기도록 하기 위해서였다.

강희제가 조모를 모시고 요양과 피서를 간 횟수는 강희 11년부터 22년 사이에 총 7번이었다. 출타해서도 강희와 효장은 국사를 보살폈다. 강희 11년 8월 20일, 준화로 온천 요양을 가서 효장은 몽골의 왕공들과 친정의 친척들을 접견하고, 강희제는 경중산景中山·삼둔영三屯營·난하灤河 등지로 순시를 나가 관민을 살피고 군대를 사열했다.

효장태황태후는 1남 3녀를 두었다. 장녀 야투雅圖(1629~1678), 즉 고륜옹목장공주固倫雍穆長公主는 13세 때 호르친 몽골의 쮜리커쿠 친왕 우커산의 아들, 즉 효장의 조카 비얼타하얼弼爾塔哈爾에게 시집갔다. 사위 비얼타하얼은 강희 5년에 아버지의 작위를 이어받아 친왕에 올랐으나 다음해에 사망했다. 야투는 강희 17년 윤3월에 세상을 떠났다.

차녀 아투阿圖(1632~1700), 즉 고륜숙혜장공주固倫淑慧長公主는 12세에 차하르 몽골의 사위 보얼지지터씨 언거더리恩格德裏의 아들 쒀얼하索爾哈에게 시집갔다. 쒀얼하는 순치 초년에 사망했다. 순치 5년, 아투는 다시 몽골 바린巴林 부 보얼지지터씨 써부텅色布騰에게 재가하여 '바린 공주'라고 불렸다. 순치 7년 써부텅은 바린 군왕에 올랐다. 하지만 불행하게도 강희 7년 2월, 그도 사망했다. 당시 사람들은 아투에게 살이 끼어 남편보다 오래 살며 명이 질기다고 수근댔다. 아투는 중년에 남편을 잃었을 뿐만 아니라 여론의 괴롭힘까지 당한 것이다.

삼녀 수저淑哲(1633~1648), 즉 고륜단헌장공주固倫端獻長公主는 13세 때 몽골 자루터 보얼지지터씨 내대신 아얼치쌍俄爾齊桑의 아들 라마쓰喇嘛思에게 시집갔으나, 순치 5년 16세의 나이로 죽었다.

아들(순치제)과 세 딸들이 어미보다 일찍 세상을 떠난 것이다. 그래도 맏딸의 사정이 비교적 좋았다. 차녀인 바린 공주 아투의 삶은 평탄하지 않아 늘 효장의 마음에 걸렸다. 강희 12년 단오절, 강희제는 할머니가 고모 바린 공주를 그리워한다는 것을 알고 급히 사람을 보내 고모를 모셔왔다. 효장태황태후는 건강이 좋지 않던 차에 딸이 방문하자 금세 좋아져 건강을 회복했다. 강희 26년(1687) 여름, 바린 공주 몽골부의 경기가 안 좋고 역병이 기승을 부려 가축이 떼죽음을 당하고 흉년이 들었다는 소식이 들려 오자, 효장은 딸 걱정을 크게 했다. 강희제는 할머니의 심사를 덜고자 사람을 보내 다시 바린 공주를 모셔 오고, 말과 낙타에 식량을 가득 실어 보냈다.

75세의 효장태황태후에게 딸의 방문은 크나큰 즐거움이었다. 바린 공주와 강희제는 자주 효장 곁에 머물며 즐거운 시간을 보냈다. 이 4개월 동안이 아마도 만년의 효장태후에게 가장 행복한 시간이었을 것이다. 효장은 강희제에게 바린 공주를 부탁했다. 강희제는 조모의 청을 받들어 고모가 만년 때까지 정중하게 우대했으며, 효장태황태후가 서거한 후에도 조모의 유언대로 고모를 각별히 우대했다. 강희 30년(1691), 황3녀 고륜영헌공주固倫榮憲公主를 고모의 손자인 우얼군烏爾袞에게 시집보냈다. 강희 31년 10월, 고모를 위해 호위 군사를 보내고 버일러 대우를 해 주었다. 바린 공주는 만년에 경성에 살며 '조카 황제' 강희제의 세심한 봉양을 받았다. 강희 39년 정월, 바린 공주의 병이 위독해지자 강희제는 서둘러 문병을 갔다. 고모는 효성스러운 조카에게 "미소를 지으며 서거했다".

평생의 동반자, '쑤마라고'

쑤마라와 부무부타이의 특별한 우정은 60여 년간 이어졌다. 평생 동안 변하지 않은 둘의 우정은 아름다운 미담이었다. 쑤마라는 부무부타이가 호르친 몽골 초원에서 후금으로 시집올 때 데리고 온 시녀였다. 규정에 따르면, 시녀와 궁녀는 일정한 연령이 차면 모두 출궁해 주인이 정한 배우자에게 시집을 갔다. 그러나 쑤마라는 결혼도, 출궁도 한 적 없이 평생 시녀로 지냈다. 그녀는 부무부타이의 평생 동반자이자, 만년에는 효장의 아주 오래된 친구였다.

효장과 쑤마라, 노년에 접어든 두 사람은 함께 한담을 나누며 서로를 보살폈다. 쑤마라도 라마 불교를 믿었는데, 두 사람이 부처를 믿는 목적은 같았다. 효장은 대청 강산의 천추만세와 자손들의 번창과 행운을 석가모니에게 빌었고, 쑤마라는 주인을 위해 기도했다. 그녀는 노비로 한평생을 살며, 오직 "날마다 불상 앞에서 주인의 염원을 위해, 주인의 만수무강을 위해 빌고 또 빌었다".

효장뿐만 아니라 청 황실의 모든 이들이 쑤마라를 가족처럼 여겼다. 홍타이지가 붕어한 후 아들 푸린이 순치제로 즉위하고 도르곤이 섭정을 했다. 순치제는 모후와 떨어져 살 때 어머니를 무척 그리워했고, 효장태후는 그런 아들을 걱정했다. 그래서 효장태후는 쑤마라를 순치제에게 자주 보냈다. 모후의 사자가 도착하면 '소년 천자'는 한 줄기 따스한 햇살이 내리쬔 것처럼 행복해했다. 그 때문에 늘 쑤마라가 와 주기를 기다렸다.

쑤마라는 또 어린 쉬안에게 문자를 손수 깨우쳐 준 '계몽 스승'이었다. 강희제는 쑤마라의 은혜를 잊지 않고 그녀를 다른 시녀나 궁녀들보다 높게 대우했다. 쑤마라를 '어황額湟'(만주어로 어냥額娘, 즉 어머니)이라고 부르며, 황자와 공주들에게도 쑤마라를 '마마媽媽'라고 부르도록 했다. 이는 '나이나이奶奶(할머니)'라는 뜻이다. 주인들이 이렇게 존경했기에, 내무부 대신들도 쑤마라를 '쑤마라 어황거거蘇麻喇額湟格格' '쑤마라 어황마마'라고 불렀다. '거거格格'는 황실의 딸들을 가리키는 칭호인데 여자를 존칭하는 데도 쓰였다. 마마도 나이가 많은 여성들에게 쓰는 존칭이다. 쑤마라는 이렇게 청나라 황실에서 널리 존경을 받았다.

강희 24년 12월 24일, 강희제의 열두 번째 아들 윈타오允祹가 태어났다. 효장은 73세, 쑤마라는 70세였다. 하지만 쑤마라는 여전히 몸이 튼튼하고 정신도 맑았다. 강희제는 조모의 뜻에 따라 윈타오가 태어나자 곧바로 아들을 쑤마라에게 맡겼다. 청나라 황실에서는 비빈들과 궁인들이 낳은 황자를 다른 사람이 키우는 관례가 있었다. 가령 강희제의 형 푸취안과 동생 창닝은 어릴 때 부유한 관원이 키웠다. 강희제의 넷째 아들 윈전(옹정제)은 어릴 적부터 강희의 세 번째 황후인 동가씨가 키웠다. 제5황자 윈치允祺는 황태후의 궁에서 자랐다.

하지만 황자를 시녀에게 보내 키우는 것은 보기 드물었다. 강희제가 자신의 아들을 쑤마라에게 보낸 것은 그녀를 아들의 스승으로 모신다는 뜻이었다. 동시에 효장태황태후는 독신인 쑤마라의 적막한 생활을 염려하여 아이를 기르는 즐거움을 선사한 것이다. 쑤마라는 윈타오를 어릴 적부터 장성할 때까지 양육했다. 윈타오는 쑤마라를 다른 황자들과 달리 마마라고 부르지 않고 '아자구阿劄姑'라고 불렀다. '아자'는 만주어로 어머니라는 뜻이다. 뒤에 '구姑' 자는 '무구母姑'로 변했다. 윈타오는 쑤마라를 친밀하게 '나의 아자구'라고 불렀는데, 친어머니는 아니지만 친어머니 같은 정감이 묻어났다.

윈타오와 쑤마라 아자구는 20년을 같이 살았다. 쑤마라는 그에게 사랑을 쏟으며 자애로운 어머니의 정을 한껏 쏟았을 뿐만 아니라, 인재로 키우기 위해 엄격한 스승 역할을 하며 지성으로 가르쳤다. 그녀는 말과 행동으로 모범을 보이면서 윈타오의 품덕과 재능을 배양시켰다. 윈타오는 장성한 후 부황의 명을 받아 여러 일들을 처리하며 그의 겸허와 유능함을 맘껏 펼쳐 보였다. 강희 만년에 황자들이 황위 계승 싸움을 벌여 궁중의 개나 닭까지 편안하지 못할 정도로 어지러울 때에도 윈타오는 절대

개입하지 않았다.

원타오는 강희 18년에 버이서에 봉해진 후 부황이 출타하면 반드시 그를 수행했다. 건륭제 때에는 친왕, 의정대신을 겸했다. 그는 쑤마라처럼 장수하여 79세에 죽었다. 이것도 쑤마라가 청나라 황실에 기여한 공적이다.

효장이 서거한 지 20여 년 가까이 흐른 강희 44년(1705) 8월 27일, 구순에 접어든 쑤마라가 갑자기 병으로 드러누워 일어나질 못했다. "배가 아프고 설사를 하며 음식을 전혀 먹질 못했다." 황자들은 모두 친어머니가 병이 난 것처럼 문병을 와 정성껏 간호했다. 특히 원타오는 계속해서 병상을 지켰다. 황자들이 곧바로 북방을 순시 중인 부황에게 병세를 알리고 치료법을 의논했다. "어릴 적부터 그 어떤 약도 입에 대지 않은" 쑤마라는 치료를 거절했다. 강희제는 그녀가 약을 먹어 본 적이 없다는 것을 잘 알고 있었기에, 황자들에게 말해 초근자계탕草根煮鷄湯을 복용시키라고 했다. 하지만 그녀는 '초근'도 약이라며 거절했다. 그녀는 라마 불경을 염송해 달라고 청하며, "단지 주인님을 위해 기도하고" 자신의 병은 이미 막바지에 이르렀다고 했다. 9월 7일, 쑤마라는 세상을 하직했다.

쑤마라가 병에 걸려 세상을 떠나고 안장될 때까지 강희제는 상례를 깨고 그녀에게 특별 대우를 해 주었다. 청나라 궁정의 내규에 따르면, 하인들과 하층 비빈이 중병을 얻으면 반드시 출궁시켜 일정한 장소에서 요양시켜야 했다. 하지만 쑤마라는 전염병에 걸리고도 출궁하지 않고 그대로 그녀의 침전에 머물렀다. 그 누구도 쑤마라의 출궁을 입에 담지 않았다. 변경을 순시 중이던 강희제는 황자들이 궁중의 규정대로 할까 봐 염려되어 특별한 편지를 썼다.

"(쑤마라) 마마가 병이 위급하다. 혹시 너희들이 마마를 요양소로 옮길까 봐 걱정이 되는데, 마마가 평시에 살던 곳에서 치료하여라. 만약 이미 이사했다면 유지를 마마에게 알린 후 반드시 다시 마마를 궁으로 모셔 오도록 하라."

쑤마라가 세상을 떠난 후, 어린 황자들을 제외한 모든 황자들이 장례 식장에 나와 일을 분담하며 장례를 치렀다. 강희제는 편지로 지시를 내렸다.

"쑤마라 마마를 7일 후에 몸을 씻기고 옷을 입히도록 하라. 짐은 15일에야 북경에 도착하니, 그때 다시 7일을 지내고 짐이 궁에 도착하면 장례를 치르도록 하라."

강희제는 손수 쑤마라의 장례 의식을 정했다. 이것은 모두 통례를 넘어서는 것이었다. 황제와 황자들은 친어머니의 장례 때만 친히 왕림하여 일을 치르게 되어 있었다. 쑤마라의 장례를 무사히 치른 후, 윈타오는 여전히 슬픔에 겨워 셋째 형 윈즈允祉에게 말했다.

"아자구 어냥額娘(어머니)은 저를 어릴 적부터 키워 주셨습니다. 하지만 그 은혜를 갚기도 전에 일이 터졌습니다. 수일 동안 어냥의 영혼을 지키며 백 일 동안 음식을 공헌하고, 37일 동안 불경을 읽도록 해 주십시오."

하지만 내무부에서 그러한 선례가 없다고 하자, 윈즈는 부황에게 보고했다. 강희제는 윈타오의 말이 옳다며, 특별히 그리하도록 윤허했다. 또한 강희제는 대범하게 상례를 깨고 빈의 예로 안장하고 그녀의 능묘를 효장태황태후의 소서릉 주변에 세웠다. 아주 오래된 친우끼리 죽어서도 함께 저승의 동반자가 되시라는 황제의 극진한 마음이었다.

효장은 생전에 쑤마라를 '거거'(아가씨)라고 불렀다. 강희제는 어황(어머니), 황자들은 마마(할머니)라고 불렀다. 쑤마라는 윈타오의 아자구(어머님)였다. 그녀가 죽은 후에도 사람들은 그녀를 '쑤마라고蘇麻喇姑'(쑤마라 고모)라고 불렀다.

16장

최후의 봉헌

효장태황태후는 1687년 향년 75세로
세상을 떠났다. 예로부터 70세를 고희古稀라 부르고 장수자라 했다. 임종
때까지도 손자들의 지극한 보살핌을 받으며 인생에 원만한 마침표를 찍
었다. 그녀는 국가 대사를 부탁하며, 장례제도를 개혁해 허례허식을 버
리고 간소함을 찾으라는 유언을 남겼다.

 강희제, 효장의 마지막을 지키다

효장태황태후는 그때까지 위급한 병에 걸린 적이 없었다. 어쩌다가 몸

이 이상하면 잠시 온천에 가서 요양을 하고 약을 먹으면 곧 쾌유되었다. 강희 22년(1683) 오태산에 간 이후로 다시 외출을 하지 않은 것으로 보아 건강이 예전 같지 않았던 모양이다. 강희 24년(1685) 8월 29일 새벽, 태황태후는 갑자기 중풍이 들려 "오른손이 곧바로 펴지지 않고, 말도 또박또박하지 못했다." 이번에는 병이 무거웠다. 자녕궁에서 야간 당직을 보던 의원 장세량張世良이 즉각 진단을 내리고 약을 처방했다. 생강즙, 죽력竹瀝(솜대의 줄기를 구워 받은 액즙)을 소화환蘇和丸과 함께 복용하게 했다. 의원 이옥백李玉柏도 달려와 장세량과 같은 진단을 내렸다. 그들은 함께 처방전을 쓰고 약을 달여 효장에게 올렸다. 유친왕 푸취안과 내무총관 푸바가 앞으로 와 물으니 의사가 보고했다. "비록 오른손은 움직이지 못하고 말씀도 뚜렷하지 않지만 맥과 숨은 고릅니다."

당시 강희제는 변방을 순행 중이었다. 9월 1일 청성青城(지금의 하북성 난평灤平)에서 내무부로부터 태황태후의 중풍에 관한 상주를 받은 강희제는 애가 타서 주필朱筆을 가했다. "알겠노라. 짐이 급히 황궁으로 갈 것이다." 강희제는 곧장 북경을 향해 길을 나서 밤을 새우고 다음 날 정오에 궁에 다다랐다. 황제는 곧장 조모에게 달려갔다. 이때 태황태후의 병세는 이미 호전되어 있었다. 강희제는 친히 약을 올리며 깊은 밤까지 조모를 지켰다. 며칠 후 태황태후는 건강을 완전히 회복했다.

그로부터 2년 후인 강희 26년(1687) 11월 21일, 다시 "태황태후의 성체에 병이 났다". 병세는 엄중했다. 병환이 급작스레 도져 병명이 무엇이든지 간에 매우 위독한 상태였다. 강희제는 마음이 조마조마해져 조모의 생명을 살리기 위해 갖은 방법을 다 동원하라 했다. 궁중의 어의는 "진맥을 하더라도 병세를 종잡을 수가 없어 한숨만 내쉴 뿐이었다". 강희제는 의학 문헌을 뒤져 친히 약을 달이기까지 했지만 효험이 없었다.

강희제는 하늘이 할머니를 보살피고 보우해 주기를 바라며 형부에 조서를 내렸다. 10대 악행 사형수 및 탐관오리, 노총각 범죄자 외에 기타 범죄자에 대한 처벌을 줄이라고 명했다. 이틀이 지난 후에도 태황태후의 병세는 호전될 기미를 보이지 않고 점점 더 위급해져만 갔다. 강희제는 손쓸 길이 아무것도 없는 상황에서 몇 년 전의 기억을 떠올렸다. 그해 큰 가뭄이 들어 궁중에 제단을 세우고 사흘 밤을 무릎 꿇고 기우제를 지냈다. 나흘째에는 걸어서 천단天壇까지 가 정성껏 기도를 올리니 비가 내렸다. 지성이면 감천이었다. 그래서 강희제는 이번에도 친히 천단에 가 제사를 지내기로 결정했다.

12월 1일, 아침 6시경 도보로 천단에 도착한 강희제는 조모의 무병장수를 비는 제사를 올렸다. 태상시太常寺(종묘제례를 관장하는 기구) 관원이 강희제의 친필 축문을 독송했다. 할머니의 건강을 간절하게 비는 축문은 사람들의 마음속에 깊은 울림을 주며 하늘에까지 울려 퍼졌다. 강희제는 심지어 자신이 덜 살 테니 할머니를 더 살게 해 달라고 간곡하게 빌고 또 빌었다.

강희제가 축문을 들으며 눈물을 뚝뚝 흘리니, 제왕과 버일러, 문무백관들도 감동하여 눈물을 흘렸다. 제사가 끝난 후, 강희제는 곧바로 회궁하여 조모를 보살폈다. 황손의 지극정성에 감동한 효장은 기뻐하며 음식을 조금 더 들었다. 어의도 진맥을 보더니 예전보다 호전되었음을 알렸다. 하지만 일시적으로 안정을 찾은 것뿐이었다. 하루 이틀이 지나자 효장태황태후의 병세는 더욱 악화되었다. 강희제는 이번에는 하늘에 크게 실망해 다시 친히 제사를 지내지 않았다. 병마로 쓰러져 가는 조모에게 아무것도 해 줄 수 없는 강희제는 슬픔에 겨워 눈물로 날을 지새우며 조모 곁을 지키는 수밖에 없었다. 건청문에 나가 조회를 보는 것도 며칠 뒤로 미루고, 29일부터 조모의 병이 다급해지자 조모 곁을 한시도 떠나지 않았다.

자손들도 모두 찾아와 병문안을 드렸다. 둘째 딸 아투, 둘째 며느리 황태후, 손자 푸취안, 황후 동가씨 등이 좌우를 떠나지 않았다. 강희제는 조모가 병으로 드러누운 날부터 몸소 약을 달이고 음식을 봉양했다. 나중에는 허리띠와 옷도 풀지 않았다. 강희제는 효장태황태후가 평온하게 쉴 때는 곁에서 바르게 앉아 조용히 기다렸다가, 할머니의 숨소리가 조금이라도 들리면 곧바로 곁에 가 돌보았다. 효장태황태후가 먹고 싶어하는 것이나 필요하다고 하는 것은 곧바로 대령했는데, 이때 차린 죽 종류만 30여 가지였다. 강희제의 보살핌에는 빈틈이 없었다. 태황태후는 손자의 등을 어루만지며, "나의 병 때문에" 황제가 "매일 밤 녹초가 되고 마음을 너무 쓴다"며 눈물을 흘렸다. 그리고 천하의 후세들이 강희제를 닮아 효성스러워지기를 기원했다.

 평생을 되돌아보며 가사와 국사를 부탁하다

강희 26년(1687) 12월 25일 밤 12경, 효장태황태후가 자연의 섭리에 따라 병으로 자녕궁에서 서거했다. 향년 75세였다. 효장은 임종 시에 유고를 남겼는데, 원문의 주요 부분은 다음과 같다.

　태황태후는 평생을 회고하며 아무런 유감도 자화자찬도 없다고 했다. 만년의 생활에 깊은 행복감을 느끼고, 국가 대사를 당부하는 유언이었다. 괴롭고, 맵고, 시고, 단 일생을 회고한 효장태황태후의 유언은 평온한 어조였다. 원망도, 후회도 없었다. 비록 남편과 아들을 일찍 잃는 불행을 겪었지만, '소년 천자'(순치제와 강희제)들을 기르고 보필하고자 몸과 마음을 강하게 추스렸다. 강희제는 지극한 효성으로 할머니의 마음에 밴 상처를 아물게 했고, '양대'(태종과 세조)에 걸친 효장의 고초와 비통함을 씻어 주었다.

　청나라가 강희제 때 날로 번성하고, 황제가 효성스러웠으니 효장은 큰 복을 누렸다고 할 수 있다. 자연의 섭리에 따라 하늘로 가며, 태종 홍타이지의 곁에 묻히는 것을 마다한 것도 후회스럽지 않았다. 효장은 죽으면서도 효성이 지극한 강희제가 본인 때문에 국사를 제쳐 놓을까 봐 걱정하며, 조정과 사직의 안녕을 위해 강희제에게 슬픔을 절제하고 문무백관들이 본분에 충실하도록 국사에 매진할 달라고 당부했다.

　강희제는 조모를 잃은 슬픔에 비통한 눈물을 흘리며 하늘을 원망했다. 그는 음식도 입에 대지 않고 혼미해질 정도로 곡을 했다. 강희제는 나중에 늙어서도 조모를 떠올리며, "짐을 가르치고 키워 준 두터운 은혜"에 "애통함을 멈출 수가 없다"며 눈물을 흘렸다.

야만의 장례 습속을 고치다

자신의 장례 예법에 관해 효장은 세 가지 유언을 남겼다. 첫 번째가 가장 중요했다. 병이 위급한 순간, 효장은 강희제에게 자신이 죽으면 멀리 있는 성경의 태종과 합장하지 말라는 유지를 내렸다.

"태종문황제(홍타이지)의 재궁은 안장한 지 이미 오래되었으니 나를 위해 가볍게 움직일 수가 없소. 더구나 나의 마음은 황부(순치제)와 그대에게 있으니, 멀리 가지 말고 효릉(순치제의 능묘) 근처에 안장을 하면 나의 마음이 편할 것이오."

명·청 시대에는 황실과 민간을 불문하고 부부 합장을 하는 게 당연한 도리였다. 효단문황후 저저가 북경에서 서거했을 때에도 유체를 화장한 후 2년째인 순치 7년 2월에 그 뼛가루를 성경의 소릉(홍타이지의 능묘)으로 옮겨 태종문황제와 함께 합장했다. 또한, 저저의 장례 예법은 홍타이지의 장례식처럼 장대했다.

효장태황태후는 홍타이지의 오궁 후비 가운데 한 명이었으니, 죽으면 당연히 홍타이지처럼 장엄한 장례식을 치르고 그와 합장해야 했다. 하지만 그러려면 엄청난 인마人馬 대오를 조직해 성경까지 먼 길을 가서 장례식을 거행해야 했다. 그 과정에서 당연히 백성들은 피곤하고, 많은 경비가 쓰일 터였다. 홍타이지, 저저, 하이란주 등은 죽은 후 모두 화장을 해 성경 소릉의 납골당에 안치했다. 효장태황태후의 유체도 화장한 후 골회를 소릉 납골당에 모시거나 새로운 능묘를 세워야 했다.

화장은 북경에 입성하기 전 만주족의 장례 풍습이었다. 전쟁이 빈번하고 자주 옮겨 다녀야 하는 수렵민족은 부모가 죽으면 그 유체를 "방치할 수도, 들고 다닐 수도 없었기에" 화장한 후 납골함에 모셔 들고 다녔다. 북경에 입성한 후에도 만주족은 순치제 때까지 옛 장례 풍습을 유지하여 순치제와 그의 두 황후가 죽자 화장하여 북경에서 멀지 않은 준화遵化 효릉의 납골당에 안치했다.

강희제 친정 이후에는 한족의 토장土葬 문화와 사후 관념의 영향을 받아, 만주족은 화장 풍습을 토장으로 바꾸었다. 강희제보다 일찍 죽은 효성인황후 허서리씨, 효소인황후 뉴후루씨, 강희의 이복동생인 순친왕純親王 룽시도 모두 화장하지 않은 채 유체를 땅에 묻었다. 비록 진보적이거나 후세에 도움이 되지 않는 변화였지만, 당시에는 막을 수 없는 시대의 대세였다. 이러한 상황에서 할머니의 유체를 불태우다니! 강희제로서는 도저히 따를 수 없는 분부였다. 비록 천성이 모든 일에 실사구시적인 강희제였지만, 부부 합장의 전통을 깨는 것만큼은 풀기 어려운 문제였던 것이다.

"청산의 곳곳에 충골忠骨들이 묻혀 있건만, 굳이 말안장에 유체를 싣고 갈 필요가 있는가?"

강희제는 조모의 유지에 따라 효릉 부근에 안봉전安奉殿을 짓고, 강희 27년(1688) 4월 24일 효장태황태후의 재궁을 안봉전 앞의 형전亨殿에 임시로 모셨다가, 다섯 칸짜리 신궁인 안봉전에 봉안했다.

이는 효릉 부근에 안장하라는 조모의 유언을 받드는 임기응변이자, 향후 효장태황태후의 장례식을 조정할 여유를 찾으려는 의도였다. 나중에 옹정제는 증조모(효장)를 안봉전에 안장한 이래 황부(강희제)가 장수하고 자손이 번창하고, 국내가 평안하고 백성들이 평안히 살면서 즐겁게 일하니 이곳이야말로 명당이라고 평했다(옹정 3년(1725)). 게다가 부부 합장 풍속은 제도적으로 정해진 것도 아니고, "영혼은 서로 통해 멀고 가까움이 없다"고 했다. 옹정제는 이를 근거로 증조모를 성경의 소릉에 안장된 증조부(홍타이지)와 합장해야 한다는 마음을 거두었다. 옹정제는 안봉전에 소서릉을 짓기로 결정한 후 "만년의 묘지를 정했다"고 안도했다. 성벽, 명루明樓(능묘의 제일 높은 건축물), 지하궁, 보정寶頂(능묘의 꼭대기 봉분)을 지으며, 원래의 안봉전을 융은전隆恩殿으로 중축했다.

같은 해인 1725년 12월 10일, 효장태후의 재궁齋宮(제사를 지내기 위해 무덤 옆에 지은 집)은 소서릉 보상寶床에 봉안되었다. 석안石案(무덤 앞 네모난 석상)에 옥책玉冊(책봉 글)과 금보金寶(책봉 옥새)를 서술하고 원궁의 석문을 닫았다. 이리하여 효장은 서거한 지 38년 만에 땅속에 안장되었다.

효장이 묻힌 소서릉은 동릉의 대홍문大紅門 밖 좌측, 즉 효릉 밖에 있다. 효릉과는 지척이지만 같은 능묘는 아닌 것이다. '소서릉昭西陵'이라는 명칭은 비록 성경의 소릉과는 먼 거리지만 "영혼은 서로 소통해 멀고 가까움이 없다", 즉 같은 능묘라는 의미다. 지혜로운 옹정제는 증조모 효장의 유언을 이해하고, 또한 강희제의 의도를 잘 반영해 선부先父가 이루지 못한 효장의 유언을 실현한 셈이었다. 이는 구천의 증조모와 황부도 만족할 만한 결과였다.

효장과 홍타이지를 합장하지 않은 것은, 이후 청나라 황제들이 일률적으로 합장을 하지 않게 된 일의 효시였다. 건륭제는 황후가 황제보다 더 오래 살다 죽으면 다른 능묘를 세우는 장례제도를 제정했다.

그런데 태후하가설의 야사 때문에 소서릉은 갖가지 전설을 불러일으켰다. 그중 하나가 효장이 도르곤에게 시집을 가 황실의 존엄을 능욕하며 태종 홍타이지에게 치욕을 안겨 주었기 때문에 부부 합장을 원하지 않고, 성경의 태종에게서 멀리 떨어지고 자손들과 가까운 북경 근처에 묻히기를 원했다고 하는 것이다. 그런데 자손들이 이를 원하지 않아 순치제의 능묘인 효릉 밖에 효장을 묻고 영원히 자손들의 능원 문을 지키게 하는 벌을 내렸다는 것이다.

또 다른 전설은, 효장은 성경의 태종과 합장되기를 원했으나 당시 그녀의 관곽棺槨이 준화 동릉을 지날 때 돌연 그녀의 영구가 무겁게 땅에 가라앉더니 전혀 움직이지 않았다는 것이다. 결국 관을 운반하던 장례 대오를 멈출 수밖에 없었는데, 효장은 그날 밤 손자 강희제의 꿈에 나타나 소릉에 합장하지 말고 관곽이 멈춘 지점에 자신을 안장하라고 분부했다. 소서릉이 바로 당시 효장의 관곽이 멈춘 지점이라는 전설이다.

우선, 자손들이 홍타이지를 배신한 벌로 효릉을 지키게 했다는 것은 태후하가설을 지지하는 학자들도 동의하지 않는 바이다. 효장이 진짜로 도르곤에게 시집갔다면 청나라 황실이 이를 비밀에 부치지 않은 이유가 무엇인가? 이를 공개적으로 밝히고 벌을 준다고 해서 그 수치가 없어진다는 말인가?

제4대 성조聖祖 강희제 이래로 역대 청나라 황제들은 효장태후를 매우 존경했다. 강희제로부터 청나라 황제들은 동릉에 오면 우선 소서릉부터 배알했다. 자손들의 능원문을 지키는 벌을 받았다는 주장이 얼마나 허황된 것임을 알 수 있다. 효장이 꿈에 나타나 능묘를 정해 주었다는 전설도 신화 그 이상의 의미를 찾을 수 없다.

둘째로, 효장태후는 임종 전 황태후에게 "내가 죽더라도 황제가 변발을 자르지 못하도록 하라"고 유언했다. 머리카락을 자르는 것은 청나라 황실의 장례 예법으로, 황제나 부모가 죽으면 애도를 표하기 위해 변발의 일부분을 잘랐다. 변발을 자르는 예禮는 만주족에 성행했던 순장 풍습과 관련이 있다.

강희 12년(1673) 7월 17일, 황제는 정식으로 조서를 내려 사람을 순장하는 악습을 철폐했다. 순장 대신에 변발을 조금 자르게 했다. 생전에 순장의 악습을 없애고자 했던 효장은, 자신이 죽고 나면 손자 강희제가 순장 대신에 변발을 자를 것이라고 생각했다. 그래서 먼저 황태후에게 분부를 내려 장례를 복잡하게 치르지 말라고 당부한 것이다.

셋째로, 효장은 유조에서 순치제의 유언대로 소복을 입으라고 했다. 장례식 때 소복을 입고 오락을 금기시하는 것은 효의 근본이었다. 순치 원년, 황제의 국상 때는 궁궐에서 27개월 동안 소복을 입고 부적을 달지 말며 오색찬란한 등을 달지 못하도록 정했다. 하지만 순치제는 임종 전에 유언으로 소복 착용 기간을 27일로 단축했다. 장례 예법을 간소화한 것이다.

순치제의 장례식 때 효장태후는 예장품도 최대한 적게 했다. 그러면서 망자가 생전에 쓰던 물품을 태우는 전통 풍습에도 변화가 찾아왔다. 태우지 않은 금은보화와 일상용품은 민간에 팔거나 친우들에게 기념으로 주기 시작했다.

이상의 내용들로 미루어 볼 때, 효장은 다른 의도가 있어서가 아니라 본인의 장례를 통해서 청나라의 좋지 않은 구습을 바꾸려 했음을 알 수 있다. 장례 예법의 허례허식을 뜯어고치고 사치를 금하며, 실사구시 정신에 입각해 산 사람들의 입장에서 순장의 악습을 폐지하고 장례 규정을 소박하고 간소하게 고쳤음을 확인할 수 있다.

영원히 신비로운 철혈 여인

효장태황태후는 살아서나 죽어서나, 조야의 모든 이들에게 사랑과 존경을 받았다. 효장태황태후가 귀천歸天(넋이 하늘로 돌아감. 죽음)한 후, 제왕·버일러·문무백관 등 대청의 만민백성들은 대청 강산을 위한 효장태후의 공헌이 실로 크다는 것을 이구동성으로 찬양했다. 그들은 효장태황태후가 강희제를 보필하며 태평성대를 이끄는 것을 두 눈으로 똑똑히 목도했다. 뿐만 아니라, 효장은 홍타이지를 보좌해 청나라를 강대국의 반열에 오르게 하고, 세조장황제世祖章皇帝(순치제)를 기르고 가르치며 중원에 대청의 기틀을 잡았다. 동북의 일개 변방 민족에 불과하던 만주족의 땅을 중원으로 넓힌 효장태후야말로 '청나라의 국모'였던 셈이다.

무엇보다 효장태후는 천도天道를 따른 사람이었다. 강희제는 조모의 깊은 은덕과 공적에 감개무량해했다. 황제는 예부의 상주를 기다리지 않고 친히 효장의 시호를 '효장인선성헌공의익천계성문황후孝莊仁宣誠憲恭懿翊天啓聖文皇后'라고 받들었다.

강희제는 효장태황태후가 서거한 이후 36년간을 더 살았다. 이 36년 동안 강희제는 할머니에 대한 그리움을 가슴 가득히 지닌 채 살았다. 효장태황태후 생전에 할머니에게 문안 인사를 드리는 것은 강희제의 즐거운 일상 중 하나였다. 강희제는 할머니의 부드러운 음성과 웃는 얼굴을 마주하면 언제나 마음이 따스해졌다. 어린 나이에 양친을 잃은 쉬안예에게는 자신을 손수 기르고 세상만사를 가르쳐 준 할머니야말로 부모의 은덕을 알게 해 준 혈육이었다.

강희제는 하루라도 할머니를 보지 못하면 일각이 여삼추였다. 그렇게 아침저녁으로 매일 30여 년을 함께 지낸 할머니가 갑자기 세상을 떠나자, 강희제의 가슴에는 커다란 구멍이 뚫린 것 같았다. 그는 할머니가 떠난 후에도 여러 차례 자녕궁으로 가 효장태황태후에게 문안을 올렸다. 그리고 10년 후에도 강희제는 자녕궁 앞을 지나면 흐르는 눈물을 주체하지 못했다. 30년 후 환갑이 되어서도 마찬가지였다. 강희제는 조부, 증조부가 되어서도 신하들 앞에서 효장태황태후 이야기를 할 때면 할머니에 대한 그리움에 휩싸여 "눈물을 비처럼 흘리며 비통함을 이겨 내지 못했다."

강희제는 할머니의 사랑과 은덕을 영원히 잊지 못해, "항상 할머니의 두터운 정과 은혜를 생각하면 애통함을 참을 수가 없다"고 말했다. 그리고 자신의 모든 공을 할머니에게 돌렸다.

"성모조모태황태후聖母祖母太皇太后(효장태후)께서는 30여 년을 짐과 함께하며, 짐을 가르치고 기르며 지금에 이르게 했다."

"조모태황태후가 아니었더라면 짐의 오늘과 대청제국의 미래는 없었을 것이다."

"망극지은罔極之恩은 평생을 다해도 갚을 길이 없다."

특히 강희제가 조정을 장악한 후 효장태황태후의 가르침과 광정匡正이 그를 이끌었다는 게 중요하다. 그리하여 효장이 세상을 떠난 후에는 선견지명으로 강희제의 틀린 점을 바로잡아 주는 혈육은 더 이상 없었다. 할머니가 돌아가신 다음에도 그의 조언자는 꿈속에 가끔씩 나타나는 할머니였다.

효자태황태후가 서거한 지 20여 년 후, 강희제는 태자 윤잉胤礽을 폐위했다. 그때 강희제는 효장태후의 친정인 호르친 몽골부 다얼한 친왕이자 사위인 반디에게 이렇게 말했다.

"할머니께서 살아생전 짐에 대한 사랑이 깊었는데, 승천하신 후에도 꿈에 나타나니 기이하기 그지없네."

실제로 강희제에게 할머니 꿈은 어떤 일을 미리 알려 주는 역할을 했다. 강희제가 우란부烏蘭布(몽골의 준갈이부準喝爾部. 준가르)로 병사를 보내기 전에 효장태황태후가 꿈에 나타나 손자를 막으며 "출병하지 말라"고 했다. 과연 출병을 강행하니 도중에 병사들이 역병에 걸리고 말았다.

효장이 세상을 떠난 지 3년째 되던 해인 강희 29년(1690), 강희제의 제1차 갈단(준가르의 칸) 친정親征 때에도 꿈에 할머니가 나타났다. 꿈속에서 효장태후가 강희제에게 말하기를 "이번 출정은 대승을 가져올 테지만 황제가 친히 포로를 잡지는 못할 것"이라고 했다. 강희제는 당시 할머니의 말을 이해하지 못했다. 그런데 출병 후 갈단 병사들이 도망칠 때 강희제가 친히 말을 몰아 그들의 뒤를 추격할 때 베이양구費揚古(정백기 출신의 장수)를 만났다. 베이양구는 이미 갈단 병사들을 무찌르고 수많은 포로를 잡아들인 상태였다. 그때서야 강희제는 꿈자리가 정확하다는 것을 알았다.

강희 47년(1708), 강희제가 황태자를 폐할 때에도 꿈에서 할머니를 만났다. 평소와 달리 강희제의 곁에서 멀찍이 물러나 앉은 효장의 안색이 무척 좋지 않았다.

속담에 이르기를 "꿈은 마음을 비추는 거울"이라 했다. 꿈은 인간의 경력을 반영하고 재현한다. 효장태황태후가 살아 있을 적에 강희제는 항상 조모와 국사를 논의하며 조모의 탁월한 식견에 문득 모든 것을 깨치곤 했다. 아마도 효장이 떠난 뒤에도 강희제가 중대한 방안을 모색할 때마다 조모를 떠올렸기 때문에 이 같은 꿈을 꾼 것이 아닐까?

태자 윤잉을 폐하는 결정을 내릴 당시, 강희제는 칼로 가슴을 베이는 듯한 고통을 느꼈다. 꿈에 나타난 조모가 낯빛을 붉히며 성이 난 듯 보인 것은 바로 강희 본인의 마음이었으리라. 이렇게 조모에 대한 추억과 사념이 환영으로 나타날 정도로 강희제는 조모를 믿고 따랐다.

효장태후가 서거한 지 36년 후, 강희제도 할머니의 뒤를 좇아 귀천했다. 강희제의 업적은 효장태후의 공헌과 융합되어 청나라 최전성기이자 중국 역사상 최고의 흥성기인 강건성세康乾盛世를 가져왔다. 효장은 순치제와 강희제를 기르고 가르쳤으며, 태종(홍타이지)·세조(순치제)·성조(강희제) 3대조에 걸쳐 조정을 보필하는 '대청제국의 흥국 태후'로서 청나라의 기틀을 공고히 한 영원히 사라지지 않을 업적을 이루었다. 효장의 주요 업적을 개괄하면 다음과 같다.

첫째, 태종 홍타이지 생전에 황비의 신분으로 황후(저저)를 도와 황실의 화목을 도모했다. 그러면서 조정에 나가 황제를 보좌하며, 뛰어난 지략으로 좋은 계책들을 내놓아 태종이 대청의 영토를 넓히는 데 크게 일조했다. 태종과 황후의 듬직한 참모 구실을 다했던 것이다.

둘째, 홍타이지 붕어 후 황위 계승 투쟁이 벌어지는 와중에 양황기 대신들의 지지를 이끌어내어 어린 푸린이 순조롭게 황위를 물려받게 하고 조정을 안정시켰다. 섭정왕 도르곤을 대담하게 기용하고, 그가 재능을 발휘하도록 협조했다. 더불어 도르곤이 어린 천자를 떠받들 수 있도록 전력을 다했다. 정친왕 지르갈랑 등으로 하여금 도르곤의 전횡을 견제하게 하며 도르곤의 독재를 막았다. 또한 황제에 오르려는 도르곤의 야심을 지혜로 제압했다. 복잡하고 위험한 상황에서 신중하고도 조용하게 지혜를 발휘해 상대를 굴복시킨 기묘한 방안은 효장태후가 여성 정치가로서 지닌 담력과 치밀한 식견을 여실히 보여 주었다.

셋째, 청나라 팔기 군대가 산해관을 뚫고 북경에 입성하기로 한 방책을 결정하고 중원축록中原逐鹿(제위를 두고 다툼)을 하는 과정에서, 효장태후는 범문정이라는 뛰어난 한족 모사꾼을 선임해 대청이 중국 대륙을 통일해 가는 목표를 순조롭게 이루도록 했다. 중원에 입성한 후 강남을 정벌해야 하는 중요한 시기에는 만주 제왕들에게 분봉分封하는 정책에 반대하는 기치를 내걸어 이후 지방에 제후들이 할거하는 재난을 미연에 방지했다. 즉, 통일적인 중앙집권제를 만들고 이를 지켜 나가게 한 것이다.

넷째, 도르곤의 죄상을 철저하게 밝힘으로써 팔기를 조정하고 황기黃旗와 백기白旗 간의 오래된 투쟁 구도를 철저하게 와해시키는 한편, 황기가 직접 상삼기上三旗(정황기, 양황기, 정백기)를 장악하도록 했다. 팔기가 다 함께 황권을 수호하는 정치 틀을 만든 것이다.

다섯째, 쉬안예를 황태자로 선택하고, 순치제에게 쉬안예를 태자로 앉힐 것을 건의해 위대한 강희제를 탄생시켰다. 효장은 몸소 어린 쉬안예를 기르고 가르쳤다. 효장의 아들인 푸린(순치제)은 어릴 적부터 생모 곁에서 지내는 시간이 비교적 길었고, 효장도 평범한 어머니처럼 아들을 응석받이로 키우는 바람에, 나중에 순치제가 막무가내 습성을 지니게 되어 환관의 부활 같은 실정을 범하게 되었다. 효장태후는 이러한 경험적 교훈을 가슴에 새기고, 손자 쉬안예를 기를 때에는 엄격한 스승이자 자애로운 어머니로서 질서 있는 교육을 통해 '수신제가, 치국평천하'의 도를 쉬안예에게 가르쳤다. 결국 쉬안예는 걸출한 황제로 자라 대청제국의 강건성세를 이끌었다. 효장의 손자 교육이 대청제국의 최전성기라는 튼실한 열매로 맺어진 셈이다.

여섯째, 효장태후는 비록 한족 문화를 받아들이는 것을 망설였지만, 전체적으로 실용과 실사구시의 정신을 바탕으로 낡은 악습을 고집하지 않고 과감하게 새로운 제도를 만들었다. 예를 들면 '상삼기 팔기대신 보정체제' 창건, 황자가 황위를 잇도록 한 황위 계승 제도 수립, 어문청정제禦門聽政制(매일 아침 황제가 건청문乾淸門에서 신하들과 조정회의를 함) 수립, 수렴청정하지 않고 황제를 보필, 야만적인 장례 풍습 혁파 등이다.

일곱째, 그녀는 군사가는 아니었지만 순치제·강희제 2대조에 걸쳐 군사 방면에 매우 뛰어난 모략을 내놓았다. 중요한 시기에는 직접 방향타를 잡아 위기에 처한 청나라를 구해 냈다. 명나라 부흥운동을 벌인 정성공이 남경을 포위 공격한 것을 분쇄했다. 부얼니의 반란을 진압하고 '신만주 팔기'를 세운 것 등은 모두 그녀의 정확한 지략과 강력한 지지가 이룬 성과였다.

여덟째, 사람을 진심으로 대하며 인재를 알아보고 적재적소에 배치했다. 때문에 그녀의 주위에는 문신, 장수, 서양인, 시녀, 하인 등을 막론하고 충성심과 재능, 현명함을 겸비한 이들이 모여들여 수십 년 동안 효장의 '라오펑여우老朋友'(존경스런 친구)로서 청태종·순치제·강희제 3대조를 위해 충성을 바쳤다.

아홉째, 친정인 호르친 몽골부를 통해 내몽골 기타 부족을 단결시키고 북쪽 변경을 안정시켰다. 또한 호르친 몽골을 통해 위급할 때 외몽골과 오이라트 몽골의 동태를 알아내고 조정에 결정적인 지략을 내놓았다. 결국 강희제는 외몽골을 위무하고 준가르부 갈단 몽골을 복종시켰는데, 이는 효장의 공헌이 컸다. (동투르키스탄을 포함한 북방 민족에 대한 청나라의 민족 정책은 광서, 운남, 귀주의 남방 민족보다 융통성이 있었다. 단, 북서부의 준가르만은 예외여서 1760년에 청은 이들을 무자비하게 제거했다.)

열 번째, 훌륭한 사상과 품격으로 일생 동안 대청 강산과 명운을 함께하며 현모양처의 품행으로 전심전력 부군 홍타이지와 아들 순치제, 손자 강희제를 보좌하며 조상의 대업을 넓게 발양시켰다. 이 과정에서 사적인 욕심과 두려움이 없었다는 점이 두드러졌다. 아들과 손자에게는 늘 '민심이 천심'이고 '나라의 근본은 백성'임을 깨우쳐 주었다. 인자, 검소, 근면한 정치로 백성들을 사랑했다. 현명한 인재를 등용하고, 사람을 쓸 때 반드시 명철한 견해를 구했다. 충신을 가까이하고 간신을 멀리했다. 위급할 때를 잊지 않고 항상 유비무환의 정신을 발휘했다. 특히 솔선수범하는 근검절약으로 이재민들을 구휼하며, 아들과 손자를 비롯한 청나라 신민들의 귀감이 되었다.

이처럼 효장태후는 한 여인이자 아내(황후), 어머니(태후)이자 할머니(태황태후)로서 후세에 길이 빛날 크나큰 공적을 남겼다. 객관적으로 만주족은 당시 그 위세가 가파르게 상승하고 있었다. 근면, 용감, 패기, 상무성, 적극성 등 만주족 고유의 특징을 기반으로 팔기 제도는 만주족을 하나의 유기적인 조직사회로 꾸리는 데 일조했다. 여기에 씨족제의 유풍이 여전히 남아 효장에게 힘을 실어 주었다.

당시 만주족 여성들은 가정과 사회에서 상당한 지위를 차지했다. 그래서 사회 상층부 여성은 남편과 아들, 손자를 대신해 권력을 행사하기가 비교적 쉬웠다. 한족 사회처럼 여성을 속박하는 구태의연한 제도가 없었다. 홍타이지가 살아 있을 적에 효장태후는 직접 양황기를 장악해 결국 아들인 순치제에게 황위를 물려줄 수 있었다. 뒷날 순치제는 상삼기의 기주가 되었는데, 그 배후에는 거얼친 몽골 부족의 지지가 있었다. 그리하여 그녀는 자신의 실력과 지혜로 청나라 조정을 장악하고 정국을 쥐락펴락할 수 있었다.

효장태후는 비범한 지혜와 재능으로 정국을 유리하게 이끌었다. 그녀는 활달하고 대담했으며, 깊은 안목과 지혜, 두터운 인덕과 굳은 의지, 용감함을 두루 지니고 있었다. 태종 홍타이지가 서거하자 양황기 대신들을 움직여 '어린 기주'(푸린)를 황제로 추대하게 하고, 본인은 황태후 신분으로 정권을 장악했다. 그러나 수렴청정하지 않고 조용히 황제의 뒤에서 어린 아들을 보필하며 대청의 기틀을 닦았다. 옳은 일은 사양하지 않았으며, 용감하게 중대한 임무를 맡았다. 효장은 '소년 천자들'(순치제와 강희제)이 나아갈 방향을 제시하는 나침반이자 든든한 후원자 역할로 만족했다. 그녀는 인자함을 우선하여 기꺼이 양보하고, 실의에 빠졌을 때에는 참아 내고, 득의했을 때에는 겸손하며 '대청의 굴기崛起'라는 웅대한 포부를 활짝 펼쳤다.

효장은 뭇사람들의 신뢰를 받아 그 주변에는 다양한 민족과 출신의 꾀주머니들이 몰려들어 그녀와 황제 그리고 대청 강산을 위해 헌신했다. 그녀의 지혜와 덕은 저절로 주어진 것이 아니라, 그녀가 선인先人들의 좋은 전통을 이어받고 관찰과 학습으로 스스로를 연마했기에 얻어진 결과였다. 그녀는 '몽골의 여인, 만주족의 며느리'로서 두 민족의 지혜와 문화가 지닌 정수를 실현한 사람이었다.

사서에 따르면, 효장은 "학식과 교양이 있고" "역사서를 읽는 게 취미"였다. 홍타이지는 그녀에게 조정에 참가하는 기회를 주어 그녀의 지혜를 단련시켰다. 그녀는 특히 실천하는 과정에서 얻은 경험적 교훈을 중시했다.

중국 역사에는 수많은 영웅호걸과 걸출한 인물들이 즐비하다. 그들은 모두 중국 역사에 기여했다. 그중에서 효장은 상당 부분 오해받고 왜곡된 역사로 남아 있는 인물이다. 하지만 객관적 사실로 남아 있는 효장의 역사적 공적을 부인할 사람은 아무도 없다.

저자 후기

이 책은《대청 3대 황제를 막후에서 보좌한 여인 효장황후補佐大淸三代帝君的幕後女人孝莊皇后》를 밑바탕 삼아 다시 보충하고 개작하여 완성한 평전이다. 수정할 때 역사학계가 이룩한 최근의 새로운 성과를 참조했다. 그중에서 특히 두가기杜家驥 선생의 신작《팔기와 청조 정치에 대한 논고八旗與淸朝政治論稿》, 바오싸이지라푸包賽吉拉夫의 역작《카사르 연구》, 지방 특색을 갖춘 바오비리거包畢力格 선생의《효장문황후와 호르친 좌익중기孝莊莊文皇后與科爾沁左翼中旗》등은 이 책의 오류를 바로잡고 새로운 내용을 충실하게 반영하는 데 큰 도움을 주었다.

자료 수집은 맹침이 책임지고 수고했다. 길림대학교 도서관 고적부와 문과교수 참고실, 고적연구소 자료실, 역사학과 자료실 등에서 이 책을 집필하는 데 필요한 책과 핵심 자료를 열람할 수 있도록 편의를 제공했다. 나의 아내인 진서운陳瑞雲 교수가 이 책의 수정 작업에 참여했다.

인민문학출판사 대표와 책임편집자 양화楊華 여사는 이 책을 출판하는 데 아낌없는 성원과 지지를 보내 주었고, 이 책의 편집과 디자인 등을 전면적으로 심의하고 결정해 주었다.

이 자리를 빌려 모든 분들께 감사드린다.

1억의 한족을 지배한 100만 만주족의
대청제국을 만든 여인에 대하여

1636년 청태종 홍타이지가 국호를 후금後金에서 대청大淸으로 고친 뒤, 대청제국은 276년이라는 장구한 세월 동안 중국 대륙을 지배하며 11명의 황제를 배출했다(후금을 세운 누르하치를 청 태조로 보아 청나라의 역대 황제는 총 12명이다). 그중 강희제와 건륭제가 각각 60여 년간 통치해 청나라 시기의 44퍼센트를 차지한다. 이는 중국 역사상 드문 일이다. 더욱 드문 일은 두 명의 황태후, 즉 효장태후와 서태후(1835~1908, 함풍제의 후궁으로 동치제의 생모)가 장장 90년 동안 정권을 직간접적으로 좌지우지했다는 것이다. 게다가 이 두 여인은 11명의 황제 중에서 3분의 2가 넘는 황제들과 관련이 있다. 효장태후는 청태종·순치제·강희제와 연관이 있고, 서태후는 함풍제·동치제·광서제·선통제와 관련이 있다. 이는 미증유의 중국사이다.

물론 태후의 전권에 대한 이야기는 흔하다. 그러나 모두 짧게 정치를 하거나 한 왕조의 흥망까지는 좌우하지 않았다. 그런데 중국의 마지막 봉건왕조인 청나라는 아이러니하게도 '흥국과 망국' 모두 이 두 황태후에 의해 좌지우지되었다.

대청제국은 청태조 누르하치와 청태종 홍타이지라고 하는 두 명의 영웅들에 의해 건립되었다. 청나라는 산해관을 뚫고 북경에 입성해 중원을 차지한 이후 순치제·강희제·옹정제·건륭제 등 네 명의 황제가 재위한 152년 동안 대만·티베트·위구르·내외 몽골 등 광활한 영토를 넓히고, '수많은 민족들이 혼거하는 화이잡거華夷雜居 다민족 제국'을 세웠다. 강희제(재위 1661~1722), 옹정제(재위 1722~1735), 건륭제(재위 1735~1795) 등 3대에 이르는 130여 년간의 강건성세康乾盛世의 시기는 17, 18세기 세계사에서 영토의 광활함뿐만 아니라 군사력·경제력·문화력까지 가장 월등했던 중국사의 최전성기였다. 오늘날에도 시진핑習近平 국가주석이 누차 이 시기를 거론하며 미래 중국의 모델로 삼고 있음은 주지의 사실이다.

그러나 달도 차면 기울고, 나라도 흥성하면 반드시 쇠망한다던가. 건륭제 후기에 '탐관오리의 대명사' 화선和珅(만주족) 등의 부패로, 이후 가경제·도광제·함풍제 3대조(1796~1861) 66년 동안 내리막길을 걷던 대청제국은 동치제 이후 50여 년간 멸망의 나락으로 떨어지고 말았다. 이때 국가권력을 장악한 이가 바로 서태후이다.

효장태후와 서태후는 시간적으로 200여 년 넘게 차이가 난다. 하지만 인생 여정은 엇비슷했다. 효장은 13세, 난아蘭兒(서태후의 이름)는 18세에 시집을 갔다. 5년 차이다. 효장이 순치제를 낳을 때는 25세, 난아가 동치제를 낳을 때는 22세로 3년 차이다. 효장은 28세, 난아는 27세에 과부가 되었으니, 딱 1년 차이다. 효장은 28세, 자희는 27세에 황태후에 봉해졌으니 이것도 1년 차이다. 효장태황태후는 75세에, 자희황태후(서태후)는 74세에 죽었으니 이 역시 1년 차이다. 두 명 모두 어린 후손들을 황제로 옹립했다. 실제로 동치제가 5세의 나이로 제위에 오르자, 함풍제의 황후였던 자안황태후慈安皇太后와 함께 공동 섭정을 하던 서태후는 자안황태후를 효단태후 저저, 자신을 효장태후에 비유하기도 했다.

하지만 효장태후와 서태후, 두 사람 사이에는 건널 수 없는 강이 흐른다. 효장태후는 몽골 초원의 몽골족 여인으로 만주에 시집와서 '현명함, 지혜, 인애, 자신보다 나라를 위한 마음'으로 대청제국을 일으켜 세운 청나라의 '흥국 태후'로 추앙받지만, 만주족 중급 관원 혜징의 맏딸이었던 난아는 '우주(대청제국)의 중심이 자신이라는 착각 속에서' 권력 전횡을 일삼다 청나라를 멸망으로 내몬 청의 '망국 태후'로 비난받는다.

1861년 함풍제의 후궁으로 들어가 이후 아들 동치제와 조카 광서제를 황제 자리에 올리고 수렴청정하며 청나라 말기 50여 년을 쥐락펴락한 서태후. 그녀는 흔히 "꽃과 칼날의 여인"이라는 말로 미화된다. 그녀는 관계가 원만하지 않았던 며느리 아루터씨(동치제의 황후)의 머리채를 붙잡아 끌어내려 종아리를 치기까지 했다. 야사에서는 아루터씨가 동치제가 죽은 지 75일 만에 죽은 것은, 당시 임신 중이던 그녀가 아들을 낳으면 서태후가 수렴청정을 할 수 없기 때문에 서태후의 핍박을 받아 죽었다고 한다. 과연 서태후는 동치제가 죽자 당시 4세이던 외조카 재첨(광서제)을 양자(서태후의 남편 함풍제의 아들)로 삼아 황위를 잇게 하고, 권력을 탐하다 나중에는 광서제마저 죽음의 벼랑 끝으로 떠밀어 버렸다. 서태후가 동치제의 사촌이던 재첨을 황제로 삼은 것은, 효장태후가 굳건히 한 황위 부자상속 전통을 깨뜨린 일이기도 했다.

서태후는 1888년 해군 예산 30만 냥을 횡령해 자신의 여름 별장인 이화원 수리비와 환갑잔치 비용으로 써 버릴 만큼 사치스러웠다. 이로 인해 1894년 청일전쟁에서 참패한 청나라는 외세에 의해 대만과 팽호澎湖 열도를 빼앗겼다. 강유위와 광서제가 개혁적인 변법 운동을 일으키자, 서태후는 무술정변을 일으켜 광서제를 영대瀛臺에 10년간 유폐했다. 1900년에는 의화단 사건을 사주하다 8개국 연합국이 북경을 점령하는 수모를 당하고, 굴욕적인 신축조약을 맺고 열강들이 중국을 마음대로 압박하고 착취하도록 방조했다.

서태후는 자신의 안녕과 대청제국의 존귀한 황태후 자리만 유지할 수 있다면 나라가 열강에 의해 산산조각이 나도 괜찮은 듯싶었다. 유폐된 광서제는 38세의 나이에 74세의 서태후보다 건강이 좋지 않아 세상을 떠났다. 서태후는 다시 수양딸의 아들인 푸이溥儀(1906~1967, 청나라의 마지막 황제인 선통제)를 황제로 정해 놓고, 광서제가 죽은 지 하루 만에 세상을 떠났다. 그녀가 죽은 지 4년째인 1912년, 손문이 남경에서 임시 대통령에 오르면서 청나라는 역사의 뒤안길로 사라졌다.

서태후는 저승에서도 부귀영화를 누리고 싶어 금은보화를 함께 묻었다. 19년 후 군인들이 그녀의 능묘를 대포로 쏘아 파헤치고 금은보화를 약탈했다. 그리고 그녀의 썩은 몸은 짓밟히다 흙처럼 바람결에 휩쓸려 어디론가 사라졌다. 이런 그녀를 한 고조 유방의 정실부인인 여후呂后, 당나라 측천무후와 함께 '중국의 3대 여성 정치가'로 불러도 좋을까? 물론 사생활과 도덕성이 아닌, 그 업적과 통치력에만 초점에 맞추어 종합적으로 평가한다면 서태후에게 높은 점수를 줄 수도 있다. 가령 서태후를 만주족 대신들의 반대에도 불구하고 증국번, 이홍장과 같은 한족 관리들로 하여금 태평천국의 난을 평정하게 하고 ,북경에서 외세를 쫓아내며 동광중흥同光中興(동치제, 광서제 연간의 중흥기)을 이끌어 낸 '대범한 여성 정치가'로 높이 평가하는 이들도 있다.

여기서 서태후에 대한 좀 더 세심하고도 객관적인 평가를 내리기 위해서라도, 효장태후와 서태후를 비교해 볼 필요가 있다. 그런데 한국에는 서태후에 관한 책은 소설, 평전, 연구서 등이 꽤 번역되어 출간되었지만, 효장태후에 관한 책은 전혀 없다. 단지 미인(달기 · 포사 · 서시 · 양귀비), 황태후(여후 · 독고황후 · 측천무후 · 풍태후), 기녀(조비연 · 진원원 · 동악비) 등등을 '중국사 여인열전' 식으로 다룬 책들만이 범람하고 있는 실정이다. 효장태후는 그런 책들 속에 단지 한 장으로 끼워져 간략하게 소개되어 있을 뿐이다.

이번에 처음으로 한국에 번역, 소개되는 효장태후의 전 생애는 청나라의 역사를 좀 더 폭넓은 시야로 들여다볼 수 있는 첫머리가 될 수 있다는 데 그 의의가 있다. 청사 연구의 대가인 맹조신孟昭信이 쓴 이 책은 효장태후가 몽골 초원의 소녀에서 후금 황실의 며느리로 시집간 후, 후궁에서 황태후, 황태후에서 태황태후가 되어 가는 과정을 청나라 초기 역사에 대한 방대한 1차 사료와 기존의 연구 성과를 토대로 객관적 입장에서 소상하게 정리하고 분석했다. 그리고 이를 통해 효장태후가 중국사에서 그 어떤 여인보다 훌륭한 여성 정치가이자 성공적인 인생을 산 여인이었음을 평전 형식으로 전해 주고 있다.

물론 아직까지 지은이가 아쉬워하는 대로, 전통 시대 이래 야사나 연의가 효장태후의 사생활이나 흥미 위주 이야기를 너무나 많이 전파시켜 그녀에 대한 진실이 온전하게 드러나지 않고 있다. 여전히 그녀는 막후에서 청나라 조정을 쥐락펴락한 냉혹한 권력가 혹은 시동생 도르곤과 결혼한 부도덕한 패륜녀 이미지를 뒤집어쓰고 있는 형편이다.

중국 문화 콘텐츠에 관심 있는 독자라면 〈효장비사孝莊秘史〉〈대청풍운大淸風雲〉 등의 사극에서 도르곤과 효장태후가 불멸의 사랑을 나누는 대목을 보았을 터이다. 소년 도르곤이 말을 타고 지는 해를 쫓아가다 호르친 초원에 닿아 우연히 다위얼大玉兒(효장)을 만나 사랑이 싹튼다. 혹은 도르곤과 다위얼이 서로를 보자마자 첫눈에 반한다. 하지만 이것은 흥미를 돋우려는 드라마적 기법을 응용한 '팩션faction'일 뿐이다. 언제부턴가 한국 소설이나 역사서, 드라마에도 흥미 본위의 야사가 정사인 양 소개되고 있는 것처럼 말이다.

이 평전의 저자 맹조신은 효장태후가 시동생 도르곤에게 시집갔다는 '태후하가太后下嫁'는 야사일 뿐이라고 주장한다. 효장태후는 서태후처럼 수렴청정을 하며 권력을 휘두르거나 사치를 일삼으며 자신의 욕망을 추구한 사람이 아니라는 것이다. 그렇다면 저자의 주장대로 효장은 홍타이지·순치제·강희제 3대조 걸쳐 청나라의 최전성기이자 중국 역사상 최고의 흥성기를 일구는 데 몸바친 내조자이자 정치가였을까? 저자는 야사가 아닌 정사의 기록에 따르면 '그렇다'고 답한다.

청나라 초기, 효장을 '몽골 제일의 미녀'로 칭송한 문학가 나란싱더納蘭性德는 그녀를 "호르친 초원으로부터 날아든 옥처럼 부드럽고 윤기가 찬란한 오색나비"라고 묘사했다. 물론 이것은 문학적 수사이지만, 실제로 그녀는 나비처럼 날아와 홍타이지 곁에서 '대청의 여자 제갈량' 노릇을 했다. 동북방 변경의 일개 오랑캐로 불리면서 고구려와 발해를 세웠던 말갈족 그리고 그들의 후손인 여진족(만주족)이 산해관을 넘어 광활한 중국 대륙을 점령하고 300여 년간 군림할 수 있었던 데에는 이 '몽골 제일의 미녀이자 중국 제일의 여성 지낭智囊' 효장태후의 역할이 그만큼 절대적이었다. 그래서 혹자는 탁발 위(북위)의 문명황태후文明皇太后 풍씨馮氏와 견줄 만하다고 한다. 훗날 모택동은 효장을 "청나라 제일의 여인"이라고 치켜세웠다.

연암 박지원의 《열하일기熱河日記》에 나오는 무란위장(열하의 피서 산장)에 대해 읽어 본 독자라면, 효장태후의 국제정치적 안목에도 놀라움을 금치 못할 것이다.

오삼계가 '삼번의 난'을 일으키자 팔기 정예부대를 남방에 보낸 강희제는, 효장태황태후와 더불어 돌연 북경을 떠나 북쪽 변방 지역을 돌다가 고북구古北口 밖에 무란위장을 짓기 시작했다. 삼번의 난이 한창일 때, 청나라는 왜 정치군사의 중심지를 열하(승덕承德의 옛 이름)로 옮기고 북쪽 변경에 거대한 황실 사냥터를 세웠을까? 팔기의 만주 후손들이 수렵으로 궁술과 기마술을 연마해 만주족의 뜨거운 야성을 되찾길 바랐던 것일까?

열하는 동서로 천 리 준령이 이어지는 곳으로 북경과 가깝다. 만약 이곳이 뚫리면 적의 기병이 파죽지세로 만리장성의 미약한 지역을 돌파해, 북경을 비롯한 화북 평원을 일사천리로 공략할 수 있다. 특히 "하늘이 자물쇠를 남겨 웅장한 빗장을 베고 있다"는 고북구는 북경으로 곧장 쳐들어갈 수 있는 요충지이다. 말인즉슨, 효장태황태후와 강희제는 이 천하의 요새 등허리에 자리해 중원의 방어선을 통제하려 했다. 그래야 분봉分封 · 만몽 혼인 등으로 청나라의 우군이 된 몽골 부족이 '무형의 만리장성'이 되어 북쪽 변방을 안정시키고, 더 나아가 제정 러시아의 동진 야욕을 분쇄할 수 있었기 때문이다. 연암의 사신 일행이 청나라 건륭제에게 삼배고두의 예를 취했던 '열하의 피서 산장'은 단지 한가하게 피서나 수렵을 즐기는 놀이터가 아니라, 동아시아 천하의 형세를 곰곰이 살펴 북쪽으로 몽골을 통제하고, 왼쪽으로 회회回回와 신강 위구르족을 잡아당기며, 오른쪽으로 동북 3성으로 직통하고, 남쪽으로 중원 대륙을 제어하는 청나라 황제들의 '중남해中南海'(지금의 북경 내 중국 공산당 지도자들의 거처이자 중국 공산당 당사 및 정부 기관 소재지)였던 것이다.

실제로 대다수의 인구를 차지하는 한족을 비롯해 56개 소수민족을 아우른 오늘날의 '화이일가華夷一家 통일 다민족국가' 중화인민공화국의 원형은 청나라였다. 현재 중국의 영토는 청나라가 물려준 지리적 유산이며, 현재의 중화민족 대가정이네 민족대단결이네 하는 구호는 청대의 '만몽한일가滿蒙漢一家' 개념의 확대판이다. 사실 청나라 이전의 명나라는 티베트 · 몽골 · 대만 · 신강성을 제외한 한족 중심의 영토일 뿐이었다. 하지만 대청제국은 명나라의 만리장성 밖 모든 영토를 복속해 중국 역사상 공전절후空前絶後한 대제국을 건설했다.

변방의 가난한 오랑캐에 지나지 않던 만주족이 중원을 평정할 수 있었던 원동력은 팔기로부터 나왔다. 팔기의 최종 심급인 니루(원래 '화살'이라는 단어에서 나온 명칭으로, 여진족 수렵 조직을 뜻하다가 팔기의 기본 부대 단위가 됨. 한자로 우록牛錄이라 옮겨 적음)도 만주족 · 한족 · 몽골족 등등을 포함해 그 태생부터가 '다민족'적이었다.

오늘날 중국인들에게 존경하는 역사 인물을 손꼽으라면 당태종, 제갈공명, 강희제, 모택동 등이 등장한다. 이들의 공통점은 영토 확장이다. 제갈공명은 남만南蠻의 운남성(운남성을 완전히 차지한 왕조는 원나라)과 귀주성을, 당태종 이세민은 돌궐족을 중앙아시아로 몰아내면서 감숙성과 청해성 일부를, 모택동은 1949년 국공내전에서 승리한 뒤 청나라의 옛 영토인 티베트 · 신강 · 내몽골 등을 다시 병합했다. 단지 강희제가 취했던 대만만 어쩌지 못했다.

그런데 강희제는 한족에게 오랑캐라고 멸시당하던 만주족의 청나라 황제였다. 그래서 그는 1990년대, '한족 중화주의'가 아니라 '중화민족 중화주의'의 이념적 대리욕망으로 등극했다. 중화민족은 한족 · 만주족 · 회족 · 티베트족 · 몽골족 등 56여 민족이 태초에 같은 민족이라는 '상상의 공동체' 개념이다. 물론 중화민족이란 개념은 '태초에 생긴' 게 아니라, '현재'라는 특정한 역사시대에 '만들어진' 민족 개념일 뿐이다. 1978년 등

소평의 개혁개방 후 사회주의 이념이 연기처럼 사라지자, 중국은 새로운 애국주의(중화민족 제일주의)로 전 인민을 대동단결시켜야 하는 요구가 절박했다.

1980년대 중국 인민의 영웅은 당태종이었다. 그에 관한 수많은 드라마, 연극, 문학 작품, 논문이 쏟아져 나와 문화대혁명으로 상처 입은 중국인의 자존심을 달래 주었다. 하지만 그는 '한족의 영웅'일 뿐이었다. 구소련의 예가 보여 주듯, 이념이 사라진 블랙홀에서는 민족이 솟아오르기 마련이다.

그래서 1990년대에는 80년대 한족 영웅 당태종을 제치고 강희제가 중화민족 최고의 황제 영웅으로 등극했다. 만주족인 강희제와 건륭제가 한족의 명나라 판도를 넘어 처음으로 지금의 중국 영토와 비슷한 만주(동북 3성), 내외 몽골, 신강(건륭제 때 완전 복속), 티베트 등을 평정했기 때문이다. 제갈공명, 당태종, 주원장, 모택동 등은 한족이지만, 강희제는 만주족이라는 사실이야말로 역설적으로 강희제가 '화이일가=중화민족 대가정주의'라는 이념에 딱 어울리는 인물임을 증명한다. 그래서 강희제는 한족과 다른 소수민족은 원래 하나의 민족이라는, 즉 (만들어진) 중화민족 이데올로기에 가장 어울리는 상징 영웅으로 등극했다. 중국 최고의 역사소설가로 꼽히는 이월하二月河의 대하소설 《강희대제》가 기존의 베스트셀러 기록을 갈아 치우고, 이 소설을 원작으로 한 사극 〈강희왕조〉가 공전의 히트를 친 것이 좋은 예이다.

이렇게 신해혁명(1911) 이후 푸대접을 받던 만주족이 삽시간에 중화인민공화국의 영웅으로 떠오른 이유는 '한족이 아닌 이민족이 중화민족의 영웅이 돼야 '중화인민공화국=통일다민족국가'라는 상상의 공동체 민족 담론이 정당성을 얻을 수 있는 역설이 숨어 있기 때문이다. "중화인민공화국은 여러 민족으로 구성된 통일국가"라는 공식 문구는 1949년에 처음 언급된 이래 거의 상투적인 문구가 되었다. 1957년 주은래는 소수민족을 위한 지방자치권의 혜택을 강조하면서 다음과 같이 말했다. "오늘날 우리나라의 넓은 영토는 청조의 유산이다." 이 '통일다민족 패러다임'을 탄생시킨 주역이 강희제이고, 그를 키우고 가르친 이가 바로 '청나라의 홍국 태후' 효장태후라는 사실은 실로 흥미로운 역사가 아닐 수 없다.

중국 역사상 가장 큰 제국을 구축한 대청제국은 그야말로 '팍스 만주리카'였다. 100만도 안 되는 만주족으로 1억의 한족과 여타의 소수민족(몽골족, 위구르족, 티베트족, 투르크족 등등)을 300여 년 동안 성공적으로 지배할 수 있었던 저력은 무엇일까? 기존의 학설에서는 만주족이 한족의 문화에 흡수, 동화되었기 때문이라고 했다. 만주족이 주자학이라는 명나라의 유교적 통치 이념을 계속 후원한 덕분에 중원 정벌 후에도 중국의 부자와 지식인 엘리트들의 지지를 업고 정치권력을 유지할 수 있었다는 것이다. 만주족과 한족의 통혼 등을 통해 1680년대에 이미 만주족이 한족에 동화었으므로, 청이 만주족 왕조라는 사실은 별로 중요하지 않다는 입장도 있다.

하지만 1990년대 말부터 하버드 옌칭 연구소 등을 중심으로 한 신청사 新清史 학파들은 청나라의 성공 요인을 '한족이 아니었기 때문에 지닐 수 있었던 만주족의 다민족적 세계성과 개방성' 그리고 '자신의 정체성을 잃지 않았던 팔기의 상무정신'에서 찾는다. 한족과 비교하여 350 대 1로 소수였던 만주족이 중원을 차지하고 거의 300년 동안이나 통치할 수 있었던 원동력을 눈 밝은 독자라면 이 책에서 효장태후가 보여 준 여러 가지 정책에서 찾을 수 있을 것이다.

범문정이라는 뛰어난 한족 관리의 중용, 확고한 만몽연맹, 티베트·위구르·몽골을 포섭하고 위무하기 위한 무란위장의 설립, 만주족의 악습 타파, 상삼기가 황권을 지지할 수 있도록 한 팔기 체제의 개편 등이 그 예이다. 물론 가의가 한나라 고조 유방에게 건의한 대로 "말 위에서 천하를 얻을 수는 있지만, 말 위에서 천하는 통치할 수 없다". 극소수의 만주족 입장에서는 절대다수의 한족 백성들을 통치하기 위해 말 위에서 내려올 수는 있어도 그 말까지 내팽개칠 수는 없는 노릇이었다. 효장태후와 강희제가 무란위장과 상삼기를 통해 팔기의 상무정신을 잃지 않도록 한 것은 바로 그런 까닭이었으리라.

중국의 전통적인 음양관(남녀관)에 의하면 여성의 존재나 역할은 천지, 군신, 주종 관계에서 항상 후자였다.

"음이 비록 아름다움을 가지고 있지만 그것을 밖으로 드러내지 않고, 군주의 일을 보좌하여 감히 자신이 이루지 않는다. 이것이 바로 땅의 도이며, 신하의 도이다. 땅의 도(마찬가지로 아내의 도, 신하의 도)는 자신이 이루지 않고 하늘(남편, 군주)을 떠받치며 그것을 완수한다."

《주역》〈곤괘坤卦〉에 나오는 말이다. 이 말처럼 중국의 전통적인 여성관은 자신이 직접 일을 계획하고 완성하는 게 아니라, 남편이나 자식이 대신 그 유종의 미를 이루도록 돕는다. 효장태후는 이러한 전통적인 음양관에 치우친 여자로 보일 수도 있다. 측천무후처럼 스스로 황제 자리에 오르거나, 유방의 황후인 여후처럼 살벌한 흑막의 정치투쟁을 벌이며 한신 등의 정적들을 제거하거나, 북위의 풍태후馮太后처럼 수렴청정을 하며 나라를 이끌지 않았기에, 효장태후는 단지 남자들(부군 홍타이지, 아들 순치제, 손자 강희제)의 뒷바라지나 한 수동적인 여자로 비춰질 수 있다. 저자의 평가대로 효장은 "단지 홍타이지의 아내, 순치제의 어머니, 강희제의 할머니"라는 자연스런 신분과 어울리도록 막후에서 묵묵히 청나라의 흥륭을 위해 심혈을 기울이며, 온갖 지혜를 짜내고 재능을 쏟아 냈다. 그 결과, 그녀가 "만주와 중국 대륙에서 이룬 모든 공적은 전부 남편(홍타이지)과 아들(순치제) 그리고 손자(강희제)에게 돌아갔다".

이는 물론 봉건시대를 살았던 여성의 한계라고도 볼 수 있지만, 왜 그런 면모가 비판의 대상이어야만 하는지는 곰곰이 생각해 볼 만하다. 지나치게 현대적 관점으로만 과거 인물의 삶을 바라보는 게 아닐까 하는 생각이 드는 것이다.

지은이는 간명하고, 통속적이고, 진실한 효장태후 평전을 독자 제현에게 선보이려고 노력했다. 옮긴이도 지은이의 뜻에 맞춰 효장태후의 면모를 간명하면서도 흥미진진하고 쉽게 전달하려고 노력했다. 중국이라는 나라가 날로 세계인들의 화두에 오르는 요즈음, 중국에 대한 독자들의 이해를 좀 더 다채롭고 풍부하게 하는 데 조그마한 보탬이 되길 바란다.

2015년 겨울

옮긴이

명明 만력萬曆 41년 1613	1세	**2월 초파일** 보얼지지터博爾濟吉特 부무부타이布木布泰가 서요하 강변 의 호르친 몽골 부락에서 태어났다. 지금의 네이멍구자치구 퉁랴오시 호르친 좌익중기 화투구라진鎭 하오르옌아이리의 몽골 귀족 집안 출신. 아버지는 보얼지지터 자이상寨桑, 어머니는 보리博禮.
만력 42년 1614	2세	**6월** 고모 저저哲哲가 여진칸女真汗 아이신기오로愛新覺羅 누르하치努 爾哈赤의 제8황자 홍타아지에게 시집가 대푸진이 되었다.
만력 43년 1615	3세	**정월** 숙조부 호르친 버일러貝勒 쿵궈얼孔果爾의 딸이 누르하치에게 시 집가 비가 되었다. **8월 22일** 누르하치가 맏아들 추영을 사형에 처하고, 9~10월 사이에 팔 기를 편제하였다. 홍타아지가 명을 받들어 추영의 정백기正白旗와 갑병 250명을 귀속시켰다.
후금後金 천명天命 원년元年 1616	4세	**정월** 누르하치가 허투알라赫圖阿拉 성(지금의 랴오닝성 신빈현)에서 후 금 정권을 세우고 천명을 연호로 하였다. 홍타아지는 제4버일러가 되어 네 명의 허쉬버일러和碩貝勒(팔기의 기주이자 친왕) 중 한 명으로서 후 금 최고 통치 집단의 핵심 성원이 되었다.
천명 3년 1618	6세	누르하치가 "7대한七大恨"을 내세우며 명나라에 항거하겠다는 뜻을 맹 세함.
천명 6년 1621	9세	**4월** 후금이 요양遼陽으로 천도해 동경성을 세움.
천명 7년 1622	10세	**3월** 누르하치, "8명의 허쉬버일러 공치국정" 체제 선포.
천명 9년 1624	12세	**2월** 몽골 호르친부와 후금 결맹. 홍타아지와 부무부타이 약혼.
천명 10년 1625	13세	**2월** 부무부타이가 요양으로 와 홍타아지와 결혼. **3월 4일** 후금이 심양沈陽으로 천도해, 성경盛京이라 칭함.

천명 11년 1626	14세	**정월** 누르하치가 대군을 인솔해 명나라 영원寧遠(지금의 랴오닝성 싱청興城)을 쳤으나 패배했다. 2월 9일 심양으로 회군함. **8월 11일** 누르하치 사망. 12일, 버일러 대신회의에서 홍타아지를 칸으로 추대. 누르하치의 대푸진 아바하이가 강제로 순장당함. **9월 1일** 홍타아지가 칸으로 즉위해 연호를 천총으로 고쳐 원년으로 삼음.
후금 천총天聰 3년 1629	17세	**정월 초파일** 장녀(황4녀) 고륜웅목장공주固倫雍穆長公主 야투雅圖가 태어남. 야투는 13세 때 호르친 쥐리커투卓禮克圖 친왕 우커산(부무부타이의 오빠)의 아들 비얼타하얼弼爾塔哈爾에게 시집을 갔다.
천총 6년 1632	20세	**정월** 홍타아지가 세 명의 대버일러와 '공동 남면南面'하는 구제도를 폐지하고, 칸의 '남면독좌'를 실시함. 부무부타이가 서궁西宮 푸진(제2푸진)으로 책봉됨. **2월 12일** 차녀(황5녀) 고륜숙혜장공주固倫淑慧長公主 아투阿圖가 태어남. 아투는 12세에 차하르 몽골의 보얼지지터 쒀얼하索爾哈에게 시집을 갔다. 아투는 쒀얼하가 죽은 뒤, 몽골 바린부巴林部 보얼지지터 써부텅色布騰에게 재가했다.
천총 7년 1633	21세	**11월 16일** 삼녀(황7녀) 고륜단헌장공주固倫端獻長公主 수저淑哲가 태어남. 수저는 13세 때 몽골 자루터紮魯特부 보얼지지터 라마쓰喇嘛思에게 시집을 갔다.
천총 8년 1634	22세	**가을** 언니 하이란주海蘭珠가 홍타아지에게 시집옴.
천총 9년 1635	23세	**10월 13일** 홍타아지가 여진족을 만주족으로 개명해 만족滿族이 정식으로 생겨남. 만족은 이날을 '반금절頒金節'로 정함. 이해에 홍타아지는 천총 2년, 6년에 공격한 차하르 린단林丹 칸을 다시 세 번째로 정벌해 차하르 몽골을 멸망시키고 막남漠南 몽골(외번外藩몽골, 즉 내몽골)을 통일했다.
천총 10년 1636	24세	**4월 11일** 홍타아지가 황제라 칭하고 대청을 건국하며 숭덕崇德을 연호로 삼고 12월부터 숭덕 원년이라 함. 13일에 오궁五宮을 다음처럼 정했다. 중궁中宮 청녕궁淸寧宮, 동궁東宮 관저궁關雎宮, 서궁西宮 린지궁麟趾宮, 차동궁次東宮 연경궁衍慶宮, 차서궁次西宮 영복궁永福宮.
청淸 숭덕崇德 원년 1636	24세	**7월 10일** 오궁 후비 저저가 중궁(청녕궁) 국군國君푸진(황후), 하이란주가 동궁(관저궁) 대푸진 신비宸妃, 보얼지지터 나무중娜木鍾이 서궁(린지궁) 대푸진 귀비, 보얼지지터 바터마짜오巴特瑪·璪가 차서궁(연경궁) 푸진 숙비淑妃, 부무부타이가 차서궁(영복궁) 푸진 장비莊妃로 책봉됨. 이해에 관복과 의관 제도를 제정하는 데 시녀 쑤마라蘇麻喇가 추천됨.

| 숭덕 3년
1638 | 26세 | 정월 30일 황9자 푸린福臨, 즉 순치제가 태어남. |

숭덕 3년
1638 26세 정월 30일 황9자 푸린福臨, 즉 순치제가 태어남.

숭덕 7년 30세 2월 19일 청군이 명나라 계료薊遼 총독 홍승주를 사로잡음. 장비 부무
1642 부타이가 투항을 권유.

숭덕 8년 31세 8월 9일 홍타이지 붕어. 14일, 제왕회의에서 제9황자 푸린 즉위, 정친왕
1643 지르갈랑과 예친왕 도르곤을 보정왕으로 삼기로 의결함. 16일 둬뤄多羅
군왕 아다리阿達禮, 구산버이서固山貝子 쉬퉈碩托가 도르곤을 황제로
추대하는 음모를 꾸미다 죄를 추궁당해 사형에 처해지고 가산과 식구를
적몰당함. 양궁兩宮 황태후에 의해 아다리와 쉬퉈 휘하이던 대학사 강
린剛林과 범문정은 각각 정황기正黃旗와 양황기鑲黃旗에 배속되었다.
26일 순치제 등기대전이 거행되고, 다음 해를 순치 원년으로 삼음. 황후
저저가 모후황태후, 순치제의 생모 부무부타이가 성모聖母황태후로 추
존되었다.
12월 15일 정친왕 지르갈랑, 예친왕 도르곤이 보정왕에서 섭정왕이 되
었다.

청 순치順治 원년 32세 정월 10일 섭정왕 도르곤이 앞자리를 차지하고 지르갈랑은 뒤로 물러남.
1644 3월 19일 이자성 농민군이 북경을 공격하자, 명 숭정제가 매산煤山(지금
의 징산景山)에서 스스로 목을 매 죽으면서 명나라가 멸망했다.
4월 1일 숙친왕 호오거豪格가 도르곤의 핍박으로 삭탈 관직당하고 서인
으로 강등됨. 4일 범문정이 도르곤에게 즉시 중원으로 진격하라는 상서
를 올림. 9일 도르곤이 봉명대장군, 양황기鑲黃旗 한군漢軍 대학사 범
문정이 군기와 정무를 맡음.
5월 2일 청군이 북경에 입성.
8월 20일 청나라가 북경으로 천도. 순치제가 양궁 황태후가 북경으로
출발해 9월 19일 도착.
10월 1일 순치제가 북경에서 등기대전을 거행. 그 뒤 도르곤을 숙부섭
정왕으로 봉하고 다음 해에 황숙부皇叔父섭정왕에 다시 봉했다. 13일
정친왕 지르갈랑을 신의섭정왕에 봉함. 황형皇兄 호오거의 누명을 벗겨
주고 숙친왕肅親王에 다시 봉함.

순치 2년 33세 청나라 병사가 강남으로 진군함. 새로운 점령지에 만주 왕들을 분봉시
1645 키자는 주장이 있었으나, 정황기 대신 쒀니索尼의 제지로 이 안은 취소
되었다.

순치 3년 34세 정월 도르곤이 신부信符를 섭정왕부에 두고 황제와 황태후의 병권을 빼
1646 앗으려고 함.

순치 4년 1647	35세	**7월** 도르곤이 친동생 도도多鐸를 보정숙덕예친왕輔政叔德豫親王으로 올리고, 지르갈랑은 보정왕에서 폐위함. **12월** 도르곤이 "몸에 풍환이 들어 무릎을 굽힐 수가 없음"을 빌미로 황제에게 배알하는 예를 그만두었다.
순치 5년 1648	36세	**3월 초** 도르곤이 죄명을 꾸며내 억울한 사건을 날조함. 가령 정친왕 지르갈랑을 뒤뤄多羅 군왕으로 강등시키고(나중에 친왕 작위를 회복) 양 황기 대신 쒀니, 도뢰圖賴, 오보이鰲拜 등을 면직시키거나 죄를 물었다. 도르곤은 호오거가 죽을죄를 졌다며 유폐시켰는데 나중에 호오거는 감옥에서 돌연사하였다. 도르곤은 호오거의 정남기正藍旗를 빼앗아 자기 동생 도도에게 귀속시켰다. **10월 11일** 예친왕禮親王 다이샨代善 사망. **11월 8일** 도르곤 '황부섭정왕'을 칭함. 삼녀 수저가 16세에 요절.
순치 6년 1649	37세	**4월 17일** 모후황태후 저저 별세. 향년 51세. 다음 해 2월, 효단정경인의 장민보천협성문황후孝端政敬仁懿莊敏輔天協聖文皇後라는 시호를 올렸다. 간략히 '효단문황후孝端文皇後'라 칭함.
순치 7년 1650	38세	**12월 9일** 도르곤이 카라호툰성喀喇城(지금의 허베이성 란핑灤平)에서 향년 39세로 사망. **21일** 황제가 도르곤이 모아 둔 병권 신부를 다시 가져와 내고에 둠. **26일** 황제가 제왕, 대신 및 각 부에 일러, 긴요한 중대사는 직접 상주하라고 명함.
순치 8년 1651	39세	**정월 12일** 순치제 친정親政 의식 거행. 이어서 호오거를 복권시켜 허쉬숙친왕和碩肅親王으로 봉하고 비석을 세워 표창함. 13년 9월에는 시호를 무武로 추증해 숙무친왕肅武親王이라 불렀다. **2월 8일** 황제가 성모황태후의 존호를 '소성자수황태후昭聖慈壽皇太後'라 함. **11일** 순치 치국의 도에 대한 조령을 내림. **21일** 순치가 조서를 내려 도르곤의 죄상을 공포. 정백기正白旗를 몰수해 황가에 귀속시킴. 이때부터 황제가 양황兩黃과 정백기를 갖고 이를 '상삼기上三旗'라 칭하였다. 기타 제왕이 통솔하는 5기를 '하오기下五旗'라 하였다. **8월 13일** 순치제가 대혼례식을 올리고 외가 쪽 질녀 보얼지지터를 황후로 책봉했다.
순치 9년 1652	40세	**2월 18일** 황제가 지르갈랑을 숙허쉬정친왕叔和碩鄭親王으로 봉하고 복권시킴.

순치 10년 1653	41세	**7월 13일** 황제를 훈시해 은 8만 냥을 아껴 북경 및 부근의 주현의 만족, 한족 재해 병사와 백성을 진휼함. **9월 5일** 순치제가 황후를 폐하고 정비靜妃로 삼아 측실로 앉힘.
순치 11년 1654	42세	**2월** 궁궐 증축비 및 각 생활 용기 비용 은 4만 냥을 아껴 재해민을 진휼함. 황제도 어전에서 은 4만 냥을 아끼고, 각 부로부터 16만 냥, 모두 24만 냥을 재해민 구휼에 내놓음. **3월 18일** 황3자 쉬안예玄燁가 출생. 모친은 퉁씨佟氏. **5월 3일** 친정 질손녀 보얼지지터씨를 황비로 맞이하고, 6월 16일 황후로 책립함. 이해에 북경으로 온 정남왕定南王 공유덕孔有德의 딸 공사정孔四貞을 황태후가 의녀로 여기며 궁에서 양육함.
순치 13년 1656	44세	**8월 12일** 황제를 훈시해 궁궐에서 은 3만 냥을 아껴 경기京畿 재해민을 진휼함. **22일** 황제가 황태후의 덕을 기려, 순천부順天府의 지세를 면제한다는 조서를 내림. **25일** 순치제 동악씨董鄂氏를 현비賢妃로 앉힘. **9월 29일** 황귀비로 책립하고, **12월 6일** 책봉예식을 거행.
순치 15년 1658	46세	**정월 3일** 순치제가 황후가 불효하다는 이유로 궁중의 직권을 정지시키고 다시 황후를 폐하기로 함. 황태후가 허락하지 않고 동악비가 애써 말리자, **3월 25일** 황후의 궁중 직권을 다시 회복시킴.
순치 16년 1659	47세	**6월 26일** 정성공이 북으로 올라와 강녕江寧(지금의 난징)을 포위하자, 순치제가 성경으로 후퇴하길 원하였으나 황태후가 허락하지 않음. 황제가 친히 친정親征을 하려 하자 이를 말리며 파병 지원을 주장함. 강녕 포위가 풀림.
순치 17년 1660	48세	**8월 19일** 황귀비 동악씨 사망. 순치제가 비통해하며 출가해 승려가 되려하자 이를 말림.
순치 18년 1661	49세	**정월 7일** 순치제 붕어. 향년 24세. 조서를 내려 황3자 쉬안예를 태자로 책립하고 쒀니, 쑤카싸하蘇克薩哈, 어비룽遏必隆 오보이鰲拜 등 네 명을 보정대신으로 삼음. **9일** 쉬안예가 황제로 즉위해 다음 해를 강희 원년으로 삼음. 조모를 태황태후로 존숭함. **2월 15일** 내관십삼아문을 폐지하고 내무부를 재건하며 태감이 정사를 간섭하는 일을 두절시킴. **3월 5일** 강남 동성현桐城縣 생원 주남周南이 상소를 올려 태황태후의 수렴청정을 청하였으나 받아들이지 않음. **29일** 예부의 외번 관리를 그만두게 하고 이번원理藩院을 중건해 몽골 사무를 강화함. **6월 20일** 내관십삼아문을 회복시키고, 태황태후가 어린 황제를 보필.

강희康熙 4년 1665	53세	**정월 7일** '도인법逃人法'을 고쳐 만족과 한족의 모순을 완화시킴. **9월 8일** 강희제의 혼례를 주최. 보정대신 쒀니의 손녀 허서리赫舍裏씨를 황후로 책봉.
강희 6년 1667	55세	**6월** 수석보정대신 쒀니 사망. **7월 7일** 강희황제 친정.
강희 8년 1669	57세	**5월 20일** 오바이가 결당해 권력을 맘대로 휘두르자, 강희제가 지모로 오바이와 그 일당을 붙잡음. 이때부터 보정 체제를 폐지하고 비홍권批紅權을 거둬들임.
강희 9년 1670	58세	**8월 27일** 황태후, 강희제, 황후 허서리씨가 효릉(순치제 능묘)에서 제를 올림.
강희 11년 1672	60세	**정월 24일** 강희제의 동반 아래 선화부宣化府 적성宣化府 온천으로 가 요양. 3월 29일 북경으로 되돌아옴. **8월 20일** 강희제 동반 아래 준화 온천에서 요양, 10월 8일 회궁. **12월 15일** 강희제에게 편안할 때 위기를 걱정하고 말타기와 활쏘기를 중시하고 군사훈련에 철저하라고 훈시함.
강희 12년 1673	61세	**정월 20일** 강희제가 조모의 가르침을 받들어 남원南苑에서 처음으로 열병 의식을 거행. **2월** 〈대학연의大學衍義〉가 만주어로 번역되어 강희제가 조모의 열람을 위해 바침. 태황태후 크게 칭찬하고, 내탕금 백은 천 냥으로 이 일에 힘쓴 여러 신하들에게 상을 내림. **11월 21일** 평서왕 오삼계가 운남에서 병사를 도모해 '삼번의 난'이 일어남. 반란 평정 전쟁이 폭발함.
강희 13년 1674	62세	**연초** 태황태후가 궁중의 은을 검약해 반란 평정을 위해 출정하는 관병에게 두 냥씩을 하사. 이어서 주방 관병에게도 은 두 냥을 내렸다. **정월 일** 강희제 적장자 윈렁允礽이 출생, 다음 해 황태자에 올랐다.
강희 14년 1675	63세	**3월** 차하르 몽골 친왕 부얼니布爾尼가 반란을 일으킴. 조정에서 군대를 파병하려 하자, 태황태후는 "재략이 출중하여 그 책무를 능히 감당할 만한" 투하이圖海를 추천함. 투하이는 팔기 가노로 군사 대오를 조직하고, 호르친 몽골 각 부의 지원 아래 제때에 반란을 평정하고 후방을 안정시켰다. **8월 17일** 창평 북탕산 온천으로 요양을 떠나, **9월 11일** 경성으로 돌아옴.

강희 15년 1676	64세	**8월 12일** 창평 북탕산 온천으로 가 요양한 후 10월 20일에 경성으로 돌아옴.
강희 17년 1678	66세	**7월 17일** 태감에게 자녕궁에서 쓰다 파손된 은 탕관을 가져오라고 명한 뒤 그것을 수리해 계속 사용함. **9월 10일** 강희제와 함께 준화 온천으로 요양을 가서 11월 24일 회궁함. 이해에 장녀 야투가 사망.
강희 20년 1681	69세	**3월 20일**, 강희의 동반 아래 준화 온천에서 요양하며 강희제가 무란위장에 대한 사무를 보는 걸 도움. 5월 3일 경성으로 돌아옴. **10월 2일** 태감에게 명하여 자녕궁 부엌에서 쓰던 은제 주방 기구 27개를 땜질 수리하게 한 후 계속 사용하였다. **9월** 청군이 곤명昆明을 공격해 8년 만에 반란을 평정하고 승리를 얻어 냈다. **12월 24일** 강희는 반란 평정의 공을 태황태후의 의훈懿訓으로 돌리며 '소성자수공간안의장경돈혜온장강화인선홍정태황태후昭聖慈壽恭簡安懿章慶敦惠溫莊康和仁宣弘靖太皇太後'라는 존호를 바쳤다.
강희 21년 1682	70세	**4월** 강희제가 동북쪽으로 가 삼번의 난 평정을 영릉永陵, 복릉福陵, 소릉昭陵에 제를 올려 알림. 환궁 도중에 조모의 뜻을 삼가 받들어 요양주遼陽州 천수불사에 들러 향을 올림. 태황태후가 마련한 향자香資 은 600냥을 사찰에 보시하고, 천산향암千山香岩 등 5곳의 절에 들러 은을 시주함.
강희 22년 1683	71세	**6월 12일** 강희제의 동반 아래 무란위장木蘭圍場에서 피서를 하며 호르친 몽골 친족들을 만남. 7월 25일 환궁. **9월 11일** 강희제와 푸취안福全, 창닝常寧 등 세 명의 손자와 함께 오대산으로 가 예불. **24일** 용천관을 지나 장성령에 도착. 강희제가 조모를 대신해 산에 올라 예불. 10월 9일 경성으로 돌아옴.
강희 23년 1684	72세	**5월 18일** 강희제가 친숙백 형제 둬뤄후이多羅惠 군왕 보웡궈뤄博翁果諸가 지단地壇 제사를 지낼 때 목욕재계를 하지 않은 죄에 대한 처벌 여부를 조모에게 여쭘. 태황태후는 "윗물이 맑아야 한다"며 작위를 삭탈하라는 의지를 내림. **10월 1일** 황제는 태황태후의 의지를 내리며 "겨울에 바람이 세니 각 궁의 등화를 조심하고, 임의로 끽연을 하는 행위를 금지하며, 언제나 엄밀하게 경계하라"고 명했다.

강희 24년 1685	73세	**8월 29일 아침** 중풍이 돌발해 어의가 제때에 치료해 신속하게 완쾌됨. **12월 24일** 강희의 열두 번째 아들 윈타오允祹 출생. 조모의 뜻에 따라 쑤마라가 양육.
강희 25년 1686	74세	**2월 8일** 성수제聖壽節, 강의제가 조모의 무병장수를 기원하며 특별히 황동으로 도금한 네 팔 달린 관음상 한 존을 주조해 자녕궁 대불당에 공양함.
강희 26년 1687	75세	**여름** 강희제가 고모 바린공주 아투를 영접하고 함께 조모를 뵘. **11월 21일** 태황태후의 성체가 위중하자, 강희는 35일간 의관을 벗지 않은 채 병석 앞에서 봉양하였다. **12월 25일** 병으로 서거. 향년 75세. 임종 때 평생을 회고하며 국가 대사에 대한 부탁이 담긴 유조를 남겼다. 조정과 사직의 안녕을 위해 강희제에게 슬픔을 절제하고, 문무백관들도 국사에 매진할 것을 당부했다. 효장은 또한 자신의 장례를 간소화하며, 소복 입는 기간을 27일로 단축하고, 강희제에게 변발을 자르지 말고, 성경의 태종과 합장을 하지 말라는 유언을 남겼다. 강희제는 조모의 바람을 받들어 효릉 왼쪽 방향에 안봉전을 잠시 세우고 조모의 유체를 안장했다. 훗날 옹정제는 안봉전 터에 소서릉을 짓고 조모 효장문황후의 재궁을 봉안했다.

청나라를 일으킨 몽골 여인

효장

2016년 7월 20일 초판 1쇄 발행

지은이 | 멍자오신

옮긴이 | 노만수

펴낸이 | 노경인 · 김주영

펴낸곳 | 도서출판 앨피

출판등록 | 2004년 11월 23일 제2011-000087호

주소 | 우)07275 서울시 영등포구 영등포로 5길 19(37-1 동아프라임밸리) 1202-1호

전화 | 02-336-2776 팩스 | 0505-115-0525

전자우편 | lpbook12@naver.com

홈페이지 | www.lpbook.co.kr

ISBN 979-11-87430-04-9

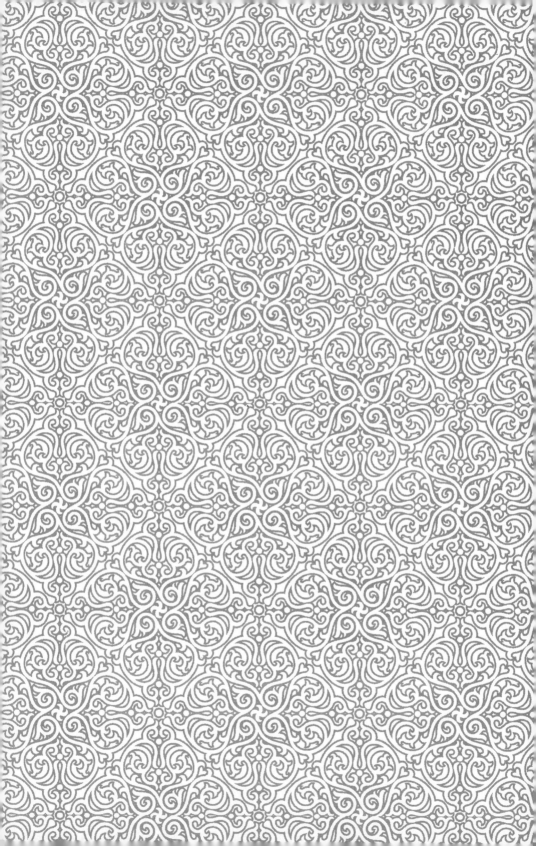

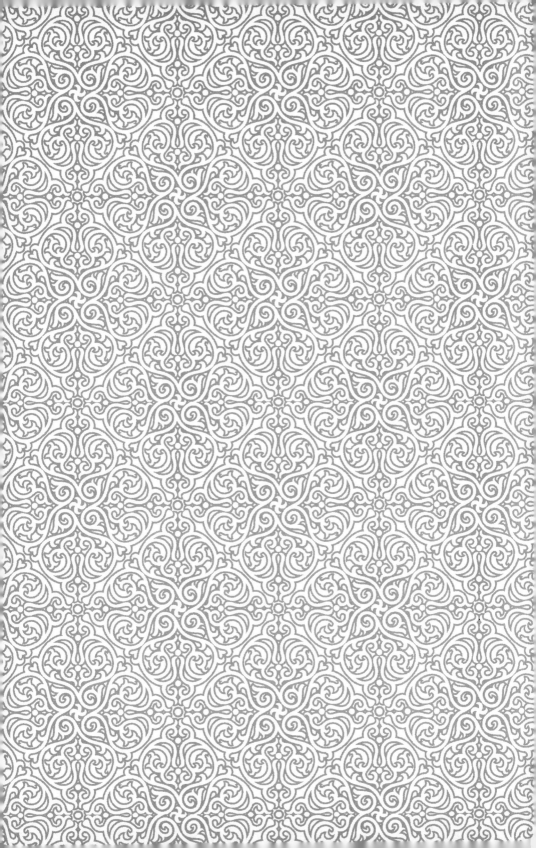

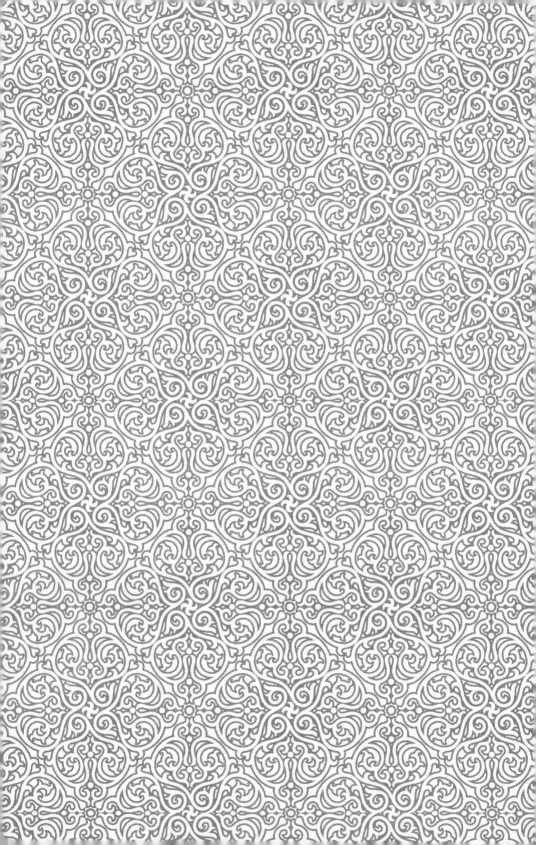